中国高校文科
学术影响力的分析与比较
2000~2016

涂阳军◎著

An Analysis and Comparison of the Academic
Impact of Humanities and Social Sciences in Chinese
Universities from 2000 to 2016

科学出版社
北 京

内 容 简 介

从第四轮学科评估的评价指标及"双一流"学科的遴选条件来看，期刊论文的评价方式已经开始由看论文数量向看论文影响力转变。在此背景下，本书探讨了我国高校文科各学科近 17 年学术影响力的现状及其变动情况。本书分为五章，第一章介绍了研究背景并对学术影响力进行了界定。第二章和第三章分别基于 CSSCI 和教育部 A 刊被引数分析了文科各学科的学术影响力。第四章和第五章分别基于 A&HCI 和 SSCI 期刊被引数分析了文科各学科的学术影响力。

本书适合教育行政部门和高校负责文科学科发展的机构负责人及从事高等教育政策、管理相关研究的师生阅读。

图书在版编目（CIP）数据

中国高校文科学术影响力的分析与比较：2000-2016 / 涂阳军著. —北京：科学出版社，2018.12
ISBN 978-7-03-060268-8

Ⅰ. ①中… Ⅱ. ①涂… Ⅲ. ①高等学校-文科（教育）-科学研究-对比研究-中国-2000-2016 Ⅳ. ①G644

中国版本图书馆 CIP 数据核字（2018）第 295724 号

责任编辑：付 艳 刘曹芃 / 责任校对：何艳萍
责任印制：徐晓晨 / 封面设计：润一文化

科学出版社出版
北京东黄城根北街 16 号
邮政编码：100717
http://www.sciencep.com

北京虎彩文化传播有限公司 印刷
科学出版社发行 各地新华书店经销

*

2018 年 12 月第 一 版 开本：720×1000 B5
2018 年 12 月第一次印刷 印张：21 1/2
字数：410 000
定价：129.00 元
（如有印装质量问题，我社负责调换）

前　　言

在学科排名全球化及我国"双一流"建设的大背景下，该如何发展文科①是一个值得关注的问题。本书源于笔者参加的一次有关学科评估的会议，在此次会议上，上海交通大学世界大学排名体系的主要负责人详细介绍了其排名的指标设置及其权重。在随后的交流中我表达了对文科发展的关切：按此指标系统，文科强校和极具影响力的某些文科的子学科，几乎不太可能在排名体系中取得一个好名次。鉴于该排名榜受到广泛关注，因此，那些排名榜中"隐而不见"的文科高校及其相关学科有可能会被普通大众所忽略。长此以往，可能会在整个国家和社会形成文科不重要的负面印象。但文科的重要性毋庸置疑，它启示了大众有关价值的思考，而这又关乎个人的价值判断和人生幸福。

在许多学科排名体系中，文科开始陷入一种尴尬的境地：其评价指标相对较少，因而不被重视，或者日渐被全球性学科评价系统边缘化（有关此点的论述，详见笔者的译著《大学排名：理论、方法及其对全球高等教育的影响》）。边缘化会给文科发展带来阻碍，试想，一位对文科特别感兴趣的学生，如果在互联网或书店搜罗一圈后，居然找不到有助于其进行文科学科选择的信息，这该是一种怎样的沮丧。但反观对理工科感兴趣的学生，可能手头随便就有几本权威的指南。对于家长而言，有的老牌文科强校可能在多年的学科建设中已经滑坡了，或者其文科进一步分化成了许多新兴的子学科，这也给家长和老师基于自身经验进行学科选择指导带来了困难。

边缘化也给致力于大力发展文科的相关教育行政机构、各高校社科处，以及各高校文科二级学院负责人带来了困惑。因为衡量文科的发展必须依据稳定且被广泛认同的指标体系，这就如同考量小孩是否长高了一样，家长总会拿同一标准的尺子来测量孩子的身高，其结论的有效性完全有赖于量尺的客观统一，而且还与测量时可能存在的误差有关。但目前，对文科发展的评估鲜有一

---

① 文科是一个争议颇多的概念，有时也被称为人文社会学科、哲学社会学科、社会科学。不同研究者在不同语境下用法不同，本书在引述和分析时也未强行统一。

把统一的"尺子",同时也缺乏对"尺子"带来的误差的容忍。专家主观评价的客观性不仅取决于所选专家的代表性,而且还基于对专家学识的认可及对其公正性的信任,上述几点均需对专家本人比较熟悉,但熟悉专家者通常又需要回避,邀请专家的人可能并非熟悉专家的人,这往往导致主观评价的结果很难达到较广泛的同一性,对其的质疑声也时而有之。当社会媒体对主观评价的不公正性进行报道时,极易引起大众和学者对此方法更广泛的质疑,最终落得慎之又慎而不敢用的结局。

在所有客观量化的指标中,数篇数对许多不从事量化研究的文科学者具有一定的吸引力,与专家主观评价相比较,数篇数既简单也非常方便,而且借助CSSCI(Chinese Social Sciences Citation Index,中文社会科学引文索引)、SSCI(Social Sciences Citation Index,社会科学引文索引)、A&HCI(Arts & Humanities Citation Index,艺术与人文科学引文索引)及文科三大文摘也能较有效地对质量进行甄别[①]。然而,收录与否仍只能体现出质的差别而非量的差异,统计某学科被全球几大索引收录的论文数,其在本质上仍是数篇数的评价思路,这对一些在具有全球性影响力的期刊上发表更多篇论文的学科不太公平。因此,一些高校的文科开始基于自身发展的考量,基于影响因子对被收录的期刊划定了各自不同的分区,如A+、A和A-等。尽管基于分区的评价模式仍然遵循了数篇数的基本思路,但多个分区本身也在一定程度上显现了量的差异,至少除了A区与D区质的差异外,A区内部差异变得更小。上述分区的核心指标是期刊的影响因子,而期刊的影响因子本质是该期刊所刊发论文的被引数。鉴于此,我提出了一个大胆的构想,能否直接以论文的被引数来评价文科各子学科的学术影响力呢?

研究开始之时,首先遇到的是数据收集和统计分析的困难。细致讲述每一次遇到的困难只恐会掩盖收获的喜悦和发现的成就感,但不说似乎不足以平复写作时的切身感受。所有原始数据约35.48万行、187列。我依稀记得电脑至少换了三台,目前最高性能的台式机也才勉强能在我喝完一杯水的时间内跑出结果。失败的经验很多,回想起来,成功的路其实只有一条。说到数据的收集,由衷感谢我的几位研究生,是他们协助我一次次收集、一次次核对数据,有时恍惚中似乎又听到学生的声音:"涂老师、涂老师,怎么收集到的数据又这样了?"我与学生反复商量数据格式及核对数据的模板,已不记得有多少个晚上因为数据收集和整理的问题而彻夜无眠。当数据导入统计分析软件时,我松了口气,学生们也高兴了许久。但想不到的是,整理结果所费的时间和精力丝毫不亚于数据收集与分析,学生们和我再次陷入了忙碌

---

① 涂阳军. 中国科研院校文科科研实力的量化分析与比较——基于文科三大文摘2011~2015年数据[J]. 大学教育科学, 2016, (5): 15-21.

中，直到拿出了初稿。

但此时此刻，一种困惑油然而生。这会是一件吃力不讨好的工作吗？因为被引数会实时变动，而报告的结果总是基于静态的被引数数据。由此而令人困惑的是，基于某个时间点的分析结果能体现整体的情况吗？尤其是涉及文科各学科历时约 17 年的变化。就近 5 年的时间来看，本书的结果将显现出极强的现实指导性。一般认为，被引数的变动应基于多个年份的平均值来衡量，这也是为何期刊影响因子的计算总是基于过去某些年份（如过去 1 年、2 年、3 年、5 年）的数据。另外，一个学科的兴起与衰落也不可能在非常短的时间内显现出来，我国高校的学科发展计划一般为 5 年。因此，我们保守预测此书的相关数据及结果至少具有 5 年的现实指导价值。5 年之后，本书的相关框架与理论结果仍将具有一定的学术借鉴意义。而且到那时，或许会另有学者基于新的被引数得到一些新的发现。

本书第一次尝试以论文被引数来分析文科各学科的学术影响力，尽管该指标得到了广泛使用，但也面临一些争议。对此指标比较包容的一些学者认为，该指标也许是目前最可靠的量化指标之一，但指出其不足仍非常有必要，因为这样可以促使大家对此指标保持警觉并尝试加以改进。其一，被引数指标会随论文发表的时间长短而发生变化，但变化的函数又会受到学科等多个因素的影响。其二，少数经典论文可能在短时间内不会得到高被引，而少数高被引的论文可能是因为踏进了争议的中心位置而成为批评或支持的焦点，这些论文的高被引可能与其本身的学术价值无关。其三，论文被引数基于数据库所收录的期刊及对论文参考文献的编码。数据库收录的期刊量越大，对论文参考文献的编码越早，则可以进行分析的时间就会更长。就此而言，国外数据库具有极强的优势，这也导致国内有关英文被引数的分析被绑定在了国外的几个数据库上［如 Scopus 和 WoS（web of science）］，但这些数据库均为英文语系主导，这些数据库中的高被引论文必须符合英文语系国家的共同学术规范，特别是共同的热点研究主题。与理工科相比，文科研究国内外学者就热点研究主题达成一致似乎更难一些，因为我国文科的研究问题往往扎根于国内现时发展背景所遇到的问题，而这些问题并不一定为国外学者所关切。

本书的完稿要感谢很多人。特别感谢罗仲尤教授，以及湖南大学社科处侯俊军教授和甘露老师，他们慷慨资助了本书的出版。还要感谢湖南大学社科处的李恩军老师、袁野老师、杨唯老师。也特别感谢我的几位研究生蔡宁波、宋雅欣、陈来、徐上、渠晴晴、文瑜、王娟娟和周晶，感谢他们在数据收集、整理、核对中付出的辛苦努力，其中特别感谢渠晴晴，其在数据整理及初稿文字校对中付出了大量时间和精力。还要特别感谢湖南大学教育科学研究院的余小波教授、姚利民教授、胡弼成教授、蒋家琼教授、李碧虹教授和其他给予支持的各位同事。

  非常感谢爱人王金菲女士在资料翻译过程中的支持，一杯茶也让我倍感温暖。

涂阳军

目 录

前言
第一章 概论 ·· 1
 一、选择文科的缘由 ··· 1
 二、学术影响力的界定 ·· 2
 三、分学科探讨学术影响力的理由 ······························ 4
第二章 CSSCI 各学科学术影响力 ·· 7
 一、数据收集与数据说明 ··· 7
 二、结果分析与比较 ··· 9
 三、小结 ·· 36
第三章 教育部 A 刊（国内期刊）各学科学术影响力ꞏꞏꞏꞏꞏꞏꞏꞏꞏꞏ 41
 一、数据收集与数据说明 ··· 41
 二、结果分析与比较 ··· 42
 三、小结 ·· 54
第四章 A&HCI 各学科学术影响力 ····································· 58
 一、数据收集与数据说明 ··· 58
 二、结果分析与比较 ··· 60
第五章 SSCI 各学科学术影响力 ··· 115
 一、数据收集与数据说明 ··· 115
 二、结果分析与比较 ··· 116

参考文献 ··· 333

第一章

概 论

2015年10月24日，国务院发布了《统筹推进世界一流大学和一流学科建设总体方案》。没有一流的学科，就不可能建设一流的大学（刘献君，2002）。其中，大力发展文科是国家哲学社会科学繁荣计划的核心内容，也是推动哲学社会科学走向世界，推动中华文化"走出去"计划的重要组成部分。

一、选择文科的缘由

与理工科相比，文科有其独特的价值。近些年来，国家陆续出台了一系列繁荣社会科学的战略计划。然而，在世界大学排名体系中，与医学等学科相比，文科及文科优势大学处于不利的位次，文科的进一步发展急需涌现一批以文科为独特研究对象的研究成果。

（1）大力发展文科是国家哲学社会科学繁荣计划的核心内容，也是推动哲学社会科学走向世界、推动中华文化"走出去"计划的重要组成部分。要扩大中国学术的海外影响力，显著增强中国国际学术对话能力和话语权，就需要以英文在国外期刊上发表中国哲学社会科学的前沿热点议题，而要实现"走出去"战略计划中的既定目标，一个最直观的衡量指标是中国学者在国际知名科研成果数据库中被收录文献的数量与影响力。

（2）文科本身具有独特的价值。与理工科相比，人文社科回答人类社会的终极问题、把握整个人类发展的方向，它能防止自然科学中负面因素的过度发生（徐显明，2006）。尽管人文社科的价值显而易见，但就一些大学的实际情况来看，人文社科往往处于弱势地位。许多大学，尤其是理工类院校或理工类学科占据主导地位的综合类院校，均以基于理工科科研成果的评价模式和思路来对文科科研成果进行评价，这从根本上抹杀了文科与理工科在科研投入、科研产出周期、科研活动内容、科研逻辑、成果影响时间、成果受众等方面的广泛差异，这会对文科发展产生不利的影响。

（3）大学排名体系中蕴含着一股将文科边缘化的暗力。就世界各主要排名体系科研层面的评价指标来看，以篇数和被引数为基础的文献计量方法会在计算结果上利于理工科和生物医学学科。笔者以2017年5月基本科学指标（Essential Science Indicators，ESI）数据为例，就每年篇均被引数来测算的领域基线值（field baselines）来看，社会科学总论（6.22）排倒数第二，仅高于空间科学（4.05），其值仅约为农业科学（18.23）、生物学与生物化学（17.02）、化学（16.91）和临床医学（15.66）的1/3。各大学排名体系在合并汇总各大学被引数的过程中，如果不能对文科的计算权重进行矫正，则计算结果将明显不利于文科。各排名体系在将侧重文科的大学与侧重其他学科的大学进行比较时，结果会对文科更不利。而且一旦各大学排名榜得到媒体的广泛传播并为普通民众所接触，则本质上就会在普通民众（尤其是高中生及其家长）心目中将侧重文科的大学或文科"打折"（排名榜上只有极少数侧重文科的大学），进而可能将文科边缘化，这会间接贬低文科的学术价值和社会价值。长远来看，这不仅会对文科产生非常不利的影响，也会对我国的思想、文化和哲学思维创新产生根本性的不利影响。黑格尔曾经说过：一个民族有一些关注天空的人，他们才有希望；一个民族只是关心脚下的事情，那是没有未来的。一个国家如果没有伟大的思想家、哲学家和文化研究大家，后果很难想象。

二、学术影响力的界定

长久以来，研究者对于什么是学术影响力似乎达成了心照不宣的共识，大多数探讨学术影响力的论著并不会对什么是学术影响力进行详细的阐述，而是直接以数据来此衡量概念。鉴于此，本书将从国外研究与国内研究两个层面对什么是学术影响力进行明确界定。

学术影响力最早被用于对期刊加以甄别或识别学者的学术声望，它指操作化、量化中的被引数，其对象既可能为期刊，也可能为某个学者。对期刊而言，其学术影响力即为期刊的影响因子。该指标最早由Garfield（1955）提出，具体是指某期刊论文的被引数或被引指数，后又慢慢发展成为衡量单篇论文预期被引频率的指标。科研单位或教育管理部门在科研绩效考评中，往往以某篇论文所在期刊的影响因子来衡量该论文未来可能的被引数（Garfield，2007）。以此指标为核心的期刊影响因子已然成为文献计量学最热门的产品之一，但同时也引起了争议。正如其提出者 Garfield 所言，期刊影响因子就像核能一样，总有争议，但总有许多人在使用，它是一个利弊混合体（Smith，2012）。另外，对于研究者个人而言，其学术影响力可从该学者所发论文的被引数来加以考查，在同一学科领域中，基于同一数据库得到的被引数据，如果 A 学者的被引数高于 B 学者，则 A 学者的学术影响力比 B 学者要强；该指标也被广泛应用于对学校的总体分析（Salisbury and Smith，2010）及对论文质量的考查（Brown and Gardner，1985）。然而，基于被引数来考查学者声望在一定程度上忽略了学者发表论文的数量以及不同论文被引数之间可能存在的巨大差异。Hirsch 于 2005 年提出了一个衡量学者学术声望的全新指标，即希尔施指数（h 指数），某名科学家的 h 指数是指其发表的 N_p 篇论文中有 h 篇每篇至少被引 h 次，而其余 N_p-h 篇论文每篇被引均小于或等于 h 次（Hirsch，2005）。该指标能够对研究者长久累积的学术影响力进行非常稳健的测度，不受作者少数高被引和少数低被引论文的影响，且在计算中极为简单易行，因此显现出了比单纯用被引数来衡量学者学术影响力更强的优势（Bornmann and Daniel，2007）。

最明确的有关什么是研究影响力（research impact）的界定来自英国科研委员会（Research Councils UK，RCUK），其将研究影响力定义为优异的研究对社会和经济所做出的突出贡献，进而将研究影响力划分为学术影响力（academic impact）和社会经济影响力（economic and societal impact）两个方面，前者是指学科内或跨学科的优秀研究在促使人们理解并提升科学知识、科学方法、科学理论和科研应用方面的突出贡献，而后者是指优异的研究对社会和经济做出的突出贡献，以及它给个人、组织和国家带来的福祉（Rcuk，2017）[①]。遵循此分类框架，Penfield 等进一步指出，对研究影响力的界定应充分考虑到该概念的多变性以及在实际评价时可能存在的不同目标，也应考虑到组织和利益相关者对研究影响力特定方面的关切（Penfield et al.，2014）。van Houten 等认为学术影响力主要来自同行对科研学术论著等成果的评价，科研主体学术影响的深度与广度主要取决于其研究成果被他人重视、认可和引用的情况，很显然，这只是科研影响力的学术层面（van Houten et al.，2000）。

大多数国内研究者均以被引数来测度学术影响力，且依不同对象将学术影响力分为组织、个人、期刊、著作、研究主题、学科等几个方面。例如，针对某一类型期刊学术影响力的分析（耿鹏等，2014；佟建国等，2013）；针对少数知名期刊学术影响力的研究，如 *Nature* 和 *Science*（王璞等，2011）及 *PLoS ONE*（邹丽雪和赵云鲜，2014）；针对某一特定研究主题论文学术影响力的分析，如高等教育（王泽龙和苏新宁，2011）以及跨文化管理（范徵等，2014）；对学者个人

[①] Ruck. What is impact? [EB/OL]. http://www.esrc.sc.uk/research/impact-toolkit/what-is-impact，2018-02-04.

h指数等的分析（崔建强等，2015）；对大学学术影响力的评价（张黎俐和舒予，2016）与比较（叶伟萍等，2017）；对著作学术影响力的评价，如管理学（邓三鸿和严明，2010）、法学（丁翼，2009）、哲学（胡玥，2010）、外文电子图书（熊霞等，2016）等；对学科学术影响力的评价，如重点学科（陈仕吉等，2013）和自然科学各学科（金晶等，2010）。

少数国内研究者对学术影响力是什么给予了明确界定。赵庆玲认为学术影响力是指学术研究成果被学术界或同行所认知和认可的程度，或指研究成果在学术界和同行间的影响力（赵庆玲，2011）。蒋静等认为，OA（open access，开放存取）期刊学术影响力是指OA期刊在学术交流网络中的影响力大小，以被其他学术实体认可和利用的程度为代表，OA期刊的学术影响力评测对数据源有较强的依赖性，OA期刊被引用、链接的情况可在一定程度上反映其在学术交流网络中的影响力及其作为学术交流媒介的重要性（蒋静，2011）。学术影响力是指一个机构随着其学术论文的发表与传播，影响并改变其他机构或个人在各科学领域上的研究方向和发展速度的能力，它包括深度与广度两个维度，深度直接表现为成果的数量、被引量的多少，而广度直接表现为学术成果的合作国家数量等（姚乐野和王阿陶，2015），深度与广度相互作用，深度直接影响广度。一般认为，一个机构在某学科领域内被引次数越多，则该机构在此学科领域的学术影响力就越大（苏新宁，2011）。

总的看来，国外有关什么是学术影响力的探究大体遵循着两条不同的路径：一为用什么方法来测度学术影响力，则学术影响力即是什么；二为对学术影响力给予明确的界定，并据此来对学术影响力加以测度。反观国内有关什么是学术影响力的探究，似乎也大体遵循着此两条路径，但在个别方面有所深化与推进，在实际测度中，被引数成为最核心的一个指标。

三、分学科探讨学术影响力的理由

突出学科不但是国家"双一流"建设的要求，同时也是理论界与教育实践界达成的一种共识，而基于学科的分析策略，面临着选择何种学科分类体系的难题。

突出学科是国家"双一流"建设的基本原则。2015年10月，国务院颁布了《统筹推进世界一流大学和一流学科建设总体方案》，该方案规定要坚持以学科为基础的基本原则，要求到2020年，要有若干所大学和一批学科进入世界一流行列，若干学科进入世界一流学科前列。很显然，国家"双一流"建设的重心在学科（王洪才，2016），因为学科是大学的细胞，是大学的技术核心领域，办大学实际上就是办学科（周光礼，2016）。因此，任何对大学学术影响力的分析与比较均需考虑到学科间的差异，以学科为分析的基本单位。

分学科探讨学术影响力是目前国内研究界的一种共识，同时也是国内外研究实践达成的共识。从国际排名的情形来看，具有全球影响力且具有连续性和通约性的权威性排名体系有四个，分别为 US News 世界大学排行榜（US News）、英国泰晤士报高等教育增刊的世界大学排行榜（THE）、QS 世界大学排行榜（QS）、上海交通大学的世界大学学术排行榜（ARWU）（周光礼和武建鑫，2016a），此四大全球性学术评价机构在公布的排名榜中，既以科研机构为单位公布总的排名结果，同时也公布各科研机构的学科排名结果，学科成为上述四大排名体系在实践中达成的基本共识。而从国内排名情形来看，武书连主持的"中国大学评价"排名与艾瑞深中国校友会网公布的排名结果中，均包含以学科为单位的排名结果。

全球知名的科学引文索引均有各自的学科分类，特定学科分类体系往往附着于相应的引文索引库，不同引文索引库的学科分类体系大体相同，但也存在许多差异。例如，Scopus 的学科分类体系涵盖了 27 个学科领域，这 27 个学科领域又归属于生命科学（life sciences）、人文社会科学（social sciences and humanities）、自然科学（physical sciences）和健康科学（health sciences）四个学科类别，其中人文社会科学划分为 7 个学科领域，这 7 个学科领域还进一步划分为 65 个子领域。WoS 核心合集索引中并未明确区分学科领域大类，而是以子索引库来表征所划分的大类，如科学引文索引扩展版（science citation index expanded，SCIE）、SSCI 和 A&HCI。其中，SSCI 索引库涵盖了 57 个子类，A&HCI 涵盖了 28 个子类。

就 Scopus 和 WoS 学科分类的比较来看，前者对学科的分类有三个层级，包括学科大类、学科领域和子领域，而 WoS 对学科的分类仅有粗略的两层，包括学科类和学科子类，但其学科子类比 Scopus 的划分更细，学科子类数量也更多。从学科子类名来看，两者有一定的重复，同时也有一定的差异，且重复的学科子类名下，所包含的期刊数量及期刊名也有一定的差异。因此，学科分类与所选择的索引库有着直接的关联，所选择的索引库往往决定了要选用的学科分类体系，不同索引库之间的学科分类体系既具有一定的相似性，也存在一定程度的差异性，这也决定了对来自不同索引库的数据就学科进行比较时面临的极大困难和不确定性，强行加以比较所产生的误差可能会非常大，研究所得出的结论也会失去可信度。就我国学科分类的国家体系来看，根据中华人民共和国国家标准《学科分类与代码》（GB/T13745-2009），共设自然科学类、农业科学类、医药科学类、工程与技术科学类、人文与社会科学类 5 个门类，62 个一级学科或学科群，其中人文与社会科学类下设 20 个一级学科。与 Scopus 和 WoS 学科分类体系相比，我国人文社会科学子类相对较少，仅 20 个子学科，其中马克思主义理论、军事学为我国独有，且体育学与国外学科分类体系重合度较低。另外，管理学与心理学并非我国学科分类中人文与社会科学类中的子类，这与国外学科分类体系差异非常大。最后，我国 CSSCI 分类中有部分学科无法和 WoS 的学科分类建立合适的映射关系，而且 CSSCI 分类中的某些学科在 WoS 数据库中没有论文记录，并且存在着两种学科范围互相交叉重叠的问题，共有 33 个一级学科未能与国外 WoS 学科建立映射关系。

国内外学科分类体系存在较大差异，而世界一流学科建设必须坚持国际化标准（周光礼和武建鑫，2016b），这意味着需要在一定程度上认同国外的学科分类体系。另外，从世界一流学科的排名体系的实践来看，遵循国际标准的学科排名体系，大多沿用了与所用索引库的学科分类体系高度相似的学科分类。例如，上海软科世界大学学科领域排名（ARWU-FIELD）[①]仍然严格遵循了国际标准，在一定程度上受到了所选指标所在索引库学科分类体系的影响，反映科研成果数量与质量的指标也采用了 SCIE 和 SSCI 的数据。ARWU-FIELD 排名中仅有 14 个社会科学子类（经济学、统计学、法学、政治学、社会学、教育学、新闻传播学、心理学、工商管理、金融学、管理学、公共管理、旅游休闲管理、图书情报科学），而且这些子类几乎完全与 SSCI 子类重合（部分名称上有一些差异），也正因为其仅涵盖了 SSCI 数据库，所以社会科学排名中无艺术与人文学科的排名结果。为了比较的便利性和可比性，本书的学科分类完全遵循了资料来源所在索引库既定的学科分类体系。例如，如果数据源自 CSSCI 数据库，我们在呈现分析结果时则完全依照 CSSCI 数据库既定的学科分类体系，同样地，其他数据分别遵循 A&HCI、SSCI 和教育部 A 刊确定的学科分类体系。

---

① ARWU-FIELD 和 ARWU-SUBJECT 分别为上海交通大学推出的分领域、分学科的世界大学排名。

第二章

CSSCI 各学科学术影响力

探讨国内各单位人文社科的学术影响力，CSSCI 数据库是最佳选择，其不但权威且使用起来极为简便。另外，CSSCI 也日益成为各高校制定奖励政策的重要依据之一。

一、数据收集与数据说明

（一）数据收集

1. 数据收集时间

考虑到中国知网数据更新的滞后，2016 年底期刊论文的数据可能在 2017 年 1 月初仍不完整，遂将数据收集时间分为两个阶段：2017 年 1 月初收集一次，尚未收集的 2016 年底的部分数据于 2017 年 2 月初再收集一次。

2. 数据收集过程

在中国知网上，以期刊名精确检索，年份限定为 1998~2016 年，来源类别限定为 CSSCI，检索得到每本期刊的详细结果，将篇名、作者、刊名、年/期、被引、下载等字段的数据复制、粘贴到文档中，再自动导出该期刊的题录数据，接着以篇名、刊名、作者名、年/期为匹配关键字段名，将数据匹配起来形成总数据。依此方法得到每本期刊的数据，再按学科将所属期刊的多份数据汇总起来，形成最终正式分析的数据。

3. 数据分析过程

对各学科的总数据先进行数据检查与筛选，检查数据匹配的正确性，检核异常值，删除数据中无作者单位的数据行，接着删除数据中无作者名的数据行。然后将数据导入 SPSS 统计分析软件中,按汇总命令进行描述性统计分析,得到各单位各学科篇/被引数的最终结果。

(二)数据说明

1. 确定论文的单位归属

在确定某篇论文归属某个单位时,历来存在两种归属模式,一种是按第一作者来确定论文归属的单位(简称为第一作者归属)。例如,李祖超和陈庆庆(2016)在对教育学 CSSCI 期刊学术论文的分析中,就对所收集的数据采用第一作者作为统计对象。另一种是按各作者所属单位,采用主观权重来确定论文归属的各单位(简称为各作者归属)。例如,刘莉和刘念才(2009)在对我国高校 SSCI 论文的定量分析中,按作者单位顺序给予了不同的权重赋值。就论文形成中作者工作量与付出的角度来看,仅以第一作者来分类会在一定程度上阻碍单位间的合作,该计算方法也与实际工作量不符。然而,从各学校期刊论文奖励制度的内容来看,第一单位是否为本单位是确定奖励的根本标准。因此,为了统计分析中与各高校科研论文统计的实际口径一致,本书采用第一种计量方式,即根据第一作者的第一单位来确定论文所属的单位。

2. 确定隶属各学科的期刊

到 2016 年为止,CSSCI 官网上共计发布了 10 个版本。每个版本各学科收录的期刊大体相同,但也有少量差异。CSSCI 在筛选期刊时,会分学科根据各期刊的影响因子与总被引次数来排除选择,这两个指标均与该期刊所刊论文的被引数密切相关,尽管整体而言,CSSCI 期刊的学术影响力要强于非 CSSCI 期刊,但非 CSSCI 来源期刊中存在一定比例的高影响力论文(叶继元等,2017)。从被引数的角度来看,如果某年份区间内,某期刊未被 CSSCI 收录,则间接表明该期刊在参加筛选之前的若干个年度内(一般为两年内),其刊发论文的总被引数或者篇均被引数相对较低。因此,为了保证期刊学术影响力的稳定性,在实际分析中仅选择了被 CSSCI 十个版本均收录的期刊。

3. 确定统计分析的单位

期刊论文发文单位类型较多,既包括大学、学院、职业院校、初高级中学、小学,还包括研究院、企业和各级各类行政主管部门或具有行政事业单位性质的其他单位。从 2013~2015 年 CSSCI 教育学期刊论文的发文量来看,本科高校占发文总数 88.52%;科研院所占 2.79%(李祖超和陈庆庆,2016)。因此,本研究将中国高校作为最主要的分析单位,但在报告的结果中也兼顾科研院所。

4. 统计分析单位数量的确定

人文社科各学科本身的分布也各不相同。例如，管理学学科几乎遍布各个高校，但民族学往往只有少数高校（大多为中央及各省民族类大学）才会设置。因此，学科不同，统计分析时各单位数量也会不同。因篇幅所限，本研究无法详细将每一单位的论文篇数及被引数一一列举出来。另外，在纵贯19年的时间内（1998~2016年），如果某单位篇数或被引数小于19，则意味着该单位年均仅在此学科发表了1篇论文或年均仅被引了1次，从单位间比较的角度来看，报告该单位的篇数或被引数也无实质意义。最后，根据国内外学术影响力比较的实质情况来看，机构比较中一般至少会有十几个单位，且这些单位在总量上居于绝对位置（司林波和赵晓冬，2009），从国际排名中单位的数量来看，从顶尖到高水平的单位数量一般5~100个不等。综合考虑以上因素，本书将报告结果的单位数控制在50个左右，但受学科本身体量所限，所报告的单位数也可能低于50。

二、结果分析与比较

1998~2016年，各高校法学学科的CSSCI论文篇数及被引数见表2-1，按被引数高低排序。

表2-1 1998~2016年各高校CSSCI论文篇数及被引数（法学）

学校	篇数/被引数	学校	篇数/被引数	学校	篇数/被引数	学校	篇数/被引数
中国人民大学	1 923/55 892	苏州大学	408/10 929	西北政法大学	318/6 091	湖南师范大学	141/2 704
北京大学	1 317/54 969	四川大学	263/10 362	北京师范大学	354/6 039	西南财经大学	91/2 631
中国政法大学	1 694/49 841	复旦大学	320/7 900	湘潭大学	189/5 010	中南大学	170/2 517
清华大学	960/38 163	厦门大学	401/7 860	湖南大学	169/4 901	对外经济贸易大学	166/2 324
武汉大学	1 281/33 873	南京大学	330/7 511	中山大学	214/4 406	上海财经大学	151/2 283
中南财经政法大学	1 068/32 260	南京师范大学	352/7 501	华中科技大学	194/3 656	扬州大学	94/2 226
西南政法大学	1 179/31 945	上海交通大学	380/7 119	重庆大学	200/3 393	东南大学	170/2 150
华东政法大学	1 450/28 983	山东大学	352/6 310	深圳大学	132/3 191	安徽大学	91/2 073
浙江大学	364/11 155	吉林大学	270/6 104	同济大学	201/2 931	黑龙江大学	72/2 025

续表

学校	篇数/被引数	学校	篇数/被引数	学校	篇数/被引数	学校	篇数/被引数
河南大学	77/2 015	暨南大学	89/1 703	华南理工大学	107/1 482	郑州大学	81/1 407
南开大学	117/2 015	广东商学院	82/1 642	辽宁大学	88/1 444	南京财经大学	60/1 382
国家行政学院	52/1 917	北京航空航天大学	112/1 519	中国人民公安大学	62/1 441	宁波大学	55/1 333
中央财经大学	135/1 759	华中师范大学	62/1 510	江西财经大学	98/1 440	海南大学	62/1 303

注：中国社会科学院篇数/被引数为459/16 160，上海社会科学院篇数/被引数为285/3 511

被引数在1 302以上的高校共52个，其总篇数和总被引数分别占法学学科所有高校总篇数和总被引数的76.76%和83.92%。被引数居前3的单位，其总篇数和总被引数分别占52个高校总篇数和总被引数的26.29%和32.50%；被引数居前5的高校，其总篇数和总被引数分别占52个高校总篇数和总被引数的38.23%和47.06%；被引数居前10的高校，其总篇数和总被引数分别占52个高校总篇数和总被引数的62.04%和70.37%。该结果表明，表2-1中的52个高校是我国法学研究的重要阵地，相较于篇数，这些高校贡献了更多的被引数，其中，中国人民大学、北京大学和中国政法大学无疑是我国法学研究的三大发源地，三者不相伯仲，但与被引数排后的几所大学逐渐拉开距离。中国人民大学的被引数分别是清华大学和苏州大学的1.46倍和5.11倍。从学校特征来看，被引数排前10的大学中，政法类大学有4所，表明政法类大学是我国法学研究的重要阵地。而从区域分布来看，法学呈现出以北京为中心，以武汉为副中心，华东、西南均有代表性高校的研究格局。

1998~2016年，各高校在综合性社科学报上的CSSCI论文篇数及被引数见表2-2，按被引数高低排序。

表2-2 1998~2016年各高校CSSCI论文篇数及被引数（综合性社科学报）

学校	篇数/被引数	学校	篇数/被引数	学校	篇数/被引数	学校	篇数/被引数
中国人民大学	2 074/39 969	吉林大学	1 938/22 954	华东师范大学	1 533/14 070	西南大学	782/6 527
北京师范大学	2 127/37 361	东北师范大学	2 167/21 973	暨南大学	1 570/13 645	武汉大学	466/3 929
北京大学	2 001/36 561	清华大学	1 218/21 452	西北大学	1 868/13 322	西安交通大学	375/2 875
浙江大学	1 850/33 749	南开大学	1 726/20 098	陕西师范大学	1 995/13 312	山东大学	360/2 404
中山大学	1 772/26 372	南京大学	1 528/19 175	兰州大学	1 223/9 503	华中师范大学	218/2 120
厦门大学	1 616/23 529	南京师范大学	1 179/16 055	郑州大学	1 218/9 288	同济大学	211/1 942
复旦大学	1 663/23 318	四川大学	1 680/14 954	山西大学	1 224/9 090	中国政法大学	198/1 876

续表

学校	篇数/被引数	学校	篇数/被引数	学校	篇数/被引数	学校	篇数/被引数
西南政法大学	165/1 846	华南师范大学	173/1 239	上海财经大学	118/983	长安大学	162/756
首都师范大学	197/1 784	华中科技大学	112/1 167	中南大学	80/942	华南理工大学	88/747
西北工业大学	207/1 500	对外经济贸易大学	130/1 153	上海师范大学	180/927	兰州商学院	115/745
西北师范大学	230/1 414	中南财经政法大学	116/1 104	重庆大学	131/916		
上海交通大学	157/1 398	西北政法大学	149/1 101	河南大学	167/875		
苏州大学	146/1 303	天津师范大学	77/1 070	深圳大学	89/778		

注：中国社会科学院篇数/被引数为 668/6 474，中国教育科学研究院（2011 年以前为中央教育科学研究所）篇数/被引数为 5/1 062，中共中央党校篇数/被引数为 90/778，教育部篇数/被引数为 54/765，香港中文大学篇数/被引数为 57/747。

综合性社科学报并非学科，但 CSSCI 单列了此类，从所发论文的内容来看，各大学综合性学报涵盖了十分广泛的内容，而且几乎覆盖了 CSSCI 单列的所有学科类。因此，对各大学综合性社科学报论文篇数及被引数的分析，可能在一定程度上间接反映了各大学社会科学各学科的整体学术影响力。被引数在 744 以上的高校共 49 个，其总篇数和总被引数分别占综合社科期刊发文中所有高校总篇数和总被引数的 75.32%和 84.60%。被引数居前 3 的高校，其总篇数和总被引数分别占 49 个高校总篇数和总被引数的 15.21%和 23.47%；被引数居前 5 的高校，其总篇数和总被引数分别占 49 个高校总篇数和总被引数的 24.10%和 35.86%；被引数居前 10 的高校，其总篇数和总被引数分别占 49 个高校总篇数和总被引数的 45.20%和 59.20%。该结果表明，表 2-2 中的 49 个高校是我国综合社科期刊发文的重要阵地，相较于篇数，这些高校贡献了更多的被引数，其中，中国人民大学、北京师范大学、北京大学和浙江大学无疑是综合社科期刊的主要阵地。在综合性社科学报被引数居前 10 的高校，其学报均为 CSSCI 期刊，这可能从侧面反映了综合性社科学报对本学校论文的偏好。苏金燕（2016）对我国人文社科期刊"自留地"现象的调查发现，各大学学报"自留地"现象非常严重，厦门大学主办的《厦门大学学报·哲学社会科学版》在 2004~2013 年发表的 1 017 篇论文中，有 804 篇（约 80%）论文的作者是该学报主办高校厦门大学的学者。各单位综合性社科学报过于偏向本校论文的趋势，一方面导致了有或没有综合性社科学报大学之间的分化。有综合性社科学报的大学，其发文量与被引量就比较高，如果本学校综合性社科学报一直都是 C 刊，则其发文量和被引量就最高。另一方面，这也使有综合性社科学报（C 刊）的大学在此类期刊中的发文量和被引量不会过度悬殊，形成任何一个学校均无法完全超过另一学校的现象。例如，尽管清华大学与中山大学的被引数排位差异较大,前者居第10位,后者居第5位,但两者与排名第一的中国人民大学被引数的差距并不大,中国人民大学为清华大学的1.86倍,为中山大学的1.52倍。

1998~2016年,各高校管理学学科的CSSSI论文篇数及被引数见表2-3,按被引数高低排序。

表2-3 1998~2016年各高校CSSCI论文篇数及被引数(管理学)

学校	篇数/被引数	学校	篇数/被引数	学校	篇数/被引数	学校	篇数/被引数
浙江大学	1 277/48 840	武汉大学	536/15 207	吉林大学	329/7 661	北京理工大学	320/4 921
清华大学	1 346/42 309	东南大学	561/15 040	中南大学	329/7 056	哈尔滨工程大学	266/4 854
中国人民大学	897/36 519	南开大学	563/13 108	西南交通大学	222/6 993	北京交通大学	234/4 479
西安交通大学	1 211/31 332	华南理工大学	453/10 610	四川大学	251/6 968	浙江工业大学	188/4 370
北京大学	643/27 787	同济大学	530/10 059	东北财经大学	199/6 947	山东大学	235/4 196
华中科技大学	1 085/26 358	中国科学技术大学	479/9 665	东北大学	305/6 525	南京理工大学	175/4 139
中山大学	370/20 397	哈尔滨工业大学	521/9 561	厦门大学	195/6 494	西北大学	211/4 066
大连理工大学	924/20 060	上海财经大学	212/9 517	北京师范大学	263/6 205	西南财经大学	199/4 000
上海交通大学	652/19 379	电子科技大学	455/9 067	中南财经政法大学	252/5 954	合肥工业大学	269/3 962
南京大学	566/19 196	南京航空航天大学	385/8 147	西北工业大学	227/5 806	苏州大学	176/3 755
重庆大学	754/18 770	湖南大学	380/8 084	浙江工商大学	277/5 581	对外经济贸易大学	215/3 658
复旦大学	410/17 752	北京航空航天大学	352/8 076	武汉理工大学	298/5 449	福州大学	189/3 511
天津大学	757/15 321	国家行政学院	163/7 925	暨南大学	179/5 387		

注:中国科学院篇数/被引数为915/19 605,中国社会科学院篇数/被引数为232/10 180,中国行政管理学会篇数/被引数为209/3 885。

被引数在3 510以上的高校共51个,其总篇数和总被引数分别占管理学学科所有高校总篇数和总被引数的58.69%和69.40%。被引数居前3的高校,其总篇数和总被引数分别占51个高校总篇数和总被引数的15.65%和20.89%;被引数居前5的高校,其总篇数和总被引数分别占51个高校总篇数和总被引数的23.90%和30.57%;被引数居前10的高校,其总篇数和总被引数分别占51个高校总篇数和总被引数的39.90%和47.82%。该结果表明,表2-3中的51个高校是我国管理学研究的重要阵地,相较于篇数,这些高校贡献的被引数更多,其中,浙江大学、清华大学、中国人民大学和西安交通大学无疑是我国管理学研究的四大发源地,四者不相,但与被引数排后的几所大学的差距逐渐拉开。浙江大学的被引数分别是北京大学和南京大学的 1.76 倍和 2.54 倍。从学校特征来看,被引数排前 10 的大学全部是综合性"985 工程"高校,表明综合类科研整体强校是我国管理学研究的重要载体。从地域来看,管理学研究形成了以综合性大学为中心,华北、华东、华南、西北、华中、西南均有代表性高校的研究格局,这也说明管理学学科已经得到许多高校的广泛重视并形成了一定的科研团队和研究基地。

1998~2016 年,各高校环境科学学科的 CSSCI 论文篇数及被引数见表 2-4,按被引数高低排序。

表 2-4 1998~2016 年各高校 CSSCI 论文篇数及被引数(环境科学)

学校	篇数/被引数	学校	篇数/被引数	学校	篇数/被引数	学校	篇数/被引数
清华大学	36/506	上海财经大学	4/126	浙江大学	5/71	江南大学	14/40
北京林业大学	10/259	华中农业大学	25/116	大连理工大学	9/70	广西师范大学	1/39
中南财经政法大学	28/222	对外经济贸易大学	32/109	西南财经大学	11/70	西北农林科技大学	6/39
南京农业大学	30/202	南开大学	8/104	西安交通大学	12/64	中国农业大学	7/38
山东工商学院	1/194	武汉大学	18/101	内蒙古大学	3/62	中央财经大学	11/38
兰州大学	11/177	华北电力大学	5/91	中国矿业大学	11/59	吉林大学	8/36
华中科技大学	43/171	安徽大学	10/88	河海大学	21/54	南京财经大学	3/35
北京师范大学	20/170	中国人民大学	13/83	华东师范大学	10/47	西南大学	10/30
中国地质大学	33/170	重庆大学	16/83	青岛大学	5/47	中国海洋大学	10/27
四川大学	9/143	同济大学	15/80	天津大学	14/42	东北师范大学	4/26
山东师范大学	15/139	沈阳农业大学	5/74	哈尔滨工程大学	3/41		
北京大学	17/138	华侨大学	4/72	电子科技大学	5/40		
南京大学	7/136	新疆大学	4/71	东南大学	4/40		

注:中国科学院篇数/被引数为 33/283,环境保护部篇数/被引数为 27/147,中国社会科学院篇数/被引数为 16/82,中国环境科学研究院篇数/被引数为 10/74,云南省大理白族自治州农业科学研究所篇数/被引数为 1/40

本书分析的 CSSCI 中环境科学的期刊仅有一本,因此解释该分析结果可能会因样本量太小而不具有代表性。被引数在 25 以上的高校共 49 个,其总篇数和总被引数占到环境科学学科所有高校总篇数和总被引数的 53.11%和 76.69%。被引数居前 3 的高校,其总篇数和总被引数分别占 49 个高校总篇数和总被引数的

12.21%和20.23%；被引数居前5的高校，其总篇数和总被引数分别占49个高校总篇数和总被引数的17.33%和28.34%；被引数居前10的高校，其总篇数和总被引数分别占49个高校总篇数和总被引数的34.98%和42.44%。该结果表明，表2-4中的49个高校是我国环境科学研究的重要阵地，相较于篇数，这些高校贡献的被引数更多，其中，清华大学、北京林业大学是环境科学研究的重要阵地。从学校特征来看，被引数排前10的大学中，农业类和地质类大学比较集中，表明这两类大学中环境科学研究比较突出。

1998~2016年，各高校教育学学科的CSSCI论文篇数及被引数见表2-5，按被引数高低排序。

表2-5 1998~2016年各高校CSSCI论文篇数及被引数（教育学）

学校	篇数/被引数	学校	篇数/被引数	学校	篇数/被引数	学校	篇数/被引数
北京师范大学	3 508/72 770	湖南师范大学	421/9 724	山东师范大学	233/3 486	江苏师范大学	123/2 258
华东师范大学	2 167/53 618	首都师范大学	455/9 525	中国人民大学	245/3 450	北京航空航天大学	170/2 224
华中科技大学	1 034/25 121	浙江师范大学	640/7 925	沈阳师范大学	194/3 352	东南大学	199/2 162
南京师范大学	1 071/22 134	南京大学	568/7 743	辽宁师范大学	142/3 278	河南大学	193/2 138
东北师范大学	1 087/19 815	陕西师范大学	305/6 800	宁波大学	202/3 205	同济大学	174/2 092
清华大学	967/18 178	上海师范大学	350/6 440	北京理工大学	160/3 149	湖南大学	122/2 069
浙江大学	1 021/16 712	西北师范大学	273/5 641	温州大学	142/3 130	扬州大学	222/1 996
厦门大学	657/15 983	福建师范大学	168/4 693	江西师范大学	163/3 008	南京农业大学	144/1 978
西南大学	926/15 283	苏州大学	304/4 550	河北大学	152/2 860	浙江工业大学	118/1 910
北京大学	567/11 294	曲阜师范大学	161/3 915	复旦大学	191/2 704	杭州师范大学	191/1 897
华中师范大学	559/10 698	武汉大学	186/3 585	安徽师范大学	161/2 590	中山大学	124/1 878
华南师范大学	598/10 590	上海交通大学	234/3 532	淮阴师范学院	131/2 368	山西大学	90/1 747

注：教育部篇/被引数为317/8 077，中国教育科学研究院篇/被引数为166/5 406，香港中文大学篇/被引数为135/3 697，山东省教育科学研究所篇/被引数为13/3 086，上海市教育科学研究院篇/被引数为171/2 562，上海市教科院篇/被引数为171/2 443，天津市教育科学研究院篇/被引数为76/1 792

被引数在1 746以上的高校共48个，其总篇数和总被引数分别占教育学学科所有高校总篇数和总被引数的53.96%和66.21%。被引数居前3的高校，其总篇数和总被引数分别占48个高校总篇数和总被引数的30.07%和35.01%；被引数居前5的高校，其总篇数和总被引数分别占48个高校总篇数和总被引数的39.83%和44.87%；被引数居前10的高校，其总篇数和总被引数分别占48个高校总篇数和总被引数的58.53%和63.07%。该结果表明，表2-5中的48个高校是我国教育学研究的重要阵地，相较于篇数，这些高校贡献的被引数更多一些，其中，北京师范大学和华东师范大学是我国教育学研究的主力，两者不相伯仲，且与被引数排后的几所大学的差距逐渐拉开，北京师范大学被引数分别是华中科技大学和西南大学的2.90倍和4.76倍。从学校特征来看，被引数排前10的大学主要是师范类大学,如北京师范大学、华东师范大学,还包括以师范大学为主体新形成的大学,如西南大学,这表明师范类科研整体强校是我国教育学研究的重要载体。除此之外,有的综合性大学,如华中科技大学,也在被引数上进入了前 10,这与其他研究者的发现比较一致。例如,龚放对我国教育学科机构 2005~2006 年学术影响力的分析就发现:就教育学论文的"高产区"来看,师范大学依然"三分天下有其二";年均发文量100篇以上的17所高校中,真正的非师范大学仅有浙江大学(第3)、清华大学(第7)、华中科技大学(第8)、北京大学(第11)、南京大学(第12)和厦门大学(第17)6所。前五名中除浙江大学外,其余均为师范类大学。北京师范大学和华东师范大学"双峰并峙"的局面依然未变,而且它们的发文量依然是位居第3的浙江大学的两倍以上(龚放,2009)。

1998~2016 年,各高校经济学学科的 CSSCI 论文篇数及被引数见表 2-6,按被引数高低排序。

表 2-6 1998~2016 年各高校 CSSCI 论文篇数及被引数(经济学)

学校	篇数/被引数	学校	篇数/被引数	学校	篇数/被引数	学校	篇数/被引数
北京大学	2 045/119 704	武汉大学	1 735/44 798	重庆大学	494/20 244	同济大学	390/8 511
中国人民大学	3 399/108 560	西南财经大学	2 461/42 533	中国农业大学	524/18 044	天津财经大学	415/7 904
上海财经大学	2 007/96 681	中南财经政法大学	1 372/34 659	北京师范大学	655/16 851	中国科学院	188/7 903
厦门大学	1 999/84 338	暨南大学	840/32 326	对外经济贸易大学	764/14 944	南京审计大学	409/7 742
南开大学	2 784/82 658	上海交通大学	593/29 001	北京工商大学	251/13 910	北京航空航天大学	175/7 604
复旦大学	1 794/76 262	华中科技大学	726/23 861	四川大学	626/13 173	华中农业大学	291/7 469
清华大学	1 158/71 880	山东大学	859/23 734	浙江工商大学	446/12 447	辽宁大学	349/7 067
南京大学	1 484/67 634	中央财经大学	1 083/23 703	南京财经大学	509/12 064	苏州大学	208/6 900
东北财经大学	2 542/61 093	湖南大学	679/22 196	首都经济贸易大学	751/11 816	华东师范大学	327/6 458
浙江大学	1 315/60 739	吉林大学	766/21 843	东南大学	287/11 323	上海国家会计学院	65/5 662
西安交通大学	1 654/55 287	江西财经大学	1 137/21 781	浙江财经学院	344/10 495		
中山大学	895/51 299	南京农业大学	595/21 290	西北大学	395/8 781		

注:中国社会科学院篇数/被引数为 3 339/123 314,中国人民银行篇数/被引数为 920/45 088,财政部篇数/被引数为 1 009/25 214,上海社会科学院篇数/被引数为 408/10 925,中国农业科学院篇数/被引数为 330/9 979,农业部篇数/被引数为 253/8 976,中国银行篇数/被引数为 312/8 626,国务院发展研究中心篇数/被引数为 169/5 944

被引数在 5 661 以上的高校共46个,其总篇数和总被引数分别占经济学学科所有高校总篇数和总被引数的60.33%和67.82%。被引数居前3的高校，其总篇数和总被引数分别占46个高校总篇数和总被引数的16.63%和21.45%；被引数居前5的高校，其总篇数和总被引数分别占46个高校总篇数和总被引数的27.32%和32.47%；被引数居前10的高校，其总篇数和总被引数分别占46个高校总篇数和总被引数的45.83%和54.75%。该结果表明，表2-6中的46个高校是我国经济学研究的重要阵地，相较于篇数，这些高校贡献的被引数更多一些，其中，北京大学、中国人民大学和上海财经大学是我国经济学研究的三大主力，三者不相伯仲，且与被引数排后的几所大学的差距逐渐拉开，北京大学被引数分别是厦门大学和东北财经大学的1.42倍和1.96倍。从学校特征来看，被引数排前10的大学主要是综合类大学，如厦门大学、南开大学，此外，还包括少数财经类大学，如上海财经大学和东北财经大学，表明财经类大学科研强校也是我国经济学研究的重要载体。

1998~2016年，各高校考古学学科的CSSCI论文篇数及被引数见表2-7，按被引数高低排序。

表2-7 1998~2016年各高校CSSCI论文篇数及被引数（考古学）

学校	篇数/被引数	学校	篇数/被引数	学校	篇数/被引数	学校	篇数/被引数
北京大学	304/2 882	北京师范大学	36/202	重庆师范大学	22/107	河南大学	18/56
吉林大学	169/1 133	南京大学	38/193	北京联合大学	14/98	厦门大学	17/53
清华大学	48/842	中山大学	33/171	中央美术学院	14/95	暨南大学	8/51
四川大学	134/735	北京科技大学	34/166	南京师范大学	16/92	华南师范大学	9/49
西北大学	118/660	山西大学	35/143	中国科学技术大学	22/82	北京教育学院	8/46
山东大学	61/501	首都师范大学	36/140	西南大学	14/72	洛阳理工学院	7/46
武汉大学	67/450	兰州大学	18/137	中国人民大学	24/68	华东师范大学	12/39
陕西师范大学	57/397	南开大学	32/130	辽宁师范大学	12/60	云南民族学院	1/36
郑州大学	60/345	安徽大学	23/126	西华师范大学	11/57	西北师范大学	5/35
湖南大学	16/203	复旦大学	25/120	同济大学	10/56	陕西科技大学	3/34

注：中国社会科学院篇数/被引数为640/5 143，陕西省考古研究院篇数/被引数为231/850，中国科学院篇数/被引数为30/237，香港中文大学篇数/被引数为14/142，四川省文物考古研究院篇数/被引数为18/60，中国艺术研究院篇数/被引数为11/56，河南省文物管理局南水北调文物保护办公室篇数/被引数为11/53，上海博物馆考古研究部篇数/被引数为9/53，美国芝加哥大学篇数/被引数为4/51，郑州市文物考古研究院篇数/被引数为16/45，四川省社会科学院篇数/被引数为4/33，新疆吐鲁番学研究院篇数/被引数为3/33

被引数在 33 以上的高校共 40 个，其总篇数和总被引数分别占考古学学科所有高校总篇数和总被引数的 51.81%和 55.79%。被引数居前 3 的高校，其总篇数和总被引数分别占 40 个高校总篇数和总被引数的 32.75%和 44.53%；被引数居前 5 的高校，其总篇数和总被引数分别占 40 个高校总篇数和总被引数的 48.59%和 57.32%；被引数居前 10 的高校，其总篇数和总被引数分别占 40 个高校总篇数和总被引数的 64.99%和 74.70%。该结果表明，表 2-7 中的 40 个高校是我国考古学研究的重要阵地，相较于篇数，这些高校贡献的被引数更多一些，其中，北京大学和吉林大学是我国考古学研究的两大主力，两者与被引数排后的几所大学的差距逐渐拉大，北京大学被引数分别是清华大学和湖南大学的 3.42 倍和 14.20 倍。

1998~2016 年，各高校历史学学科的 CSSCI 论文篇数及被引数见表 2-8，按被引数高低排序。

表 2-8　1998~2016 年各高校 CSSCI 论文篇数及被引数（历史学）

学校	篇数/被引数	学校	篇数/被引数	学校	篇数/被引数	学校	篇数/被引数
南开大学	861/6 034	河南大学	517/2 214	山西大学	101/986	安徽师范大学	87/515
北京大学	776/5 849	吉林大学	468/2 185	天津师范大学	141/937	南京师范大学	103/510
复旦大学	724/5 490	清华大学	214/2 170	华南师范大学	163/909	四川师范大学	58/480
北京师范大学	885/5 128	四川大学	254/2 069	郑州大学	149/899	山东师范大学	50/456
中国人民大学	757/4 933	首都师范大学	362/1 735	云南大学	126/762	中央民族大学	77/430
南京大学	671/4 246	暨南大学	264/1 402	兰州大学	114/741	西南大学	80/421
华东师范大学	409/3 053	上海师范大学	277/1 385	河北师范大学	125/688	中国政法大学	49/416
厦门大学	344/2 830	苏州大学	164/1 348	同济大学	150/670	扬州大学	70/408
中山大学	275/2 770	浙江大学	215/1 266	安徽大学	89/665	江苏师范大学	81/406
华中师范大学	287/2 299	陕西师范大学	231/1 243	河北大学	69/646	辽宁大学	65/377
东北师范大学	361/2 252	山东大学	197/1 238	江西师范大学	57/532	湖南大学	29/346
武汉大学	286/2 215	湖南师范大学	122/1 064	西北大学	86/518	浙江师范大学	62/339

注：上海社会科学院篇数/被引数为 479/2 431，中共中央党校篇数/被引数为 90/799，上海社科院篇数/被引数为 87/514，香港中文大学篇数/被引数为 50/446

被引数在 338 以上的高校共 48 个，其总篇数和总被引数分别占历史学学科所有高校总篇数和总被引数的 82.20%和 82.46%。被引数居前 3 的高校，其总篇数和总被引数分别占 48 个高校总篇数和总被引数的 22.86%和 25.09%；被引数居前 5 的高校，其总篇数和总被引数分别占 48 个高校总篇数和总被引数的 38.77%和 29.62%；被引数居前 10 的高校，其总篇数和总被引数分别占 48 个高校总篇数和总被引数的 58.00%和 61.56%。该结果表明，表 2-8 中的 48 个高校是我国历史学研究最重要的阵地，这些高校贡献的被引数与篇数大体相当，甚至略低一些。其中，南开大学、北京大学、复旦大学、北京师范大学、中国人民大学是我国历史学研究的五大主力，但与被引数排后的几所大学的差距相对不大，南开大学被引数分别是南京大学和华中师范大学的 1.42 倍和 2.62 倍。

1998~2016 年，各高校马克思主义学科的 CSSCI 论文篇数及被引数见表 2-9，按被引数高低排序。

表 2-9　1998~2016 年各高校 CSSCI 论文篇数及被引数（马克思主义）

学校	篇数/被引数	学校	篇数/被引数	学校	篇数/被引数	学校	篇数/被引数
复旦大学	321/3 322	吉林大学	54/699	同济大学	94/526	山西大学	56/361
中国人民大学	337/2 870	厦门大学	81/693	扬州大学	70/511	安徽师范大学	43/347
武汉大学	206/2 115	首都师范大学	68/668	东北师范大学	52/503	江西师范大学	20/328
苏州大学	167/1 631	中山大学	88/659	上海师范大学	60/495	湘潭大学	37/313
北京大学	209/1 594	山东大学	49/654	深圳大学	45/495	华东理工大学	24/309
南京大学	162/1 410	北京师范大学	55/628	上海财经大学	118/492	南京政治学院	50/284
清华大学	120/1 071	华南师范大学	61/620	西南大学	52/482	河南财经政法大学	62/270
中南财经政法大学	71/986	上海交通大学	80/599	福建师范大学	41/424	华东政法大学	33/264
浙江大学	48/877	华中师范大学	82/594	黑龙江大学	50/424	哈尔滨工业大学	15/262
华东师范大学	113/831	南京师范大学	65/542	湖南科技大学	41/409		
南开大学	73/791	安徽大学	43/536	西南财经大学	37/367		

注：中国社会科学院篇数/被引数 800/4 679，上海社会科学院篇数/被引数 462/2 482，中共中央党校篇数/被引数 254/1 630，中央编译局（比较政治与经济研究中心）篇数/被引数 6/918，上海市哲学社会科学规划办公室篇数/被引数 5/348，教育部篇数/被引数 40/343

被引数在 261 以上的高校共 42 个,其总篇数和总被引数分别占马克思主义学科所有高校总篇数和总被引数的 36.12%和 40.57%。被引数居前 3 的高校,其总篇数和总被引数分别占 42 个高校总篇数和总被引数的 28.01%和 29.33%;被引数居前 5 的高校,其总篇数和总被引数分别占 42 个高校总篇数和总被引数的 40.19%和 40.72%;被引数居前 10 的高校,其总篇数和总被引数分别占 42 个高校总篇数和总被引数的 56.86%和 59.00%。该结果表明,表 2-9 中的 42 个高校是我国马克思主义研究最重要的阵地,这些单位贡献的被引数与篇数大体相当,其中,复旦大学、中国人民大学、武汉大学、苏州大学、北京大学是我国马克思主义研究的五大主力,且与被引数排后的几所大学的差距逐渐拉大,复旦大学被引数分别是南京大学和华东师范大学的 2.36 倍和 4.00 倍。

1998~2016 年,各高校民族学学科的 CSSCI 论文篇数及被引数见表 2-10,按被引数高低排序。

表 2-10 1998~2016 年各高校 CSSCI 论文篇数及被引数(民族学)

学校	篇数/被引数	学校	篇数/被引数	学校	篇数/被引数	学校	篇数/被引数
中央民族大学	2 331/14 565	西北师范大学	36/825	西北民族大学	78/373	广西师范学院	39/225
云南大学	228/2 180	中国人民大学	105/824	内蒙古师范大学	59/305	西北大学	25/205
兰州大学	183/1 957	吉首大学	86/802	新疆大学	52/303	武汉大学	32/200
北京大学	122/1 611	中山大学	96/681	广西大学	46/297	西藏大学	50/191
厦门大学	154/1 534	西南民族大学	124/587	大连民族学院	47/297	贵州大学	38/170
广西民族大学	205/1 329	南京大学	68/554	西藏民族大学	60/273	华中师范大学	42/167
四川大学	188/1 044	内蒙古大学	85/517	云南民族大学	61/271	首都师范大学	35/163
广西师范大学	145/1 016	北京师范大学	72/468	华东师范大学	30/261	百色学院	30/147
中南民族大学	115/963	陕西师范大学	72/446	复旦大学	34/260	宁夏大学	21/147
南开大学	87/904	西南大学	59/398	贵州民族大学	35/258	中南民族学院	17/137
暨南大学	116/842	清华大学	40/393	吉林大学	29/253	湖北民族学院	28/133

注:中国社会科学院篇数/被引数 704/6 315,中国藏学研究中心篇数/被引数 336/1 123,中国艺术研究院篇数/被引数 7/704,云南省社会科学院篇数/被引数 28/368,广西社会科学院篇数/被引数 32/262,国家民族事务委员会篇数/被引数 16/202,中共中央党校篇数/被引数 30/192,国家民族事务委员会民族问题研究中心篇数/被引数 10/181,中国科学院篇数/被引数 22/146,广西民族问题研究中心篇数/被引数 43/139

被引数在 132 以上的高校共 44 个,其总篇数和总被引数分别占民族学学科所有高校总篇数和总被引数的60.02%和65.34%。被引数居前3的高校，其总篇数和总被引数分别占44个高校总篇数和总被引数的48.92%和47.38%；被引数居前5的高校，其总篇数和总被引数分别占44个高校总篇数和总被引数的53.84%和55.34%；被引数居前10的高校，其总篇数和总被引数分别占44个高校总篇数和总被引数的67.04%和68.66%。该结果表明，表2-10中的44个高校是我国民族学研究最重要的阵地，这些单位贡献的被引数与篇数大体相当，其中，中央民族大学是我国民族学研究的绝对主力，且与被引数排后的几所大学的差距逐渐拉大，中央民族大学被引数分别是云南大学和南开大学的6.68倍和16.11倍。此外，地处少数民族聚居地或其附近的大学，如云南大学、兰州大学也成为民族学研究的主力，其他一些民族类大学也当仁不让地成为民族学研究的主力，如广西民族大学和中南民族大学。

1998~2016年，各高校人口学学科的CSSCI论文篇数及被引数见表2-11，按被引数高低排序。

表2-11　1998~2016年各高校CSSCI论文篇数及被引数（人口学）

学校	篇数/被引数	学校	篇数/被引数	学校	篇数/被引数	学校	篇数/被引数
中国人民大学	378/8 975	厦门大学	73/1 612	重庆大学	35/708	浙江师范大学	17/394
北京大学	486/7 872	辽宁大学	59/1 515	同济大学	29/684	湖南大学	14/375
首都经济贸易大学	585/6 084	河北大学	55/1 425	南京人口管理干部学院	59/674	四川大学	21/375
吉林大学	354/5 133	北京师范大学	57/1 243	东北财经大学	31/641	华南师范大学	25/373
复旦大学	146/3 844	华中科技大学	76/1 193	鲁东大学	15/595	河海大学	21/360
南开大学	147/3 325	中南财经政法大学	68/1 128	上海财经大学	29/578	暨南大学	21/354
浙江大学	109/2 936	清华大学	30/989	兰州大学	25/537	深圳大学	11/322
武汉大学	89/2 523	西南财经大学	78/957	中国青年政治学院	24/527	中央财经大学	23/296
华东师范大学	129/2 314	河南财经政法大学	8/783	上海交通大学	19/479	中国农业大学	11/281
南京大学	90/1 993	中山大学	51/761	南京师范大学	15/428	成都理工大学	7/280
西安交通大学	100/1 778	南京农业大学	30/720	西北农林科技大学	16/400	福建师范大学	18/279

注：中国社会科学院篇数/被引数236/8 511，中国老龄科学研究中心篇数/被引数45/1 058，中国人口与发展研究中心篇数/被引数57/710，中国人口信息研究中心篇数/被引数24/637，中国科学技术促进发展研究中心篇数/被引数1/455，上海社会科学院篇数/被引数30/442，山东社会科学院篇数/被引数23/383，中国科学院篇数/被引数12/355，香港科技大学篇数/被引数8/300

被引数在278以上的高校共44个，其总篇数和总被引数分别占人口学学科所有高校总篇数和总被引数的60.43%和66.06%。被引数居前3的高校，其总篇数和总被引数分别占44个高校总篇数和总被引数的39.33%和33.21%；被引数居前5的高校，其总篇数和总被引数分别占44个高校总篇数和总被引数的52.90%和46.21%；被引数居前10的高校，其总篇数和总被引数分别占44个高校总篇数和总被引数的68.21%和65.18%。该结果表明，表2-11中的44个高校是我国人口学研究最重要的阵地，这些高校贡献的被引数与篇数大体相当，或者略低于篇数，其中，中国人民大学、北京大学和首都经济贸易大学是我国人口学研究的主力，且与被引数排后的几所大学的差距逐渐拉大，中国人民大学被引数分别是吉林大学和南京大学的1.75倍和4.50倍。经济学研究占优的各大学，似乎在人口学研究上也显现出了独特的优势。

1998~2016年，各高校人文、经济地理学学科的CSSCI论文篇数及被引数见表2-12，按被引数高低排序。

表2-12 1998~2016年各高校CSSCI论文篇数及被引数（人文、经济地理学）

学校	篇数/被引数	学校	篇数/被引数	学校	篇数/被引数	学校	篇数/被引数
南京大学	425/14 623	湖北大学	55/1 991	南开大学	38/1 117	宁夏大学	49/762
北京大学	279/9 448	江苏师范大学	67/1 780	兰州大学	59/1 006	华侨大学	45/751
中山大学	281/8 023	北京师范大学	106/1 693	山东师范大学	53/1 004	宁波大学	43/745
浙江大学	199/5 819	华南师范大学	92/1 677	中国人民大学	31/980	鲁东大学	39/744
南京师范大学	206/5 383	西北师范大学	83/1 513	南京农业大学	34/958	衡阳师范学院	42/704
河南大学	214/5 343	西安外国语大学	68/1 475	中南大学	86/918	湖南农业大学	49/673
华东师范大学	205/5 292	中南林业科技大学	69/1 391	浙江师范大学	48/915	浙江工商大学	47/665
东北师范大学	238/5 007	西南大学	64/1 371	浙江工业大学	47/906	嘉应学院	22/653
西北大学	135/3 358	上海师范大学	43/1 348	华南理工大学	43/905	吉首大学	36/650
陕西师范大学	116/2 913	湖南师范大学	106/1 297	广州大学	52/843	湘潭大学	31/639
安徽师范大学	87/2 498	暨南大学	53/1 165	云南师范大学	34/821	清华大学	30/637
辽宁师范大学	91/2 158	西安交通大学	57/1 141	福建师范大学	48/790	复旦大学	20/636
湖南大学	100/2 004	华中师范大学	92/1 136	同济大学	40/768	首都师范大学	39/624

注：中国科学院篇数/被引数 409/11 076，中国农业科学院篇数/被引数 6/1 012

被引数在 623 以上的高校共 52 个,其总篇数和总被引数分别占人文、经济地理学学科所有高校总篇数和总被引数的 62.57%和 68.37%。被引数居前 3 的高校,其总篇数和总被引数分别占 52 个高校总篇数和总被引数的 21.25%和 28.74%;被引数居前 5 的高校,其总篇数和总被引数分别占 52 个高校总篇数和总被引数的 29.98%和 38.77%;被引数居前 10 的高校,其总篇数和总被引数分别占 52 个高校总篇数和总被引数的 49.56%和 58.40%。该结果表明,表 2-12 中的 52 个高校是我国人文、经济地理学研究的重要阵地,这些高校贡献的被引数比篇数更多(所占比),其中,南京大学、北京大学、中山大学是我国人文、经济地理学研究的主力,且与被引数排后的几所大学的差距逐渐拉大,南京大学被引数分别是浙江大学和陕西师范大学的 2.51 倍和 5.02 倍。多所师范类大学在人文、经济地理学研究上显现出了独特的优势。

1998~2016 年,各高校社会学学科的 CSSCI 论文篇数及被引数见表 2-13,按被引数高低排序。

表 2-13 1998~2016 年各高校 CSSCI 论文篇数及被引数(社会学)

学校	篇数/被引数	学校	篇数/被引数	学校	篇数/被引数	学校	篇数/被引数
北京大学	130/7 520	华东师范大学	22/1 657	中国青年政治学院	6/607	沈阳师范大学	6/290
中山大学	63/4 950	复旦大学	30/1 478	吉林大学	9/458	华东理工大学	8/262
中国人民大学	78/4 842	中国政法大学	15/1 348	华中师范大学	8/413	南京师范大学	3/255
清华大学	61/4 575	北京师范大学	18/1 246	山东大学	5/407	中南财经政法大学	4/236
南京大学	60/3 996	华中科技大学	12/883	武汉大学	8/367	东南大学	4/219
同济大学	32/2 335	苏州大学	7/794	河海大学	4/359	中国劳动关系学院	3/203
浙江大学	36/1 754	湖南师范大学	1/706	哈尔滨工业大学	4/302	湖北理工学院	1/192
厦门大学	16/1 707	南开大学	20/647	华南师范大学	6/301	中央民族大学	12/182

注:中国社会科学院篇数/被引数 123/10 805,香港中文大学篇数/被引数 23/2 942,香港科技大学篇数/被引数 15/1 137,上海社会科学院篇数/被引数 14/986,中共中央党校篇数/被引数 8/713,香港城市大学篇数/被引数 5/526,中国科学技术促进发展研究中心篇数/被引数 2/387,国家统计局篇数/被引数 1/356,天津社会科学院篇数/被引数 3/335,北京市人民政府篇数/被引数 1/300,北京市社会科学院篇数/被引数 2/190,中国科学院篇数/被引数 1/183

被引数在 181 以上的高校共 32 个,其总篇数和总被引数分别占社会学学科所有高校总篇数和总被引数的 62.23%和 61.96%。被引数居前 3 的高校,其总篇数和总被引数分别占 32 个高校总篇数和总被引数的 39.16%和 38.06%;被引数居前 5 的高校,其总篇数和总被引数分别占 32 个高校总篇数和总被引数的 56.64%和

56.90%；被引数居前10的高校，其总篇数和总被引数分别占32个高校总篇数和总被引数的76.30%和76.53%。该结果表明，表2-13中的32个高校是我国社会学研究的重要阵地，这些高校贡献的被引数比篇数更多（所占比），其中，北京大学、中山大学、中国人民大学、清华大学、南京大学是我国社会学研究的主力，且与被引数排后的几所大学的差距逐渐拉大，北京大学被引数分别是同济大学和复旦大学的3.22倍和5.09倍。综合性"985工程"大学在社会学研究上显现出了整体优势。

1998~2016年，各高校体育学学科的CSSCI论文篇数及被引数见表2-14，按被引数高低排序。

表2-14　1998~2016年各高校CSSCI论文篇数及被引数（体育学）

学校	篇数/被引数	学校	篇数/被引数	学校	篇数/被引数	学校	篇数/被引数
北京体育大学	1 727/36 065	苏州大学	202/3 834	西安体育学院	126/2 054	同济大学	100/1 457
上海体育学院	1 444/30 622	河南大学	192/3 661	扬州大学	116/2 051	杭州师范学院	53/1 457
武汉体育学院	1 200/19 191	成都体育学院	169/3 343	吉首大学	62/1 845	沈阳师范大学	68/1 444
首都体育学院	246/7 652	福建师范大学	145/3 097	鲁东大学	106/1 781	南京体育学院	67/1 428
华中师范大学	246/5 262	北京师范大学	174/3 053	陕西师范大学	106/1 739	山西师范大学	69/1 413
华南师范大学	213/5 189	温州大学	124/2 911	山东农业大学	88/1 729	北京大学	58/1 381
浙江大学	209/4 985	天津体育学院	157/2 872	辽宁师范大学	85/1 718	河南师范大学	61/1 326
湖南师范大学	230/4 606	武汉理工大学	123/2 426	中国矿业大学	71/1 655	浙江工业大学	76/1 325
华东师范大学	308/4 558	安徽师范大学	124/2 330	江西师范大学	118/1 610	沈阳体育学院	98/1 313
浙江师范大学	187/4 485	集美大学	126/2 270	曲阜师范大学	107/1 604	中国石油大学	56/1 292
广州体育学院	183/4 333	宁波大学	108/2 197	华中科技大学	117/1 597	电子科技大学	71/1 250
南京师范大学	231/4 274	山西大学	129/2 101	山东大学	126/1 566	山东理工大学	78/1 245
清华大学	135/3 861	西南大学	101/2 076	天津大学	47/1 514	郑州大学	96/1 198

注：国家体育总局体育科学研究所篇数/被引数 116/2 572，江苏省体育科学研究所篇数/被引数 136/1 598

被引数在1 197以上的高校共52个，其总篇数和总被引数分别占体育学学科所有高校总篇数和总被引数的54.98%和60.20%。被引数居前3的高校，其总篇数和总被引数分别占52个高校总篇数和总被引数的41.01%和40.65%；被引数居前5的高校，其总篇数和总被引数分别占52个高校总篇数和总被引数的45.62%

和46.77%；被引数居前10的高校，其总篇数和总被引数分别占52个高校总篇数和总被引数的56.38%和58.04%。该结果表明，表2-14中的52个高校是我国体育学研究的重要阵地，这些高校贡献的被引数比篇数更多（所占比），其中，北京体育大学、上海体育学院、武汉体育学院是我国体育学研究的绝对主力，且与被引数排后的几所大学的差距逐渐拉大，北京体育大学被引数分别是华中师范大学和浙江师范大学的4.71倍和8.04倍。体育类大学和师范类大学成为我国体育学研究最重要的主体。

1998~2016年，各高校统计学学科的CSSCI论文篇数及被引数见表2-15，按被引数高低排序。

表2-15 1998~2016年各高校CSSCI论文篇数及被引数（统计学）

学校	篇数/被引数	学校	篇数/被引数	学校	篇数/被引数	学校	篇数/被引数
中国人民大学	245/4 350	吉林大学	54/1 346	北京师范大学	73/925	东南大学	35/494
西安交通大学	82/3 676	复旦大学	57/1 336	南京航空航天大学	44/915	北京理工大学	30/489
上海财经大学	105/3 524	南京大学	40/1 277	暨南大学	104/880	北京工业大学	58/489
北京大学	113/3 180	湖南大学	55/1 232	辽宁大学	16/807	四川大学	33/483
浙江工商大学	104/3 151	太原理工大学	86/1 220	南开大学	56/729	西南交通大学	30/477
厦门大学	173/2 659	天津大学	57/1 166	北京航空航天大学	38/694	南京审计大学	25/476
清华大学	86/2 611	广东商学院	21/1 118	中国科学技术大学	59/660	兰州大学	8/467
浙江大学	67/2 506	天津财经大学	73/1 099	同济大学	28/658	北方工业大学	28/456
中山大学	76/2 205	中南财经政法大学	47/1 063	江西财经大学	30/622	首都经济贸易大学	27/436
东北财经大学	118/1 768	武汉大学	45/1 059	中南大学	17/613	南京理工大学	32/420
华中科技大学	76/1 733	重庆大学	47/1 041	对外经济贸易大学	37/579		
上海交通大学	43/1 471	西南财经大学	85/1 004	江苏大学	16/524		
南京财经大学	49/1 356	中央财经大学	68/931	兰州商学院	20/507		

注：中国科学院篇数/被引数89/2 152，国家统计局统计科学研究所篇数/被引数72/987，中国社会科学院篇数/被引数26/694，亚洲发展银行篇数/被引数1/491，中国建设银行篇数/被引数1/414

被引数在419以上的高校共49个，其总篇数和总被引数分别占统计学学科所有高校总篇数和总被引数的61.57%和69.93%。被引数居前3的高校，其总篇数和总被引数分别占49个高校总篇数和总被引数的14.81%和18.36%；被引数居前

5 的高校,其总篇数和总被引数分别占 49 个高校总篇数和总被引数的 22.26%和 28.44%;被引数居前 10 的高校,其总篇数和总被引数分别占 49 个高校总篇数总被引数的 40.09%和 47.12%。该结果表明,表 2-15 中的 49 个高校是我国统计学研究的重要阵地,这些高校贡献的被引数比篇数更多(所占比),其中,中国人民大学、西安交通大学、上海财经大学、北京大学、浙江工商大学是我国统计学研究的主力,且与被引数排后的几所大学的差距逐渐拉大,中国人民大学被引数分别是厦门大学和东北财经大学的 1.64 倍和 2.46 倍。财经类、工商类以及商科占优的大学在统计学研究上显现出了整体优势。

1998~2016 年,各高校图书馆、情报与文献学学科 CSSCI 的论文篇数及被引数见表 2-16,按被引数高低排序。

表 2-16 1998~2016 年各高校 CSSCI 论文篇数及被引数(图书馆、情报与文献学)

学校	篇数/被引数	学校	篇数/被引数	学校	篇数/被引数	学校	篇数/被引数
武汉大学	4 077/52 165	湘潭大学	481/5 700	山东理工大学	324/2 709	深圳大学	196/2 188
北京大学	1 727/24 543	华中科技大学	443/5 646	天津大学	266/2 669	广东工业大学	187/2 111
南京大学	1 958/22 664	郑州大学	518/5 523	大连理工大学	261/2 641	北京邮电大学	148/2 101
中山大学	1 183/14 753	华南师范大学	550/5 329	安徽大学	351/2 578	鲁东大学	203/2 017
南开大学	1 188/12 501	黑龙江大学	403/5 065	宁波大学	223/2 541	河北师范大学	206/1 974
吉林大学	1 422/11 230	西安交通大学	480/4 960	天津师范大学	324/2 500	浙江师范大学	216/1 951
浙江大学	629/8 331	中国人民大学	401/4 891	山东大学	300/2 499	郑州航空工业管理学院	235/1 927
华东师范大学	499/7 583	北京师范大学	523/4 616	中南大学	246/2 465	广东商学院	169/1 926
华中师范大学	766/7 573	电子科技大学	554/4 332	南京政治学院	235/2 442	汕头大学	153/1 905
四川大学	508/6 929	南京农业大学	324/3 535	山西大学	295/2 397	华南理工大学	185/1 895
清华大学	418/6 588	南京理工大学	335/3 427	西北工业大学	249/2 325		
上海交通大学	461/6 320	东北师范大学	294/3 094	西南大学	264/2 299		
同济大学	572/5 736	河北大学	270/2 823	广州大学	209/2 225		

注:中国科学院篇数/被引数 2 021/24 031,上海图书馆篇数/被引数 438/5 413,广东省立中山图书馆篇数/被引数 201/2 101,国家图书馆篇数/被引数 299/1 952,天津图书馆篇数/被引数 368/1 894

被引数在 1 894 以上的高校共 49 个,其总篇数和总被引数分别占图书馆、情报与文献学学科所有高校总篇数和总被引数的 43.09%和 50.76%。被引数居前 3

的高校，其总篇数和总被引数分别占 49 个高校总篇数和总被引数的 29.37%和 33.33%；被引数居前 5 的高校，其总篇数和总被引数分别占 49 个高校总篇数和总被引数的 38.34%和 42.47%；被引数居前 10 的高校，其总篇数和总被引数分别占 49 个高校总篇数和总被引数的 52.81%和 56.44%。该结果表明，表 2-16 中的 49 个高校是我国图书馆、情报与文献学研究的重要阵地，这些高校贡献的被引数比篇数更多（所占比），其中，武汉大学成为我国图书馆、情报与文献学研究的主力，其次是北京大学和南京大学，两者不相伯仲，武汉大学与被引数排后的几所大学的差距逐渐拉大，其被引数分别是中山大学和四川大学的 3.54 倍和 7.53 倍。综合性"985 工程"大学和少数师范类大学在图书馆、情报与文献学研究上显现出了整体优势。

1998~2016 年，各高校外国文学学科的 CSSCI 论文篇数及被引数见表 2-17，按被引数高低排序。

表 2-17　1998~2016 年各高校 CSSCI 论文篇数及被引数（外国文学）

学校	篇数/被引数	学校	篇数/被引数	学校	篇数/被引数	学校	篇数/被引数
南京大学	652/4 666	苏州大学	79/663	华东师范大学	58/354	武汉大学	31/233
北京大学	459/4 465	中国人民大学	118/649	西南大学	45/353	国际关系学院	18/220
北京外国语大学	447/3 043	山东大学	50/614	湘潭大学	25/336	福建师范大学	20/214
浙江大学	166/1 519	北京语言大学	55/612	华侨大学	14/333	湖南科技大学	36/209
四川外语学院	65/1 438	华中师范大学	43/599	河南大学	44/303	四川师范大学	23/200
南京师范大学	104/1 328	暨南大学	37/583	安徽大学	68/299	东北师范大学	28/198
湖南师范大学	56/1 217	南开大学	68/558	上海师范大学	26/294	集美大学	15/187
北京师范大学	140/1 202	西安外国语大学	23/524	广东外语外贸大学	36/270	安徽师范大学	22/186
上海外国语大学	170/1 139	复旦大学	84/522	对外经济贸易大学	77/268	外交学院	15/184
四川大学	103/1 035	同济大学	52/455	深圳大学	35/264	浙江师范大学	29/179
厦门大学	118/1 006	首都师范大学	91/416	吉林大学	23/250	电子科技大学	24/166
清华大学	46/923	中国海洋大学	15/413	中山大学	36/242	中国青年政治学院	6/166
解放军外国语学院	74/838	上海交通大学	42/372	北京第二外国语学院	40/235		

注：中国社会科学院篇数/被引数 240/2 137，中国社会科学出版社篇数/被引数 6/236，教育部篇数/被引数 2/228

被引数在 165 以上的高校共 51 个，其总篇数和总被引数分别占外国文学学科所有高校总篇数和总被引数的 67.99%和 73.43%。被引数居前 3 的高校，其总篇数和总被引数分别占 51 个高校总篇数和总被引数的 37.53%和 32.95%；被引数居前 5 的高校，其总篇数和总被引数分别占 51 个高校总篇数和总被引数的 43.10%和 40.96%；被引数居前 10 的高校，其总篇数和总被引数分别占 51 个高校总篇数和总被引数的 56.90%和 56.99%。该结果表明，表 2-17 中的 51 个高校是我国外国文学研究的重要阵地，这些高校贡献的被引数与篇数（所占比）大体相当，其中，南京大学、北京大学和北京外国语大学成为我国外国文学研究的主力，且与被引数排后的几所大学的差距逐渐拉大，南京大学被引数分别是浙江大学和四川大学的 3.07 倍和 4.51 倍。语言类大学或语言学占优的师范类大学在外国文学研究上显现出了整体优势。

1998~2016 年，各高校心理学学科的 CSSCI 论文篇数及被引数见表 2-18，按被引数高低排序。

表 2-18 1998~2016 年各高校 CSSCI 论文篇数及被引数（心理学）

学校	篇数/被引数	学校	篇数/被引数	学校	篇数/被引数	学校	篇数/被引数
北京师范大学	1 059/29 648	福建师范大学	44/3 579	清华大学	45/1 579	上海交通大学	40/768
华东师范大学	722/20 105	暨南大学	55/3 266	湖南师范大学	82/1 399	深圳大学	36/747
华南师范大学	515/18 448	南京师范大学	135/3 159	复旦大学	56/1 385	浙江工商大学	19/664
西南大学	613/17 298	东北师范大学	105/2 552	温州大学	48/1 282	中华女子学院	13/619
北京大学	248/9 445	辽宁师范大学	123/2 345	河北师范大学	69/1 103	第四军医大学	23/608
浙江大学	285/8 426	苏州大学	133/2 227	安徽师范大学	48/1 064	南开大学	48/605
天津师范大学	264/5 790	江西师范大学	135/2 212	广东外语外贸大学	23/1 031	邵阳学院	1/560
首都师范大学	185/5 472	广州大学	89/2 013	曲阜师范大学	42/912	湖南科技大学	14/542
上海师范大学	221/5 271	中山大学	70/1 924	华南理工大学	17/888	河北大学	22/535
中国人民大学	81/4 341	浙江师范大学	118/1 780	华中科技大学	26/852	哈尔滨师范大学	30/533
山东师范大学	172/3 918	陕西师范大学	159/1 734	同济大学	27/852	庆阳师范专科学校	1/508
华中师范大学	168/3 810	吉林大学	43/1 638	沈阳师范大学	25/819	黄山学院	9/505
河南大学	99/3 763	西北师范大学	85/1 637	宁波大学	57/805		

注：中国科学院篇数/被引数 377/12 868，香港中文大学篇数/被引数 27/2 366，香港大学篇数/被引数 7/732

被引数在504以上的高校共51个,其总篇数和总被引数分别占心理学学科所有高校总篇数和总被引数的76.38%和80.28%。被引数居前3的高校,其总篇数和总被引数分别占51个高校总篇数和总被引数的34.03%和36.48%;被引数居前5的高校,其总篇数和总被引数分别占51个高校总篇数和总被引数的46.80%和50.78%;被引数居前10的高校,其总篇数和总被引数分别占51个高校总篇数和总被引数的62.14%和66.45%。该结果表明,表2-18中的51个高校是我国心理学研究的重要阵地,这些高校贡献的被引数比篇数稍多(所占比),其中,北京师范大学、华东师范大学、华南师范大学、西南大学是我国心理学研究的主力,且与被引数排后的几所大学的差距逐渐拉大,北京师范大学被引数分别是北京大学和中国人民大学的3.14倍和7.57倍。师范类大学或部分以师范大学为主体新形成的大学(如西南大学)在心理学研究上显现出了整体的绝对优势。

1998~2016年,各高校新闻学与传播学学科的CSSCI论文篇数及被引数见表2-19,按被引数高低排序。

表2-19　1998~2016年各高校CSSCI论文篇数及被引数(新闻学与传播学)

学校	篇数/被引数	学校	篇数/被引数	学校	篇数/被引数	学校	篇数/被引数
中国传媒大学	2 219/15 099	上海交通大学	120/1 258	苏州大学	101/571	南京政治学院	40/359
复旦大学	843/10 231	湖南师范大学	119/976	华南理工大学	143/554	大连水产学院	14/340
中国人民大学	387/4 126	浙江传媒学院	120/971	哈尔滨工业大学	66/552	扬州大学	46/336
华中科技大学	359/3 836	同济大学	132/960	西南大学	63/548	吉林大学	45/336
武汉大学	319/3 362	厦门大学	131/858	西安交通大学	58/543	河北大学	69/305
清华大学	239/3 290	南京师范大学	121/777	湖南大学	87/524	湖北警官学院	32/304
南京大学	316/2 572	中山大学	101/720	陕西师范大学	71/520	西北大学	51/296
浙江大学	278/2 207	重庆大学	94/695	浙江工商大学	50/493	北京印刷学院	87/287
暨南大学	237/1 820	深圳大学	76/615	电子科技大学	68/431	上海外国语大学	39/282
北京大学	209/1 541	安徽大学	62/613	第三军医大学	41/375	中央财经大学	95/282
北京师范大学	206/1 498	华东师范大学	93/600	山东大学	91/372	河南理工大学	36/279
四川大学	202/1 471	河南大学	195/597	中南大学	57/367		

注:中国社会科学院篇数/被引数 200/1 704,中华医学会篇数/被引数 93/1 196,中国科学院篇数/被引数 121/779,《中华内科杂志》编辑部篇数/被引数 8/371,《防护工程》编辑部篇数/被引数 23/330,《中国有色金属学报》编辑部篇数/被引数 7/279,上海社会科学院篇数/被引数 37/279

被引数在 278 以上的高校共 47 个，其总篇数和总被引数分别占新闻学与传播学学科所有高校总篇数和总被引数的 51.88%和 61.11%。被引数居前 3 的高校，其总篇数和总被引数分别占 47 个高校总篇数和总被引数的 39.97%和 42.11%；被引数居前 5 的高校，其总篇数和总被引数分别占 47 个高校总篇数和总被引数的 47.83%和 52.40%；被引数居前 10 的高校，其总篇数和总被引数分别占 47 个高校总篇数和总被引数的 62.66%和 68.74%。该结果表明，表 2-19 中的 47 个高校是我国新闻学与传播学研究的重要阵地，这些高校贡献的被引数比篇数更多（所占比），其中，中国传媒大学和复旦大学是我国新闻学与传播学研究的绝对主力，中国人民大学、华中科技大学、武汉大学、清华大学是我国新闻学与传播学研究的重要力量，中国传媒大学与被引数排后的几所大学的差距非常大，其被引数分别是南京大学和暨南大学的 5.87 倍和 8.30 倍。

1998~2016 年，各高校艺术学学科的 CSSCI 论文篇数及被引数见表 2-20，按被引数高低排序。

表 2-20 1998~2016 年各高校 CSSCI 论文篇数及被引数（艺术学）

学校	篇数/被引数	学校	篇数/被引数	学校	篇数/被引数	学校	篇数/被引数
中央音乐学院	621/4 209	南京艺术学院	119/641	华中师范大学	53/316	山西大学	37/191
中国传媒大学	1 100/4 064	河南大学	68/640	暨南大学	50/291	陕西师范大学	33/187
上海音乐学院	566/3 293	浙江师范大学	96/623	上海交通大学	56/281	内蒙古大学	13/186
北京电影学院	789/2 744	浙江大学	182/564	深圳大学	43/280	南京航空航天大学	8/184
北京师范大学	409/1 770	天津音乐学院	88/534	华南师范大学	43/271	杭州师范大学	43/180
清华大学	94/1 658	浙江传媒学院	148/530	中国人民大学	44/262	四川师范大学	25/177
中国音乐学院	147/1 551	厦门大学	71/517	哈尔滨工业大学	45/256	西安音乐学院	39/174
北京大学	318/1 468	首都师范大学	97/499	中央民族大学	31/245	辽宁师范大学	9/173
同济大学	301/1 346	华东师范大学	123/479	四川大学	36/240	重庆大学	62/166
福建师范大学	126/1 067	湖南大学	41/441	山东大学	48/218	沈阳音乐学院	16/154
武汉音乐学院	94/796	星海音乐学院	68/374	杭州师院	21/209		
南京师范大学	85/787	上海师范大学	75/347	广州大学	12/201		
西南大学	168/778	山东师范大学	61/333	复旦大学	44/196		

注：中国艺术研究院篇数/被引数 700/4 403，中国电影艺术研究中心篇数/被引数 536/2 499，香港中文大学篇数/被引数 35/201，香港浸会大学篇数/被引数 23/157

被引数在 153 以上的高校共 49 个，其总篇数和总被引数分别占艺术学学科所有高校总篇数和总被引数的 61.88%和 67.07%。被引数居前 3 的高校，其总篇数和总被引数分别占 49 个高校总篇数和总被引数的 33.31%和 31.18%；被引数居前 5 的高校，其总篇数和总被引数分别占 49 个高校总篇数和总被引数的 50.76%和 43.35%；被引数居前 10 的高校，其总篇数和总被引数分别占 49 个高校总篇数和总被引数的 65.12%和 62.47%。该结果表明，表 2-20 中的 49 个高校是我国艺术学研究的重要阵地，这些高校贡献的被引数与篇数（所占比）大体相当，其中，中央音乐学院、中国传媒大学、上海音乐学院、北京电影学院是我国艺术学研究的主力，且与被引数排后的几所大学的差距逐渐拉大，中央音乐学院被引数分别是北京师范大学和福建师范大学的 2.38 倍和 3.94 倍。电影、音乐类大学和师范类大学成为我国艺术学研究的主要载体。

1998~2016 年，各高校语言学学科的 CSSCI 论文篇数及被引数见表 2-21，按被引数高低排序。

表 2-21 1998~2016 年各高校 CSSCI 论文篇数及被引数（语言学）

学校	篇数/被引数	学校	篇数/被引数	学校	篇数/被引数	学校	篇数/被引数
广东外语外贸大学	503/28 464	清华大学	129/6 652	华中师范大学	178/3 924	宁波大学	92/2 332
北京语言大学	711/26 005	南京师范大学	186/6 590	四川外语学院	97/3 791	中央民族大学	221/2 323
北京大学	510/20 456	河南大学	138/6 578	厦门大学	132/3 361	国际关系学院	40/2 237
北京外国语大学	377/17 087	上海师范大学	215/5 642	西南大学	92/3 312	南京农业大学	12/2 035
上海外国语大学	341/16 373	华南师范大学	119/5 167	华东师范大学	128/3 129	华南理工大学	55/2 031
南京大学	282/13 508	黑龙江大学	499/5 111	山东大学	125/3 114	福建师范大学	92/2 013
复旦大学	239/12 806	华中科技大学	93/5 004	中南大学	70/2 889	武汉大学	47/2 002
浙江大学	212/8 163	湖南师范大学	151/4 720	同济大学	121/2 624	上海理工大学	26/1 941
中山大学	235/7 679	苏州大学	114/4 565	东北师范大学	112/2 621	深圳大学	27/1 886
北京师范大学	346/7 387	南开大学	256/4 277	天津师范大学	61/2 449	南昌大学	42/1 842
解放军外国语学院	115/7 202	中国海洋大学	47/4 239	对外经济贸易大学	92/2 413	中国传媒大学	106/1 821
暨南大学	282/6 920	中国人民大学	162/4 238	首都师范大学	144/2 390	北京第二外国语学院	50/1 715
上海交通大学	201/6 666	湖南大学	127/4 012	温州大学	49/2 373		

注：中国社会科学院篇数/被引数 726/20 404，香港理工大学篇数/被引数 111/3 637，教育部篇数/被引数 186/2 249

被引数在 1 714 以上的高校共 51 个,其总篇数和总被引数分别占语言学学科所有高校总篇数和总被引数的 57.98% 和 69.60%。被引数居前 3 的高校,其总篇数和总被引数分别占 51 个高校总篇数和总被引数的 19.59% 和 24.51%;被引数居前 5 的高校,其总篇数和总被引数分别占 51 个高校总篇数和总被引数的 27.74% 和 35.18%;被引数居前 10 的高校,其总篇数和总被引数分别占 51 个高校总篇数和总被引数的 42.68% 和 51.26%。该结果表明,表 2-21 中的 51 个高校是我国语言学研究的重要阵地,这些高校贡献的被引数比篇数更多(所占比),其中,广东外语外贸大学、北京语言大学、北京大学成为我国语言学研究的绝对主力,北京外国语大学、上海外国语大学、南京大学、复旦大学成为我国语言学研究的主力。广东外语外贸大学与被引数排后的几所大学的差距较大,其被引数分别是浙江大学和北京师范大学的 3.49 倍和 3.85 倍。外语类大学及语言类大学在语言学研究上显现出了整体优势。

1998~2016 年,各高校哲学学科的 CSSCI 论文篇数及被引数见表 2-22,按被引数高低排序。

表 2-22 1998~2016 年各高校 CSSCI 论文篇数及被引数(哲学)

学校	篇数/被引数	学校	篇数/被引数	学校	篇数/被引数	学校	篇数/被引数
清华大学	528/6 036	南开大学	292/2 364	南京师范大学	117/1 066	河南大学	96/580
中国人民大学	797/6 021	华中科技大学	258/2 281	同济大学	127/966	西安交通大学	110/560
北京大学	680/5 467	黑龙江大学	205/2 267	湖南师范大学	114/936	安徽大学	79/546
山西大学	780/4 542	哈尔滨工业大学	181/2 064	曲阜师范大学	119/839	湖南大学	67/543
武汉大学	512/4 401	华南师范大学	270/1 929	西南大学	141/810	内蒙古大学	59/516
复旦大学	423/4 219	苏州大学	133/1 928	湖北大学	102/758	天津大学	59/501
浙江大学	410/4 017	首都师范大学	195/1 699	陕西师范大学	127/754	长沙理工大学	44/501
北京师范大学	477/3 853	大连理工大学	151/1 359	四川大学	106/678	中国科学技术大学	57/476
南京大学	489/3 734	东南大学	181/1 331	哈尔滨师范大学	69/654	武汉理工大学	62/472
中山大学	447/3 533	厦门大学	242/1 303	安徽师范大学	93/612	南京政治学院	43/464
吉林大学	250/3 368	华中师范大学	170/1 303	中南财经政法大学	69/610		
东北大学	236/2 708	华东师范大学	182/1 287	华侨大学	86/608		
山东大学	359/2 561	中南大学	113/1 119	上海财经大学	89/607		

注:中国社会科学院篇数/被引数 1 608/12 665,中国科学院篇数/被引数 284/2 052,中共中央党校篇数/被引数 285/1 923,中国艺术研究院篇数/被引数 8/471

被引数在463以上的高校共49个,其总篇数和总被引数分别占哲学学科所有高校总篇数和总被引数的54.35%和61.33%。被引数居前3的高校,其总篇数和总被引数分别占49个高校总篇数和总被引数的18.23%和19.10%;被引数居前5的高校,其总篇数和总被引数分别占49个高校总篇数和总被引数的29.98%和28.85%;被引数居前10的高校,其总篇数和总被引数分别占49个高校总篇数和总被引数的50.41%和49.94%。该结果表明,表2-22中的49个高校是我国哲学研究的重要阵地,这些高校贡献的被引数与篇数(所占比)大体相当,其中,清华大学、中国人民大学、北京大学、山西大学、武汉大学、复旦大学和浙江大学是我国哲学研究的主力,且与被引数排后的几所大学的差距逐渐拉大,清华大学被引数分别是北京师范大学和浙江大学的1.57倍和1.71倍。综合性"985工程"大学在哲学研究上显现出了整体优势。

1998~2016年,各高校政治学学科的CSSCI论文篇数及被引数见表2-23,按被引数高低排序。

表2-23　1998~2016年各高校CSSCI论文篇数及被引数(政治学)

学校	篇数/被引数	学校	篇数/被引数	学校	篇数/被引数	学校	篇数/被引数
外交学院	591/6 261	黑龙江大学	157/1 148	北京外国语大学	81/608	东北大学	9/446
复旦大学	439/5 323	华中师范大学	47/1 135	北京师范大学	56/604	暨南大学	47/413
北京大学	396/4 372	广东外语外贸大学	53/1 064	同济大学	81/587	河北大学	34/397
中国人民大学	420/3 834	山东大学	80/1 058	深圳大学	25/570	对外经济贸易大学	71/378
厦门大学	521/3 683	中国政法大学	98/880	兰州大学	60/564	苏州大学	35/362
南开大学	239/2 820	云南大学	37/844	湖南师范大学	26/525	浙江师范大学	25/362
清华大学	228/2 377	上海外国语大学	71/729	上海师范大学	27/521	南京师范大学	18/347
吉林大学	140/2 106	天津师范大学	64/678	国家行政学院	11/505	华中科技大学	18/342
中山大学	75/1 877	华东师范大学	109/676	南京政治学院	22/487	中南财经政法大学	35/340
南京大学	179/1 846	国际关系学院	105/670	辽宁大学	68/467	曲阜师范大学	12/329
武汉大学	161/1 782	上海交通大学	64/631	东北师范大学	54/455		
浙江大学	56/1 731	东北财经大学	58/616	国防大学	75/449		

注:中国社会科学院篇数/被引数1 460/12 452,中国现代国际关系研究院篇数/被引数678/4 715,中共中央党校篇数/被引数144/1 784,上海社会科学院篇数/被引数118/1 264,上海国际问题研究院篇数/被引数119/965,外交部篇数/被引数91/661

被引数在 328 以上的高校共 46 个，其总篇数和总被引数分别占政治学学科所有高校总篇数和总被引数的 64.96%和 71.13%。被引数居前 3 的高校，其总篇数和总被引数分别占 46 个高校总篇数和总被引数的 21.02%和 22.59%；被引数居前 5 的高校，其总篇数和总被引数分别占 46 个高校总篇数和总被引数的 34.89%和 33.22%；被引数居前 10 的高校，其总篇数和总被引数分别占 46 个高校总篇数和总被引数的 72.16%和 68.97%。该结果表明，表 2-23 中的 46 个高校是我国政治学研究的重要阵地，这些高校贡献的被引数与篇数（所占比）大体相当，其中，外交学院和复旦大学是我国政治学研究的绝对主力，北京大学、中国人民大学、厦门大学是我国政治学研究的重要高校，外交学院与被引数排后的几所大学的差距非常大，其被引数分别是南开大学和中山大学的 2.22 倍和 3.34 倍。

1998~2016 年，各高校中国文学学科的 CSSCI 论文篇数及被引数见表 2-24，按被引数高低排序。

表 2-24　1998~2016 年各高校 CSSCI 论文篇数及被引数（中国文学）

学校	篇数/被引数	学校	篇数/被引数	学校	篇数/被引数	学校	篇数/被引数
北京大学	771/5 125	浙江师范大学	364/1 556	湖南师范大学	149/795	兰州大学	69/429
北京师范大学	683/4 887	武汉大学	271/1 531	扬州大学	135/780	汕头大学	51/420
复旦大学	574/3 415	暨南大学	219/1 495	华南师范大学	147/717	黑龙江大学	67/419
南京大学	685/3 317	山东师范大学	248/1 380	安徽师范大学	150/701	中央民族大学	107/417
苏州大学	411/2 620	南京师范大学	287/1 197	上海师范大学	167/692	辽宁师范大学	94/417
华东师范大学	476/2 292	沈阳师范大学	201/1 091	中南大学	61/596	杭州师范大学	131/414
首都师范大学	339/2 279	南开大学	244/1 066	西南大学	165/560	重庆师范大学	99/396
浙江大学	267/1 922	吉林大学	425/1 000	华中师范大学	140/555	中国传媒大学	81/380
同济大学	284/1 766	河南大学	196/977	厦门大学	94/548	深圳大学	58/378
中国人民大学	386/1 729	清华大学	212/969	陕西师范大学	150/546	江苏师范大学	92/364
中山大学	277/1 640	东北师范大学	347/965	山西大学	96/543	湖北大学	46/363
山东大学	256/1 622	广西师范大学	90/804	西北师范大学	95/537	北京语言大学	76/352
四川大学	266/1 592	福建师范大学	162/804	辽宁大学	136/471	温州大学	99/328

注：中国社会科学院篇数/被引数 956/5 961

被引数在527以上的高校共52个，其总篇数和总被引数分别占中国文学学科所有高校总篇数和总被引数的58.43%和67.02%。被引数居前3的高校，其总篇数和总被引数分别占52个高校总篇数和总被引数的17.33%和21.60%；被引数居前5的高校，其总篇数和总被引数分别占52个高校总篇数和总被引数的26.71%和31.15%；被引数居前10的高校，其总篇数和总被引数分别占52个高校总篇数和总被引数的41.69%和47.22%。该结果表明，表2-24中的52个高校是我国中国文学研究的重要阵地，这些高校贡献的被引数比篇数更多（所占比），其中，北京大学、北京师范大学、复旦大学、南京大学是我国中国文学研究的主力，且与被引数排后的几所大学的差距逐渐拉大，北京大学被引数分别是苏州大学和中国人民大学的1.96倍和2.96倍。综合性"985工程"大学在中国文学研究上显现出了整体优势。

1998~2016年，各高校宗教学学科的CSSCI论文篇数及被引数见表2-25，按被引数高低排序。

表 2-25　1998~2016 年各高校 CSSCI 论文篇数及被引数（宗教学）

学校	篇数/被引数	学校	篇数/被引数	学校	篇数/被引数	学校	篇数/被引数
四川大学	980/3 369	兰州大学	60/186	云南民族大学	22/117	宁夏大学	22/68
南京大学	149/628	华中师范大学	49/184	云南大学	22/105	北京外国语大学	13/64
北京大学	81/475	陕西师范大学	60/179	东南大学	9/96	四川师范大学	26/57
中国人民大学	94/402	山东大学	70/165	北京师范大学	30/93	西华师范大学	23/55
厦门大学	112/391	上海师范大学	45/157	西北大学	35/91	湖北大学	12/53
福建师范大学	51/384	复旦大学	72/150	浙江师范大学	23/81	西北师范大学	16/53
武汉大学	82/305	西南民族大学	47/150	新疆大学	10/80	山西师范大学	18/52
浙江大学	70/277	华侨大学	32/145	楚雄师范学院	15/77	浙江工商大学	8/50
山西大学	34/274	南开大学	36/137	苏州大学	18/77	华南师范大学	27/49
中央民族大学	42/273	河南大学	32/122	南京师范大学	14/75	清华大学	12/49
中山大学	63/224	暨南大学	36/121	湖南师范大学	19/69		
华东师范大学	52/203	同济大学	32/121	吉首大学	13/69		

注：中国社会科学院篇数/被引数 543/2 340，上海社会科学院篇数/被引数 26/70，香港中文大学篇数/被引数 26/66，中共中央党校篇数/被引数 7/65，中国社会科学出版社篇数/被引数 4/56，新疆社会科学院篇数/被引数 7/55，四川省社会科学院篇数/被引数 20/53

被引数在 48 以上的高校共 46 个，其总篇数和总被引数分别占宗教学学科所有高校总篇数和总被引数的 60.33%和 63.02%。被引数居前 3 的高校，其总篇数和总被引数分别占所有高校总篇数和总被引数的 43.40%和 42.18%；被引数居前 5 的高校，其总篇数和总被引数分别占所有高校总篇数和总被引数的 50.79%和 49.66%；被引数居前 10 的高校，其总篇数和总被引数分别占所有高校总篇数和总被引数的 60.79%和 63.93%。其中，四川大学成为我国宗教学研究的绝对主力，且与被引数排后的几所大学的差距非常大，其被引数分别是南京大学和山西大学的 5.36 倍和 12.30 倍。

1998~2016 年，各高校在综合性社科期刊上的 CSSCI 论文篇数及被引数见表 2-26，按被引数高低排序。

表 2-26　1998~2016 年各高校 CSSCI 论文篇数及被引数（综合性社科期刊）

学校	篇数/被引数	学校	篇数/被引数	学校	篇数/被引数	学校	篇数/被引数
南京大学	4 006/42 359	山东大学	1 695/13 188	南京农业大学	319/5 149	西南政法大学	378/3 409
中国人民大学	3 050/41 112	南京师范大学	1 417/11 877	中国政法大学	426/4 944	上海师范大学	538/3 299
北京大学	2 017/31 608	四川大学	1 865/11 701	中南财经政法大学	541/4 827	东北财经大学	242/3 258
浙江大学	2 409/28 137	苏州大学	1 092/8 969	西北大学	480/4 698	湖南师范大学	585/3 209
复旦大学	2 378/24 934	华东师范大学	1 213/8 864	浙江工商大学	483/4 289	浙江师范大学	504/3 128
武汉大学	2 544/21 199	厦门大学	716/7 356	东南大学	502/4 235	陕西师范大学	518/3 128
吉林大学	3 032/19 829	华中科技大学	592/7 263	华南师范大学	664/3 996	河海大学	379/3 077
清华大学	898/17 333	同济大学	744/7 259	湘潭大学	573/3 758	西南财经大学	233/2 879
中山大学	1 703/16 621	暨南大学	748/6 750	扬州大学	542/3 691	东北师范大学	692/2 859
南开大学	1 700/16 151	中南大学	934/6 604	上海财经大学	474/3 594	西安交通大学	412/2 808
北京师范大学	1 753/15 531	湖南大学	751/5 684	首都师范大学	489/3 550	华东政法大学	359/2 687
华中师范大学	1 330/15 153	上海交通大学	464/5 245	黑龙江大学	508/3 508		

注：中国社会科学院篇数/被引数 3 652/48 195，上海社会科学院篇数/被引数 1 094/10 268，中共中央党校篇数/被引数 436/4 675，河南省社会科学院篇数/被引数 547/3 628，江苏省社会科学院篇数/被引数 399/3 417，天津社会科学院篇数/被引数 232/2 748，湖北省社会科学院篇数/被引数 545/273

被引数在 2 686 以上的高校共 47 个，其总篇数和总被引数分别占综合性社科期刊总篇数和总被引数的 51.24%和 59.88%。被引数居前 3 的高校，其总篇数和总被引数分别占 47 个高校总篇数和总被引数的 18.19%和 24.24%；

被引数居前 5 的高校，其总篇数和总被引数分别占 47 个高校总篇数和总被引数的 27.78%和 35.42%；被引数居前 10 的高校，其总篇数和总被引数分别占 47 个高校总篇数和总被引数的 47.57%和 54.62%。其中，南京大学、中国人民大学成为我国综合性社科期刊发文的主力，且与被引数排后的几所大学的差距逐渐拉大，南京大学被引数分别是北京大学和南开大学的 1.34 倍和 2.62 倍。综合性"985 工程"大学在综合性社科期刊研究上显现出了整体优势。

三、小结

CSSCI 共计 26 个大类，其中 24 个为学科，包括法学，管理学，环境科学，教育学，经济学，考古学，历史学，马克思主义，民族学，人口学，人文、经济地理学，社会学，体育学，统计学，图书馆、情报与文献学，外国文学，心理学，新闻学与传播学，艺术学，语言学，哲学，政治学，中国文学，宗教学；两个非学科的类为综合性社科期刊和综合性社科学报。下面将对上述 24 个学科中均出现的高校进行汇总，在 24 个 CSSCI 论文学科被引数排序中，在超过 8 个学科中均出现的高校，见表 2-27，按各高校在 24 个学科 CSSCI 论文被引数排序中出现的次数由高到低进行排序。人文社科整体学术影响力较强（按汇总数前 15）的大学包括：北京大学、北京师范大学、清华大学、同济大学、中国人民大学、浙江大学、复旦大学、华东师范大学、南京大学、中山大学、南开大学、武汉大学、厦门大学、吉林大学、南京师范大学。

对 CSSCI 中在两个非学科类 CSSCI 论文被引数排序中均出现的高校进行汇总，结果见表 2-28。

总的来说，综合性社科学报学术影响力较强的高校，更有可能在 CSSCI 两个非学科大类中占据优势。此外，高校承办或与该高校有紧密联系的综合性社科期刊越多，则该校更可能在 CSSCI 两个非学科大类中占据优势。因此，在 CSSCI 两个非学科类中占据优势，一方面体现了各单位人文社科整体的学术影响力，另一方面也体现了这两类期刊与各高校的关联紧密度。

表2-27 在1998—2016年24个学科CSSCI论文被引数排序中出现超过8次的高校

学校	汇总	法学	管理学	环境科学	教育学	经济学	考古学	历史学	马克思主义	民族学	人口学	人文经济地理学	社会学	体育学	统计学	图书馆、情报与文献学	外国文学	心理学	新闻学与传播学	艺术学	语言学	哲学	政治学	中国文学	宗教学
北京大学	24	1	1	1	1	1	1	1	1	1	1	1	1	1	1	1	1	1	1	1	1	1	1	1	1
北京师范大学	24	1	1	1	1	1	1	1	1	1	1	1	1	1	1	1	1	1	1	1	1	1	1	1	1
清华大学	24	1	1	1	1	1	1	1	1	1	1	1	1	1	1	1	1	1	1	1	1	1	1	1	1
同济大学	23	1	1	1	1	1	1	1	1	0	1	1	1	1	1	1	1	1	1	1	1	1	1	1	1
中国人民大学	23	1	1	1	1	1	1	1	1	1	1	1	1	0	1	1	1	1	1	1	1	1	1	1	1
浙江大学	22	1	1	1	1	1	0	1	1	0	1	1	1	1	1	1	1	1	1	1	1	1	1	1	1
复旦大学	21	1	1	0	1	1	1	1	1	1	1	1	1	1	1	0	1	1	1	1	1	1	1	1	1
华东师范大学	21	1	0	1	1	1	1	1	1	1	1	1	1	0	1	1	1	1	1	1	1	1	1	1	1
南京大学	21	1	1	1	1	1	1	1	1	1	1	1	1	0	0	1	1	0	1	0	1	1	1	1	1
中山大学	21	1	1	0	1	1	1	1	1	1	1	1	1	1	1	1	1	1	1	0	1	1	1	1	1
南开大学	20	1	1	1	0	1	1	1	1	1	1	0	1	0	1	0	1	0	0	1	1	1	1	1	1
武汉大学	20	1	1	0	1	1	1	1	1	1	1	1	0	0	1	0	1	0	1	0	1	1	1	1	1
厦门大学	19	1	1	1	1	1	1	1	1	1	0	0	1	0	0	1	1	0	1	1	0	1	1	1	1
吉林大学	18	1	1	1	0	1	1	1	1	1	1	1	1	0	1	0	1	1	1	0	0	1	1	1	0
南京师范大学	18	1	0	0	1	0	1	1	1	1	0	1	1	1	1	1	1	1	1	1	1	1	1	1	1
华中师范大学	17	1	0	0	1	0	0	1	1	1	0	1	1	1	0	1	1	1	0	1	1	1	1	1	1

续表

学校	汇总	法学	管理学	环境科学	教育学	经济学	考古学	历史学	马克思主义	民族学	人口学	人文、经济地理学	社会学	体育学	统计学	图书馆、情报与文献学	外国文学	心理学	新闻学与传播学	艺术学	语言学	哲学	政治学	中国文学	宗教学
暨南大学	17	1	1	0	0	1	1	1	0	1	1	1	1	0	1	0	1	1	1	1	1	1	0	1	1
山东大学	17	1	1	0	0	1	1	1	1	1	0	0	0	1	0	1	1	0	1	1	1	0	1	1	1
四川大学	16	1	1	1	1	1	0	1	0	0	0	0	1	0	0	1	1	0	1	1	0	1	1	0	1
苏州大学	16	1	1	0	0	0	1	0	0	0	0	0	0	1	1	0	1	0	1	0	1	1	1	1	1
西南大学	16	0	0	1	1	0	1	0	0	1	0	0	1	1	0	1	0	1	1	0	1	1	1	1	0
华南师范大学	15	0	0	0	1	1	0	1	0	0	0	0	0	1	0	1	0	1	0	1	1	1	0	0	1
华中科技大学	15	1	1	0	0	1	0	0	0	0	0	0	1	0	1	0	0	1	1	0	0	1	1	1	0
湖南师范大学	15	0	0	0	0	0	0	1	0	0	1	0	1	1	0	0	0	1	1	1	0	1	0	1	1
上海交通大学	14	1	1	0	0	0	0	0	1	0	0	0	0	0	0	0	1	1	1	1	1	1	1	1	0
河南大学	14	1	1	0	1	1	0	1	0	0	0	1	0	1	1	0	0	0	1	1	1	0	0	1	1
陕西师范大学	12	0	0	0	0	0	0	1	1	0	0	0	0	0	0	0	1	1	0	0	0	1	1	1	1
首都师范大学	12	0	0	0	1	0	0	0	0	0	0	1	0	0	0	0	0	0	1	0	1	1	0	0	1
湖南大学	12	1	1	1	1	1	0	0	0	0	1	1	1	0	1	1	1	1	0	1	0	1	0	0	0
浙江师范大学	12	0	0	0	1	0	0	1	1	0	0	1	0	1	0	1	0	1	0	1	0	0	1	1	1
东北师范大学	11	0	0	1	1	0	0	1	1	0	0	1	0	0	0	1	1	1	0	0	1	0	1	1	0

续表

学校	汇总	法学	管理学	环境科学	教育学	经济学	考古学	历史学	马克思主义	民族学	人口学	人文、经济地理	社会学	体育学	统计学	图书馆、情报与文献学	外国文学	心理学	新闻学与传播学	艺术学	语言学	哲学	政治学	中国文学	宗教学
上海师范大学	11	0	0	0	1	0	0	1	1	0	0	1	0	0	0	0	1	1	0	1	1	0	1	1	1
深圳大学	11	1	0	0	0	0	0	0	1	0	1	0	0	0	0	1	1	1	1	1	1	0	1	1	0
福建师范大学	11	0	0	0	1	0	0	0	1	0	1	1	1	1	0	0	1	1	0	1	1	0	0	1	1
中南财经政法大学	10	1	1	1	0	1	0	0	1	0	1	0	1	0	1	0	0	0	0	0	0	1	1	0	0
兰州大学	10	0	0	1	0	0	1	0	0	1	0	1	0	0	1	1	1	0	0	0	0	0	0	1	1
安徽大学	9	1	0	1	1	0	0	0	1	0	0	0	0	0	0	0	1	1	1	0	0	1	1	1	0
安徽师范大学	9	0	0	1	0	1	0	0	1	0	1	1	0	1	0	1	0	0	0	0	0	1	0	0	0
西安交通大学	9	0	1	0	0	0	0	0	1	0	0	1	0	0	1	1	0	0	1	0	0	1	0	1	0
中南大学	9	1	1	1	0	0	1	0	0	0	0	0	1	0	1	0	0	0	1	0	1	1	0	0	1
东南大学	9	1	1	1	0	0	0	0	0	0	1	0	0	1	1	0	0	0	0	1	1	1	0	1	1
山西大学	9	0	0	0	1	0	0	0	1	0	0	0	0	0	1	1	0	0	0	0	0	1	0	0	0
上海财经大学	8	1	1	1	0	0	0	0	0	0	1	1	0	0	1	0	0	0	1	0	0	0	0	1	1
西北大学	8	0	0	0	0	1	1	0	0	0	0	0	0	0	0	1	1	0	0	0	1	0	0	0	0
对外经济贸易大学	8	1	1	1	0	0	0	0	0	0	0	0	0	0	1	0	0	0	1	0	0	0	1	0	0
重庆大学	8	1	1	1	0	0	0	0	0	0	1	0	0	0	1	0	0	0	0	0	0	0	0	0	0

表2-28 在1998~2016年2个非学科类CSSCI论文被引数排序中出现2次的高校

学校	汇总	综合性社科学报	综合性社科期刊	学校	汇总	综合性社科学报	综合性社科期刊
北京大学	2	1	1	山东大学	2	1	1
北京师范大学	2	1	1	四川大学	2	1	1
清华大学	2	1	1	苏州大学	2	1	1
同济大学	2	1	1	华南师范大学	2	1	1
中国人民大学	2	1	1	华中科技大学	2	1	1
浙江大学	2	1	1	上海交通大学	2	1	1
复旦大学	2	1	1	陕西师范大学	2	1	1
华东师范大学	2	1	1	首都师范大学	2	1	1
南京大学	2	1	1	东北师范大学	2	1	1
中山大学	2	1	1	上海师范大学	2	1	1
南开大学	2	1	1	中南财经政法大学	2	1	1
武汉大学	2	1	1	西安交通大学	2	1	1
厦门大学	2	1	1	中南大学	2	1	1
吉林大学	2	1	1	上海财经大学	2	1	1
南京师范大学	2	1	1	西北大学	2	1	1
华中师范大学	2	1	1	中国政法大学	2	1	1
暨南大学	2	1	1	西南政法大学	2	1	1

第三章

教育部 A 刊（国内期刊）各学科学术影响力

为深入贯彻落实《国家中长期教育改革和发展规划纲要（2010—2020年）》和《统筹推进世界一流大学和一流学科建设总体方案》的有关精神，教育部学位与研究生教育发展中心（简称学位中心）于 2016 年 4 月 22 日发出了开展全国第四轮一级学科整体水平评估（简称学科评估）的邀请函，在《附件 2：第四轮学科评估指标体系及有关说明》中，文件中首次提出建立人文社会学科我国自主的"A 类期刊"评价体系，并公布了"A 类期刊名单"。许多高校迅速对此做出反应，一些高校在其官网上及时公布了《A 类期刊名单》，并结合本校学科分布及特色提出了指导性意见，一些高校则直接将 A 类期刊作为本校人文社科奖励制度的依据。设置 A 类期刊的目的，是鼓励优秀科研成果优先在国内期刊发表，增强我国期刊的影响力，改进学术论文评价方法，引导学术论文由数量评价向质量评价转变。长远来看，这一指导思想和基本精神将贯穿于教育部主导的各项学科评估中。鉴于教育部学科评估对各高校学科发展的重大影响，以及对人文社科学术论文质量的基本指导思想，本章选定教育部 A 刊分析各单位的学术影响力，希望起到未雨绸缪的作用。教育部"A 类期刊名单"包含国内期刊与国外期刊，其中国外期刊与 SSCI 和 A&HCI 收录期刊基本重复，且后续章节会对此进行更为细致的分析，遂在本章中仅针对教育部"A 类期刊名单"中的国内期刊（即本章所称之教育部 A 刊之所指）进行分析。

一、数据收集与数据说明

（一）数据收集

在中国知网上，以教育部 A 刊期刊名精确检索，年份为 2016 年，不限定来源类别，对结果按所查询的期刊名进行检索，得到每本期刊的详细结果，其余过程与第二章相同。

（二）数据说明

教育部 A 刊共计 20 个学科，其中，计算机科学与技术和软件工程、统计学两个学科偏理工科，人文社会科学共 18 个学科。本章正式分析中共 18 个学科，共计 153 种期刊。按期刊论文第一作者的第一单位来确定论文所属的单位。

教育部 A 刊与 2014~2015 年 CSSCI 收录期刊重合度极高，但也有极少数差异。教育部 A 刊名单中，仅有 7 本期刊未被 CSSCI 收录，其余期刊均被 CSSCI 收录，占比约 95.60%。另外，教育部 A 刊学科类别与 CSSCI 大类大部分重合，但也有细微差异。例如，A 刊中哲学学科的多种期刊在 CSSCI 中为综合性社科学报大类，A 刊中公共管理学科有些期刊系 CSSCI 管理学类，A 刊中农林经济管理少数期刊为 CSSCI 经济学学科。CSSCI 收录的期刊中，不存在一种期刊分属多个学科的情况，但教育部 A 刊中，有 18 种期刊分属两个学科，如《管理世界》分属"公共管理"和"管理科学与工程、工商管理"，另有《中国社会科学》分属 7 个学科。本章统计时按学科单独计算，学科内无重复，学科间重复计算。综合考虑各因素，本章将部分研究结果的高校数控制在 30 个左右，但受学科本身数量所限，最终的高校数也可能低于 30。

二、结果分析与比较

2016 年，各高校教育部 A 刊管理科学与工程、工商管理学科的论文篇数及被引数见表 3-1，按被引数高低排序。

表 3-1　2016 年各高校教育部 A 刊论文篇数及被引数（管理科学与工程、工商管理）

学校	篇数/被引数	学校	篇数/被引数	学校	篇数/被引数
西北大学	9/66	清华大学	53/34	中国科学院大学	46/31
武汉大学	51/54	西安交通大学	56/34	中央财经大学	39/31
中国人民大学	58/52	重庆大学	52/33	同济大学	35/30
东北财经大学	40/50	南开大学	41/32	北京理工大学	27/24
大连理工大学	76/41	上海财经大学	33/32	东北大学	44/23
浙江大学	41/40	华南理工大学	43/31	合肥工业大学	28/23

学校	篇数/被引数	学校	篇数/被引数	学校	篇数/被引数
西南交通大学	24/23	复旦大学	18/18	南京农业大学	10/17
中南财经政法大学	31/23	东南大学	20/17	西南财经大学	35/17
中山大学	47/23	哈尔滨工程大学	11/17	河南大学	10/16
电子科技大学	37/20	华中科技大学	46/17	江西财经大学	11/16

被引数在15以上的单位共30个。被引数居前3的单位，其总篇数和总被引数分别占30个单位总篇数和总被引数的10.76%和19.34%；被引数居前5的单位，其总篇数和总被引数分别占30个单位总篇数和总被引数的21.60%和29.64%；被引数居前10的单位，其总篇数和总被引数分别占30个单位总篇数和总被引数的44.34%和49.21%。该结果表明，表3-1中的30个单位是我国管理科学与工程、工商管理研究的重要阵地，相较于篇数，这些单位贡献了更多的被引数，其中，西北大学、武汉大学、中国人民大学、东北财经大学、大连理工大学、浙江大学无疑是我国管理科学与工程、工商管理研究的重要单位，其与被引数排后的几所大学拉开了距离，西北大学被引数分别是清华大学和南开大学的1.94倍和2.06倍。

2016年，各高校教育部A刊理论经济学、应用经济学学科的论文篇数及被引数见表3-2，按被引数高低排序。

表3-2 2016年各高校教育部A刊论文篇数及被引数（理论经济学、应用经济学）

学校	篇数/被引数	学校	篇数/被引数	学校	篇数/被引数
中国人民大学	73/80	武汉大学	22/22	东南大学	13/8
南开大学	48/60	北京大学	36/21	广东外语外贸大学	8/8
南京大学	23/38	浙江财经大学	18/19	山东大学	9/8
中山大学	28/38	西南财经大学	29/17	浙江大学	9/8
复旦大学	31/33	中央财经大学	31/17	天津财经大学	8/7
上海财经大学	30/33	华南理工大学	6/14	北京师范大学	18/6
对外经济贸易大学	28/28	中南财经政法大学	17/14	东北财经大学	13/6
暨南大学	31/28	南京财经大学	9/13	华南师范大学	8/6
清华大学	25/25	华中科技大学	7/11	西安交通大学	10/6
厦门大学	38/23	南京审计大学	7/11	浙江工商大学	14/5

被引数在4以上的单位共30个。被引数居前3的单位，其总篇数和总被引数分别占30个单位总篇数和总被引数的22.26%和29.04%；被引数居前5的单位，其总篇数和总被引数分别占30个单位总篇数和总被引数的31.38%和40.62%；被

引数居前 10 的单位，其总篇数和总被引数分别占 30 个单位总篇数和总被引数的 54.87%和 62.97%。该结果表明，表 3-2 中的 30 个单位是我国理论经济学、应用经济学研究的重要阵地，相较于篇数，这些单位贡献了相对多的被引数，其中，中国人民大学、南开大学无疑是我国理论经济学、应用经济学研究的两大重要单位，与被引数排后的几所大学逐渐拉开了距离，中国人民大学被引数分别是南京大学和厦门大学的 2.11 倍和 3.48 倍。从学校特征来看，被引数排前 10 的大学中，有 2 所经济、财经类大学，这表明经济、财经类大学也是我国理论经济学、应用经济学研究的主力。

2016 年，各高校教育部 A 刊法学学科的论文篇数及被引数见表 3-3，按被引数高低排序。

表 3-3　2016 年各高校教育部 A 刊论文篇数及被引数（法学）

学校	篇数/被引数	学校	篇数/被引数	学校	篇数/被引数
中国人民大学	66/166	吉林大学	18/17	浙江大学	10/9
中国政法大学	80/109	华南理工大学	3/16	中国青年政治学院	12/9
北京大学	68/103	厦门大学	16/16	对外经济贸易大学	3/8
清华大学	64/94	四川大学	11/15	首都经济贸易大学	6/8
华东政法大学	44/60	山东大学	18/12	南京大学	19/7
中南财经政法大学	36/36	中央财经大学	10/12	上海交通大学	16/7
武汉大学	18/31	中南大学	7/11	西北政法大学	3/7
西南政法大学	44/30	浙江财经大学	4/10	上海财经大学	10/6
北京师范大学	14/29	东南大学	8/9		
南京师范大学	22/19	复旦大学	10/9		

被引数在 4 以上的单位共 28 个。被引数居前 3 的单位，其总篇数和总被引数分别占 28 个单位总篇数和总被引数的 33.44%和 43.70%；被引数居前 5 的单位，其总篇数和总被引数分别占 28 个单位总篇数和总被引数的 50.31%和 61.50%；被引数居前 10 的单位，其总篇数和总被引数分别占 28 个单位总篇数和总被引数的 71.25%和 78.27%。该结果表明，表 3-3 中的 28 个单位是我国法学研究的重要阵地，相较于篇数，这些单位贡献了较多的被引数，其中，中国人民大学、中国政法大学、北京大学和清华大学无疑是我国法学研究的四大重要单位，与被引数排后的几所大学逐渐拉开了距离，中国人民大学被引数分别是华东政法大学和南京师范大学的 2.77 倍和 8.74 倍。从学校特征来看，被引数排前 10 的大学中，师范类、政法类大学居多，这表明师范类、政法类大学是我国法学研究的主力。

2016 年，各高校教育部 A 刊政治学、马克思主义理论学科的论文篇数及被引数见表 3-4，按被引数高低排序。

表 3-4　2016 年各高校教育部 A 刊论文篇数及被引数（政治学、马克思主义理论）

学校	篇数/被引数	学校	篇数/被引数	学校	篇数/被引数
中国人民大学	99/48	武汉大学	33/13	中南财经政法大学	16/9
北京大学	63/28	对外经济贸易大学	9/12	华东政法大学	13/8
北京师范大学	44/21	华中师范大学	25/12	天津大学	8/8
复旦大学	37/20	厦门大学	17/12	湖南大学	11/7
吉林大学	23/19	辽宁大学	10/11	南京审计大学	10/7
中山大学	32/15	南京大学	45/11	山西大学	15/7
华南理工大学	11/14	清华大学	42/11	上海财经大学	16/7
南开大学	34/14	兰州大学	12/10	浙江大学	12/7
苏州大学	14/14	山东师范大学	8/10	南京师范大学	18/6
上海交通大学	18/13	华中科技大学	20/9	天津师范大学	10/6

被引数在 5 以上的单位共 30 个。被引数居前 3 的单位，其总篇数和总被引数分别占 30 个单位总篇数和总被引数的 28.41% 和 24.94%；被引数居前 5 的单位，其总篇数和总被引数分别占 30 个单位总篇数和总被引数的 36.69% 和 34.96%；被引数居前 10 的单位，其总篇数和总被引数分别占 30 个单位总篇数和总被引数的 51.72% 和 52.96%。该结果表明，表 3-4 中的 30 个单位是我国政治学、马克思主义理论研究的重要阵地，相较于篇数，这些单位贡献了与篇数相当的被引数，其中，中国人民大学是我国政治学、马克思主义理论研究的绝对主力，其与被引数排后的几所大学逐渐拉开了距离，中国人民大学被引数分别是北京大学和上海交通大学的 1.71 倍和 3.69 倍。从学校特征来看，被引数排前 10 的大学中，大多为综合性"985 工程"大学，这表明综合性"985 工程"大学也是我国政治学、马克思主义理论研究的主力。

2016 年，各高校教育部 A 刊社会学学科的论文篇数及被引数见表 3-5，按被引数高低排序。

表 3-5　2016 年各高校教育部 A 刊论文篇数及被引数（社会学）

学校	篇数/被引数	学校	篇数/被引数	学校	篇数/被引数
南京大学	84/57	中山大学	28/15	华东政法大学	19/11
中国人民大学	75/48	南开大学	30/14	浙江大学	41/11
复旦大学	68/30	上海财经大学	17/14	中国传媒大学	11/10
北京大学	52/28	上海大学	18/14	华中师范大学	13/8
吉林大学	97/26	河海大学	13/13	南京师范大学	19/8
武汉大学	24/15	华东师范大学	43/13	厦门大学	17/8

续表

学校	篇数/被引数	学校	篇数/被引数	学校	篇数/被引数
上海交通大学	17/8	四川大学	18/5	清华大学	16/4
对外经济贸易大学	8/6	苏州大学	12/5	深圳大学	5/4
中南财经政法大学	11/6	西南大学	5/5	山东大学	18/3
北京师范大学	16/5	中国政法大学	7/5		

被引数在 2 以上的单位共 29 个。被引数居前 3 的单位，其总篇数和总被引数分别占 29 个单位总篇数和总被引数的 27.38%和 33.67%；被引数居前 5 的单位，其总篇数和总被引数分别占 29 个单位总篇数和总被引数的 43.56%和 47.13%；被引数居前 10 的单位，其总篇数和总被引数分别占 29 个单位总篇数和总被引数的 59.47%和 65.09%。该结果表明，表 3-5 中的 29 个单位是我国社会学研究的重要阵地，相较于篇数，这些单位贡献了较多的被引数，其中，南京大学、中国人民大学无疑是我国社会学研究的两大重要单位，与被引数排后的几所大学逐渐拉开了距离，南京大学分别是复旦大学和上海大学的 1.90 倍和 4.07 倍。从学校特征来看，被引数排前 10 的大学中，大多为综合性"985 工程"大学，这表明综合性"985 工程"大学也是我国社会学研究的主力。

2016 年，各高校教育部 A 刊民族学学科的论文篇数及被引数见表 3-6，按被引数高低排序。

表 3-6 2016 年各高校教育部 A 刊论文篇数及被引数（民族学）

学校	篇数/被引数	学校	篇数/被引数
中央民族大学	58/13	湖北民族学院	2/1
北京大学	18/8	西藏民族大学	2/1
北京师范大学	10/3	中南民族大学	3/1
四川大学	5/2		

被引数在 1 及以上的单位仅有 7 个，该结果表明，表 3-6 中的 7 个单位是我国民族学研究的重要阵地，其中，中央民族大学和北京大学无疑是我国民族学研究的两个重要单位。从学校特征来看，7 所大学中，有 4 所民族类大学，这表明民族类大学也是我国民族学研究的主力。

2016 年，各高校教育部 A 刊教育学学科的论文篇数及被引数见表 3-7，按被引数高低排序。

表 3-7 2016 年各高校教育部 A 刊论文篇数及被引数（教育学）

学校	篇数/被引数	学校	篇数/被引数	学校	篇数/被引数
北京师范大学	158/230	西南大学	68/66	东北师范大学	38/41
华东师范大学	115/86	南京师范大学	60/43	华南师范大学	46/41

续表

学校	篇数/被引数	学校	篇数/被引数	学校	篇数/被引数
华中师范大学	34/36	山东师范大学	16/17	宁波大学	16/9
华中科技大学	29/33	中南民族大学	11/15	上海师范大学	22/9
曲阜师范大学	18/28	清华大学	14/14	山东大学	12/7
厦门大学	23/28	浙江大学	33/14	杭州师范大学	18/6
中国人民大学	9/25	湖南师范大学	13/12	南京大学	10/6
北京大学	33/22	首都师范大学	33/12	陕西师范大学	23/6
西北师范大学	18/19	鲁东大学	8/11	阜阳师范学院	10/5
河南大学	23/18	浙江师范大学	41/10	温州大学	8/5

被引数在 4 以上的单位共 30 个。被引数居前 3 的单位，其总篇数和总被引数分别占 30 个单位总篇数和总被引数的 35.52%和 43.71%；被引数居前 5 的单位，其总篇数和总被引数分别占 30 个单位总篇数和总被引数的 45.73%和 53.32%；被引数居前 10 的单位，其总篇数和总被引数分别占 30 个单位总篇数和总被引数的 61.35%和 72.31%。该结果表明，表 3-7 中的 30 个单位是我国教育学研究的重要阵地，相较于篇数，这些单位贡献了略多的被引数，其中，北京师范大学、华东师范大学、西南大学无疑是我国教育学研究的三大重要单位，但与被引数排后的几所大学逐渐拉开了距离，北京师范大学分别是南京师范大学和厦门大学的 5.35 倍和 8.21 倍。从学校特征来看，被引数排前 10 的大学中，有 7 所师范类大学，还有 1 所合并师范大学的综合性大学，这表明师范类大学也是我国教育学研究的绝对主力。

2016 年，各高校教育部 A 刊心理学学科的论文篇数及被引数见表 3-8，按被引数高低排序。

表 3-8 2016 年各高校教育部 A 刊论文篇数及被引数（心理学）

学校	篇数/被引数	学校	篇数/被引数	学校	篇数/被引数
北京师范大学	25/14	天津师范大学	15/4	福建师范大学	3/1
华中师范大学	25/10	北京科技大学	2/3	华东师范大学	4/1
西南大学	22/10	东北师范大学	7/3	江苏师范大学	4/1
山东师范大学	11/8	上海师范大学	16/3	南京大学	2/1
华南师范大学	12/6	浙江大学	5/3	清华大学	2/1
暨南大学	7/5	浙江师范大学	3/3	深圳大学	3/1
陕西师范大学	12/5	北京大学	6/2	武汉大学	8/1
苏州大学	9/5	广州大学	9/2	浙江财经大学	2/1
浙江工业大学	2/5	浙江理工大学	3/2	中山大学	2/1
首都师范大学	4/4	中国人民大学	9/2		

被引数在 1 及以上的单位共 29 个。被引数居前 3 的单位，其总篇数和总被引

数分别占 29 个单位总篇数和总被引数的 30.77%和 31.48%；被引数居前 5 的单位，其总篇数和总被引数分别占 29 个单位总篇数和总被引数的 40.60%和 44.44%；被引数居前 10 的单位，其总篇数和总被引数分别占 29 个单位总篇数和总被引数的 55.13%和 66.67%。该结果表明，表 3-8 中的 29 个单位是我国心理学研究的重要阵地，相较于篇数，这些单位贡献了略多的被引数，其中，北京师范大学、华中师范大学、西南大学无疑是我国心理学研究的三大主力，与被引数排后的几所大学逐渐拉开了距离，北京师范大学分别是山东师范大学和首都师范大学的 1.75 倍和 3.50 倍。从学校特征来看，被引数排前 10 的大学中，有 6 所师范类大学，还有 1 所合并师范大学的综合性大学，这表明师范类大学也是我国心理学研究的绝对主力。

2016 年，各高校教育部 A 刊体育学学科的论文篇数及被引数见表 3-9，按被引数高低排序。

表 3-9 2016 年各高校教育部 A 刊论文篇数及被引数（体育学）

学校	篇数/被引数	学校	篇数/被引数	学校	篇数/被引数
上海体育学院	68/90	南京师范大学	10/13	郑州大学	7/5
北京体育大学	107/59	福建师范大学	5/10	曲阜师范大学	6/4
清华大学	16/35	上海政法学院	4/9	山东师范大学	6/4
华南师范大学	32/32	东北师范大学	8/8	广州体育学院	7/3
华中师范大学	9/21	河南大学	9/8	江西财经大学	6/3
宁波大学	6/16	武汉体育学院	12/8	辽宁师范大学	5/3
苏州大学	12/15	成都体育学院	13/7	山东体育学院	5/3
华东师范大学	24/14	华侨大学	5/6	山西师范大学	5/3
武汉大学	4/14	山东大学	5/6	首都体育学院	6/3
沈阳体育学院	7/13	中国人民大学	5/6	浙江大学	4/3

被引数在 2 以上的单位共 30 个。被引数居前 3 的单位，其总篇数和总被引数分别占 30 个单位总篇数和总被引数的 45.69%和 43.40%；被引数居前 5 的单位，其总篇数和总被引数分别占 30 个单位总篇数和总被引数的 55.50%和 55.90%；被引数居前 10 的单位，其总篇数和总被引数分别占 30 个单位总篇数和总被引数的 68.18%和 72.88%。该结果表明，表 3-9 中的 30 个单位是我国体育学研究的重要阵地，相较于篇数，这些单位贡献了略多的被引数，其中，上海体育学院、北京体育大学无疑是我国体育学研究的两大重要单位，与被引数排后的几所大学逐渐拉开了距离，上海体育学院分别是清华大学和沈阳体育学院的 2.57 倍和 6.92 倍。从学校特征来看，被引数排前 10 的大学中，有 3 所体育类大学，这表明体育类大学也是我国体育学研究的主力。

2016 年，各高校教育部 A 刊中国语言文学学科的论文篇数及被引数见表 3-10，按被引数高低排序。

表 3-10 2016 年各高校教育部 A 刊论文篇数及被引数（中国语言文学）

学校	篇数/被引数	学校	篇数/被引数	学校	篇数/被引数
中国人民大学	61/23	对外经济贸易大学	5/6	江西师范大学	20/5
北京大学	78/22	广东外语外贸大学	14/6	清华大学	22/5
南京大学	58/20	暨南大学	23/6	苏州大学	14/5
辽宁师范大学	5/15	南京师范大学	17/6	杭州师范大学	29/4
中山大学	31/14	曲阜师范大学	9/6	上海大学	22/4
华南理工大学	7/10	上海财经大学	7/6	四川大学	24/4
北京师范大学	42/9	首都师范大学	30/6	北京外国语大学	12/3
华中师范大学	30/8	华东师范大学	51/5	北京语言大学	9/3
上海交通大学	27/8	华南师范大学	11/5	西南大学	24/3
浙江大学	41/8	吉林大学	8/5		

被引数在 2 以上的单位共 29 个。被引数居前 3 的单位，其总篇数和总被引数分别占 29 个单位总篇数和总被引数的 26.95%和 28.26%；被引数居前 5 的单位，其总篇数和总被引数分别占 29 个单位总篇数和总被引数的 31.87%和 40.87%；被引数居前 10 的单位，其总篇数和总被引数分别占 29 个单位总篇数和总被引数的 51.98%和 59.57%。该结果表明，表 3-10 中的 29 个单位是我国中国语言文学研究的重要阵地，相较于篇数，这些单位贡献了更多的被引数，其中，中国人民大学、北京大学、南京大学无疑是我国中国语言文学研究的三大重要单位，与被引数排后的几所大学逐渐拉开了距离，北京大学分别是辽宁师范大学和浙江大学的 1.53 倍和 2.88 倍。从学校特征来看，被引数排前 10 的大学中，有 3 所师范类大学，这表明师范类大学也是我国中国语言文学研究的主力。

2016 年，各高校教育部 A 刊外国语言文学学科的论文篇数及被引数见表 3-11，按被引数高低排序。

表 3-11 2016 年各高校教育部 A 刊论文篇数及被引数（外国语言文学）

学校	篇数/被引数	学校	篇数/被引数	学校	篇数/被引数
广东外语外贸大学	51/22	北京大学	22/5	北京语言大学	5/3
中山大学	12/16	苏州大学	11/5	东北师范大学	14/3
北京外国语大学	53/12	北京航空航天大学	11/4	对外经济贸易大学	16/3
南京大学	52/11	华南师范大学	4/4	合肥工业大学	4/3
南京师范大学	15/8	上海交通大学	19/4	湖南大学	8/3
北京科技大学	5/7	西南大学	8/4	宁波大学	7/3

续表

学校	篇数/被引数	学校	篇数/被引数	学校	篇数/被引数
上海海事大学	6/3	杭州师范大学	7/2	华东师范大学	9/1
上海外国语大学	32/3	河南大学	11/2	南京邮电大学	4/1
中国人民大学	19/3	华南理工大学	7/2	解放军外国语大学	8/1
北京林业大学	4/2	四川外国语大学	11/2		
复旦大学	16/2	北京师范大学	8/1		

被引数在1及以上的单位共31个。被引数居前3的单位，其总篇数和总被引数分别占31个单位总篇数和总被引数的22.79%和31.06%；被引数居前5的单位，其总篇数和总被引数分别占31个单位总篇数和总被引数的35.95%和42.86%；被引数居前10的单位，其总篇数和总被引数分别占31个单位总篇数和总被引数的56.58%和65.22%。该结果表明，表3-11中的31个单位是我国外国语言文学研究的重要阵地，相较于篇数，这些单位贡献了较多的被引数，其中，广东外语外贸大学、中山大学、北京外国语大学、南京大学无疑是我国外国语言文学研究的四大重要单位，与被引数排后的几所大学逐渐拉开了距离，广东外语外贸大学分别是南京师范大学和华南师范大学的2.75倍和5.50倍。从学校特征来看，被引数排前10的大学中，有2所语言类大学，这表明语言类大学也是我国外国语言文学研究的主力。

2016年，各高校教育部A刊新闻传播学学科的论文篇数及被引数见表3-12，按被引数高低排序。

表3-12　2016年各高校教育部A刊论文篇数及被引数（新闻传播学）

学校	篇数/被引数	学校	篇数/被引数	学校	篇数/被引数
中国传媒大学	127/44	浙江大学	13/11	四川大学	11/5
中国人民大学	50/44	重庆大学	14/10	广东外语外贸大学	5/3
复旦大学	34/28	江西师范大学	7/9	山东大学	5/3
中山大学	16/19	南京师范大学	15/8	天津师范大学	7/2
北京大学	23/18	安徽师范大学	4/6	上海交通大学	13/2
清华大学	12/18	华东师范大学	15/6	郑州大学	9/2
武汉大学	20/16	深圳大学	13/6	苏州大学	8/2
暨南大学	20/14	浙江传媒学院	10/6	西北师范大学	4/2
华中科技大学	25/13	华南理工大学	10/5	云南大学	4/2
北京师范大学	19/11	厦门大学	16/5		
南京大学	11/11	上海大学	14/5		

被引数在1以上的单位共31个。被引数居前3的单位，其总篇数和总被引数分别占31个单位总篇数和总被引数的38.09%和34.52%；被引数居前5的单位，

其总篇数和总被引数分别占31个单位总篇数和总被引数的43.14%和45.54%；被引数居前10的单位，其总篇数和总被引数分别占31个单位总篇数和总被引数的61.37%和66.96%。该结果表明，表3-12中的31个单位是我国新闻传播学研究的重要阵地，相较于篇数，这些单位贡献了略多的被引数，其中，中国传媒大学、中国人民大学、复旦大学无疑是我国新闻传播学研究的三大重要单位，与被引数排后的几所大学逐渐拉开了距离，中国传媒大学分别是中山大学和北京师范大学的2.32倍和4.00倍。

2016年，各高校教育部A刊考古学学科的论文篇数及被引数见表3-13，按被引数高低排序。

表3-13　2016年各高校教育部A刊论文篇数及被引数（考古学）

学校	篇数/被引数	学校	篇数/被引数
清华大学	4/6	湖南大学	4/1
山西大学	5/2	南开大学	2/1
西北大学	8/2	首都师范大学	3/1
河北师范大学	2/1	浙江大学	3/1

被引数在1及以上的单位仅有8个，该结果表明，表3-13中的8个单位是我国考古学研究的重要阵地。

2016年，各高校教育部A刊中国史、世界史学科的论文篇数及被引数见表3-14，按被引数高低排序。

表3-14　2016年各高校教育部A刊论文篇数及被引数（中国史、世界史）

学校	篇数/被引数	学校	篇数/被引数
北京师范大学	14/3	河南大学	4/1
南京大学	12/3	暨南大学	5/1
北京大学	17/2	清华大学	12/1
华东师范大学	6/2	上海大学	5/1
南开大学	15/2	四川大学	8/1
云南大学	3/2	武汉大学	8/1
复旦大学	9/1		

被引数在1及以上的单位仅有13个，该结果表明，表3-14中的13个单位是我国中国史、世界史研究的重要阵地，其中，北京师范大学和南京大学无疑是我国中国史、世界史研究的两大重要单位。

2016年，各高校教育部A刊农林经济管理学科的论文篇数及被引数见表3-15，按被引数高低排序。

表 3-15　2016 年各高校教育部 A 刊论文篇数及被引数（农林经济管理）

学校	篇数/被引数	学校	篇数/被引数	学校	篇数/被引数
南京农业大学	27/26	河南农业大学	3/5	南京财经大学	5/3
西北农林科技大学	13/25	湖南大学	3/5	宁波大学	4/3
华中农业大学	27/19	华南农业大学	4/5	山东师范大学	3/3
中国人民大学	15/18	西南财经大学	5/5	北京工商大学	3/1
中国农业大学	24/15	中南财经政法大学	7/5	对外经济贸易大学	3/1
浙江大学	10/13	重庆大学	3/5	华中师范大学	6/1
江西农业大学	4/11	华中科技大学	3/4	吉林大学	13/1
石河子大学	4/11	南京大学	5/4	山东农业大学	3/1
福建农林大学	5/7	上海财经大学	3/4	西南大学	4/1
湖南农业大学	5/6	沈阳农业大学	6/3	中国海洋大学	3/1
山东财经大学	4/6	东北农业大学	4/3		

被引数在 1 及以上的单位共 32 个。被引数居前 3 的单位，其总篇数和总被引数分别占 32 个单位总篇数和总被引数的 29.00%和 31.67%；被引数居前 5 的单位，其总篇数和总被引数分别占 32 个单位总篇数和总被引数的 45.89%和 46.61%；被引数居前 10 的单位，其总篇数和总被引数分别占 32 个单位总篇数和总被引数的 58.01%和 68.33%。该结果表明，表 3-15 中的 32 个单位是我国农林经济管理研究的重要阵地，相较于篇数，这些单位贡献了略多的被引数，其中，南京农业大学、西北农林科技大学无疑是我国农林经济管理研究的两大重要单位，与被引数排后的几所大学逐渐拉开了距离，南京农业大学分别是华中农业大学和湖南农业大学的 1.37 倍和 4.33 倍。从学校特征来看，被引数排前 10 的大学中，有农业、农林类大学共 7 所，这表明农业、农林类大学是我国农林经济管理研究的主力。

2016 年，各高校教育部 A 刊公共管理学科的论文篇数及被引数见表 3-16，按被引数高低排序。

表 3-16　2016 年各高校教育部 A 刊论文篇数及被引数（公共管理）

学校	篇数/被引数	学校	篇数/被引数	学校	篇数/被引数
中国人民大学	92/120	复旦大学	42/46	北京大学	57/33
北京师范大学	53/74	武汉大学	37/43	中山大学	39/31
浙江大学	43/51	华东师范大学	24/41	清华大学	50/30
上海财经大学	29/47	南开大学	44/37	中央财经大学	29/27

续表

学校	篇数/被引数	学校	篇数/被引数	学校	篇数/被引数
南京大学	38/26	河南大学	10/23	同济大学	15/20
华中科技大学	39/25	曲阜师范大学	10/23	东南大学	14/17
南京师范大学	16/25	华南理工大学	22/22	对外经济贸易大学	21/17
厦门大学	27/24	西南大学	21/22	上海交通大学	16/17
东北财经大学	14/23	吉林大学	24/20	暨南大学	18/16
东北师范大学	11/23	苏州大学	16/20	中南财经政法大学	22/16

被引数在 15 以上的单位共 30 个。被引数居前 3 的单位，其总篇数和总被引数分别占 30 个单位总篇数和总被引数的 21.05%和 25.54%；被引数居前 5 的单位，其总篇数和总被引数分别占 30 个单位总篇数和总被引数的 29.00%和 35.25%；被引数居前 10 的单位，其总篇数和总被引数分别占 30 个单位总篇数和总被引数的 51.51%和 54.54%。该结果表明，表 3-16 中的 30 个单位是我国公共管理研究的重要阵地，相较于篇数，这些单位贡献了略多的被引数，其中，中国人民大学无疑是我国公共管理研究的重要单位，与被引数排后的几所大学逐渐拉开了距离，中国人民大学分别是北京师范大学和中山大学的 1.62 倍和 3.87 倍。

2016 年，各高校教育部 A 刊图书情报与档案管理学科的论文篇数及被引数见表 3-17，按被引数高低排序。

表 3-17　2016 年各高校教育部 A 刊论文篇数及被引数（图书情报与档案管理）

学校	篇数/被引数	学校	篇数/被引数	学校	篇数/被引数
武汉大学	75/59	安徽大学	9/9	沈阳师范大学	5/4
中国人民大学	55/32	黑龙江大学	5/9	曲阜师范大学	6/4
吉林大学	57/27	西南交通大学	5/9	苏州大学	9/4
重庆大学	11/22	东南大学	5/8	云南大学	13/4
南开大学	20/17	华东师范大学	7/8	华南师范大学	7/2
北京大学	32/16	华中师范大学	19/8	南京理工大学	13/2
北京师范大学	19/14	东北师范大学	10/7	清华大学	6/2
湘潭大学	15/14	上海交通大学	8/7	山东理工大学	6/2
中山大学	19/14	上海师范大学	6/7	西南大学	7/2
南京大学	34/10	上海大学	31/6	燕山大学	5/2

被引数在 1 以上的单位共 30 个。被引数居前 3 的单位，其总篇数和总被引数分别占 30 个单位总篇数和总被引数的 36.03%和 35.65%；被引数居前 5 的单位，其总篇数和总被引数分别占 30 个单位总篇数和总被引数的 42.00%和 47.43%；被引数居前 10 的单位，其总篇数和总被引数分别占 30 个单位总篇数和总被引数的

64.93%和67.98%。该结果表明,表3-17中的30个单位是我国图书情报与档案管理研究的重要阵地,这些单位贡献的被引数与篇数大体相当,其中,武汉大学无疑是我国图书情报与档案管理研究的重要单位,与被引数排后的几所大学逐渐拉开了距离,武汉大学是中国人民大学和南京大学的1.84倍和5.90倍。

2016年,各高校教育部A刊哲学学科的论文篇数及被引数见表3-18,按被引数高低排序。

表3-18 2016年各高校教育部A刊论文篇数及被引数(哲学)

学校	篇数/被引数	学校	篇数/被引数	学校	篇数/被引数
中国人民大学	173/107	上海财经大学	21/16	南开大学	38/8
武汉大学	86/61	中南财经政法大学	16/15	东南大学	17/7
北京大学	137/58	南京师范大学	35/12	华南师范大学	43/7
北京师范大学	113/47	华东师范大学	42/11	首都师范大学	23/7
南京大学	123/42	华南理工大学	9/11	浙江大学	34/7
吉林大学	67/38	厦门大学	28/10	华东政法大学	22/6
复旦大学	127/36	山东大学	45/9	南京航空航天大学	3/6
中山大学	134/34	上海交通大学	25/9	深圳大学	13/6
清华大学	46/19	西南财经大学	9/9	四川大学	36/6
华中师范大学	31/17	浙江工商大学	7/9	苏州大学	15/6

被引数在5以上的单位共30个。被引数居前3的单位,其总篇数和总被引数分别占30个单位总篇数和总被引数的26.09%和35.53%;被引数居前5的单位,其总篇数和总被引数分别占30个单位总篇数和总被引数的41.63%和49.53%;被引数居前10的单位,其总篇数和总被引数分别占30个单位总篇数和总被引数的68.31%和72.17%。该结果表明,表3-18中的30个单位是我国哲学研究的重要阵地,相较于篇数,这些单位贡献了略多的被引数,其中,中国人民大学无疑是我国哲学研究的重要单位,与被引数排后的几所大学逐渐拉开了距离,中国人民大学分别是武汉大学和华中师范大学的1.75倍和6.29倍。

三、小结

将在上述18个学科中均出现的单位进行汇总,选择在18个学科被引数排序中,在超过5个学科中出现的单位,按出现的次数由高到低进行排序,结果见表3-19。

表 3-19 在 18 个学科被引数排序中出现超过 5 次的单位

学校	汇总	法学	公共管理	管理科学与工程、工商管理	教育学	考古学	理论经济学、应用经济学	民族学	农林经济管理	社会学	体育学	图书情报与档案管理	外国语言文学	心理学	新闻传播学	政治学、马克思主义理论	中国史、世界史	中国语言文学	哲学
中国人民大学	17	1	1	1	1	0	1	1	1	1	1	1	1	1	1	1	1	1	1
南京大学	16	1	1	0	1	1	1	1	1	1	0	1	1	1	1	1	1	1	1
清华大学	16	1	1	1	1	1	1	1	0	1	1	0	0	1	1	1	1	1	1
北京大学	15	1	1	0	1	1	1	1	1	0	1	0	1	1	1	1	1	1	1
北京师范大学	15	1	1	0	1	1	1	1	0	1	0	1	1	1	1	1	1	1	1
浙江大学	15	1	1	1	1	0	1	0	1	1	1	0	0	1	1	1	1	1	1
中山大学	14	0	1	1	0	1	1	1	0	1	1	0	1	0	1	1	1	0	1
华东师范大学	13	0	1	0	1	0	1	0	0	1	0	1	1	1	1	0	1	1	1
武汉大学	13	1	1	1	1	1	1	0	0	0	0	1	0	0	1	1	1	1	1
南京师范大学	11	1	1	0	1	0	0	0	1	0	0	0	1	0	0	1	1	1	1
厦门大学	11	0	1	1	0	1	1	0	1	0	0	0	0	0	1	1	1	0	1
苏州大学	10	1	1	0	0	0	0	1	0	0	1	0	1	1	0	1	1	1	1
复旦大学	10	0	1	0	1	1	1	0	0	1	0	0	0	1	0	1	1	0	1
南开大学	10	0	1	0	0	0	1	0	0	1	0	1	0	1	0	1	1	1	1
上海财经大学	10	1	1	1	1	0	1	0	1	0	0	0	0	1	0	1	1	0	0
西南大学	10	0	1	0	1	1	0	1	1	0	1	1	1	1	1	0	0	0	0
华南理工大学	9	1	1	1	0	0	1	0	0	1	1	0	0	1	0	1	0	0	1
华南师范大学	9	0	0	0	0	1	0	0	0	0	1	1	0	1	1	0	1	1	1
华中师范大学	9	0	0	0	0	1	0	0	1	1	1	0	0	1	0	1	0	1	1

续表

学校	汇总	法学	公共管理	管理科学与工程、工商管理	教育学	考古学	理论经济学、应用经济学	民族学	农林经济管理	社会学	体育学	图书情报与档案管理	外国语言文学	心理学	新闻传播学	政治学、马克思主义理论	中国史、世界史	中国语言文学	哲学
吉林大学	9	1	1	0	0	1	0	0	1	1	0	1	0	0	0	1	0	1	1
山东大学	9	1	0	0	1	1	0	0	0	1	1	0	0	0	1	0	1	1	1
上海交通大学	9	1	1	0	0	0	0	0	0	1	1	1	1	0	1	0	0	1	1
东北师范大学	8	0	1	1	1	0	0	0	0	1	1	1	1	0	0	0	1	0	0
对外经济贸易大学	8	1	1	0	0	0	0	1	0	0	0	0	1	0	0	0	1	0	0
四川大学	8	1	0	0	0	1	1	1	0	0	1	0	0	0	1	0	1	1	1
中南财经政法大学	8	1	1	1	0	0	1	0	0	0	0	0	0	1	0	1	0	1	1
华中科技大学	7	0	1	1	0	0	0	0	0	0	0	1	1	1	1	0	0	1	0
首都师范大学	7	0	0	0	1	1	0	0	0	0	0	0	1	0	0	0	1	1	1
东南大学	6	1	1	1	0	0	1	0	0	0	0	0	0	0	1	0	0	0	1
河南大学	6	0	1	1	1	0	0	0	0	0	0	0	1	0	0	1	1	0	0
湖南大学	6	0	0	0	0	1	0	0	0	0	0	0	0	0	1	1	1	0	1
暨南大学	6	0	0	0	0	0	1	0	0	0	0	0	1	1	0	0	1	1	1
曲阜师范大学	6	0	1	0	1	0	0	0	0	0	1	0	0	1	0	0	1	1	0
上海大学	6	0	1	0	0	1	1	1	0	0	0	0	0	0	0	1	1	0	0
山东师范大学	5	0	0	0	1	0	0	1	0	0	1	1	0	0	0	0	0	1	0
上海师范大学	5	0	0	0	0	0	0	1	0	1	0	0	0	0	1	0	1	0	1
天津师范大学	5	0	0	0	1	0	0	1	0	0	0	0	0	0	0	1	1	1	0
重庆大学	5	0	0	1	0	0	1	0	0	1	0	0	0	0	1	0	0	0	0

人文社科整体学术影响力较强的大学（按汇总数前 16）依次为中国人民大学、南京大学、清华大学、北京大学、北京师范大学、浙江大学、中山大学、华东师范大学、武汉大学、南京师范大学、厦门大学、苏州大学、复旦大学、南开大学、上海财经大学、西南大学。与 CSSCI 中的 24 个学科排序中出现超过 8 次的前 15 所大学相比，除同济大学、吉林大学和苏州大学外，重合的大学共计 13 所，重合度极高。该结果表明，不论是从历时态的分析结果（1998~2016 年各单位总被引数）还是从一年（2016 年）的结果来看，或者不论从 CSSCI 收录期刊还是从教育部 A 刊来看（尽管两者所收录的期刊有细微差异），但对各单位而言，人文社科整体实力较强的高校，无论在哪一个评价体系中，均占据了非常稳定的绝对优势，不因评价系统的变化而产生大的波动，该结果也从侧面体现了人文社科整体强校的稳定性。

第四章

A&HCI 各学科学术影响力

A&HCI 是美国科学信息研究所（Institute for Scientific Information，ISI）继 1963 年 SCI（Science Citation Index，科学引文索引）创立后形成的又一个大型综合检索工具。其具有量化指标，并具有收录广泛性、学科综合性和评判客观性等特点，享有很高的知名度（任元彪和陆云峰，2003），已经成为一项评价个人或单位集体学术水平的权威指标（于澄洁，2009）。A&HCI 覆盖了人文学科及艺术领域的多学科数据库，包括了哲学、文学、语言学、民俗学、考古学、历史、建筑学、亚洲研究等人文学科和艺术类学科，共 28 个学科，收录了 1 240 种该领域内的顶级期刊，提供了 1975 年以来的文献数据（姚洁敏，2014）。本章将 A&HCI 收录论文作为评估中国各高校艺术与人文科学学术影响力的工具，因 1998 年和 1999 年我国高校发表的论文极少，遂将研究年份定为 2000~2016 年。

一、数据收集与数据说明

（一）数据收集

在 WoS 上选择核心库中的 A&HCI 子库，以扩展地址为检索条件，以 China 或 People's R China 为检索词，年份限定为 2000~2016 年进行检索，对检索结果按以下顺序进行筛选：①按年、作者名、标题名、文献类型和期刊名删除可能存在的重复项；②按文献类型字段来筛选得到需要进一步分析的文献类型；③将作者单位信息和通讯作者单位信息进行分解，提取第一作者和通讯作者第一单位信息，并将其转化为对应的中文；④对期刊所属学科进行分解，并将其转化为对应的中文学科；⑤采用编写的命令提取属于各单位、各学科的数据；⑥将结果导入 SPSS 统计分析软件进行分析。

（二）数据说明

1. 文献类型

WoS 关于文献类型的详细说明见帮助菜单中的文献类型，原始数据中包含的文献类型共有 23 类。根据各文献类型下的文献是否有实质内容，并参考借鉴国内学者研究中对 A&HCI 文献类型的取舍，最终保留了 15 类，包括艺术展览评论（art exhibit review），论文（article），论文—书籍章节（article；book chapter），论文—会议录论文（article；proceedings paper），舞蹈表演评论（dance performance review），社论材料（editorial material），小说、创意散文（fiction，creative prose），电影评论（film review），音乐乐谱的评论（music score review），诗歌（poetry），录制内容评论（record review），剧本（script），戏剧评论（theater review），电视评论（tv review），广播评论（radio review）。

2. 学科说明

A&HCI 共计 28 个学科。考虑到文学各学科的相似性及分析结果的简洁清晰，遂将与文学相关的各个子学科合并为文学大类。这些子学科包括：文学理论与批评，文学—非洲、澳洲、加拿大，文学—美国，文学—英伦诸岛，文学—德国、荷兰、斯堪的纳维亚，文学—浪漫，文学—斯拉夫，中世纪与文艺复兴研究等。

3. 确定论文归属的单位

本章采用按作者贡献来划分单位归属的思路，但考虑到统计分析的简洁便利性及各高校实际采用的归属方法，遂按第一作者和通讯作者来对论文进行单位归属，即只要第一作者第一单位和通讯作者单位为某高校，即将此篇论文算做该高校的论文。此方法会导致少数论文被划归到两个或两个以上的高校中，但此比例极低。以教育和教育研究及特殊教育学科为对象，进行统计后发现归属于两个或两个以上单位的文章共计 24 篇，仅占总篇数的 2.38%。

4. 学科归属

A&HCI 论文所在期刊经常会归属到多个学科领域，其本身是按来源刊所属学科自动处理的，我国一些学者在具体分析时，通常的做法是将其原始学科分类按我国标准进行单一归属，即一本期刊只归属一个国内学科（郑海燕，2012）。另有学者采用了学科条目折合数，即按照期刊涉及学科条目数量的倒数拆分到每个期刊（刘莉，2009），实际上是将期刊所属的每个学科的权重设定为1，分属多个学科期刊所占的比例相同。本章采用学科条目折合数的办法来对期刊进行分类。

二、结果分析与比较

2000~2016 年各学科 A&HCI 论文被引数居前 10 的高校见表 4-1。少数学科仅有极少数高校发表了 A&HCI 论文且被引数为 0，导致少数学科中的高校数少于 10。表 4-1 将这些高校全部呈现了出来，结果按被引数高低排序。

表 4-1　2000~2016 年各高校各学科 A&HCI 论文篇数及被引数

学科	学校	篇数/被引数	学科	学校	篇数/被引数	学科	学校	篇数/被引数	学科	学校	篇数/被引数
电影、广播、电视	中国传媒大学	2/4	亚洲研究	清华大学	40/40	古典文学	东北师范大学	4/1	人文—跨学科	北京大学	9/2
	上海外国语大学	1/2		中国人民大学	55/27		复旦大学	2/1		四川外国语大学	4/2
	上海交通大学	2/1		浙江大学	8/19	历史	北京大学	37/12		中国政法大学	3/2
	上海大学	1/1		南京大学	23/15		中山大学	9/12		上海交通大学	2/2
	浙江大学	1/1		武汉大学	18/14		上海交通大学	7/11		四川大学	2/2
历史与科学哲学	北京师范大学	23/43		复旦大学	36/13		华东师范大学	16/10		同济大学	2/2
	北京大学	9/25		上海交通大学	16/13		中国传媒大学	11/6		中山大学	2/2
	清华大学	8/23		上海大学	10/13		清华大学	6/5	文化研究	清华大学	8/31
	中国科技大学	3/10		北京大学	84/48		复旦大学	18/4		首都师范大学	2/14
	大连理工大学	2/8		北京师范大学	20/42		南京大学	11/4		上海大学	8/7
	浙江大学	1/7		清华大学	35/29		中央民族大学	5/3		厦门大学	2/5
	南京大学	2/6	哲学	中国人民大学	71/28		苏州大学	2/3		华东师范大学	2/4
	中山大学	7/4		武汉大学	38/21		上海外国语大学	1/3		上海交通大学	2/4
	北京师范大学	1/4		复旦大学	22/17		清华大学	14/12		复旦大学	2/3
	武汉大学	2/2		厦门大学	10/16		浙江大学	16/10		燕山大学	1/3
	上海师范大学	1/2		南京大学	13/15	人文—跨学科	武汉大学	3/6		浙江大学	1/3
	同济大学	1/2		上海交通大学	16/10		广州外国语大学	3/3		上海外国语大学	3/2
亚洲研究	北京大学	107/51		南京师范大学	4/5		上海外国语大学	2/3	音乐	复旦大学	1/11

续表

学科	学校	篇数/被引数	学科	学校	篇数/被引数	学科	学校	篇数/被引数	学科	学校	篇数/被引数
音乐	陕西师范大学	2/4	语言与语言学	清华大学	27/39	考古学	北京大学	20/177	文学	中国人民大学	41/4
建筑学	同济大学	44/57		中国传媒大学	3/33		中国科技大学	19/78		上海外国语大学	31/4
	清华大学	10/13		中国人民大学	10/27		吉林大学	6/75		上海师范大学	31/4
	浙江大学	13/11		西安外国语大学	8/19		浙江大学	14/57		北京外国语大学	20/4
	大连理工大学	2/6		复旦大学	20/16		南京师范大学	3/31		北京师范大学	18/4
	东南大学	11/3		北京师范大学	16/13		华东理工大学	1/28		北京航空航天大学	14/4
	南京大学	4/3	宗教	浙江大学	22/10		中国地质大学	7/21		浙江大学	11/28
	重庆大学	4/3		中国人民大学	28/7		西安交通大学	6/19		北京大学	7/22
	上海交通大学	2/3		华东师范大学	21/5		中山大学	5/18		南京大学	8/15
	深圳大学	2/3		中山大学	6/5		兰州大学	4/18		中国科技大学	6/9
	北京大学	7/2		北京大学	23/4	文学	北京大学	49/112	艺术	清华大学	10/6
	哈尔滨工业大学	3/2		山东大学	3/2		华中师范大学	154/54		复旦大学	5/5
语言与语言学	浙江大学	53/152		东北大学	1/2		清华大学	76/34		中国地质大学	3/4
	广州外国语大学	40/90	戏剧	华东师范大学	3/9		南京大学	75/25		中山大学	1/4
	北京大学	50/75		苏州大学	3/4		上海交通大学	53/22		湖南大学	2/3
	上海外国语大学	18/75		南京大学	5/3		南京师范大学	50/7		四川大学	2/3
	厦门大学	15/44	诗歌	复旦大学	2/1		华东师范大学	14/7		西安交通大学	1/3
	山东大学	5/38		广州外国语大学	1/1		西南大学	14/5	民俗	中央民族大学	1/3

注：文学各学科合并成了一个大类——文学

我国高校共计在 A&HCI 收录论文的 18 个学科中发表了论文。将在表 4-1 中的高校进行汇总，按照这些高校在 18 个学科被引数排序中出现的次数进行排序，结果见表 4-2。

A&HCI 各学科国际学术影响力整体较强的大学（按汇总数前 10）依次为北京大学、清华大学、浙江大学、复旦大学、南京大学、上海交通大学、上海外国语大学、中山大学、北京师范大学和华东师范大学。

表4-2 在2000~2016年18个学科A&HCI论文被引数排序中出现1次及以上的高校

学校	汇总	电影、广播、电视	建筑学	古典文学	考古学	历史	历史与科学哲学	民俗	人文—跨学科	诗歌	文化研究	文学	戏剧	亚洲研究	艺术	音乐	语言与语言学	哲学	宗教
北京大学	11	0	1	0	1	1	1	1	0	1	0	0	1	0	1	1	0	1	1	1
清华大学	10	0	1	0	1	1	1	1	0	1	0	1	1	0	1	1	0	1	1	0
浙江大学	10	1	1	1	0	1	0	1	0	1	0	1	0	0	1	1	0	1	1	1
复旦大学	9	0	0	1	1	1	0	1	0	1	1	0	0	1	1	1	0	0	0	1
南京大学	8	0	1	0	0	1	1	1	0	0	0	0	1	1	0	1	0	0	1	0
上海交通大学	8	1	1	0	0	1	1	1	0	1	0	1	0	0	1	0	0	0	0	0
上海外国语大学	6	1	0	0	0	1	0	1	0	1	0	0	0	0	0	0	0	1	0	1
中山大学	6	0	0	0	1	1	0	0	0	0	0	0	1	1	0	1	0	0	0	1
北京师范大学	5	0	0	0	0	0	0	1	0	0	0	0	1	0	1	0	0	0	1	0
华东师范大学	5	0	0	0	1	0	0	1	0	0	0	0	0	1	0	0	0	0	0	1
中国人民大学	5	0	0	0	0	0	0	0	0	0	0	0	0	1	0	0	0	1	1	1
武汉大学	4	0	0	0	0	0	0	1	0	1	1	0	1	0	0	0	0	0	0	0
广东外语外贸大学	3	0	0	0	0	0	0	0	0	0	0	0	0	0	0	0	0	1	0	0
南京师范大学	3	0	0	0	1	0	0	0	0	0	0	0	1	0	0	0	0	0	1	0
厦门大学	3	0	0	0	0	0	0	0	0	0	0	1	0	0	0	0	0	0	1	1
上海大学	3	1	0	0	0	0	0	0	0	0	0	1	0	0	0	0	0	0	0	0

续表

学校	汇总	电影、广播、电视	建筑学	古典文学	考古学	历史	历史与科学哲学	民俗学	人文—跨学科	诗歌	文化研究	文学	戏剧	亚洲研究	艺术	音乐	语言与语言学	哲学	宗教
同济大学	3	0	1	0	0	0	1	0	1	0	0	0	0	0	0	0	0	0	0
中国传媒大学	3	1	0	0	0	1	0	0	0	0	0	0	0	0	0	0	1	0	0
中国科技大学	3	0	0	0	1	0	1	0	0	0	0	0	0	0	1	0	0	0	0
大连理工大学	2	0	1	0	0	0	1	0	0	0	0	0	0	0	0	0	0	0	0
山东大学	2	0	0	0	0	0	0	0	0	0	0	1	0	0	0	0	1	1	1
上海师范大学	2	0	0	0	0	0	1	0	1	0	0	0	0	0	0	0	0	0	0
四川大学	2	0	0	0	0	0	0	0	0	0	0	0	1	0	1	0	0	0	0
苏州大学	2	0	0	0	0	1	0	0	0	0	0	0	0	0	1	0	0	0	0
西安交通大学	2	0	0	0	0	0	0	0	0	0	0	0	1	0	1	0	0	0	0
中国地质大学	2	0	0	0	0	1	0	0	0	0	0	0	0	0	1	0	0	0	0
中央民族大学	2	0	0	0	0	0	0	1	0	0	0	1	0	0	0	0	0	0	0
北京外国语大学	1	0	0	0	0	0	0	0	0	0	0	0	1	0	0	0	0	0	0
北京航空航天大学	1	0	0	0	0	0	0	0	0	0	0	0	0	0	0	0	0	0	1
四川外国语大学	1	0	0	0	0	0	0	0	1	0	0	0	0	0	0	0	0	0	0
东北大学	1	0	0	1	0	0	0	0	0	0	0	0	0	0	0	0	0	0	0
东北师范大学	1	0	0	0	0	0	0	0	0	0	0	1	0	0	0	0	0	0	0

续表

学校	汇总	电影,广播,电视	建筑学	古典文学	考古学	历史	历史与科学哲学	民俗学	人文—跨学科	诗歌	文化研究	文学	戏剧	亚洲研究	艺术	音乐	语言与语言学	哲学	宗教
东南大学	1	0	1	0	0	0	0	0	0	0	0	0	0	0	0	0	0	0	0
哈尔滨工业大学	1	0	1	0	0	0	0	0	0	0	0	0	0	0	0	0	0	0	0
湖南大学	1	0	0	0	0	0	0	0	0	0	0	0	0	0	1	0	0	0	0
华东理工大学	1	0	0	0	1	0	0	0	0	0	0	0	0	0	0	0	0	0	0
华中师范大学	1	0	0	0	0	0	0	0	0	0	0	1	0	0	0	0	0	0	0
吉林大学	1	0	0	0	1	0	0	0	0	0	0	0	0	0	0	0	0	0	0
兰州大学	1	0	0	0	0	0	0	0	0	0	0	0	0	0	0	1	0	0	0
陕西师范大学	1	0	1	0	0	0	0	0	0	0	0	0	0	0	0	0	0	0	0
深圳大学	1	0	0	0	0	0	0	0	0	0	1	0	0	0	0	0	0	0	0
首都师范大学	1	0	0	0	0	0	0	0	0	0	0	1	0	0	0	0	0	0	0
西安外国语大学	1	0	0	0	0	0	0	0	0	0	0	0	0	0	0	0	1	0	0
西南大学	1	0	0	0	0	0	0	0	0	0	1	0	0	0	0	0	0	0	0
燕山大学	1	0	0	0	0	0	0	0	0	0	0	0	1	0	0	0	0	0	0
中国政法大学	1	0	0	0	0	0	0	0	1	0	0	0	0	0	0	0	0	0	0
重庆大学	1	0	1	0	0	0	0	0	0	0	0	0	0	0	0	0	0	0	0

按 A&HCI 论文总篇数排前 100 名的标准，分别分析各高校各学科分年度的被引数。此外，为便于论述结果，本章按一定的标准来分析各高校某个学科所处的地位。例如，如果某大学在某学科 6 个及以下年度内均有论文发表，表明该高校相较于其他高校显现出了潜在的优势，其在该学科上显现出了未来进一步发展的可能，因此被定义为存在优势或具有潜在优势或显现出优势；如果某大学在某学科 7~11 个年度内均有论文发表，表明该高校在此学科形成了稳定的科研产出和学术影响力，这也意味着该高校有专长此类论文写作发表的学者或团队，因此被定义为具有稳定的优势或显现出稳定的优势或存在稳定的优势；如果某大学在 12 及以上的年度内均有论文发表，表明该高校在此学科具有极强的科研产出和学术影响力，也意味着就此学科形成了稳定的科研团队，因此被定义为具有极强优势或显出极强优势或存在极强优势。

1. 北京大学

2000~2016 年，A&HCI 收录北京大学各学科论文篇数及被引数见表 4-3，按年份远近排序。

表 4-3　2000~2016 年 A&HCI 收录北京大学各学科论文篇数及被引数

学科	年份	篇数/被引数	学科	年份	篇数/被引数	学科	年份	篇数/被引数	学科	年份	篇数/被引数
建筑学	2010	1/0	历史	2008	2/0	文学	2001	1/8	亚洲研究	2008	6/1
	2012	1/1		2009	3/1		2002	4/17		2009	23/5
	2013	1/1		2010	5/2		2003	1/5		2010	14/0
	2015	1/0		2011	2/1		2005	5/20		2011	4/1
	2016	3/0		2012	5/4		2006	2/11		2012	5/0
考古学	2001	1/4		2013	8/2		2007	6/18		2013	8/0
	2002	1/5		2014	1/0		2008	3/3		2014	6/1
	2009	1/58		2015	6/2		2009	1/4		2015	10/0
	2010	4/27		2016	3/0		2010	6/8		2016	5/0
	2011	4/54	人文—跨学科	2008	3/2		2011	4/9	艺术	2002	1/5
	2012	3/4		2009	1/0		2012	3/1		2004	1/0
	2013	3/25		2010	1/0		2013	4/6		2008	2/2
	2014	1/0		2011	1/0		2014	1/0		2011	1/15
	2015	2/0		2012	1/0		2015	6/0		2014	1/0
历史与科学哲学	2010	4/10		2013	1/0		2016	1/0		2016	1/0
	2011	1/0		2015	1/0	亚洲研究	2000	1/0	语言与语言学	2001	1/4
	2012	1/0	诗歌	2012	1/0		2001	4/19		2002	1/0
	2013	2/13		2015	1/0		2003	2/2		2005	1/7
	2015	1/2	文化研究	2005	1/0		2005	5/6		2006	5/2
历史	2006	1/0		2008	1/1		2006	9/10		2007	2/3
	2007	1/0	文学	2000	1/2		2007	5/6		2008	2/0

续表

学科	年份	篇数/被引数	学科	年份	篇数/被引数	学科	年份	篇数/被引数	学科	年份	篇数/被引数
语言与语言学	2009	4/6	哲学	2001	2/1	哲学	2011	7/1	宗教	2010	2/0
	2010	2/0		2002	1/0		2012	2/0		2011	3/0
	2011	5/27		2003	2/2		2013	4/12		2012	3/1
	2012	6/7		2005	6/7		2014	4/0		2013	3/0
	2013	2/8		2006	4/8		2015	4/1		2016	2/0
	2014	4/10		2007	6/5		2016	8/1	电影、广播、电视	2016	1/0
	2015	12/1		2008	3/0	宗教	2007	5/0	古典文学	2014	1/0
	2016	3/0		2009	19/3		2008	1/0			
哲学	2000	1/0		2010	11/7		2009	4/3			

北京大学具有潜在优势的学科有建筑学，历史与科学哲学，诗歌，文化研究，艺术，电影、广播、电视和古典文学；具有稳定优势的学科有考古学、历史、人文—跨学科、宗教；具有极强优势的学科有文学、亚洲研究、语言与语言学、哲学。尤其是哲学、文学和亚洲研究，在 17 年间的绝大多数年份均有论文发表，表明北京大学这几个学科具有极强的国际影响力。

2. 安徽大学

2000~2016 年，A&HCI 收录安徽大学各学科论文篇数及被引数见表 4-4，按年份远近排序。

表 4-4 2000~2016 年 A&HCI 收录安徽大学各学科论文篇数及被引数

学科	年份	篇数/被引数	学科	年份	篇数/被引数
文学	2006	1/0	亚洲研究	2013	1/0
	2008	1/0	哲学	2009	1/0
	2011	1/0		2013	1/0
	2014	1/0		2015	1/0
亚洲研究	2006	1/0	历史	2006	1/0
	2009	1/0		2009	1/0
	2012	1/0	语言与语言学	2012	1/0

安徽大学具有潜在优势的学科有文学、亚洲研究、哲学、历史、语言与语言学；无具有稳定优势的学科；也无具有极强优势的学科。

3. 北京外国语大学

2000~2016 年，A&HCI 收录北京外国语大学各学科论文篇数及被引数见

表 4-5，按年份远近排序。

表 4-5 2000~2016 年 A&HCI 收录北京外国语大学各学科论文篇数及被引数

学科	年份	篇数/被引数	学科	年份	篇数/被引数	学科	年份	篇数/被引数
文学	2006	1/0	文学	2016	3/0	哲学	2011	1/0
	2007	3/4		2002	1/0		2015	1/0
	2008	1/0		2009	1/1	宗教	2014	1/0
	2009	2/0		2010	1/2		2015	1/0
	2010	2/0	语言与语言学	2013	2/3	人文—跨学科	2005	1/0
	2011	3/0		2014	4/2		2008	1/0
	2012	2/0		2015	1/0	文化研究	2011	1/1
	2013	1/0		2016	3/0	亚洲研究	2010	1/0
	2014	2/0	哲学	2010	1/0			

北京外国语大学具有潜在优势的学科有哲学、宗教、人文—跨学科、文化研究和亚洲研究；具有稳定优势的学科有文学、语言与语言学；没有具有极强优势的学科。

4. 北京第二外国语学院

2000~2016 年，A&HCI 收录北京第二外国语学院各学科论文篇数及被引数见表 4-6，按年份远近排序。

表 4-6 2000~2016 年 A&HCI 收录北京第二外国语学院各学科论文篇数及被引数

学科	年份	篇数/被引数	学科	年份	篇数/被引数
文学	2009	2/0	语言与语言学	2008	1/3
	2010	1/0		2009	2/2
	2011	1/0		2011	3/5
	2012	1/0		2014	1/2
	2013	1/0		2015	3/0
	2015	2/0		2016	3/0
哲学	2011	1/0	亚洲研究	2011	2/1
宗教	2016	1/0			

北京第二外国语学院具有潜在优势的学科有文学、哲学、宗教、语言与语言

学、亚洲研究；无具有稳定优势的学科；也无具有极强优势的学科。

5. 北京航空航天大学

2000~2016 年，A&HCI 收录北京航空航天大学各学科论文篇数及被引数见表 4-7，按年份远近排序。

表 4-7 2000~2016 年 A&HCI 收录北京航空航天大学各学科论文篇数及被引数

学科	年份	篇数/被引数	学科	年份	篇数/被引数
文学	2005	1/0	人文—跨学科	2013	1/0
	2011	1/0		2015	1/1
	2012	2/0	语言与语言学	2012	1/0
	2013	1/0		2013	2/0
	2014	4/2		2014	2/0
	2015	1/2		2015	2/1
	2016	4/0		2016	2/0
历史	2014	1/0	宗教	2010	1/1

北京航空航天大学具有潜在优势的学科有历史、人文—跨学科、语言与语言学、宗教；具有稳定优势的学科有文学；没有具有极强优势的学科。

6. 北京科技大学

2000~2016 年，A&HCI 收录北京科技大学各学科论文篇数及被引数见表 4-8，按年份远近排序。

表 4-8 2000~2016 年 A&HCI 收录北京科技大学各学科论文篇数及被引数

学科	年份	篇数/被引数	学科	年份	篇数/被引数
考古	2009	2/10	文学	2014	1/0
	2014	2/2		2016	1/0
	2015	2/3	语言与语言学	2014	1/0
	2016	2/0		2016	1/0
艺术	2014	1/0			

北京科技大学具有潜在优势的学科有考古、艺术、文学、语言与语言学；无具有稳定优势的学科；也无具有极强优势的学科。

7. 北京语言大学

2000~2016 年，A&HCI 收录北京语言大学各学科论文篇数及被引数见表 4-9，按年份远近排序。

表4-9　2000~2016年A&HCI收录北京语言大学各学科论文篇数及被引数

学科	年份	篇数/被引数	学科	年份	篇数/被引数
文学	2008	1/0	文化研究	2005	1/0
	2010	1/0	语言与语言学	2012	2/5
	2013	2/0		2014	1/0
	2014	2/0		2015	2/2
	2016	1/0		2016	1/0
亚洲研究	2005	1/0	哲学	2012	1/2
	2012	1/0		2016	1/0

北京语言大学具有潜在优势的学科有文学、亚洲研究、文化研究、语言与语言学和哲学；无具有稳定优势的学科；也无具有极强优势的学科。

8. 四川外国语大学

2000~2016年，A&HCI收录四川外国语大学各学科论文篇数及被引数见表4-10，按年份远近排序。

表4-10　2000~2016年A&HCI收录四川外国语大学各学科论文篇数及被引数

学科	年份	篇数/被引数	学科	年份	篇数/被引数
文学	2007	2/0	文学	2016	2/0
	2008	3/0	人文—跨学科	2008	1/2
	2009	1/0		2012	1/0
	2010	1/0		2015	2/0
	2011	1/0	哲学	2003	1/0
	2012	3/0	宗教	2006	1/0
	2013	1/0	语言与语言学	2011	1/4
	2014	3/0			

四川外国语大学具有潜在优势的学科有人文—跨学科、哲学、宗教、语言与语言学；具有稳定优势的学科有文学；没有具有极强优势的学科。

9. 大连海事大学

2000~2016年，A&HCI收录大连海事大学各学科论文篇数及被引数见表4-11，按年份远近排序。

表 4-11　2000~2016 年 A&HCI 收录大连海事大学各学科论文篇数及被引数

学科	年份	篇数/被引数	学科	年份	篇数/被引数
语言与语言学	2008	1/2	语言与语言学	2014	1/0
	2010	1/1		2016	2/1
	2012	1/1	人文—跨学科	2013	1/1
	2013	1/1			

大连海事大学具有潜在优势的学科有语言与语言学、人文—跨学科；无具有稳定优势的学科；也无具有极强优势的学科。

10. 大连理工大学

2000~2016 年，A&HCI 收录大连理工大学各学科论文篇数及被引数见表 4-12，按年份远近排序。

表 4-12　2000~2016 年 A&HCI 收录大连理工大学各学科论文篇数及被引数

学科	年份	篇数/被引数	学科	年份	篇数/被引数
建筑学	2011	1/1	艺术	2015	1/0
	2013	1/5	语言与语言学	2011	1/0
历史与科学哲学	2010	1/3		2013	1/3
	2013	1/5	哲学	2013	1/0
文学	2015	2/0		2015	1/0

大连理工大学具有潜在优势的学科有建筑学、历史与科学哲学、文学、艺术、语言与语言学、哲学；无具有稳定优势的学科；也无具有极强优势的学科。

11. 东北大学

2000~2016 年，A&HCI 收录东北大学各学科论文篇数及被引数见表 4-13，按年份远近排序。

表 4-13　2000~2016 年 A&HCI 收录东北大学各学科论文篇数及被引数

学科	年份	篇数/被引数	学科	年份	篇数/被引数
历史	2012	2/2	宗教	2012	1/2
文学	2016	2/0	语言与语言学	2015	2/0
艺术	2013	1/1			

东北大学具有潜在优势的学科有历史、文学、艺术、宗教、语言与语言学；无具有稳定优势的学科；也无具有极强优势的学科。

12. 东北师范大学

2000~2016 年，A&HCI 收录东北师范大学各学科论文篇数及被引数见表 4-14，按年份远近排序。

表 4-14 2000~2016 年 A&HCI 收录东北师范大学各学科论文篇数及被引数

学科	年份	篇数/被引数	学科	年份	篇数/被引数	学科	年份	篇数/被引数
文学	2006	3/0	文学	2014	4/0	古典文学	2010	1/0
	2007	1/0		2015	1/0		2011	1/1
	2008	2/0		2016	4/0		2015	2/0
	2009	2/0	语言与语言学	2009	1/5	历史	2011	5/2
	2010	1/0		2012	1/2	文化研究	2016	1/0
	2011	1/0		2013	1/0	亚洲研究	2011	5/2
	2012	1/0		2014	1/1	宗教	2002	1/0
	2013	2/0		2015	1/0			

东北师范大学具有潜在优势的学科有语言与语言学、古典文学、历史、文化研究、亚洲研究、宗教；具有稳定优势的学科有文学；没有具有极强优势的学科。

13. 东华大学

2000~2016 年，A&HCI 收录东华大学各学科论文篇数及被引数见表 4-15，按年份远近排序。

表 4-15 2000~2016 年 A&HCI 收录东华大学各学科论文篇数及被引数

学科	年份	篇数/被引数	学科	年份	篇数/被引数
考古	2011	1/2	亚洲研究	2013	1/0
文学	2012	1/0	哲学	2016	1/0
	2016	1/0			

东华大学具有潜在优势的学科有考古、文学、亚洲研究、哲学；无具有稳定优势的学科；也无具有极强优势的学科。

14. 东南大学

2000~2016 年，A&HCI 收录东南大学各学科论文篇数及被引数见表 4-16，按年份远近排序。

表 4-16 2000~2016 年 A&HCI 收录东南大学各学科论文篇数及被引数

学科	年份	篇数/被引数	学科	年份	篇数/被引数
建筑学	2010	1/0	语言与语言学	2011	1/0
	2014	1/0		2014	1/0
	2015	5/3	哲学	2015	1/0
	2016	4/0		2016	2/0
民俗学	2016	1/0	文学	2014	1/0

东南大学具有潜在优势的学科有建筑学、民俗学、语言与语言学、哲学、文学；没有具有稳定优势的学科；没有具有极强优势的学科。

15. 对外经济贸易大学

2000~2016 年，A&HCI 收录对外经济贸易大学各学科论文篇数及被引数见表 4-17，按年份远近排序。

表 4-17 2000~2016 年 A&HCI 收录对外经济贸易大学各学科论文篇数及被引数

学科	年份	篇数/被引数	学科	年份	篇数/被引数
文学	2007	1/1	语言与语言学	2010	2/3
	2011	1/0		2011	2/6
	2012	1/0		2013	2/9
	2013	2/0		2015	1/0
	2015	1/0		2016	2/0
	2016	1/0	亚洲研究	2013	1/0
哲学	2013	1/0	宗教	2013	1/0

对外经济贸易大学具有潜在优势的学科有文学、哲学、语言与语言学、亚洲研究和宗教；没有具有稳定优势的学科；没有具有极强优势的学科。

16. 福建师范大学

2000~2016 年，A&HCI 收录福建师范大学各学科论文篇数及被引数见表 4-18，按年份远近排序。

表 4-18 2000~2016 年 A&HCI 收录福建师范大学各学科论文篇数及被引数

学科	年份	篇数/被引数	学科	年份	篇数/被引数
文学	2006	1/0	语言与语言学	2010	1/0
	2009	1/0		2011	1/4
	2012	2/0		2014	1/0
	2013	1/0	哲学	2014	1/0
	2014	1/0		2016	1/0
	2015	2/0	人文—跨学科	2014	1/0
宗教	2016	1/0			

福建师范大学具有潜在优势的学科有文学、宗教、语言与语言学、哲学、人文—跨学科；没有具有稳定优势的学科；也没有具有极强优势的学科。

17. 复旦大学

2000~2016年，A&HCI收录复旦大学各学科论文篇数及被引数见表4-19，按年份远近排序。

表4-19　2000~2016年A&HCI收录复旦大学各学科论文篇数及被引数

学科	年份	篇数/被引数	学科	年份	篇数/被引数	学科	年份	篇数/被引数	学科	年份	篇数/被引数
考古	2003	1/1	文学	2005	1/0	亚洲研究	2003	1/1	宗教	2003	1/12
	2011	2/9		2006	1/0		2006	1/0		2009	2/0
	2012	1/0		2009	1/0		2007	3/0		2011	5/1
	2013	1/1		2010	2/0		2008	4/0		2012	2/1
	2014	1/0		2011	4/0		2009	1/2		2013	1/0
	2016	1/0		2012	2/1		2010	2/2		2014	2/1
历史	2007	1/0		2013	3/0		2011	5/5		2015	3/0
	2010	1/1		2014	7/0		2012	1/0		2016	4/1
	2011	3/0		2015	2/0		2013	4/0	古典文学	2009	1/1
	2012	1/0		2016	1/0		2014	4/0		2015	1/0
	2013	4/0	哲学	2006	1/0		2015	4/3	历史与科学哲学	2012	2/1
	2014	2/3		2007	1/0		2016	6/0		2015	1/0
	2015	2/0		2008	3/0	语言与语言学	2005	2/4	文化研究	2014	1/0
	2016	4/0		2009	1/2		2006	1/0		2015	1/3
人文—跨学科	2012	1/0		2010	2/1		2007	2/0	艺术	2011	2/4
	2013	1/0		2011	5/13		2011	2/0		2012	1/0
	2014	1/1		2012	1/1		2012	4/6		2013	1/1
	2015	1/0		2013	1/0		2013	2/2		2014	1/0
	2016	2/0		2014	1/0		2014	3/2	建筑学	2015	1/0
诗歌	2012	1/1		2015	3/0		2015	2/0	戏剧	2016	1/0
	2014	1/0		2016	3/0		2016	4/0	音乐	2003	1/11

复旦大学具有潜在优势的学科有考古、人文—跨学科、诗歌、古典文学、历史与科学哲学、文化研究、艺术、建筑学、戏剧、音乐；具有稳定优势的学科有历史、文学、哲学、语言与语言学、宗教；显现出极强优势的学科有亚洲研究。

18. 广东外语外贸大学

2000~2016年，A&HCI收录广东外语外贸大学各学科论文篇数及被引数见表4-20，按年份远近排序。

表 4-20 2000~2016 年 A&HCI 收录广东外语外贸大学各学科论文篇数及被引数

学科	年份	篇数/被引数	学科	年份	篇数/被引数	学科	年份	篇数/被引数
文学	2006	1/0	语言与语言学	2005	1/1	文化研究	2011	2/1
	2008	3/1		2007	1/37		2014	1/0
	2009	1/0		2008	2/8		2016	1/0
	2010	2/0		2009	4/24	人文—跨学科	2012	1/3
	2012	1/0		2011	3/1		2016	2/0
	2013	2/1		2012	2/2	诗歌	2013	1/1
	2014	2/0		2013	5/12	亚洲研究	2016	1/0
	2015	3/0		2014	5/3	哲学	2013	1/0
	2016	5/0		2015	8/1			
历史	2014	1/1		2016	9/1			

广东外语外贸大学具有潜在优势的学科有历史、文化研究、人文—跨学科、诗歌、亚洲研究、哲学;具有稳定优势的学科有文学、语言与语言学;没有具有极强优势的学科。

19. 广州商学院

2000~2016 年,A&HCI 收录广州商学院各学科论文篇数及被引数见表 4-21,按年份远近排序。

表 4-21 2000~2016 年 A&HCI 收录广州商学院各学科论文篇数及被引数

学科	年份	篇数/被引数
文学	2006	3/0
	2007	2/0
	2008	2/0
	2011	1/0

广州商学院具有潜在优势的学科仅有文学,没有具有稳定优势和极强优势的学科。

20. 广州大学

2000~2016 年,A&HCI 收录广州大学各学科论文篇数及被引数见表 4-22,按年份远近排序。

表 4-22 2000~2016 年 A&HCI 收录广州大学各学科论文篇数及被引数

学科	年份	篇数/被引数	学科	年份	篇数/被引数
文学	2005	1/0	文学	2012	1/0
	2006	2/0		2013	1/0
	2007	1/0		2016	1/0
	2008	2/0	艺术	2014	1/1
	2010	1/0	哲学	2015	1/0
	2011	2/0			

广州大学具有潜在优势的学科有艺术、哲学；文学具有稳定优势；没有具有极强优势的学科。

21. 哈尔滨工业大学

2000~2016 年，A&HCI 收录哈尔滨工业大学各学科论文篇数及被引数见表 4-23，按年份远近排序。

表 4-23 2000~2016 年 A&HCI 收录哈尔滨工业大学各学科论文篇数及被引数

学科	年份	篇数/被引数	学科	年份	篇数/被引数
文学	2008	1/0	建筑学	2013	1/2
	2011	2/0		2016	2/0
	2012	2/0	亚洲研究	2003	1/0
	2013	1/0		2015	1/0
	2014	1/0	哲学	2003	1/0
	2016	1/0		2015	1/0
语言与语言学	2009	1/2	考古	2011	1/0
	2014	1/0	艺术	2011	1/0
	2015	1/0	人文—跨学科	2012	1/0
	2016	1/0			

哈尔滨工业大学具有潜在优势的学科有文学、语言与语言学、建筑学、亚洲研究、哲学、考古、艺术、人文—跨学科；没有具有稳定优势的学科；也没有具有极强优势的学科。

22. 杭州师范大学

2000~2016年，A&HCI收录杭州师范大学各学科论文篇数及被引数见表4-24，按年份远近排序。

表4-24 2000~2016年A&HCI收录杭州师范大学各学科论文篇数及被引数

学科	年份	篇数/被引数	学科	年份	篇数/被引数
文学	2009	1/0	文学	2016	4/0
	2010	5/0	语言与语言学	2014	1/0
	2011	3/0		2015	2/0
	2012	5/1	宗教	2013	1/0
	2013	4/0	人文—跨学科	2015	1/0
	2014	4/0	诗歌	2013	1/0
	2015	4/0			

杭州师范大学具有潜在优势的学科有语言与语言学、宗教、人文跨学科、诗歌；文学具有稳定优势；没有具有极强优势的学科。

23. 河北师范大学

2000~2016年，A&HCI收录河北师范大学各学科论文篇数及被引数见表4-25，按年份远近排序。

表4-25 2000~2016年A&HCI收录河北师范大学各学科论文篇数及被引数

学科	年份	篇数/被引数	学科	年份	篇数/被引数
文学	2006	2/0	文学	2014	2/0
	2008	1/0		2016	1/0
	2009	1/0	考古	2011	1/1
	2010	1/0		2016	1/0
	2012	1/0			

河北师范大学具有潜在优势的学科有考古；文学具有稳定优势；没有具有极强优势的学科。

24. 河南大学

2000~2016年，A&HCI收录河南大学各学科论文篇数及被引数见表4-26，按年份远近排序。

表 4-26 2000~2016 年 A&HCI 收录河南大学各学科论文篇数及引数

学科	年份	篇数/被引数	学科	年份	篇数/被引数	学科	年份	篇数/被引数
文学	2007	2/0	亚洲研究	2004	1/0	语言与语言学	2012	1/0
	2008	2/0		2007	1/0		2014	1/0
	2009	1/0		2014	1/0		2015	1/0
	2010	1/0		2015	1/0	宗教	2006	1/0
	2011	1/0	历史	2004	1/0		2014	1/0
	2013	2/0		2007	1/0	人文—跨学科	2008	1/0
	2015	4/0		2014	1/0			
	2016	1/0	文化研究	2008	1/1			

河南大学具有潜在优势的学科有亚洲研究、历史、文化研究、语言与语言学、宗教、人文—跨学科；具有稳定优势的学科有文学；没有具有极强优势的学科。

25. 黑龙江大学

2000~2016年，A&HCI收录黑龙江大学各学科论文篇数及被引数见表4-27，按年份远近排序。

表 4-27 2000~2016 年 A&HCI 收录黑龙江大学各学科论文篇数及被引数

学科	年份	篇数/被引数	学科	年份	篇数/被引数
哲学	2009	2/0	文学	2011	2/0
	2011	1/0		2014	1/0
	2012	2/0		2015	1/0
	2013	1/0		2016	1/0
	2015	3/0	语言与语言学	2014	1/0

黑龙江大学具有潜在优势的学科有哲学、文学、语言与语言学；没有具有稳定优势的学科；也没有具有极强优势的学科。

26. 湖北大学

2000~2016年，A&HCI收录湖北大学各学科论文篇数及被引数见表4-28，按年份远近排序。

表 4-28 2000~2016 年 A&HCI 收录湖北大学各学科论文篇数及被引数

学科	年份	篇数/被引数
文学	2006	1/0
	2007	1/3
	2009	1/0
	2011	1/0
	2012	1/0
	2014	1/0
	2015	1/0

湖北大学没有具有潜在优势的学科；具有稳定优势的学科有文学；没有具有极强优势的学科。

27. 湖南大学

2000~2016 年，A&HCI 收录湖南大学各学科论文篇数及被引数见表 4-29，按年份远近排序。

表 4-29 2000~2016 年 A&HCI 收录湖南大学各学科论文篇数及被引数

学科	年份	篇数/被引数	学科	年份	篇数/被引数	学科	年份	篇数/被引数
语言与语言学	2011	1/0	文学	2007	3/0	亚洲研究	2008	2/0
	2014	1/0		2010	1/0		2011	1/0
	2015	2/0		2011	1/0		2015	2/0
	2016	1/0		2016	1/0		2016	1/0
哲学	2008	2/0	艺术	2012	1/3	建筑学	2014	1/0
	2011	1/0		2016	1/0	历史与科学哲学	2015	1/0
	2015	2/0	考古	2012	1/3			
宗教	2014	1/1	历史	2016	1/0			

湖南大学具有潜在优势的学科有语言与语言学、哲学、宗教、文学、艺术、考古、历史、亚洲研究、建筑学、历史与科学哲学；没有具有稳定优势的学科；也没有具有极强优势的学科。

28. 湖南师范大学

2000~2016 年，A&HCI 收录湖南师范大学各学科论文篇数及被引数见表 4-30，按年份远近排序。

表 4-30 2000~2016 年 A&HCI 收录湖南师范大学各学科论文篇数及被引数

学科	年份	篇数/被引数	学科	年份	篇数/被引数
文学	2005	1/0	文学	2014	4/1
	2006	3/0		2016	2/0
	2007	1/0	语言与语言学	2012	1/1
	2008	1/0		2013	1/0
	2010	3/0		2014	1/1
	2011	2/0	哲学	2006	1/0
	2012	5/1		2014	1/1
	2013	3/0	亚洲研究	2006	1/0

湖南师范大学具有潜在优势的学科有语言与语言学、哲学、亚洲研究；具有稳定优势的学科有文学；没有具有极强优势的学科。

29. 华东理工大学

2000~2016 年，A&HCI 收录华东理工大学各学科论文篇数及被引数见表 4-31，按年份远近排序。

表 4-31 2000~2016 年 A&HCI 收录华东理工大学各学科论文篇数及被引数

学科	年份	篇数/被引数
文学	2013	2/0
	2014	1/0
考古	2003	1/28
宗教	2015	1/1

华东理工大学具有潜在优势的学科有文学、考古、宗教；没有具有稳定优势的学科；也没有具有极强优势的学科。

30. 华东师范大学

2000~2016 年，A&HCI 收录华东师范大学各学科论文篇数及被引数见表 4-32，按年份远近排序。

表 4-32 2000~2016 年 A&HCI 收录华东师范大学各学科论文篇数及被引数

学科	年份	篇数/被引数	学科	年份	篇数/被引数	学科	年份	篇数/被引数
亚洲研究	2002	1/0	亚洲研究	2009	3/1	亚洲研究	2014	2/1
	2004	1/3		2010	2/0		2015	1/0
	2005	2/0		2011	4/1		2016	4/1
	2006	3/1		2012	7/0	历史	2005	1/0
	2008	1/0		2013	1/1		2006	1/0

续表

学科	年份	篇数/被引数	学科	年份	篇数/被引数	学科	年份	篇数/被引数
历史	2008	1/3	哲学	2016	6/1	文学	2015	3/0
	2009	4/2		2007	2/0		2016	1/0
	2010	2/1	宗教	2008	1/0	语言与语言学	2004	1/1
	2011	3/1		2010	4/2		2007	1/0
	2013	1/1		2011	2/2		2008	1/0
	2014	1/2		2012	1/0		2012	1/0
	2015	2/0		2013	4/1		2013	1/3
哲学	2002	1/0		2014	3/0		2014	2/2
	2004	1/3		2015	3/0		2015	2/0
	2005	1/0		2016	1/0		2016	2/1
	2006	1/0	文化研究	2011	1/3	戏剧	2005	1/6
	2008	2/0		2014	1/1		2006	1/3
	2010	1/0	文学	2006	1/2		2013	1/0
	2011	2/0		2007	2/0	人文—跨学科	2009	1/0
	2012	8/0		2011	2/4		2015	2/1
	2014	1/0		2013	3/0	音乐	2016	1/0
	2015	1/0		2014	2/1			

华东师范大学具有潜在优势的学科有文化研究、戏剧、人文—跨学科、音乐；具有稳定优势的学科有历史、哲学、宗教、语言与语言学；具有极强优势的学科有亚洲研究。

31. 华南师范大学

2000~2016 年，A&HCI 收录华南师范大学各学科论文篇数及被引数见表 4-33，按年份远近排序。

表 4-33 2000~2016 年 A&HCI 收录华南师范大学各学科论文篇数及被引数

学科	年份	篇数/被引数	学科	年份	篇数/被引数	学科	年份	篇数/被引数
文学	2010	1/0	语言与语言学	2006	1/0	历史	2006	1/0
	2011	1/0		2011	1/14		2011	1/1
	2012	1/0		2012	1/2		2014	2/0
	2015	1/0		2013	1/0	文化研究	2014	1/1
人文—跨学科	2009	1/1		2015	1/1	亚洲研究	2006	1/0
	2010	1/0		2016	2/0	哲学	2008	1/0

华南师范大学具有潜在优势的学科有文学、人文—跨学科、语言与语言学、历史、文化研究、亚洲研究、哲学;没有具有稳定优势的学科;也没有具有极强优势的学科。

32. 华中科技大学

2000~2016 年,A&HCI 收录华中科技大学各学科论文篇数及被引数见表 4-34,按年份远近排序。

表 4-34　2000~2016 年 A&HCI 收录华中科技大学各学科论文篇数及被引数

学科	年份	篇数/被引数	学科	年份	篇数/被引数	学科	年份	篇数/被引数
文学	2006	1/0	语言与语言学	2007	1/1	建筑学	2008	2/0
	2008	3/0		2012	1/7		2011	1/0
	2009	1/0		2014	3/2		2012	1/0
	2010	2/0		2015	2/0	考古	2014	1/0
	2011	1/0		2016	3/0		2015	1/0
	2013	1/0	哲学	2014	1/0	历史	2013	1/1
	2015	5/0		2015	3/0		2014	1/0
	2016	3/0	艺术	2014	1/0			
文化研究	2013	1/0		2015	1/0			

华中科技大学具有潜在优势的学科有文化研究、语言与语言学、哲学、艺术、建筑学、考古、历史;具有稳定优势的学科有文学;没有具有极强优势的学科。

33. 华中农业大学

2000~2016 年,A&HCI 收录华中农业大学各学科论文篇数及被引数见表 4-35,按年份远近排序。

表 4-35　2000~2016 年 A&HCI 收录华中农业大学各学科论文篇数及被引数

学科	年份	篇数/被引数
文学	2011	1/0
	2013	1/0
	2015	1/0
	2016	1/0
建筑学	2015	1/0
	2016	1/0

华中农业大学具有潜在优势的学科有文学、建筑学；没有具有稳定优势的学科；没有显现出极强优势的学科。

34. 华中师范大学

2000~2016年，A&HCI收录华中师范大学各学科论文篇数及被引数见表4-36，按年份远近排序。

表4-36　2000~2016年A&HCI收录华中师范大学各学科论文篇数及被引数

学科	年份	篇数/被引数	学科	年份	篇数/被引数	学科	年份	篇数/被引数
文学	2006	12/7	文学	2014	11/0	语言与语言学	2009	1/4
	2007	13/3		2015	16/1		2010	1/0
	2008	13/1		2016	10/0		2013	2/1
	2009	18/0	亚洲研究	2004	1/1		2014	2/1
	2010	17/23		2010	1/0		2015	2/0
	2011	17/16		2016	1/0		2016	1/0
	2012	15/0	历史	2004	1/1	哲学	2013	1/0
	2013	12/3		2016	1/0			

华中师范大学具有潜在优势的学科有亚洲研究、历史、语言与语言学、哲学；具有稳定优势的学科有文学；没有显现出极强优势的学科。

35. 吉林大学

2000~2016年，A&HCI收录吉林大学各学科论文篇数及被引数见表4-37，按年份远近排序。

表4-37　2000~2016年A&HCI收录吉林大学各学科论文篇数及被引数

学科	年份	篇数/被引数	学科	年份	篇数/被引数
考古	2007	1/19	文学	2008	1/0
	2009	1/13		2012	1/0
	2011	2/36		2014	1/0
	2014	1/7	艺术	2016	1/0
	2016	1/0	文化研究	2016	1/0
历史	2015	2/0	语言与语言学	2014	1/2

吉林大学具有潜在优势的学科有考古、历史、文学、艺术、文化研究、语言

与语言学；没有具有稳定优势的学科；没有显现出极强优势的学科。

36. 暨南大学

2000~2016年，A&HCI收录暨南大学各学科论文篇数及被引数见表4-38，按年份远近排序。

表4-38　2000~2016年A&HCI收录暨南大学各学科论文篇数及被引数

学科	年份	篇数/被引数	学科	年份	篇数/被引数	学科	年份	篇数/被引数
文学	2005	1/0	语言与语言学	2008	1/0	亚洲研究	2008	1/0
	2006	1/0		2011	2/0		2015	1/0
	2007	1/0		2015	1/0	电影、广播、电视	2014	1/0
	2011	2/0		2016	4/0	历史与科学哲学	2013	1/0
	2012	1/0	宗教	2013	1/0	诗歌	2005	1/0
	2013	2/0		2014	1/0	文化研究	2016	1/0
	2014	1/0		2015	1/0	哲学	2016	1/0
	2015	1/0	历史	2008	1/0			
	2016	2/0		2015	1/0			

暨南大学具有潜在优势的学科有语言与语言学，宗教，历史，亚洲研究，电影、广播、电视，历史与科学哲学，诗歌，文化研究，哲学；具有稳定优势的学科有文学；没有显现出极强优势的学科。

37. 江南大学

2000~2016年，A&HCI收录江南大学各学科论文篇数及被引数见表4-39，按年份远近排序。

表4-39　2000~2016年A&HCI收录江南大学各学科论文篇数及被引数

学科	年份	篇数/被引数	学科	年份	篇数/被引数
文学	2011	1/0	艺术	2012	2/0
	2013	2/0		2013	2/0
	2014	1/0		2015	3/0
建筑学	2016	1/0			

江南大学具有潜在优势的学科有文学、建筑学与艺术；没有具有稳定优势的

学科；没有显现出极强优势的学科。

38. 江苏大学

2000~2016年，A&HCI收录江苏大学各学科论文篇数及被引数见表4-40，按年份远近排序。

表4-40　2000~2016年A&HCI收录江苏大学各学科论文篇数及被引数

学科	年份	篇数/被引数
文学	2010	1/0
	2012	1/0
	2015	1/0
语言与语言学	2012	1/0
	2014	1/1

江苏大学具有潜在优势的学科有文学、语言与语言学；没有具有稳定优势的学科；也没有显现出极强优势的学科。

39. 江苏师范大学

2000~2016年，A&HCI收录江苏师范大学各学科论文篇数及被引数见表4-41，按年份远近排序。

表4-41　2000~2016年A&HCI收录江苏师范大学各学科论文篇数及被引数

学科	年份	篇数/被引数	学科	年份	篇数/被引数
文学	2013	1/0	语言与语言学	2013	1/0
	2015	1/0		2016	1/1
	2016	1/0	亚洲研究	2013	1/0
历史	2013	1/0			

江苏师范大学具有潜在优势的学科有文学、历史、语言与语言学、亚洲研究；没有具有稳定优势的学科；也没有显现出极强优势的学科。

40. 江西师范大学

2000~2016年，A&HCI收录江西师范大学各学科论文篇数及被引数见表4-42，按年份远近排序。

表 4-42 2000~2016 年 A&HCI 收录江西师范大学各学科论文篇数及被引数

学科	年份	篇数/被引数	学科	年份	篇数/被引数
文学	2007	3/1	语言与语言学	2010	1/10
文学	2008	1/1	语言与语言学	2013	1/3
文学	2009	1/0	语言与语言学	2014	1/1
文学	2011	1/0	语言与语言学	2016	1/0
文学	2014	2/0	历史	2001	1/0
文学	2015	3/0	历史	2015	3/0
文学	2016	1/0	亚洲研究	2001	1/0
哲学	2014	1/0			

江西师范大学具有潜在优势的学科有哲学、语言与语言学、历史、亚洲研究；具有稳定优势的学科有文学；没有显现出极强优势的学科。

41. 南京大学

2000~2016年，A&HCI 收录南京大学各学科论文篇数及被引数见表 4-43，按年份远近排序。

表 4-43 2000~2016 年 A&HCI 收录南京大学各学科论文篇数及被引数

学科	年份	篇数/被引数	学科	年份	篇数/被引数	学科	年份	篇数/被引数	学科	年份	篇数/被引数
文学	2005	4/0	语言与语言学	2006	2/0	亚洲研究	2008	3/0	哲学	2000	1/10
文学	2006	6/3	语言与语言学	2008	1/0	亚洲研究	2010	2/1	哲学	2003	1/0
文学	2007	5/0	语言与语言学	2009	3/4	亚洲研究	2012	5/3	哲学	2008	1/0
文学	2008	5/5	语言与语言学	2010	1/0	亚洲研究	2013	3/0	哲学	2009	1/0
文学	2009	9/10	语言与语言学	2011	1/0	亚洲研究	2014	2/0	哲学	2010	1/0
文学	2010	3/0	语言与语言学	2012	1/0	亚洲研究	2015	3/0	哲学	2012	1/0
文学	2011	7/2	语言与语言学	2013	1/0	亚洲研究	2016	1/0	哲学	2013	1/0
文学	2012	10/4	语言与语言学	2014	3/0	艺术	2010	1/9	哲学	2014	1/0
文学	2013	5/0	语言与语言学	2015	1/0	艺术	2011	1/2	哲学	2015	3/0
文学	2014	7/1	语言与语言学	2016	1/0	艺术	2012	1/0	哲学	2016	2/2
文学	2015	5/0	亚洲研究	2000	1/10	艺术	2013	1/1	历史	2008	1/0
文学	2016	9/0	亚洲研究	2003	1/0	艺术	2015	1/0	历史	2010	2/1
语言与语言学	2004	1/0	亚洲研究	2005	1/0	艺术	2016	3/3	历史	2012	3/3
语言与语言学	2005	1/0	亚洲研究	2006	1/1	电影、广播、电视	2016	1/0	历史	2013	3/0

续表

学科	年份	篇数/被引数	学科	年份	篇数/被引数	学科	年份	篇数/被引数	学科	年份	篇数/被引数
历史	2014	1/0	考古	2010	1/9	人文—跨学科	2016	1/0	文化研究	2012	1/0
	2016	1/0		2011	1/2		2001	1/0		2013	3/1
建筑学	2013	1/2		2013	2/5	戏剧	2009	1/3		2015	2/0
	2014	1/1		2016	2/1		2014	1/0	宗教	2010	1/0
	2015	1/0	人文—跨学科	2002	1/0		2015	2/0		2012	1/0
	2016	1/0		2008	1/0	历史与科学哲学	2003	1/6		2013	2/0
诗歌	2016	1/0		2011	1/0		2009	1/0		2014	1/0

南京大学具有潜在优势的学科有艺术、电影、广播、电视、历史、建筑学、诗歌、考古、人文—跨学科、戏剧、历史与科学哲学、文化研究、宗教；具有稳定优势的学科有亚洲研究、哲学；显现出极强优势的学科有文学、语言与语言学。

42. 兰州大学

2000~2016年，A&HCI收录兰州大学各学科论文篇数及被引数见表4-44，按年份远近排序。

表4-44 2000~2016年A&HCI收录兰州大学各学科论文篇数及被引数

学科	年份	篇数/被引数	学科	年份	篇数/被引数
文学	2007	1/0	哲学	2010	1/0
	2008	1/0		2016	1/0
	2012	1/0	艺术	2015	1/0
	2015	1/0	宗教	2014	1/0
考古	2014	1/7	语言与语言学	2011	1/2
	2015	3/11			

兰州大学具有潜在优势的学科有文学、考古、哲学、艺术、宗教、语言与语言学；没有具有稳定优势的学科；没有显现出极强优势的学科。

43. 南京航空航天大学

2000~2016年，A&HCI收录南京航空航天大学各学科论文篇数及被引数见表4-45，按年份远近排序。

表4-45 2000~2016年A&HCI收录南京航空航天大学各学科论文篇数及被引数

学科	年份	篇数/被引数
文学	2007	1/2
	2008	1/0
	2010	1/0

南京航空航天大学具有潜在优势的学科有文学，没有具有稳定优势和极强优势的学科。

44. 南京理工大学

2000~2016年，A&HCI收录南京理工大学各学科论文篇数及被引数见表4-46，按年份远近排序。

表4-46 2000~2016年A&HCI收录南京理工大学各学科论文篇数及被引数

学科	年份	篇数/被引数	学科	年份	篇数/被引数
语言与语言学	2008	1/1	文学	2011	1/0
	2011	2/1		2013	1/0
	2014	1/0	历史与科学哲学	2016	1/0
文化研究	2015	1/0	人文—跨学科	2013	1/0

南京理工大学具有潜在优势的学科有语言与语言学、文化研究、文学、历史与科学哲学、人文—跨学科；没有具有稳定优势的学科；也没有显现出极强优势的学科。

45. 南京师范大学

2000~2016年，A&HCI收录南京师范大学各学科论文篇数及被引数见表4-47，按年份远近排序。

表4-47 2000~2016年A&HCI收录南京师范大学各学科论文篇数及被引数

学科	年份	篇数/被引数	学科	年份	篇数/被引数	学科	年份	篇数/被引数
文学	2005	3/0	文学	2016	3/0	考古	2004	1/10
	2006	5/6	语言与语言学	2013	1/0		2007	1/21
	2007	4/0		2014	1/0		2012	1/0
	2008	4/0		2016	3/0	人文—跨学科	2012	1/0
	2009	5/1	哲学	2006	1/5		2013	3/1
	2010	5/0		2009	1/0		2016	2/0
	2011	5/0		2011	1/0	历史与科学哲学	2013	1/0
	2012	2/0		2014	1/0	艺术	2012	1/0
	2013	4/0	亚洲研究	2006	1/5	宗教	2014	1/0
	2014	6/0		2011	1/0			
	2015	4/0		2016	2/0			

南京师范大学具有潜在优势的学科有语言与语言学、哲学、亚洲研究、考古、人文—跨学科、历史与科学哲学、艺术、宗教；没有具有稳定优势的学科；但文学显现出极强的优势。

46. 南京农业大学

2000~2016 年，A&HCI 收录南京农业大学各学科论文篇数及被引数见表4-48，按年份远近排序。

表 4-48　2000~2016 年 A&HCI 收录南京农业大学各学科论文篇数及被引数

学科	年份	篇数/被引数
考古	2013	1/6
文学	2013	1/0
语言与语言学	2015	2/1

南京农业大学具有潜在优势的学科有考古、文学、语言与语言学；没有具有稳定优势的学科；没有显现出极强优势的学科。

47. 南开大学

2000~2016 年，A&HCI 收录南开大学各学科论文篇数及被引数见表4-49，按年份远近排序。

表 4-49　2000~2016 年 A&HCI 收录南开大学各学科论文篇数及被引数

学科	年份	篇数/被引数	学科	年份	篇数/被引数	学科	年份	篇数/被引数
亚洲研究	2005	1/1	语言与语言学	2000	1/0	哲学	2016	1/0
	2006	1/0		2005	1/1	艺术	2002	1/0
	2008	1/0		2008	1/0		2008	1/0
	2009	2/0		2009	1/0		2010	1/1
	2010	2/1		2010	3/2		2012	1/0
	2011	3/0		2012	1/0	文学	2008	1/1
	2013	7/1		2013	3/7		2009	2/0
	2014	3/0		2014	1/0		2010	1/0
	2015	2/0		2015	3/0		2011	1/0
	2016	2/0		2016	1/0		2012	1/0
历史	2009	1/0	哲学	2006	1/0		2013	1/0
	2010	1/0		2009	1/0		2014	1/0
	2011	3/0		2010	1/0		2016	1/0
	2014	2/0		2013	6/0	考古	2010	1/1
	2016	1/0		2014	1/0		2012	1/0
历史与科学哲学	2015	1/0		2015	1/0	宗教	2007	1/0

南开大学具有潜在优势的学科有历史、艺术、考古、宗教；具有稳定优势的学科有亚洲研究、语言与语言学、文学、哲学；没有显现出极强优势的学科。

48. 宁波大学

2000~2016年，A&HCI收录宁波大学各学科论文篇数及被引数见表4-50，按年份远近排序。

表4-50　2000~2016年 A&HCI 收录宁波大学各学科论文篇数及被引数

学科	年份	篇数/被引数	学科	年份	篇数/被引数
文学	2005	2/0	文学	2014	1/0
	2006	2/0		2015	3/0
	2007	3/0	建筑学	2014	1/0
	2009	1/0		2016	1/0
	2010	1/0	历史	2015	2/1
	2011	1/1	语言与语言学	2016	1/0
	2013	3/1	宗教	2013	1/0

宁波大学具有潜在优势的学科有建筑学、历史、语言与语言学、宗教；具有稳定优势的学科有文学；没有显现出极强优势的学科。

49. 宁夏大学

2000~2016年，A&HCI收录宁夏大学各学科论文篇数及被引数见表4-51，按年份远近排序。

表4-51　2000~2016年 A&HCI 收录宁夏大学各学科论文篇数及被引数

学科	年份	篇数/被引数
文学	2014	1/0
亚洲研究	2014	2/0
语言与语言学	2015	2/1

宁夏大学具有潜在优势的学科有文学、亚洲研究、语言与语言学；没有具有稳定优势的学科；也没有显现出极强优势的学科。

50. 青海师范大学

2000~2016年，A&HCI收录青海师范大学各学科论文篇数及被引数见表4-52，按年份远近排序。

表 4-52 2000~2016 年 A&HCI 收录青海师范大学各学科论文篇数及被引数

学科	年份	篇数/被引数
亚洲研究	2006	3/0
	2013	1/1
民俗学	2006	3/0
哲学	2013	1/1

青海师范大学具有潜在优势的学科有亚洲研究、民俗学、哲学；没有具有稳定优势的学科；没有显现出极强优势的学科。

51．清华大学

2000~2016 年，A&HCI 收录清华大学各学科论文篇数及被引数见表 4-53，按年份远近排序。

表 4-53 2000~2016 年 A&HCI 收录清华大学各学科论文篇数及被引数

学科	年份	篇数/被引数	学科	年份	篇数/被引数	学科	年份	篇数/被引数	学科	年份	篇数/被引数
文学	2000	1/0		2002	3/0		2002	2/6		2015	3/2
	2001	1/6		2003	1/0		2003	5/9	历史与科学哲学	2008	1/7
	2002	1/3		2004	2/3		2004	4/8		2010	2/5
	2003	1/0		2005	1/0		2005	1/0		2014	2/10
	2004	2/6		2006	3/10		2006	3/1		2015	1/1
	2005	1/0		2007	2/17		2007	1/1		2016	2/0
	2006	4/4	亚洲研究	2008	1/0	语言与语言学	2008	2/5		2002	1/2
	2007	6/4		2009	1/1		2009	1/6	历史	2004	1/1
	2008	7/1		2010	6/6		2010	1/2		2010	2/2
	2009	11/3		2011	8/1		2011	1/0		2011	2/0
	2010	3/1		2012	2/0		2014	1/0		2006	3/10
	2011	4/1		2013	7/0		2015	1/1	文化研究	2007	1/17
	2012	9/2		2014	1/0		2016	4/0		2011	1/1
	2013	7/2		2015	2/2		2002	3/0		2012	2/2
	2014	8/1		2006	1/4		2003	1/0		2015	1/1
	2015	6/0		2007	1/2		2006	1/0		2009	1/0
	2016	4/0		2008	4/5		2007	1/0	艺术	2013	1/6
建筑学	2008	3/0		2009	1/1		2008	1/0		2014	6/0
	2009	2/1	人文—跨学科	2011	1/0	哲学	2009	3/9		2015	1/0
	2010	2/2		2012	2/0		2010	6/8		2016	1/0
	2012	2/10		2013	1/0		2011	5/5	宗教	2005	1/0
	2015	1/0		2015	1/0		2012	1/0		2012	1/0
考古	2011	1/0		2016	2/0		2013	7/0		2016	1/0
	2013	1/6	音乐	2004	2/0		2014	3/5			

清华大学具有潜在优势的学科有建筑学、考古、音乐、历史与科学哲学、历史、文化研究、艺术、宗教；具有稳定优势的学科有人文—跨学科；显现出极强优势的学科有文学、亚洲研究、语言与语言学、哲学。

52. 曲阜师范大学

2000~2016年，A&HCI收录曲阜师范大学各学科论文篇数及被引数见表4-54，按年份远近排序。

表4-54 2000~2016年A&HCI收录曲阜师范大学各学科论文篇数及被引数

学科	年份	篇数/被引数	学科	年份	篇数/被引数
文学	2009	1/0	语言与语言学	2009	1/0
	2010	1/0		2013	1/0
	2012	1/0		2016	1/0
	2014	2/0	哲学	2016	1/0

曲阜师范大学具有潜在优势的学科有文学、语言与语言学、哲学；没有具有稳定优势的学科；也没有显现出极强优势的学科。

53. 三峡大学

2000~2016年，A&HCI收录三峡大学各学科论文篇数及被引数见表4-55，按年份远近排序。

表4-55 2000~2016年A&HCI收录三峡大学各学科论文篇数及被引数

学科	年份	篇数/被引数
文学	2006	2/1
	2008	2/0
	2010	2/0
	2012	1/0
	2014	1/0
	2016	1/0
语言与语言学	2016	1/0

三峡大学具有潜在优势的学科有文学、语言与语言学；没有具有稳定优势；也没有显现出极强优势的学科。

54. 厦门大学

2000~2016年，A&HCI 收录厦门大学各学科论文篇数及被引数见表 4-56，按年份远近排序。

表 4-56　2000~2016 年 A&HCI 收录厦门大学各学科论文篇数及被引数

学科	年份	篇数/被引数	学科	年份	篇数/被引数	学科	年份	篇数/被引数	学科	年份	篇数/被引数
文学	2005	1/0	语言与语言学	2007	1/2	亚洲研究	2002	1/2	历史	2012	1/1
	2007	1/0		2009	2/9		2005	1/8		2013	1/0
	2009	1/0		2010	1/18		2012	1/0		2014	1/0
	2011	3/0		2011	2/10		2013	2/0		2016	1/0
	2012	1/0		2012	1/2		2014	1/0	哲学	2002	1/2
	2013	1/0		2013	3/3		2015	2/0		2005	1/8
	2014	1/0		2014	1/0	宗教	2010	2/0		2011	1/0
	2015	1/0		2015	3/0		2012	2/6		2012	2/6
	2016	2/0		2016	1/0		2014	1/0		2015	3/0
文化研究	2012	1/5	建筑学	2016	2/0		2015	1/0		2016	2/0
	2015	1/0	考古	2013	1/0		2016	2/1			

厦门大学具有潜在优势的学科有文化研究、建筑学、考古、亚洲研究、宗教、历史、哲学；具有稳定优势的学科有文学、语言与语言学；没有显现出极强优势的学科。

55. 山东大学

2000~2016年，A&HCI 收录山东大学各学科论文篇数及被引数见表 4-57，按年份远近排序。

表 4-57　2000~2016 年 A&HCI 收录山东大学各学科论文篇数及被引数

学科	年份	篇数/被引数	学科	年份	篇数/被引数	学科	年份	篇数/被引数	学科	年份	篇数/被引数
文学	2005	1/0	哲学	2005	1/2	亚洲研究	2005	1/2			
	2007	1/0		2010	2/1		2010	1/1			
	2008	3/0		2012	1/0		2011	2/1			
	2010	1/0		2013	1/0		2013	1/0			
	2011	1/0		2014	4/0		2016	1/0			
	2013	1/0		2015	3/0	语言与语言学	2004	1/37			
	2014	1/0		2016	5/0		2007	1/0			
	2016	1/0	历史	2011	2/1		2013	1/1			
考古	2007	1/0		2014	1/0		2014	1/0			
	2014	1/8	宗教	2012	1/2		2015	1/0			
	2015	1/0		2015	2/0						

山东大学具有潜在优势的学科有考古、历史、宗教、亚洲研究、语言与语言学；具有稳定优势的学科有文学、哲学；没有显现出极强优势的学科。

56. 山东师范大学

2000~2016年，A&HCI 收录山东师范大学各学科论文篇数及被引数见表4-58，按年份远近排序。

表4-58　2000~2016 年 A&HCI 收录山东师范大学各学科论文篇数及被引数

学科	年份	篇数/被引数
文学	2005	1/0
	2007	2/0
	2012	1/0
	2013	1/0
	2016	2/0
音乐	2015	1/0

山东师范大学具有潜在优势的学科有文学、音乐；没有具有稳定优势；没有显现出极强优势的学科。

57. 山西大学

2000~2016年，A&HCI 收录山西大学各学科论文篇数及被引数见表4-59，按年份远近排序。

表4-59　2000~2016 年 A&HCI 收录山西大学各学科论文篇数及被引数

学科	年份	篇数/被引数
文学	2014	1/0
	2016	1/0
亚洲研究	2016	1/0
语言与语言学	2016	1/0

山西大学具有潜在优势的学科有文学、亚洲研究、语言与语言学；没有具有稳定优势的学科；没有显现出极强优势的学科。

58. 陕西师范大学

2000~2016 年，A&HCI 收录陕西师范大学各学科论文篇数及被引数见表4-60，按年份远近排序。

表4-60　2000~2016年A&HCI收录陕西师范大学各学科论文篇数及被引数

学科	年份	篇数/被引数	学科	年份	篇数/被引数	学科	年份	篇数/被引数
文学	2013	1/0	语言与语言学	2007	1/1	考古	2012	1/2
文学	2014	1/0	语言与语言学	2011	2/0	历史	2014	1/0
文学	2016	1/0	语言与语言学	2013	1/0	历史	2015	1/0
亚洲研究	2008	1/1	哲学	2015	1/3	宗教	2013	2/0
亚洲研究	2014	1/0	哲学	2008	1/1	宗教	2014	2/0
亚洲研究	2015	1/0	哲学	2011	2/0	宗教	2016	2/0
音乐	2014	1/4	哲学	2015	1/0	人文—跨学科	2016	2/1
音乐	2016	1/0	哲学	2016	2/0	文化研究	2015	1/0

陕西师范大学具有潜在优势的学科有文学、亚洲研究、音乐、语言与语言学、哲学、考古、历史、宗教、人文—跨学科、文化研究；没有具有稳定优势的学科；也没有显现出极强优势的学科。

59. 汕头大学

2000~2016年，A&HCI收录汕头大学各学科论文篇数及被引数见表4-61，按年份远近排序。

表4-61　2000~2016年A&HCI收录汕头大学各学科论文篇数及被引数

学科	年份	篇数/被引数
人文—跨学科	2012	1/1
文学	2011	1/3
语言与语言学	2013	2/0

汕头大学具有潜在优势的学科有人文—跨学科、文学、语言与语言学；没有具有稳定优势的学科；没有显现出极强优势的学科。

60. 上海外国语大学

2000~2016年，A&HCI收录上海外国语大学各学科论文篇数及被引数见表4-62，按年份远近排序。

表 4-62　2000~2016 年 A&HCI 收录上海外国语大学各学科论文篇数及被引数

学科	年份	篇数/被引数	学科	年份	篇数/被引数	学科	年份	篇数/被引数
文学	2005	1/0	文学	2015	3/0	语言与语言学	2004	1/1
	2006	1/0		2016	5/0		2009	1/47
	2007	1/0	广电	2003	1/2		2010	2/7
	2008	5/1	历史	2007	1/3		2011	3/13
	2009	2/0	人文—跨学科	2008	1/1		2012	1/0
	2010	3/0		2015	1/2		2013	2/5
	2011	5/3	文化研究	2011	2/2		2014	2/2
	2012	2/0		2012	1/0		2015	4/0
	2013	2/0	亚洲研究	2016	1/0		2016	2/0
	2014	1/0	哲学	2015	1/0			

上海外国语大学具有潜在优势的学科有广电、历史、人文—跨学科、文化研究、亚洲研究、哲学；具有稳定优势的学科有语言与语言学；文学显现出极强的优势。

61. 上海财经大学

2000~2016 年，A&HCI 收录上海财经大学各学科论文篇数及被引数见表 4-63，按年份远近排序。

表 4-63　2000~2016 年 A&HCI 收录上海财经大学各学科论文篇数及被引数

学科	年份	篇数/被引数
文学	2013	1/1
	2016	1/0
建筑学	2015	1/0
亚洲研究	2016	1/0
历史	2016	1/0
语言与语言学	2013	2/2

上海财经大学具有潜在优势的学科有文学、建筑学、亚洲研究、历史、语言与语言学；没有具有稳定优势的学科；也没有显现出极强优势的学科。

62. 上海大学

2000~2016 年，A&HCI 收录上海大学各学科论文篇数及被引数见表 4-64，按年份远近排序。

表 4-64 2000~2016 年 A&HCI 收录上海大学各学科论文篇数及被引数

学科	年份	篇数/被引数	学科	年份	篇数/被引数	学科	年份	篇数/被引数
文化研究	2007	1/3	亚洲研究	2003	1/7	宗教	2008	1/0
	2010	2/1		2007	1/3		2010	3/0
	2011	1/1		2010	2/1		2011	1/1
	2013	1/1		2012	1/1		2012	1/0
	2014	1/0		2014	2/0		2015	1/0
	2015	1/1		2015	2/1		2016	1/0
	2016	1/0		2016	1/0	考古	2015	1/0
文学	2005	1/0	语言与语言学	2007	1/0	历史	2012	1/1
	2006	2/0		2016	1/0	民俗学	2015	1/0
	2007	1/0	哲学	2011	1/0	艺术	2014	1/0
	2008	3/0		2016	1/0			
	2014	1/0	电影、广播、电视	2014	1/1			

上海大学具有潜在优势的学科有文学，语言与语言学，哲学，电影、广播、电视，宗教，考古，历史，民俗学，艺术；具有稳定优势的学科有文化研究、亚洲研究；没有显现出极强优势的学科。

63. 上海交通大学

2000~2016 年，A&HCI 收录上海交通大学各学科论文篇数及被引数见表 4-65，按年份远近排序。

表 4-65 2000~2016 年 A&HCI 收录上海交通大学各学科论文篇数及被引数

学科	年份	篇数/被引数	学科	年份	篇数/被引数	学科	年份	篇数/被引数	学科	年份	篇数/被引数
文学	2006	1/0	亚洲研究	2010	2/2	哲学	2010	1/2	历史	2010	1/0
	2008	1/0		2011	6/8		2011	2/7		2011	2/4
	2009	4/0		2012	5/1		2012	7/1		2012	1/3
	2010	4/4		2013	2/2		2013	2/0		2013	1/1
	2011	5/7		2016	1/0		2014	2/0		2014	1/3
	2012	5/1	语言与语言学	2010	2/6		2016	2/0		2016	1/0
	2013	6/4		2011	1/0	电影、广播、电视	2013	1/1	人文—跨学科	2013	1/2
	2014	7/4		2013	1/0		2016	1/0		2014	1/3
	2015	11/2		2014	2/1	建筑学	2012	1/3	文化研究	2013	1/2
	2016	9/0		2015	4/1		2016	1/0		2014	1/2
音乐	2014	1/0		2016	4/0	宗教	2016	1/0			

上海交通大学具有潜在优势的学科有音乐，亚洲研究，语言与语言学，哲学，电影、广播、电视，建筑学，宗教，历史，人文—跨学科，文化研究；具有稳定优势的学科有文学；没有具有极强优势的学科。

64. 上海理工大学

2000~2016 年，A&HCI 收录上海理工大学各学科论文篇数及被引数见表 4-66，按年份远近排序。

表 4-66　2000~2016 年 A&HCI 收录上海理工大学各学科论文篇数及被引数

学科	年份	篇/被引数
语言与语言学	2003	1/3
	2005	1/5
	2008	1/0

上海理工大学具有潜在优势的学科有语言与语言学，没有具有稳定优势和极强优势的学科。

65. 上海师范大学

2000~2016 年，A&HCI 收录上海师范大学各学科论文篇数及被引数见表 4-67，按年份远近排序。

表 4-67　2000~2016 年 A&HCI 收录上海师范大学各学科论文篇数及被引数

学科	年份	篇数/被引数	学科	年份	篇数/被引数	学科	年份	篇数/被引数
文学	2006	2/0	亚洲研究	2003	1/0	语言与语言学	2010	1/1
	2007	1/0		2005	1/1		2012	2/0
	2008	3/0		2007	1/0		2015	1/0
	2009	2/0		2010	1/1		2016	1/0
	2010	1/0		2012	2/0	音乐	2014	1/0
	2011	4/0		2014	2/1		2016	1/0
	2012	7/1		2015	1/0	宗教	2009	1/0
	2013	3/2	哲学	2003	1/0		2010	1/0
	2014	1/0		2005	1/1		2012	1/0
	2015	6/1		2007	1/0		2014	2/0
	2016	1/0		2011	1/0		2015	1/0
历史	2012	1/0		2013	1/0		2016	2/0
	2014	1/0		2014	1/1	历史与科学哲学	2009	1/2
	2016	1/0		2015	1/0			

上海师范大学具有潜在优势的学科有历史、语言与语言学、音乐、宗教、历史与科学哲学；具有稳定优势的学科有文学、亚洲研究、哲学；没有显现出极强优势的学科。

66. 深圳大学

2000~2016年，A&HCI收录深圳大学各学科论文篇数及被引数见表4-68，按年份远近排序。

表4-68　2000~2016年A&HCI收录深圳大学各学科论文篇数及被引数

学科	年份	篇数/被引数	学科	年份	篇数/被引数
文学	2006	1/0	建筑学	2010	1/3
	2009	2/2		2015	1/0
	2012	1/0	戏剧	2006	1/0
	2013	1/0	亚洲研究	2005	1/0
	2014	1/0	语言与语言学	2014	1/0
	2015	1/0	哲学	2005	1/0
	2016	1/0	宗教	2015	1/0

深圳大学具有潜在优势的学科有建筑学、戏剧、亚洲研究、语言与语言学、哲学、宗教；具有稳定优势的学科有文学；没有显现出极强优势的学科。

67. 四川大学

2000~2016年，A&HCI收录四川大学各学科论文篇数及被引数见表4-69，按年份远近排序。

表4-69　2000~2016年A&HCI收录四川大学各学科论文篇数及被引数

学科	年份	篇数/被引数	学科	年份	篇数/被引数	学科	年份	篇数/被引数	学科	年份	篇数/被引数
文学	2000	1/0	文学	2012	2/0	亚洲研究	2012	1/0	考古	2015	1/3
	2005	3/0		2013	4/0		2013	2/0	历史	2009	2/0
	2006	3/0		2014	3/0		2014	2/0		2012	1/0
	2007	4/0		2015	8/0		2015	4/0		2013	2/0
	2008	4/1		2016	3/0		2016	4/0		2014	1/0
	2009	3/0	亚洲研究	2003	2/2	建筑学	2010	1/0		2015	3/0
	2010	3/0		2005	1/4		2016	1/0		2016	3/0
	2011	4/2		2009	2/0	考古	2014	1/0	哲学	2003	2/2

续表

学科	年份	篇数/被引数	学科	年份	篇数/被引数	学科	年份	篇数/被引数	学科	年份	篇数/被引数
哲学	2009	1/0	哲学	2016	1/0	宗教	2014	2/0	艺术	2008	1/0
	2010	2/0		2009	2/0		2016	1/0		2015	1/3
	2011	1/0	宗教	2012	1/0	人文—跨学科	2009	1/1	语言与语言学	2009	2/0
	2015	1/0		2013	1/0		2011	1/1			

四川大学具有潜在优势的学科有建筑学、考古、历史、哲学、宗教、人文—跨学科、艺术、语言与语言学；具有稳定优势的学科有亚洲研究；文学显现出极强的优势。

68. 首都师范大学

2000~2016年，A&HCI收录首都师范大学各学科论文篇数及被引数见表4-70，按年份远近排序。

表4-70　2000~2016年A&HCI收录首都师范大学各学科论文篇数及被引数

学科	年份	篇数/被引数	学科	年份	篇数/被引数	学科	年份	篇数/被引数
文学	2005	1/0	亚洲研究	2005	1/0	语言与语言学	2005	1/0
	2009	2/0		2012	1/0		2012	1/1
	2011	1/0		2014	1/0		2014	1/0
	2012	1/0		2016	1/0		2016	2/0
	2015	1/0	历史	2005	1/0	哲学	2009	2/0
文化研究	2009	1/14		2012	1/0		2012	1/0
	2016	1/0	考古	2015	1/0			

首都师范大学具有潜在优势的学科有文学、文化研究、亚洲研究、历史、考古、语言与语言学、哲学；没有具有稳定优势的学科；没有显现出极强优势的学科。

69. 苏州大学

2000~2016年，A&HCI收录苏州大学各学科论文篇数及被引数见表4-71，按年份远近排序。

表4-71　2000~2016年A&HCI收录苏州大学各学科论文篇数及被引数

学科	年份	篇数/被引数	学科	年份	篇数/被引数	学科	年份	篇数/被引数
文学	2000	1/0	文学	2012	1/0	哲学	2009	1/1
	2005	1/0		2013	2/0		2010	2/0
	2006	4/0		2014	4/0		2011	2/0
	2009	2/0		2016	1/0		2014	3/0

续表

学科	年份	篇数/被引数	学科	年份	篇数/被引数	学科	年份	篇数/被引数
哲学	2015	1/0	戏剧	2001	1/0	语言与语言学	2014	3/0
历史	2013	1/3		2003	2/4		2015	1/1
	2015	1/0	亚洲研究	2003	1/3			
历史与科学哲学	2016	1/0	音乐	2013	1/0			

苏州大学具有潜在优势的学科有哲学、历史、历史与科学哲学、戏剧、亚洲研究、音乐、语言与语言学；具有稳定优势的学科有文学；没有显现出极强优势的学科。

70. 台州学院

2000~2016年，A&HCI收录台州学院各学科论文篇数及被引数见表4-72，按年份远近排序。

表4-72 2000~2016年A&HCI收录台州学院各学科论文篇数及被引数

学科	年份	篇数/被引数
文学	2008	1/0
	2010	1/0
	2011	1/0
	2013	1/1
	2014	1/0
	2015	1/0
哲学	2011	1/0

台州学院具有潜在优势的学科有文学、哲学；没有具有稳定优势的学科；也没有显现出极强优势的学科。

71. 天津大学

2000~2016年，A&HCI收录天津大学各学科论文篇数及被引数见表4-73，按年份远近排序。

表4-73 2000~2016年A&HCI收录天津大学各学科论文篇数及被引数

学科	年份	篇数/被引数
建筑学	2002	1/0
	2011	1/1
	2014	1/0
	2015	1/0
亚洲研究	2015	1/0
语言与语言学	2015	1/0

天津大学具有潜在优势的学科有建筑学、亚洲研究、语言与语言学；没有具有稳定优势的学科；也没有显现出极强优势的学科。

72. 天津理工大学

2000~2016 年，A&HCI 收录天津理工大学各学科论文篇数及被引数见表 4-74，按年份远近排序。

表 4-74　2000~2016 年 A&HCI 收录天津理工大学各学科论文篇数及被引数

学科	年份	篇数/被引数
语言与语言学	2005	1/0
	2011	2/1

天津理工大学具有潜在优势的学科有语言与语言学；没有具有稳定优势的学科；也没有显现出极强优势的学科。

73. 天津师范大学

2000~2016 年，A&HCI 收录天津师范大学各学科论文篇数及被引数见表 4-75，按年份远近排序。

表 4-75　2000~2016 年 A&HCI 收录天津师范大学各学科论文篇数及被引数

学科	年份	篇数/被引数	学科	年份	篇数/被引数
文学	2005	3/0	文学	2015	2/0
	2006	1/0		2016	2/0
	2007	2/0	历史	2001	1/1
	2008	1/0		2005	1/1
	2009	1/0		2012	1/0
	2010	1/0	语言与语言学	2001	1/0
	2011	1/0		2003	1/1
	2012	1/0		2016	2/0
	2013	2/0	亚洲研究	2012	1/0
	2014	1/0	宗教	2005	1/1

天津师范大学具有潜在优势的学科有历史、语言与语言学、亚洲研究、宗教；没有具有稳定优势的学科；文学显现出极强的优势。

74. 同济大学

2000~2016 年，A&HCI 收录同济大学各学科论文篇数及被引数见表 4-76，按年份远近排序。

表 4-76 2000~2016 年 A&HCI 收录同济大学各学科论文篇数及被引数

学科	年份	篇数/被引数	学科	年份	篇数/被引数	学科	年份	篇数/被引数
建筑学	2007	1/4	语言与语言学	2002	1/0	宗教	2010	1/0
	2008	4/2		2007	1/0		2013	1/0
	2009	4/15		2010	2/0		2014	2/0
	2010	1/4		2011	2/0		2015	1/0
	2011	3/20		2013	3/0		2016	1/0
	2012	3/7		2014	2/0	考古	2014	1/0
	2013	1/3		2015	2/0		2016	1/0
	2014	2/1		2016	1/0	人文—跨学科	2005	1/2
	2015	10/1	文学	2002	1/0		2010	1/0
	2016	15/0		2010	2/0		2011	3/0
艺术	2011	1/0		2012	1/0	哲学	2015	1/0
	2014	1/0		2013	2/0		2016	1/0
	2016	2/0		2014	1/0	戏剧	2016	1/0
历史	2016	1/0		2016	1/0	历史与科学哲学	2016	1/2

同济大学具有潜在优势的学科有艺术、历史、文学、宗教、考古、人文—跨学科、哲学、戏剧、历史与科学哲学；具有稳定优势的学科有语言与语言学；建筑学显现出极强的优势。

75. 武汉大学

2000~2016年，A&HCI 收录武汉大学各学科论文篇数及被引数见表 4-77，按年份远近排序。

表 4-77 2000~2016 年 A&HCI 收录武汉大学各学科论文篇数及被引数

学科	年份	篇数/被引数	学科	年份	篇数/被引数	学科	年份	篇数/被引数	学科	年份	篇数/被引数
文学	2005	4/0	文学	2012	2/0	历史	2014	2/0	亚洲研究	2007	2/0
	2006	4/0		2013	2/0		2015	1/0		2009	2/1
	2007	3/0		2014	4/0	亚洲研究	2001	2/7		2011	2/2
	2008	4/0		2015	1/0		2004	1/0		2014	2/0
	2009	1/2	历史	2004	1/0		2005	1/0		2015	4/1
	2010	1/0		2009	1/0		2006	2/3	人文—跨学科	2008	1/5

续表

学科	年份	篇数/被引数	学科	年份	篇数/被引数	学科	年份	篇数/被引数	学科	年份	篇数/被引数
人文—跨学科	2014	1/0	哲学	2009	1/1	语言与语言学	2012	1/3	宗教	2013	3/0
	2015	1/1		2011	5/2		2014	1/0		2014	4/0
建筑学	2016	1/0		2012	2/4	宗教	2007	1/0		2016	1/0
考古	2015	1/1		2013	2/0		2008	1/0	历史与科学哲学	2014	2/2
哲学	2001	2/7		2014	7/3		2009	1/0	艺术	2015	1/1
	2005	1/0		2015	8/1		2010	1/0			
	2006	4/3		2016	4/0		2011	2/0			
	2007	2/0	语言与语言学	2009	1/0		2012	2/0			

武汉大学具有潜在优势的学科有历史、人文—跨学科、建筑学、考古、语言与语言学、宗教、历史与科学哲学、艺术；具有稳定优势的学科有亚洲研究、哲学；显现出极强优势的学科有文学。

76. 武汉理工大学

2000~2016 年，A&HCI 收录武汉理工大学各学科论文篇数及被引数见表 4-78，按年份远近排序。

表 4-78 2000~2016 年 A&HCI 收录武汉理工大学各学科论文篇数及被引数

学科	年份	篇数/被引数
文学	2005	1/0
	2006	3/0
	2007	2/0
	2008	1/0
	2009	1/0
	2010	2/0
	2013	3/0
	2014	1/0
	2015	1/0
	2016	1/0

武汉理工大学没有具有潜在优势的学科；文学具有稳定优势；没有具有极强优势的学科。

77. 西安外国语大学

2000~2016 年，A&HCI 收录西安外国语大学各学科论文篇数及被引数见表 4-79，按年份远近排序。

表 4-79　2000~2016 年 A&HCI 收录西安外国语大学各学科论文篇数及被引数

学科	年份	篇数/被引数
语言与语言学	2010	1/13
	2014	1/1
	2015	5/5
	2016	1/0
文学	2007	1/0
	2010	1/0
亚洲研究	2015	1/0

西安外国语大学具有潜在优势的学科有语言与语言学、文学、亚洲研究；没有具有稳定优势的学科；没有显现出极强优势的学科。

78. 西安交通大学

2000~2016 年，A&HCI 收录西安交通大学各学科论文篇数及被引数见表 4-80，按年份远近排序。

表 4-80　2000~2016 年 A&HCI 收录西安交通大学各学科论文篇数及被引数

学科	年份	篇数/被引数	学科	年份	篇数/被引数
考古	2007	1/2	哲学	2009	1/0
	2009	2/7		2015	1/1
	2011	1/1		2016	1/0
	2012	1/6	历史与科学哲学	2015	1/0
	2015	1/3	人文—跨学科	2015	1/0
建筑学	2015	1/0	亚洲研究	2009	1/0
艺术	2015	1/3	宗教	2015	1/0

西安交通大学具有潜在优势的学科有考古、建筑学、艺术、哲学、历史与科学哲学、人文—跨学科、亚洲研究、宗教；没有具有稳定优势的学科；没有显现出极强优势的学科。

79. 西北大学

2000~2016年，A&HCI收录西北大学各学科论文篇数及被引数见表4-81，按年份远近排序。

表 4-81　2000~2016 年 A&HCI 收录西北大学各学科论文篇数及被引数

学科	年份	篇数/被引数	学科	年份	篇数/被引数
考古	2011	1/0	文学	2009	1/0
	2013	1/0		2016	1/0
	2016	1/1	语言与语言学	2012	1/4
亚洲研究	2011	1/0		2014	2/2

西北大学具有潜在优势的学科有考古、亚洲研究、文学、语言与语言学；没有具有稳定优势的学科；没有显现出极强优势的学科。

80．西南财经大学

2000~2016 年，A&HCI 收录西南财经大学各学科论文篇数及被引数见表 4-82，按年份远近排序。

表 4-82　2000~2016 年 A&HCI 收录西南财经大学各学科论文篇数及被引数

学科	年份	篇数/被引数
语言与语言学	2009	1/2
	2013	1/1
宗教	2015	1/0
	2016	1/0
历史	2015	1/0
人文—跨学科	2014	1/0
文学	2015	1/0

西南财经大学具有潜在优势的学科有语言与语言学、宗教、历史、人文—跨学科、文学；没有具有稳定优势的学科；没有显现出极强优势的学科。

81．西南大学

2000~2016 年，A&HCI 收录西南大学各学科论文篇数及被引数见表 4-83，按年份远近排序。

表 4-83　2000~2016 年 A&HCI 收录西南大学各学科论文篇数及被引数

学科	年份	篇数/被引数	学科	年份	篇数/被引数
文学	2007	1/5	文学	2016	1/0
	2009	1/0	语言与语言学	2004	1/3
	2010	2/0		2014	1/1
	2011	3/0		2016	2/0
	2012	2/0	人文—跨学科	2011	1/0
	2013	2/0		2013	1/0
	2014	1/0	历史	2016	1/0
	2015	1/0	哲学	2009	1/0

西南大学具有潜在优势的学科有语言与语言学、人文—跨学科、历史、哲学；具有稳定优势的学科有文学；没有显现出极强优势的学科。

82. 湘潭大学

2000~2016年，A&HCI收录湘潭大学各学科论文篇数及被引数见表4-84，按年份远近排序。

表4-84　2000~2016年A&HCI收录湘潭大学各学科论文篇数及被引数

学科	年份	篇数/被引数	学科	年份	篇数/被引数
文学	2006	2/0	哲学	2002	1/0
	2007	2/1		2009	1/0
	2009	3/0	宗教	2013	1/1
	2011	1/0	亚洲研究	2002	1/0
	2012	1/0	语言与语言学	2009	2/0
	2014	2/0			

湘潭大学具有潜在优势的学科有文学、哲学、宗教、亚洲研究、语言与语言学；没有具有稳定优势的学科；没有显现出极强优势的学科。

83. 燕山大学

2000~2016年，A&HCI收录燕山大学各学科论文篇数及被引数见表4-85，按年份远近排序。

表4-85　2000~2016年A&HCI收录燕山大学各学科论文篇数及被引数

学科	年份	篇数/被引数	学科	年份	篇数/被引数
语言与语言学	2008	1/2	文学	2011	1/0
	2010	1/10		2014	1/0
	2013	1/0	人文—跨学科	2015	1/0
	2015	2/0	文化研究	2014	1/3
亚洲研究	2015	1/0			

燕山大学具有潜在优势的学科有语言与语言学、亚洲研究、文学、人文—跨学科、文化研究；没有具有稳定优势的学科；没有显现出极强优势的学科。

84. 扬州大学

2000~2016年，A&HCI收录扬州大学各学科论文篇数及被引数见表4-86，按年份远近排序。

表 4-86　2000~2016 年 A&HCI 收录扬州大学各学科论文篇数及被引数

学科	年份	篇数/被引数	学科	年份	篇数/被引数
文学	2010	2/0	哲学	2014	1/0
文学	2011	1/0	哲学	2016	2/0
文学	2013	1/0	艺术	2016	1/0
亚洲研究	2014	1/0	人文—跨学科	2016	1/0
亚洲研究	2016	1/0			

扬州大学具有潜在优势的学科有文学、亚洲研究、哲学、艺术、人文—跨学科；没有具有稳定优势的学科；也没有显现出极强优势的学科。

85. 浙江财经大学

2000~2016 年，A&HCI 收录浙江财经大学各学科论文篇数及被引数见表 4-87，按年份远近排序。

表 4-87　2000~2016 年 A&HCI 收录浙江财经大学各学科论文篇数及被引数

学科	年份	篇数/被引数	学科	年份	篇数/被引数
文学	2006	1/0	语言与语言学	2008	1/0
文学	2009	1/0	语言与语言学	2011	1/0
文学	2010	1/0	语言与语言学	2014	3/0
文学	2011	1/0	语言与语言学	2016	1/0
文学	2012	1/0	亚洲研究	2008	1/0
文学	2013	1/0	亚洲研究	2014	3/0
文学	2014	4/0	亚洲研究	2016	1/0
文学	2015	1/0	哲学	2014	1/0
历史	2008	1/0	哲学	2015	1/0
宗教	2013	1/0	哲学	2016	2/0

浙江财经大学具有潜在优势的学科有历史、宗教、语言与语言学、亚洲研究、哲学；具有稳定优势的学科有文学；没有显现出极强优势的学科。

86. 浙江工商大学

2000~2016 年，A&HCI 收录浙江工商大学各学科论文篇数及被引数见表 4-88，按年份远近排序。

表 4-88 2000~2016 年 A&HCI 收录浙江工商大学各学科论文篇数及被引数

学科	年份	篇数/被引数	学科	年份	篇数/被引数
文学	2009	1/0	人文—跨学科	2012	1/1
	2010	3/0		2014	1/0
	2011	2/1		2015	1/0
	2012	1/0		2016	2/0
	2013	1/0	语言与语言学	2013	2/2
建筑学	2009	1/0		2016	1/0
宗教	2016	2/0	亚洲研究	2013	1/0

浙江工商大学具有潜在优势的学科有文学、建筑学、宗教、人文—跨学科、语言与语言学、亚洲研究;没有具有稳定优势的学科;没有显现出极强优势的学科。

87. 浙江工业大学

2000~2016 年,A&HCI 收录浙江工业大学各学科论文篇数及被引数见表 4-89,按年份远近排序。

表 4-89 2000~2016 年 A&HCI 收录浙江工业大学各学科论文篇数及被引数

学科	年份	篇数/被引数	学科	年份	篇数/被引数
文学	2006	2/0	哲学	2014	1/0
	2011	1/0		2015	1/0
	2013	1/0	亚洲研究	2015	1/0
	2015	1/0	语言与语言学	2015	1/0

浙江工业大学具有潜在优势的学科有文学、哲学、亚洲研究、语言与语言学;没有具有稳定优势的学科;也没有显现出极强优势的学科。

88. 浙江理工大学

2000~2016 年,A&HCI 收录浙江理工大学各学科论文篇数及被引数见表 4-90,按年份远近排序。

表 4-90 2000~2016 年 A&HCI 收录浙江理工大学各学科论文篇数及被引数

学科	年份	篇数/被引数	学科	年份	篇数/被引数
文学	2007	1/0	文学	2012	1/0
	2008	1/0		2014	2/0
	2009	2/0	考古	2011	1/11
	2011	1/0	人文—跨学科	2016	1/0

浙江理工大学具有潜在优势的学科有文学、考古、人文—跨学科;没有具有稳定优势的学科;也没有显现出极强优势的学科。

89. 浙江师范大学

2000~2016 年，A&HCI 收录浙江师范大学各学科论文篇数及被引数见表 4-91，按年份远近排序。

表 4-91　2000~2016 年 A&HCI 收录浙江师范大学各学科论文篇数及被引数

学科	年份	篇数/被引数	学科	年份	篇数/被引数	学科	年份	篇数/被引数
文学	2006	1/0	文学	2013	2/0	亚洲研究	2008	1/0
	2008	1/0		2014	1/0		2009	1/1
	2009	3/0		2016	3/0		2013	1/0
	2010	5/0	历史	2009	1/1	哲学	2008	1/0
	2011	2/0		2010	1/0	人文—跨学科	2016	1/0
	2012	1/0		2013	1/0			

浙江师范大学具有潜在优势的学科有历史、亚洲研究、哲学、人文—跨学科；具有稳定优势的学科有文学；没有显现出极强优势的学科。

90. 中国传媒大学

2000~2016 年，A&HCI 收录中国传媒大学各学科论文篇数及被引数见表 4-92，按年份远近排序。

表 4-92　2000~2016 年 A&HCI 收录中国传媒大学各学科论文篇数及被引数

学科	年份	篇数/被引数	学科	年份	篇数/被引数
历史	2010	8/6	语言与语言学	2009	2/20
	2012	1/0		2010	1/13
	2013	2/0	文化研究	2014	1/1
电影、广播、电视	2009	1/3	亚洲研究	2015	1/0
	2014	1/1			

中国传媒大学具有潜在优势的学科有历史，电影、广播、电视，语言与语言学，文化研究，亚洲研究；没有具有稳定优势的学科；也没有显现出极强优势的学科。

91. 中国地质大学

2000~2016 年，A&HCI 收录中国地质大学各学科论文篇数及被引数见表 4-93，按年份远近排序。

表 4-93　2000~2016 年 A&HCI 收录中国地质大学各学科论文篇数及被引数

学科	年份	篇数/被引数	学科	年份	篇数/被引数
考古	2009	1/8	文学	2003	1/0
	2010	1/8		2008	1/0
	2011	1/3		2009	1/0
	2014	1/1		2012	1/0
	2015	2/0	艺术	2011	1/3
	2016	1/1		2014	1/1
语言与语言学	2015	1/1		2015	1/0

中国地质大学具有潜在优势的学科有考古、语言与语言学、文学、艺术；没有具有稳定优势的学科；也没有显现出极强优势的学科。

92. 中国海洋大学

2000~2016 年，A&HCI 收录中国海洋大学各学科论文篇数及被引数见表 4-94，按年份远近排序。

表 4-94　2000~2016 年 A&HCI 收录中国海洋大学各学科论文篇数及被引数

学科	年份	篇数/被引数
语言与语言学	2015	1/0
	2016	1/0
亚洲研究	2016	1/0
文学	2010	2/0
	2016	1/0

中国海洋大学具有潜在优势的学科有语言与语言学、亚洲研究、文学；没有具有稳定优势的学科；也没有显现出极强优势的学科。

93. 中国科技大学

2000~2016 年，A&HCI 收录中国科技大学各学科论文篇数及被引数见表 4-95，按年份远近排序。

表 4-95　2000~2016 年 A&HCI 收录中国科技大学各学科论文篇数及被引数

学科	年份	篇数/被引数	学科	年份	篇数/被引数	学科	年份	篇数/被引数
考古	2001	1/4	考古	2011	2/5	艺术	2006	1/3
	2004	2/24		2014	3/4		2014	1/3
	2005	1/16		2015	4/2		2015	2/2
	2006	1/3		2016	3/1		2016	2/1
	2007	1/15	建筑学	2011	1/0	历史与科学哲学	2003	1/2
	2010	1/4	哲学	2015	1/0		2014	2/8

中国科技大学具有潜在优势的学科有建筑学、哲学、艺术、历史与科学哲学；具有稳定优势的学科有考古；没有显现出极强优势的学科。

94. 中国人民大学

2000~2016 年，A&HCI 收录中国人民大学各学科论文篇数及被引数见表 4-96，按年份远近排序。

表 4-96　2000~2016 年 A&HCI 收录中国人民大学各学科论文篇数及被引数

学科	年份	篇数/被引数	学科	年份	篇数/被引数	学科	年份	篇数/被引数	学科	年份	篇数/被引数
文学	2005	1/0	亚洲研究	2015	1/0	历史	2012	3/1	宗教	2007	2/0
	2006	4/0		2016	3/0		2013	3/1		2008	3/0
	2007	4/0		2000	1/2		2014	1/0		2009	3/0
	2008	1/0		2004	5/6		2015	3/0		2010	1/0
	2009	5/2		2008	4/4		2016	1/0		2011	2/0
	2011	5/1		2009	2/1	哲学	2000	1/2		2012	4/0
	2012	3/0		2010	6/1		2004	5/6		2013	3/7
	2013	6/1		2011	7/2		2008	4/3		2014	5/0
	2014	6/0		2012	6/1		2009	5/1		2016	5/0
	2015	3/0		2013	8/5		2010	9/0	建筑学	2015	1/0
	2016	3/0		2014	4/3		2011	10/1	历史与科学哲学	2010	1/0
语言与语言学	2009	1/14		2015	8/2		2012	9/1	人文—跨学科	2016	1/0
	2011	1/8		2016	4/0		2013	10/6	文化研究	2016	1/0
	2012	2/4	历史	2009	1/0		2014	8/4	音乐	2015	1/0
	2013	1/0		2010	1/0		2015	5/2			
	2014	1/1		2011	1/0		2016	5/0			

中国人民大学具有潜在优势的学科有建筑学、历史与科学哲学、人文—跨学科、文化研究、音乐；具有稳定优势的学科有语言与语言学、历史、哲学、宗教；显现出极强优势的学科有文学、亚洲研究。

95. 中国政法大学

2000~2016 年，A&HCI 收录中国政法大学各学科论文篇数及被引数见表 4-97，按年份远近排序。

表 4-97　2000~2016 年 A&HCI 收录中国政法大学各学科论文篇数及被引数

学科	年份	篇数/被引数	学科	年份	篇数/被引数	学科	年份	篇数/被引数
历史	2009	1/0	亚洲研究	2009	1/0	语言与语言学	2009	1/0
	2013	1/0		2013	1/0		2015	2/0
	2015	2/0		2014	1/0	宗教	2014	1/0
人文—跨学科	2012	1/2		2015	2/0		2016	1/0
	2015	1/0		2016	1/0	文化研究	2016	1/0
	2016	1/0	哲学	2016	1/0			

中国政法大学具有潜在优势的学科有历史、人文—跨学科、亚洲研究、哲学、语言与语言学、宗教、文化研究；没有具有稳定优势的学科；也没有显现出极强优势的学科。

96. 中南财经政法大学

2000~2016 年，A&HCI 收录中南财经政法大学各学科论文篇数及被引数见表 4-98，按年份远近排序。

表 4-98　2000~2016 年 A&HCI 收录中南财经政法大学各学科论文篇数及被引数

学科	年份	篇数/被引数
文学	2006	1/0
	2008	1/0
	2010	1/0
	2011	2/0
	2012	2/0
	2013	1/0
	2016	2/0

中南财经政法大学没有具有潜在优势的学科；具有稳定优势的学科是文学；没有显现出极强优势的学科。

97. 中山大学

2000~2016年，A&HCI收录中山大学各学科论文篇数及被引数见表4-99，按年份远近排序。

表 4-99 2000~2016 年 A&HCI 收录中山大学各学科论文篇数及被引数

学科	年份	篇数/被引数	学科	年份	篇数/被引数	学科	年份	篇数/被引数	学科	年份	篇数/被引数
文学	2006	4/0	亚洲研究	2001	1/12	哲学	2003	1/0	历史	2015	1/0
	2007	1/0		2003	1/0		2005	2/1		2016	1/0
	2008	1/0		2005	2/0		2006	1/0	语言与语言学	2005	1/0
	2009	1/0		2006	1/0		2009	1/0		2009	2/0
	2011	4/0		2009	3/0		2010	3/1		2010	2/6
	2012	2/0		2010	2/0		2011	5/1		2011	1/0
	2013	1/0		2012	2/0		2012	2/0		2012	1/0
	2014	2/0		2013	2/0		2013	3/1		2013	2/2
	2015	1/0		2015	1/0		2014	3/0		2014	2/0
	2016	1/0		2016	3/0		2015	3/0		2015	4/0
历史与科学哲学	2001	1/2	考古	2010	1/4		2016	3/0		2016	2/0
	2010	1/1		2011	1/6	历史	2001	1/12	宗教	2012	2/0
	2013	1/0		2012	1/4		2005	1/0		2013	2/5
	2014	1/1		2013	1/4		2009	2/0		2015	1/0
	2015	1/0		2016	1/0		2010	1/0		2016	1/0
	2016	2/0	民俗学	2012	1/0		2012	1/0	人文—跨学科	2013	2/2
古典文学	2004	1/0		2014	1/0		2013	1/0	艺术	2010	1/4

中山大学具有潜在优势的学科有历史与科学哲学、古典文学、考古、民俗学、宗教、人文—跨学科、艺术；具有稳定优势的学科有历史、语言与语言学；显现出极强优势的学科有文学、亚洲研究、哲学。

98. 中南大学

2000~2016 年，A&HCI 收录中南大学各学科论文篇数及被引数见表 4-100，按年份远近排序。

表 4-100 2000~2016 年 A&HCI 收录中南大学各学科论文篇数及被引数

学科	年份	篇数/被引数	学科	年份	篇数/被引数
文学	2007	2/0	语言与语言学	2012	1/0
	2011	2/0		2013	2/6
	2012	1/1		2014	1/3
	2014	1/0	历史	2012	1/1
	2015	1/0	亚洲研究	2012	2/1
	2016	1/0	艺术	2016	1/0
考古	2016	1/0			

中南大学具有潜在优势的学科有文学、考古、语言与语言学、历史、亚洲研

究、艺术；没有具有稳定优势的学科；也没有显现出极强优势的学科。

99. 中央民族大学

2000~2016 年，A&HCI 收录中央民族大学各学科论文篇数及被引数见表 4-101，按年份远近排序。

表 4-101　2000~2016 年 A&HCI 收录中央民族大学各学科论文篇数及被引数

学科	年份	篇数/被引数	学科	年份	篇数/被引数	学科	年份	篇数/被引数
亚洲研究	2006	1/3	宗教	2010	1/0	历史	2011	1/1
	2011	1/1		2011	1/0		2012	2/2
	2012	2/2		2012	1/0		2013	1/0
	2013	1/0		2013	1/0		2016	1/0
	2016	1/0		2016	1/0	人文—跨学科	2012	1/0
民俗学	2006	1/3	语言与语言学	2011	1/8	艺术	2011	1/0
文学	2014	1/0		2016	1/0			

中央民族大学具有潜在优势的学科有亚洲研究、民俗学、文学、宗教、语言与语言学、历史、人文—跨学科、艺术；没有具有稳定优势的学科；也没有显现出极强优势的学科。

100. 重庆大学

2000~2016 年，A&HCI 收录重庆大学各学科论文篇数及被引数见表 4-102，按年份远近排序。

表 4-102　2000~2016 年 A&HCI 收录重庆大学各学科论文篇数及被引数

学科	年份	篇数/被引数	学科	年份	篇数/被引数
文学	2008	1/0	语言与语言学	2013	2/0
	2011	1/1		2016	1/0
	2014	1/0	历史	2016	1/0
建筑学	2013	1/3	人文—跨学科	2014	1/0
	2015	3/0	艺术	2015	1/0
电影、广播、电视	2016	1/0			

重庆大学具有潜在优势的学科有文学，建筑学，电影、广播、电视，语言与语言学，历史，人文—跨学科，艺术；没有具有稳定优势的学科；也没有显现出极强优势的学科。

第五章

SSCI 各学科学术影响力

SSCI 是 20 世纪 60 年代美国科学信息研究所建立的综合性科技引文检索刊物与综合性社科文献数据库。其中，SSCI 涉及经济、法律、管理、心理学、区域研究、社会学、信息科学等研究领域。2005 年收录期刊约 1 800 种，语种包括英文、德文、法文、西班牙文、葡萄牙文等，其中，英文类期刊占 95%以上，其次是德文和法文（覃红霞和张瑞菁，2008）。SSCI 自 1956 年创立以来，收录了 2 000 多种社会科学期刊，涉及政治学、心理学、人类学、历史学、教育学、法学等运用社会科学实证方法进行研究的 50 多个社会科学分支学科（赵宴群，2010）。SSCI 收录的文献类型主要包括研究论文、书评、专题讨论、社论、人物自传、书信等，是目前世界上用来对不同国家和地区的社会科学论文数量进行统计分析的大型检索工具（冯桂珍，2012），一个国家的学术期刊被 SCI、SSCI 收录的数量是反映该国的国际学术地位、基础科研水平、科技实力的重要标志（胡惠芳和万跃华，2001）。WoS 核心合集学术论文的数量和质量是衡量科学家个人、科研机构乃至国家和地区科学研究影响力的一项重要指标（马廷灿，2015），相应地，SSCI 收录论文已成为衡量一国各科研机构社会科学研究影响力的一项重要指标。鉴于此，本章将 SSCI 收录论文作为评估中国各高校艺术与人文科学学术影响力的工具，因 1998 年、1999 年我国高校发表的论文极少，遂将研究年份定为 2000~2016 年。

一、数据收集与数据说明

数据收集过程、时间和数据处理方法与第四章相同。

数据说明如下。

（1）文献类型。WoS 关于文献类型的详细说明见帮助菜单的文献类型，原始数据中包含的文献类型共有 22 类。根据各文献类型下的文献是否具有实质内容，并参考借鉴国内学者研究中对 SSCI 文献类型的取舍，删除了其中的 10 类，最终保留了其中的 12 类，包括论文（article）、论文—书籍章节（article；book chapter）、论文—会议录论文（article；proceedings paper）、年表（chronology）、数据论文（data paper）、数据库评论（database review）、社论材料（editorial material）、社论材料—书籍章节（editorial material；book chapter）、评论（review）、软件评论（software review）、硬件评论（hardware review）、评论—书籍章节（review；book chapter）。

（2）学科说明。SSCI 共计 57 个学科，包括人类学（anthropology）、区域研究（area studies）、商业（business）、商业—财经（business；finance）、文化研究（cultural studies）、传播（communication）、犯罪学和刑罚学（criminology & penology）、人口学（demography）、经济学（economics）、教育和教学研究（education & educational research）、教育—特殊（education；special）、环境研究（environmental studies）、人体工程学（ergonomics）等。

二、结果分析与比较

单位归属与学科归属采用与 A&HCI 数据处理时同样的方法。

2000~2016 年各学 SSCI 科论文被引数居前 10 的高校见表 5-1，结果按被引数高低排序。极少数学科中有些高校发表了 SSCI 论文但被引数为 0，导致这些学科中的高校数量小于 10。

表 5-1　2000~2016 年各高校各学科 SSCI 论文篇数及被引数

学科	学校	篇数/被引数	学科	学校	篇数/被引数	学科	学校	篇数/被引数	学科	学校	篇数/被引数
餐旅、休闲、运动和旅游	中山大学	98/450	餐旅、休闲、运动和旅游	中国科学技术大学	17/130	犯罪学和刑罚学	厦门大学	2/32	犯罪学和刑罚学	复旦大学	3/10
	哈尔滨工业大学	21/254		上海体育学院	49/122		四川大学	4/24		北京大学	3/9
	北京第二外国语学院	16/203		南京大学	18/108		西南政法大学	2/15		中南大学	4/6
	北京大学	19/154		复旦大学	9/67		中山大学	1/13		广西大学	2/4
	浙江大学	32/136		山东大学	13/66		清华大学	6/12		华东政法大学	2/4

续表

学科	学校	篇数/被引数	学科	学校	篇数/被引数	学科	学校	篇数/被引数	学科	学校	篇数/被引数
犯罪学和刑罚学	上海财经大学	1/4	经济学	北京大学	432/3 533	伦理学	北京大学	27/324	商业—财经	中国人民大学	83/560
规划与发展	中国农业大学	40/426		清华大学	251/1 678		华中科技大学	12/169		厦门大学	58/338
	北京大学	44/403		中国人民大学	356/1 297		上海交通大学	16/143		上海交通大学	54/247
	清华大学	41/322		上海交通大学	193/1 029		暨南大学	4/121		清华大学	51/223
	浙江大学	43/262		复旦大学	180/825		中国人民大学	12/79		复旦大学	60/222
	华南理工大学	4/183		浙江大学	195/780		西安交通大学	15/67		上海财经大学	51/219
	同济大学	16/155		中央财经大学	250/633		厦门大学	12/65		中央财经大学	39/134
	北京师范大学	23/130		上海财经大学	205/597		北京工商大学	3/60		西北大学	5/132
	南开大学	8/94		华北电力大学	21/573		浙江大学	5/43		南开大学	25/103
	大连理工大学	12/87		南开大学	96/564		山东大学	5/28		北京大学	56/515
	中山大学	19/85		中国人民大学	18/63	人口学	中国人民大学	8/119	社会科学—数学方法	南开大学	46/332
环境研究	清华大学	200/3 464		浙江大学	21/61		北京大学	11/118		中山大学	28/294
	北京大学	152/2 879		上海交通大学	3/49		西安交通大学	13/92		清华大学	40/186
	北京师范大学	142/1 627		中山大学	8/47		福建师范大学	3/82		上海交通大学	26/182
	华北电力大学	88/1 136		北京大学	6/39		中山大学	3/74		中央财经大学	31/169
	浙江大学	108/1 106	劳动关系与劳动力	清华大学	5/35		清华大学	4/36		浙江大学	19/164
	厦门大学	76/1 067		北京师范大学	7/34		复旦大学	6/17		苏州大学	13/121
	南京大学	100/833		西安交通大学	2/30		中国农业大学	3/13		中国人民大学	20/104
	上海交通大学	45/689		江西财经大学	2/26		南京大学	3/8		华南师范大学	10/93
	华东师范大学	46/649		山东大学	3/18		西北农林科技大学	2/4	传播	北京邮电大学	10/140
	北京理工大学	38/639		西南财经大学	8/15	商业—财经	北京大学	68/664		浙江大学	26/114

续表

学科	学校	篇数/被引数	学科	学校	篇数/被引数	学科	学校	篇数/被引数	学科	学校	篇数/被引数
传播	清华大学	24/107	心理学—试验	华中科技大学	16/549	城市研究	北京师范大学	15/217	国际关系	外交学院	12/70
	中国人民大学	26/84		清华大学	42/395		中山大学	28/191		厦门大学	30/59
	深圳大学	7/80		中山大学	28/256		同济大学	25/179		西安交通大学	17/54
	北京大学	12/78		浙江大学	48/231		复旦大学	16/177		中国农业大学	7/52
	西安交通大学	2/75		哈尔滨工业大学	10/188		中国人民大学	23/115		上海交通大学	18/43
	华中科技大学	14/70		杭州电子科技大学	3/163		南京大学	27/76		北京大学	13/152
	复旦大学	20/46		华南师范大学	40/160	公共事业、环境和职业健康	北京大学	161/1 037	家庭研究	西南大学	7/33
	汕头大学	3/44	信息科学与图书馆科学	复旦大学	67/829		复旦大学	135/610		北京师范大学	20/27
心理学—跨学科	华中科技大学	22/580		武汉大学	214/824		中南大学	95/532		中国人民大学	18/27
	北京大学	101/449		中山大学	53/678		浙江大学	89/512		山东师范大学	8/24
	中山大学	35/349		华中科技大学	51/638		中国医科大学	65/399		西安交通大学	2/22
	北京师范大学	116/276		北京大学	79/617		华中科技大学	88/374		山东大学	2/9
	西南大学	67/206		浙江大学	96/604		四川大学	56/351		首都医科大学	1/9
	哈尔滨工业大学	12/188		清华大学	74/385		中山大学	65/348		中国农业大学	1/9
	清华大学	25/183		大连理工大学	52/354		安徽医科大学	48/336		西南政法大学	3/6
	杭州电子科技大学	3/163		哈尔滨工业大学	59/328		清华大学	50/321		东南大学	2/3
	华南师范大学	51/158		北京航空航天大学	36/285		清华大学	58/211		同济大学	1/3
心理学—试验	中南大学	17/135	城市研究	北京大学	45/498	国际关系	北京大学	35/174	精神病学	中南大学	194/2 831
	北京大学	112/1 405		浙江大学	39/273		复旦大学	70/169		四川大学	124/1 843
	北京师范大学	133/1 272		华南理工大学	12/255		中国人民大学	48/155		北京大学	163/1 610
	西南大学	93/551		清华大学	43/228		武汉大学	46/71		上海交通大学	183/1 505

续表

学科	学校	篇数/被引数	学科	学校	篇数/被引数	学科	学校	篇数/被引数	学科	学校	篇数/被引数
精神病学	首都医科大学	102/790	人类学	复旦大学	18/184	社会科学史	陕西师范大学	1/19	心理学—临床	中南大学	23/195
	东南大学	43/562		北京大学	38/177		北京师范大学	2/16		上海交通大学	22/188
	中国医科大学	46/464		南京师范大学	8/154		中南财经政法大学	3/6		华南师范大学	12/117
	中山大学	38/323		吉林大学	16/132		北京大学	4/3		中山大学	7/94
	复旦大学	43/319		天津师范大学	7/59		复旦大学	2/3		首都医科大学	8/91
	北京师范大学	60/318		南京大学	7/46		上海交通大学	1/3		四川师范大学	2/84
老年医学	北京大学	14/120		西安交通大学	8/45		河北师范大学	1/1		东南大学	6/76
	四川大学	15/117		中山大学	54/44		南京师范大学	1/1		北京大学	2/102
	首都医科大学	13/115		兰州大学	5/37	卫生保健政策和服务	北京大学	60/626	心理学—数学	北京师范大学	13/71
	浙江大学	11/99	社会工作	北京大学	9/134		复旦大学	50/448		中山大学	8/54
	安徽医科大学	7/80		南开大学	5/56		山东大学	26/240		西南大学	2/28
	苏州大学	6/66		北京师范大学	12/38		华中科技大学	22/180		杭州师范大学	3/19
	华中科技大学	10/64		中国人民大学	11/34		上海交通大学	10/128		浙江大学	3/13
	重庆医科大学	1/50		西南大学	3/32		中国人民大学	9/98		东北师范大学	3/10
	复旦大学	14/44		西南财经大学	4/17		中山大学	20/95		华东师范大学	1/5
	北京师范大学	8/42		西安交通大学	2/17		河南大学	13/84		辽宁师范大学	1/4
民族研究	上海交通大学	1/11		广西医科大学	1/15		北京师范大学	10/56		中国科学技术大学	1/3
	复旦大学	1/4		山东大学	3/13		首都医科大学	8/56	语言学	北京师范大学	43/246
	西安交通大学	1/2		山东师范大学	4/9	心理学—临床	北京大学	45/558		浙江大学	50/185
	上海体育学院	1/1		中国农业大学	2/9		西南大学	38/278		清华大学	18/156
人类学	中国农业大学	31/323	社会科学史	西安交通大学	2/22		四川大学	21/270		南京大学	15/147

续表

学科	学校	篇数/被引数	学科	学校	篇数/被引数	学科	学校	篇数/被引数	学科	学校	篇数/被引数
语言学	北京大学	50/130	公共行政	南开大学	7/80	教育—特殊	中山大学	6/14	历史	浙江大学	2/3
	汕头大学	6/118		复旦大学	19/67		浙江大学	5/10		清华大学	2/2
	广东外语外贸大学	53/117		哈尔滨工业大学	7/47		复旦大学	1/8		华南师范大学	3/1
	上海外国语大学	24/95		中国人民大学	18/40		同济大学	3/6		宁波大学	2/1
	西北大学	8/72		北京师范大学	3/33		华中科技大学	1/5		广东外语外贸大学	1/1
心理学—精神分析	北京外国语大学	21/67		浙江大学	20/31	康复	复旦大学	16/113	女性研究	西南大学	4/35
	首都医科大学	1/2		武汉大学	46/293		北京大学	16/98		浙江大学	5/24
地理	中山大学	72/1 269		中山大学	45/288		清华大学	3/74		北京大学	5/16
	北京大学	90/1 204		中南大学	63/264		天津大学	2/51		天津师范大学	9/14
	武汉大学	116/755	护理学	复旦大学	20/179		南京医科大学	10/45		南京大学	6/14
	北京师范大学	61/710		四川大学	44/169		四川大学	12/44		中山大学	3/14
	华东师范大学	46/656		中国医科大学	19/154		福建医科大学	4/40		西安交通大学	7/13
	南京大学	39/356		北京大学	25/144		中山大学	18/37		清华大学	3/12
	浙江大学	31/349		山东大学	43/122		华中师范大学	3/36		安徽医科大学	2/11
	复旦大学	12/166		首都医科大学	33/122		西安交通大学	4/28		中国医科大学	1/10
公共行政	清华大学	20/149		西安交通大学	15/111	历史	西安交通大学	2/22	人体工程学	清华大学	107/712
	中国农业大学	13/129		北京大学	14/86		中国传媒大学	19/12		东南大学	24/174
	清华大学	32/116	教育—特殊	华中师范大学	3/58		北京大学	11/5		上海交通大学	11/110
	上海交通大学	11/101		北京师范大学	7/24		复旦大学	4/3		中南大学	15/104
	中山大学	16/99		华东师范大学	6/19		上海交通大学	2/3		华中科技大学	13/97
	北京大学	11/98		温州医科大学	2/18		苏州大学	2/3		北京大学	7/78

续表

学科	学校	篇数/被引数	学科	学校	篇数/被引数	学科	学校	篇数/被引数	学科	学校	篇数/被引数
人体工程学	湖南大学	3/77	社会问题	四川大学	3/19	心理学—社会	中山大学	21/135	运输	同济大学	93/369
	北京航空航天大学	19/71		华中科技大学	1/15		陕西师范大学	27/110		上海交通大学	69/334
	同济大学	20/67		中国人民大学	5/13		浙江大学	56/95		中国科学技术大学	17/293
	浙江大学	20/61		中山大学	2/7		中国人民大学	28/83		大连海事大学	45/269
社会科学—跨学科	东南大学	29/348		西安交通大学	3/5		上海交通大学	14/69		大连理工大学	22/267
	清华大学	40/311		郑州大学	1/5		南京大学	38/67		上海海事大学	24/205
	上海交通大学	19/272	文化研究	清华大学	8/31		北京大学	73/666	法律	北京大学	26/103
	南京大学	14/242		首都师范大学	2/14		中国人民大学	35/534		武汉大学	53/78
	中南大学	25/172		上海大学	10/8		东北大学	12/475		上海交通大学	40/70
	中国人民大学	29/144		西南交通大学	1/6		清华大学	45/270		厦门大学	22/53
	西安交通大学	28/137		华东师范大学	2/5	心理学—应用	西安交通大学	12/210		中国政法大学	51/47
	南京航空航天大学	6/132		厦门大学	2/5		浙江大学	17/113		清华大学	23/44
	北京航空航天大学	22/131		上海交通大学	2/4		西南财经大学	10/97		复旦大学	18/44
	北京大学	26/106		复旦大学	2/3		北京航空航天大学	11/79		中国人民大学	17/35
	南开大学	2/51		燕山大学	1/3		北京师范大学	14/71		西安交通大学	10/34
	浙江大学	4/37		浙江大学	1/3		中山大学	22/64		山东大学	11/24
社会问题	清华大学	14/35	心理学—社会	北京大学	69/667	运输	北京航空航天大学	49/616	管理学	西安交通大学	168/2 536
	北京师范大学	5/35		北京师范大学	49/279		东南大学	100/574		北京大学	123/1 959
	复旦大学	12/27		西南大学	57/219		北京交通大学	94/559		上海交通大学	131/1 696
	北京大学	3/26		西北大学	8/193		清华大学	58/491		清华大学	184/1 451

续表

学科	学校	篇数/被引数	学科	学校	篇数/被引数	学科	学校	篇数/被引数	学科	学校	篇数/被引数
管理学	东北大学	69/977	教育和教学研究	华东师范大学	49/161	历史与科学哲学	昆明理工大学	1/7	商业	中国人民大学	90/653
	中国人民大学	107/970		中国人民大学	27/154		南京大学	3/6		上海交通大学	89/590
	北京航空航天大学	51/906		浙江大学	33/149		大连理工大学	2/6		复旦大学	72/497
	复旦大学	84/802		汕头大学	8/131		北京师范大学	2/5		清华大学	57/416
	浙江大学	129/794		华中科技大学	21/128		中山大学	6/4		浙江大学	64/373
	大连理工大学	34/754		华南师范大学	21/109		同济大学	2/4		大连理工大学	18/294
环保和可持续发展的科学技术	华北电力大学	108/1 082	药物滥用	中南大学	30/298		安徽医科大学	1/4	社会科学—生物医学	西北大学	15/249
	上海交通大学	37/683		北京大学	30/274	区域研究	北京大学	61/588		北京大学	18/119
	大连理工大学	17/507		首都医科大学	13/109		清华大学	54/249		西安交通大学	13/92
	清华大学	55/371		中山大学	14/76		中国人民大学	42/131		四川大学	8/84
	北京理工大学	41/350		宁波大学	10/66		中山大学	26/98		中南大学	7/83
	北京师范大学	63/271		浙江大学	11/51		复旦大学	43/95		北京师范大学	7/49
	南京大学	36/253		四川大学	6/51		华东师范大学	19/67		山东大学	12/46
	北京大学	33/247		浙江师范大学	3/48		浙江大学	24/51		中国人民大学	17/41
	山东大学	24/209		上海交通大学	12/46		南京大学	29/49		南京大学	3/35
	河南农业大学	6/153		复旦大学	10/45		中国人民大学	6/49		首都医科大学	3/33
教育和教学研究	北京师范大学	113/309		清华大学	10/28		北京外国语大学	8/44		浙江大学	7/32
	北京大学	57/308	历史与科学哲学	浙江大学	2/24	商业	北京大学	98/1 787	社会学	南京大学	19/253
	清华大学	36/284		北京大学	7/22		西安交通大学	92/838		北京大学	37/234
	上海交通大学	16/165		中国科学技术大学	2/8		华中科技大学	75/709		中国人民大学	23/162

续表

学科	学校	篇数/被引数	学科	学校	篇数/被引数	学科	学校	篇数/被引数	学科	学校	篇数/被引数
社会学	南京航空航天大学	3/120	心理学—发展	西南大学	20/139	心理学—生物	清华大学	8/61	政治科学	中国人民大学	23/112
社会学	北京师范大学	20/114	心理学—发展	浙江大学	13/125	心理学—生物	华南农业大学	1/61	政治科学	西北大学	2/77
社会学	中山大学	60/112	心理学—发展	安徽医科大学	10/87	心理学—生物	北京师范大学	38/487	政治科学	清华大学	20/68
社会学	武汉大学	8/82	心理学—发展	山东师范大学	9/83	心理学—生物	山东师范大学	7/81	政治科学	哈尔滨工业大学	6/46
社会学	陕西师范大学	12/79	心理学—发展	西南大学	47/333	心理学—教育	浙江大学	11/80	政治科学	复旦大学	19/37
社会学	复旦大学	37/69	心理学—发展	北京师范大学	45/309	心理学—教育	东南大学	5/80	政治科学	华中科技大学	2/34
社会学	浙江大学	20/52	心理学—发展	北京大学	16/260	心理学—教育	华东师范大学	13/46	政治科学	浙江大学	9/23
心理学—发展	北京师范大学	50/542	心理学—生物	安徽医科大学	9/208	心理学—教育	陕西师范大学	9/42	政治科学	南京大学	5/15
心理学—发展	北京大学	30/341	心理学—生物	首都医科大学	9/130	心理学—教育	浙江师范大学	3/40	政治科学	华南师范大学	3/14
心理学—发展	中南大学	12/259	心理学—生物	陕西师范大学	18/106	心理学—教育	上海师范大学	10/39	政治科学	中山大学	3/10
心理学—发展	西北大学	2/180	心理学—生物	西安交通大学	14/85	心理学—教育	厦门大学	6/37			
心理学—发展	浙江师范大学	15/158	心理学—生物	浙江大学	13/70	心理学—教育	华南师范大学	7/25			
心理学—发展	中山大学	19/157	心理学—生物	中南大学	9/68	政治科学	北京大学	15/92			

我国高校在 SSCI 收录论文的 57 个学科均发表了论文；将表 5-1 中的高校进行汇总，按照这些高校在 57 个学科被引数排序中在 2 个及以上学科中出现的次数进行排序，结果见表 5-2。

表 5-2 在 2000~2016 年 57 个学科 SSCI 论文被引数排序中出现 2 次及以上的高校

高校\学科	北京大学	浙江大学	清华大学	复旦大学	中山大学	北京师范大学	中国人民大学	上海交通大学	西安交通大学	南京大学	华中科技大学	中南大学	山东大学	首都医科大学	四川大学	西南大学	华东师范大学	华南师范大学	厦门大学	大连理工大学	东南大学	南开大学	同济大学	中国农业大学	安徽医科大学	北京航空航天大学	哈尔滨工业大学
汇总	52	37	36	31	31	28	26	25	22	16	14	12	10	10	10	10	8	8	8	7	7	7	7	7	6	6	6
餐旅、休闲、运动和旅游	1	1	0	1	1	0	0	0	0	1	0	0	1	0	0	0	0	0	0	0	0	0	0	0	0	0	1
城市研究	1	1	1	0	0	0	0	0	0	1	0	0	0	0	0	0	0	0	0	0	0	0	1	0	0	0	0
地理	1	1	1	0	1	1	1	0	1	1	0	0	0	0	0	0	1	0	0	0	0	0	0	1	0	0	0
法律	1	0	1	1	1	0	0	1	1	0	0	0	1	0	0	0	0	0	0	0	0	0	0	0	0	0	0
犯罪学和刑罚学	1	0	1	0	0	0	0	0	1	0	0	0	0	0	0	0	0	0	1	0	0	0	0	0	0	0	0
公共事业、环境职业健康	1	1	1	0	1	0	0	0	0	0	0	0	0	0	1	1	0	0	0	0	0	0	0	0	1	0	0
公共行政	1	1	1	1	0	1	1	1	0	0	0	0	0	0	0	0	0	0	0	0	0	1	0	0	0	0	0
传播	1	1	1	1	1	0	1	0	0	0	0	0	0	0	0	0	0	0	0	1	0	0	0	0	0	0	0
管理学	1	1	1	1	0	0	0	1	0	0	0	0	0	0	0	0	0	0	0	1	1	1	0	0	0	1	0
规划与发展	1	1	0	1	1	0	0	0	0	0	0	0	0	0	0	0	0	0	0	0	0	0	1	1	0	0	0
国际关系	1	0	1	0	1	0	1	1	1	0	0	0	0	0	0	0	0	0	1	0	0	0	0	1	0	0	0

续表

高校学科	北京大学	浙江大学	清华大学	复旦大学	中山大学	北京师范大学	中国人民大学	上海交通大学	西安交通大学	南京大学	华中科技大学	中南大学	山东大学	首都医科大学	四川大学	西南大学	华东师范大学	华南师范大学	厦门大学	大连理工大学	东南大学	南开大学	同济大学	中国农业大学	安徽医科大学	北京航空航天大学	哈尔滨工业大学
护理学	1	0	0	1	1	0	0	0	1	0	0	1	1	1	1	0	0	0	0	0	0	0	0	0	0	0	0
环保和可持续发展的科学技术	1	0	1	0	0	1	0	1	0	1	0	0	1	0	0	0	0	0	0	1	0	0	0	0	0	0	0
环境研究	1	1	0	0	0	1	0	1	0	1	1	0	0	0	0	0	1	1	1	0	0	0	0	0	0	0	0
家庭研究	1	0	0	0	0	1	1	0	1	0	0	0	0	1	0	1	1	0	0	1	1	0	1	1	1	0	0
教育—特殊	1	1	1	0	1	1	1	0	0	1	1	0	0	0	0	0	0	1	0	0	0	0	0	0	0	0	0
教育和教学研究	1	1	1	0	0	1	1	1	1	0	1	0	0	0	0	1	1	1	1	0	1	0	1	0	1	0	0
经济学	1	1	1	1	0	0	1	1	1	0	0	0	0	0	0	0	0	0	0	0	0	0	0	0	0	0	0
精神病学	1	0	0	0	0	1	0	1	0	0	0	1	0	1	0	0	0	0	0	0	1	1	0	0	0	0	0
康复	1	1	1	1	0	0	1	0	1	0	0	0	1	0	1	1	0	0	0	0	0	0	0	0	0	0	0
药物滥用	1	1	0	1	1	1	1	1	0	1	0	1	1	1	0	0	0	0	0	0	0	0	0	0	0	0	0
劳动关系与劳动力	1	1	1	1	1	1	1	1	1	1	1	0	0	0	0	0	0	0	0	0	0	0	0	0	0	0	0

续表

高校\学科	北京大学	浙江大学	清华大学	复旦大学	中山大学	北京师范大学	中国人民大学	上海交通大学	西安交通大学	南京大学	华中科技大学	中南大学	山东大学	首都医科大学	四川大学	西南大学	华东师范大学	华南师范大学	厦门大学	大连理工大学	东南大学	南开大学	同济大学	中国农业大学	安徽医科大学	北京航空航天大学	哈尔滨工业大学
老年医学	1	1	1	1	0	1	1	0	0	0	0	0	0	1	1	0	0	0	0	0	0	0	0	0	1	0	0
历史	1	1	1	1	0	0	0	1	1	0	0	0	0	0	0	0	0	1	0	0	0	0	0	0	0	0	0
历史与科学哲学	1	1	1	0	1	1	0	0	0	1	0	0	0	0	0	0	0	0	0	1	0	0	1	0	0	0	0
伦理学	1	1	0	0	0	0	1	1	1	0	0	0	1	0	0	0	0	0	1	0	0	1	0	0	1	0	0
民族研究	0	0	0	1	0	0	0	1	1	1	0	0	0	0	0	1	0	0	0	0	0	0	0	0	0	0	0
女性研究	1	1	1	0	1	0	0	0	0	0	0	0	0	0	0	0	1	0	0	0	0	0	0	0	0	0	0
区域研究	1	1	1	1	1	0	0	1	1	1	0	0	0	0	0	0	0	0	0	0	0	0	0	0	0	0	0
人口学	1	0	1	0	1	0	2	0	0	1	1	0	0	0	0	0	0	0	0	0	0	0	0	1	0	0	0
人类学	1	0	1	0	1	1	1	1	0	1	1	0	0	0	0	0	0	0	0	0	1	0	0	1	0	0	0
人体工程学	1	1	1	1	0	0	0	1	1	1	1	1	0	0	0	0	0	0	0	1	0	0	0	0	0	1	0
商业	1	1	0	1	0	0	1	1	0	1	0	0	0	0	0	0	0	0	1	0	1	1	0	0	0	0	0
商业—财经	1	0	1	0	0	0	1	0	1	0	0	0	1	0	0	1	0	0	0	0	0	1	0	0	0	0	0
社会工作	1	0	0	0	0	1	1	1	1	1	0	0	0	0	0	0	0	0	0	0	0	1	0	1	0	0	0

续表

学科 \ 高校	北京大学	浙江大学	清华大学	复旦大学	中山大学	北京师范大学	中国人民大学	上海交通大学	西安交通大学	南京大学	华中科技大学	中南大学	山东大学	首都医科大学	四川大学	西南大学	华东师范大学	华南师范大学	厦门大学	大连理工大学	东南大学	南开大学	同济大学	中国农业大学	安徽医科大学	北京航空航天大学	哈尔滨工业大学
社会科学—跨学科	1	0	1	0	0	0	1	1	1	1	0	1	1	0	0	0	0	0	0	0	1	0	0	0	0	1	0
社会科学—生物医学	1	1	0	0	0	1	1	0	1	1	1	1	1	1	0	0	0	0	0	0	0	0	0	0	0	0	0
社会科学—数学方法	1	1	1	0	1	0	1	1	0	0	1	1	1	0	1	0	0	1	1	0	0	1	0	0	0	0	0
社会科学史	1	0	0	1	0	0	0	1	1	0	0	0	0	0	0	0	0	0	0	0	0	0	0	0	0	0	0
社会问题	1	1	1	1	1	1	1	0	1	0	0	0	0	0	1	0	0	0	0	0	0	1	0	0	0	0	0
社会工作	1	1	0	1	1	1	1	0	0	1	0	0	0	0	0	0	0	0	0	0	0	0	0	0	0	0	0
卫生保健政策和服务	1	1	0	0	0	1	0	1	1	0	0	0	0	1	0	1	0	0	0	1	0	0	0	0	0	0	0
文化研究	0	0	1	0	0	0	0	1	0	0	0	0	0	0	0	0	0	0	1	0	0	0	0	0	0	0	0
心理学—发展	1	1	0	1	0	0	0	0	0	0	0	0	0	0	0	1	0	0	0	0	0	0	0	0	1	1	0
心理学—精神分析	0	0	0	0	0	0	0	0	0	0	0	0	0	1	0	0	0	0	0	0	0	0	0	0	0	0	0

续表

高校学科	北京大学	浙江大学	清华大学	复旦大学	中山大学	北京师范大学	中国人民大学	上海交通大学	西安交通大学	南京大学	华中科技大学	中南大学	山东大学	首都医科大学	四川大学	西南大学	华东师范大学	华南师范大学	厦门大学	大连理工大学	东南大学	南开大学	同济大学	中国农业大学	安徽医科大学	北京航空航天大学	哈尔滨工业大学
心理学-跨学科	1	0	1	0	1	1	0	0	0	0	1	1	0	0	0	1	0	1	0	0	0	0	0	0	0	0	1
心理学-临床	1	0	0	0	1	0	0	1	0	0	0	1	0	1	1	1	0	0	0	0	1	0	0	0	0	0	0
心理学-社会	1	1	0	0	0	0	0	1	0	1	0	0	0	0	0	1	0	0	0	0	0	0	0	0	0	0	0
心理学-生物	1	0	1	0	1	1	1	0	1	0	0	0	0	1	0	0	1	0	0	0	0	0	0	0	1	0	0
心理学-试验	1	1	1	0	1	0	1	0	0	0	1	0	0	0	0	1	0	1	0	0	0	0	0	0	0	0	1
心理学-数学	1	1	0	0	1	0	1	0	0	0	0	0	0	0	0	0	1	1	1	0	0	0	0	0	0	0	0
心理学-应用	0	1	0	0	0	1	0	0	0	0	0	0	0	0	0	0	1	0	0	0	1	0	0	0	0	1	0
教育	1	0	0	1	1	0	0	0	0	0	0	1	0	0	0	0	0	0	0	1	0	0	0	0	0	0	0
信息科学与图书馆科学	1	1	1	1	0	1	0	0	1	1	0	0	0	0	0	0	0	0	0	0	0	1	1	0	0	1	1
语言学	1	0	1	0	1	0	1	1	0	0	1	0	0	0	0	0	0	0	0	0	1	0	0	0	0	0	0
运筹	0	0	0	1	0	0	0	0	0	0	1	0	0	0	0	0	0	0	0	1	0	0	1	0	0	1	0
政治科学	1	1	1	1	1	0	1	1	0	0	1	0	0	0	0	0	0	1	0	0	0	0	0	0	0	0	1

第五章 SSCI 各学科学术影响力 ·129·

续表

高校 学科	武汉大学	西北大学	陕西师范大学	山东师范大学	中国科学技术大学	中国医科大学	华北电力大学	汕头大学	上海财经大学	苏州大学	西南财经大学	浙江师范大学	中央财经大学	北京理工大学	北京外国语大学	东北大学	广东外语外贸大学	杭州电子科技大学	华南理工大学	华中师范大学	南京航空航天大学	南京师范大学	宁波大学	上海体育学院	天津师范大学	西南政法大学
汇总	6	6	5	4	4	4	3	3	3	3	3	3	3	2	2	2	2	2	2	2	2	2	2	2	2	2
餐旅、休闲、运动和旅游	0	0	0	0	1	0	0	0	0	0	0	0	0	0	0	0	0	0	0	0	0	0	0	1	0	0
城市研究	0	0	0	0	0	0	0	0	0	0	0	0	0	0	0	0	0	0	1	0	0	0	0	0	0	0
地理	1	0	0	0	0	0	0	0	0	0	0	0	0	0	0	0	0	0	0	0	0	0	0	0	0	0
法律	1	0	0	0	0	0	0	0	0	0	0	0	0	0	0	0	0	0	0	0	0	0	0	0	0	0
犯罪学和刑罚学	0	0	0	0	0	0	0	0	1	0	0	0	0	0	0	0	0	0	0	0	0	0	0	0	0	1
公共事业、环境职业和健康	0	0	0	0	0	1	0	0	0	0	0	0	0	0	0	0	0	0	0	0	0	0	0	0	0	0
公共行政	0	0	0	0	0	0	0	1	0	0	0	0	0	0	0	0	0	0	0	0	0	0	0	0	0	0
传播	0	0	0	0	0	0	0	0	0	0	0	0	0	0	0	1	0	0	0	0	0	0	0	0	0	0
管理学	0	0	0	0	0	0	0	0	0	0	0	0	0	0	0	0	0	0	1	0	0	0	0	0	0	0
规划与发展	0	0	0	0	0	0	0	0	0	0	0	0	0	0	0	0	0	0	0	0	0	0	0	0	0	0

· 130 ·　中国高校文科学术影响力的分析与比较：2000~2016

续表

高校 学科	武汉大学	西北大学	陕西师范大学	山东师范大学	中国科学技术大学	中国医科大学	华北电力大学	汕头大学	上海财经大学	苏州大学	西南财经大学	浙江师范大学	中央财经大学	北京理工大学	北京外国语大学	东北大学	广东外语外贸大学	杭州电子科技大学	华南理工大学	华中师范大学	南京航空航天大学	南京师范大学	宁波大学	上海体育学院	天津师范大学	西南政法大学
国际关系	1	0	0	0	0	0	0	0	0	0	0	0	0	0	0	0	0	0	0	0	0	0	0	0	0	0
护理学	1	0	0	0	0	1	0	0	0	0	0	0	0	0	0	0	0	0	0	0	0	0	0	0	0	0
环保和可持续发展的科学技术	0	0	0	0	0	0	1	0	0	0	0	0	0	1	0	0	0	0	0	0	0	0	0	0	0	0
环境研究	0	0	0	0	0	0	1	0	0	0	0	0	0	1	0	0	0	0	0	0	0	0	0	0	0	0
家庭研究	0	0	0	1	0	0	0	0	0	0	0	0	0	0	0	0	0	0	0	1	0	0	0	0	0	1
教育—特殊	0	0	0	0	0	0	0	0	0	0	0	0	0	0	0	0	0	0	0	0	0	0	0	0	0	0
教育和教学研究	0	0	0	0	0	0	0	1	0	0	0	0	0	0	0	0	0	0	0	0	0	0	0	0	0	0
经济学	0	0	0	0	0	0	1	0	1	0	0	0	1	0	0	0	0	0	0	0	0	0	0	0	0	0
精神病学	0	0	0	0	0	1	0	0	0	0	0	0	0	0	0	0	0	0	0	0	1	0	0	0	0	0
康复	0	0	0	0	0	0	0	0	0	0	0	1	0	0	0	0	0	0	0	0	0	0	0	0	0	0
滥用药物	0	0	0	0	0	0	0	0	0	0	0	0	0	0	0	0	0	0	0	0	0	0	1	0	0	0

续表

高校学科	武汉大学	西北大学	陕西师范大学	山东师范大学	中国科学技术大学	中国医科大学	华北电力大学	汕头大学	上海财经大学	苏州大学	西南财经大学	浙江师范大学	中央财经大学	北京理工大学	北京外国语大学	东北大学	广东外语外贸大学	杭州电子科技大学	华南理工大学	华中师范大学	南京航空航天大学	南京师范大学	宁波大学	上海体育学院	天津师范大学	西南政法大学
劳动关系与劳动力	0	0	0	0	0	0	0	0	0	0	0	0	0	0	0	0	0	0	0	0	0	0	0	0	0	0
老年医学	0	0	0	0	0	0	0	0	0	0	0	0	0	0	0	0	0	0	0	0	0	0	0	0	0	0
历史	0	0	0	0	0	0	0	0	0	1	0	0	0	0	0	0	1	0	0	0	0	0	0	0	0	0
历史与科学哲学	0	0	0	0	1	0	0	0	0	1	0	0	0	0	0	0	0	0	0	0	0	0	1	0	0	0
伦理学	0	0	0	0	0	0	0	0	0	0	0	0	0	0	0	0	0	0	0	0	0	0	0	0	0	0
民族研究	0	0	0	0	0	1	0	0	0	0	0	0	0	0	0	0	0	0	0	0	0	0	0	0	0	0
女性研究	0	0	0	0	0	0	0	0	0	0	0	0	0	0	1	0	0	0	0	0	0	0	0	1	0	0
区域研究	0	0	0	0	0	0	0	0	0	0	0	0	0	0	0	0	0	0	0	0	0	1	0	0	0	0
人口学	0	0	0	0	0	0	0	0	1	0	0	0	0	0	0	0	0	0	0	0	0	0	0	0	1	0
人类学	0	0	0	0	0	0	0	0	0	0	0	0	1	0	0	0	0	0	0	0	0	0	0	0	0	0
人体工程学	0	1	0	0	0	0	0	0	0	0	0	0	0	1	0	0	0	0	0	0	0	0	0	0	0	0
商业	0	1	0	0	0	0	0	0	0	0	0	0	0	0	0	0	0	0	0	0	0	0	0	0	0	0
商业—财经	0	0	0	0	0	0	0	0	0	0	0	0	0	0	0	0	0	0	0	0	0	0	0	0	0	0

续表

高校\学科	武汉大学	西北大学	陕西师范大学	山东师范大学	中国科学技术大学	中国医科大学	华北电力大学	汕头大学	上海财经大学	苏州大学	西南财经大学	浙江师范大学	中央财经大学	北京理工大学	北京外国语大学	东北大学	广东外语外贸大学	杭州电子科技大学	华南理工大学	华中师范大学	南京航空航天大学	南京师范大学	宁波大学	上海体育学院	天津师范大学	西南政法大学
社会工作	0	0	0	1	0	0	0	0	0	0	0	0	0	0	0	0	0	0	0	0	0	0	0	0	0	0
社会科学—跨学科	0	0	0	0	0	0	0	0	0	0	0	0	0	0	0	0	0	0	0	0	1	0	0	0	0	0
社会科学—生物医学	0	0	0	0	0	0	0	0	0	0	0	0	0	0	0	0	0	0	0	0	0	0	0	0	0	0
社会科学—数学方法	0	0	0	0	0	0	0	0	0	1	0	0	1	0	0	0	0	0	0	0	0	0	0	0	0	0
社会科学史	0	0	1	0	0	0	0	0	0	0	0	0	0	0	0	0	0	0	0	0	0	0	0	0	0	0
社会问题	0	0	0	0	0	0	0	0	0	0	0	0	0	0	0	0	0	0	0	0	0	1	0	0	0	0
社会学	1	0	1	0	0	0	0	0	0	0	0	0	0	0	0	0	0	0	0	0	1	0	0	0	0	0
卫生保健政策和服务	0	0	0	0	0	0	0	0	0	0	0	0	0	0	0	0	0	0	0	0	0	0	0	0	0	0
文化研究	0	0	0	0	0	0	0	0	0	0	0	1	0	0	0	0	0	0	0	0	0	0	0	0	0	0
心理学—发展	0	1	0	1	0	0	0	0	0	0	0	0	0	0	0	0	0	0	0	0	0	0	0	0	0	0
心理学—精神分析	0	0	0	0	0	0	0	0	0	0	0	0	0	0	0	0	0	0	0	0	0	0	0	0	0	0

续表

高校学科	武汉大学	西北大学	陕西师范大学	山东师范大学	中国科学技术大学	中国医科大学	华北电力大学	汕头大学	上海财经大学	苏州大学	西南财经大学	浙江师范大学	中央财经大学	北京理工大学	北京外国语大学	东北大学	广东外语外贸大学	杭州电子科技大学	华南理工大学	华中师范大学	南京航空航天大学	南京师范大学	宁波大学	上海体育学院	天津师范大学	西南政法大学
心理学跨学科	0	0	0	0	0	0	0	0	0	0	0	0	0	0	0	0	0	1	0	0	0	0	0	0	0	0
心理学临床	0	0	0	0	0	0	0	0	0	0	0	0	0	0	0	0	0	0	0	0	0	0	0	0	0	0
心理学社会	0	1	0	0	0	0	0	0	0	0	0	0	0	0	0	0	0	0	0	0	0	0	0	0	0	0
心理学生物	0	0	1	0	0	0	0	0	0	0	0	0	0	0	0	0	0	1	0	0	0	0	0	0	0	0
心理学试验	0	0	0	0	0	0	0	0	0	0	0	0	0	0	0	0	0	0	0	0	0	0	0	0	0	0
心理学数学	0	0	0	0	1	0	0	0	0	0	0	0	0	0	0	1	0	0	0	0	0	0	0	0	0	0
心理学应用	0	0	0	1	0	0	0	0	0	0	1	0	0	0	0	0	0	0	0	0	0	0	0	0	0	0
心理学教育	0	0	1	0	0	0	0	0	0	0	0	1	0	0	0	0	0	0	0	0	0	0	0	0	0	0
信息科学与图书馆科学	1	0	0	0	0	0	0	1	0	0	0	0	0	0	1	0	1	0	0	0	0	0	0	0	0	0
语言学	0	1	0	0	0	0	0	0	0	0	0	0	0	0	0	0	0	0	0	0	0	0	0	0	0	0
运输	0	0	0	0	1	0	0	0	0	0	0	0	0	0	0	0	0	0	0	0	0	0	0	0	0	0
政治科学	0	1	0	0	0	0	0	0	0	0	0	0	0	0	0	0	0	0	0	0	0	0	0	0	0	0

SSCI各学科国际学术影响力整体较强的大学（按汇总数前10）依次为北京大学、浙江大学、清华大学、复旦大学、中山大学、北京师范大学、中国人民大学、上海交通大学、西安交通大学、南京大学，与A&HCI各学科国际学术影响力整体较强的大学（按汇总数前10）相比较，除西安交通大学、上海外国语大学和华东师范大学外，两者间重复的高校共有8所，分别是浙江大学、北京大学、复旦大学、北京师范大学、中山大学、南京大学、上海交通大学、清华大学。

按SSCI总篇数排前100名的标准，分别分析各高校各学科分年度的被引数。因排名有并列，因此学校总数量多于100。此外，为便于论述结果，本章按一定的标准来分析各高校某个学科所处的地位。例如，如果某大学在某学科6个及以下年度内均有论文发表，表明该高校相较于其他高校显现出了潜在的优势，其在该学科上显现出了未来进一步发展的可能，因此被定义为存在优势或具有潜在优势或显现出优势；如果某大学在某学科7~11个年度内均有论文发表，表明该高校在此学科形成了稳定的科研产出和学术影响力，这也意味着该高校有专长此类论文写作发表的学者或团队，因此被定义为具有稳定的优势或显现出稳定的优势或存在稳定的优势；如果某大学在12个及以上的年度内均有论文发表，表明该高校在此学科具有极强的科研产出和学术影响力，也意味着就此学科形成了稳定的科研团队，因此被定义为具有极强优势或显现出极强优势或存在极强优势。

1. 北京大学

2000~2016年，SSCI收录北京大学各学科论文篇数及被引数见表5-3，按年份远近排序。

表5-3 2000~2016年SSCI收录北京大学各学科论文篇数及被引数

学科	年份	篇数/被引数	学科	年份	篇数/被引数	学科	年份	篇数/被引数	学科	年份	篇数/被引数
餐旅、休闲、运动和旅游	2004	1/33	犯罪学和刑罚学	2012	1/9	规划与发展	2012	3/23	国际关系	2008	4/9
	2006	2/77		2013	1/0		2013	2/5		2009	2/13
	2010	2/2		2014	1/0		2014	7/18		2010	6/2
	2012	3/34	规划与发展	2000	1/128		2015	10/30		2011	2/37
	2013	4/3		2003	1/27		2016	13/9		2012	2/3
	2014	3/4		2004	2/60	国际关系	2004	1/10		2013	7/13
	2015	1/1		2009	3/69		2006	1/64		2014	4/6
	2016	3/0		2010	2/34		2007	1/13		2015	3/4

续表

学科	年份	篇数/被引数	学科	年份	篇数/被引数	学科	年份	篇数/被引数	学科	年份	篇数/被引数
国际关系	2016	2/0	伦理学	2011	1/25	传播	2014	2/2	城市研究	2002	1/47
家庭研究	2004	1/69		2012	1/5		2016	1/0		2005	2/47
	2006	1/29		2013	3/21	心理学—发展	2004	1/66		2007	1/1
	2007	1/22		2014	1/2		2005	1/23		2010	4/144
	2011	1/9		2016	5/1		2006	3/119		2012	4/47
	2012	2/16	人类学	2000	1/0		2008	1/18		2013	3/10
	2013	2/2		2001	2/0		2009	2/30		2014	4/39
	2014	2/4		2002	1/10		2011	1/29		2015	12/38
	2015	1/1		2007	1/3		2013	4/30		2016	13/12
	2016	2/0		2008	3/40		2014	4/17	公共事业、环境和职业健康	2000	1/8
精神病学	2002	2/42		2009	4/7		2015	4/5		2001	1/44
	2003	3/154		2010	12/76		2016	9/4		2002	1/1
	2004	2/181		2011	2/28	心理学—生物	2001	2/76		2003	2/49
	2005	1/0		2012	4/6		2003	1/12		2004	1/21
	2006	4/204		2013	2/5		2007	1/9		2006	3/106
	2007	5/150		2014	1/0		2008	1/42		2007	2/39
	2008	4/103		2015	4/1		2009	1/22		2008	4/26
	2009	5/68		2016	1/1		2011	1/32		2009	6/81
	2010	12/140	社会工作	2002	1/8		2013	3/45		2010	14/140
	2011	17/197		2004	1/69		2014	2/9		2011	10/137
	2012	13/128		2007	2/36		2015	2/11		2012	18/118
	2013	14/55		2011	1/9		2016	2/2		2013	20/109
	2014	20/106		2012	1/7	心理学—教育	2012	1/2		2014	23/124
	2015	33/66		2013	1/2		2013	1/2		2015	23/27
	2016	28/16		2014	2/3		2014	1/6		2016	32/7
劳动关系与劳动力	2011	1/8	社会科学史	2013	1/1		2015	1/0	护理学	2001	1/48
	2012	1/8		2015	2/2		2016	2/0		2008	1/15
	2013	2/22		2016	1/0	运输	2007	1/20		2009	2/16
	2015	2/1	传播	2007	3/44		2012	1/3		2010	6/22
伦理学	2000	2/11		2008	1/11		2013	9/89		2011	1/3
	2004	6/77		2009	1/5		2014	1/0		2012	4/33
	2005	1/0		2011	2/11		2015	5/12		2013	1/2
	2009	3/42		2012	1/4		2016	6/0		2014	1/0
	2010	4/140		2013	1/1	城市研究	2000	1/113		2015	2/3

续表

学科	年份	篇数/被引数	学科	年份	篇数/被引数	学科	年份	篇数/被引数	学科	年份	篇数/被引数
护理学	2016	6/2		2009	5/17		2006	2/9		2007	6/114
教育—特殊	2009	1/27		2010	14/110		2007	3/91		2008	4/102
	2010	2/10		2011	2/10		2008	1/3		2009	1/15
	2011	2/21	区域研究	2012	3/6		2009	5/36		2010	10/78
	2012	2/15		2013	6/15	心理—跨学科	2010	14/72	地理	2011	7/89
	2013	1/6		2014	6/4		2011	6/37		2012	5/53
	2014	3/7		2015	1/1		2012	12/53		2013	10/91
	2016	3/0		2016	2/0		2013	8/99		2014	8/38
康复	2009	1/27		2000	1/1		2014	9/10		2015	13/71
	2010	2/10		2007	1/6		2015	16/8		2016	16/16
	2011	2/21		2008	1/2		2016	21/0		2003	1/66
	2012	2/17	社会科学—跨学科	2010	4/26		2000	1/55		2008	1/22
	2013	3/16		2011	3/3		2001	1/32	公共行政	2010	2/4
	2014	2/7		2012	5/20		2002	1/22		2012	1/0
	2016	4/0		2013	4/42		2005	1/9		2014	1/3
老年医学	2007	1/60		2015	1/3		2006	3/34		2015	2/2
	2009	2/35		2016	6/3		2007	1/9		2016	3/1
	2010	2/6	社会问题	2011	1/25	心理学—试验	2008	3/157		2007	1/1
	2013	2/10		2016	2/1		2009	9/152		2010	2/20
	2014	1/7		2000	1/0		2010	14/434	环保和可持续发展的科学技术	2011	2/90
	2015	3/2		2001	3/80		2011	10/78		2013	3/51
	2016	3/0		2006	2/77		2012	12/124		2014	4/39
女性研究	2008	1/1		2007	1/3		2013	18/191		2015	10/33
	2010	2/12		2008	2/6		2014	13/74		2016	11/13
	2011	2/3		2009	3/2		2015	13/25		2001	1/11
区域研究	2000	1/128	社会学	2010	6/18		2016	12/9		2002	1/1
	2001	1/0		2012	7/31	文化研究	2008	1/1		2003	2/101
	2003	4/91		2013	2/12		2000	1/113	教育和教学研究	2004	1/3
	2004	4/106		2014	3/0		2001	1/101		2006	1/0
	2005	2/25		2015	4/3		2003	2/89		2007	6/49
	2006	1/17		2016	3/2	地理	2004	1/26		2008	3/2
	2007	6/48	心理—跨学科	2001	2/25		2005	2/39		2009	10/41
	2008	3/10		2003	2/6		2006	3/169		2010	8/52

续表

学科	年份	篇数/被引数	学科	年份	篇数/被引数	学科	年份	篇数/被引数	学科	年份	篇数/被引数
教育和教学研究	2011	3/18	商业—财经	2011	3/37	心理学—数学	2003	1/101	管理学	2004	2/83
	2012	6/20		2012	3/3		2013	1/1		2005	3/354
	2013	2/6		2013	6/39	心理学—应用	2001	1/2		2006	2/56
	2014	2/2		2014	12/29		2004	1/50		2007	3/95
	2015	6/2		2015	8/11		2005	3/9		2008	5/110
	2016	5/0		2016	9/3		2006	1/21		2009	10/265
药物滥用	2006	1/37	社会科学—生物医学	2000	3/19		2007	5/163		2010	20/278
	2007	1/29		2004	6/77		2008	1/11		2011	8/166
	2008	4/39		2005	1/0		2009	4/94		2012	6/49
	2009	5/104		2009	1/0		2010	2/48		2013	8/79
	2010	2/0		2012	1/3		2011	3/64		2014	17/89
	2011	2/6		2014	5/16		2012	6/55		2015	21/44
	2012	5/33		2015	1/4		2013	7/59		2016	16/0
	2013	1/1	卫生保健政策和服务	2006	2/60		2014	10/60	环境研究	2000	1/37
	2014	1/4		2007	2/141		2015	17/30		2001	2/111
	2015	4/20		2008	3/31		2016	12/0		2003	1/23
	2016	4/1		2009	9/203	政治科学	2006	1/64		2004	3/59
历史	2010	2/2		2010	4/60		2009	1/8		2005	1/31
	2011	1/0		2011	3/30		2010	4/12		2006	4/235
	2013	3/1		2012	4/29		2012	1/3		2007	15/582
	2015	3/2		2013	6/27		2013	3/3		2008	3/208
	2016	2/0		2014	7/31		2014	2/1		2009	3/54
人口学	2000	1/8		2015	9/7		2015	2/0		2010	16/760
	2001	2/90		2016	11/7		2016	1/1		2011	13/313
	2003	1/10		2006	1/136	法律	2001	1/7		2012	11/132
	2012	2/5		2007	1/60		2007	1/13		2013	12/105
	2014	2/4		2008	6/118		2009	2/8		2014	16/104
	2015	3/1		2009	5/104		2010	6/22		2015	24/95
商业—财经	2001	2/155	心理学—临床	2010	4/50		2011	3/48		2016	27/30
	2003	1/2		2011	2/30		2012	1/0	经济学	2000	4/233
	2005	1/76		2012	1/11		2013	3/3		2001	3/165
	2007	1/3		2013	4/13		2014	3/2		2002	5/187
	2008	2/31		2014	4/20		2015	3/0		2003	6/183
	2009	8/207		2015	4/3		2016	3/0		2004	9/183
	2010	12/68		2016	13/13	管理学	2002	2/291		2005	4/15

续表

学科	年份	篇数/被引数	学科	年份	篇数/被引数	学科	年份	篇数/被引数	学科	年份	篇数/被引数
经济学	2006	12/110	商业	2007	2/130	社会科学—数学方法	2015	8/8	信息科学与图书馆科学	2008	7/183
	2007	20/376		2008	3/56		2016	9/4		2009	6/158
	2008	18/376		2009	8/251	心理学—社会	2004	2/83		2010	10/50
	2009	30/510		2010	16/280		2005	2/44		2011	3/26
	2010	52/526		2011	3/43		2006	4/39		2012	6/31
	2011	25/197		2012	5/32		2007	9/218		2013	7/32
	2012	27/92		2013	10/78		2008	4/22		2014	16/50
	2013	48/175		2014	13/76		2009	6/54		2015	7/10
	2014	46/102		2015	13/30		2010	12/74		2016	7/5
	2015	56/83		2016	16/4		2011	5/52	语言学	2001	1/17
	2016	67/20	社会科学—数学方法	2003	3/130		2012	3/12		2007	2/22
历史与科学哲学	2010	4/6		2004	3/106		2013	9/40		2008	2/0
	2013	2/14		2005	2/2		2014	5/10		2009	6/32
	2015	1/2		2006	2/27		2015	5/19		2010	4/0
人体工程学	2010	2/42		2007	1/118		2016	3/0		2011	5/21
	2012	1/3		2008	1/6	信息科学与图书馆科学	2000	2/8		2012	6/13
	2013	3/33		2009	5/12		2001	1/0		2013	2/8
	2016	1/0		2010	6/24		2002	1/0		2014	5/11
商业	2002	2/291		2011	3/19		2003	2/11		2015	13/5
	2004	2/72		2012	1/5		2004	1/13		2016	4/1
	2005	3/355		2013	6/41		2006	1/6			
	2006	2/89		2014	6/13		2007	2/34			

　　北京大学具有潜在优势的学科有犯罪学和刑罚学、劳动关系与劳动力、社会科学史、心理学—教育、运输、女性研究、社会问题、文化研究、历史、人口学、心理学—数学、历史与科学哲学、人体工程学；具有稳定优势的学科有餐旅、休闲、运动和旅游，家庭研究，伦理学，社会工作，传播，心理学—发展，心理学—生物，城市研究，护理学，教育—特殊，康复，老年医学，社会科学—跨学科，公共行政，环保和可持续发展的科学技术，社会科学—生物医学，政治科学，法律；具有极强优势的学科有国际关系，精神病学，人类学，公共事业、环境和职业健康，区域研究，社会学，心理学—跨学科，心理学—试验，地理，教育和教学研究，药物滥用，商业—财经，卫生保健政策和服务，心理学—临床，心理学—应用，管理学，环境研究，经济学，商业，社会科学—数学方法，心理学—社会，信息科学与图书馆科学，语言学。

2. 安徽财经大学

2000~2016 年，SSCI 收录安徽财经大学各学科论文篇数及被引数见表 5-4，按年份远近排序。

表 5-4　2000~2016 年 SSCI 收录安徽财经大学各学科论文篇数及被引数

学科	年份	篇数/被引数	学科	年份	篇数/被引数	学科	年份	篇数/被引数
管理学	2011	1/1	环保和可持续发展的科学技术	2011	1/24	经济学	2012	3/6
	2012	1/8		2012	1/53		2013	1/1
	2015	1/3		2013	1/14		2015	5/7
	2016	2/0		2014	1/7		2016	2/1
规划与发展	2015	2/4		2016	4/1	运输	2014	1/9
	2016	2/0	环境研究	2012	1/4		2016	2/0
国际关系	2015	1/2		2013	4/31	劳动关系与劳动力	2015	1/1
	2016	1/1		2014	3/22	社会科学—生物医学	2014	1/16
商业	2011	1/1		2015	2/1	社会科学—数学方法	2015	1/1
	2012	1/8		2016	4/3	公共事业、环境和职业健康	2014	1/16
	2015	3/6	地理	2016	1/0			
	2016	3/1	社会科学—跨学科	2016	1/3			

安徽财经大学具有潜在优势的学科有管理学，规划与发展，国际关系，商业，环保和可持续发展的科学技术，环境研究，地理，社会科学—跨学科，经济学，运输，劳动关系与劳动力，社会科学—生物医学，社会科学—数学方法，公共事业、环境和职业健康；无具有稳定优势的学科；也无具有极强优势的学科。

3. 安徽大学

2000~2016 年，SSCI 收录安徽大学各学科论文篇数及被引数见表 5-5，按年份远近排序。

表 5-5　2000~2016 年 SSCI 收录安徽大学各学科论文篇数及被引数

学科	年份	篇数/被引数	学科	年份	篇数/被引数	学科	年份	篇数/被引数
社会科学—跨学科	2012	1/21	心理学—跨学科	2016	1/0	管理学	2014	1/1
	2013	3/27	心理学—试验	2014	1/5		2016	1/0
	2014	1/1		2015	1/0	环境研究	2016	1/0
心理学—跨学科	2014	1/5	管理学	2012	1/21	家庭研究	2016	1/0
	2015	1/0		2013	3/27	经济学	2016	2/1

续表

学科	年份	篇数/被引数	学科	年份	篇数/被引数	学科	年份	篇数/被引数
商业	2016	1/0	城市研究	2016	1/0	环保和可持续发展的科学技术	2016	1/5
信息科学与图书馆科学	2015	3/3	人体工程学	2015	1/0			
	2016	1/1	语言学	2012	1/0			

安徽大学具有潜在优势的学科有社会科学—跨学科、心理学—跨学科、心理学—试验、管理学、环境研究、家庭研究、经济学、商业、信息科学与图书馆科学、城市研究、人体工程学、语言学、环保和可持续发展的科学技术;无具有稳定优势的学科;也无具有极强优势的学科。

4. 安徽师范大学

2000~2016 年,SSCI 收录安徽师范大学各学科论文篇数及被引数见表 5-6,按年份远近排序。

表 5-6　2000~2016 年 SSCI 收录安徽师范大学各学科论文篇数及被引数

学科	年份	篇数/被引数	学科	年份	篇数/被引数
管理学	2014	1/38	餐旅、休闲、运动和旅游	2014	2/39
环境研究	2014	1/38		2016	1/0
经济学	2014	1/12	教育和教学研究	2001	1/0
心理学—社会	2014	1/1	心理学—跨学科	2016	1/1
运输	2014	1/12			

安徽师范大学具有潜在优势的学科有管理学,环境研究,经济学,心理学—社会,运输,餐旅、休闲、运动和旅游,教育和教学研究,心理学—跨学科;无具有稳定优势的学科;也无具有极强优势的学科。

5. 安徽医科大学

2000~2016 年,SSCI 收录安徽医科大学各学科论文篇数及被引数见表 5-7,按年份远近排序。

表 5-7　2000~2016 年 SSCI 收录安徽医科大学各学科论文篇数及被引数

学科	年份	篇数/被引数	学科	年份	篇数/被引数	学科	年份	篇数/被引数	学科	年份	篇数/被引数
精神病学	2007	1/20	精神病学	2011	4/39	精神病学	2015	9/25	公共事业、环境和职业健康	2010	4/78
	2008	2/78		2012	1/18		2016	7/1		2011	5/103
	2009	1/10		2013	2/9	公共事业、环境和职业健康	2005	1/5		2012	5/60
	2010	2/52		2014	3/54		2008	1/5		2013	9/51

续表

学科	年份	篇数/被引数	学科	年份	篇数/被引数	学科	年份	篇数/被引数	学科	年份	篇数/被引数
公共事业、环境和职业健康	2014	6/22	康复	2014	1/2	卫生保健政策和服务	2012	1/2	社会科学—生物医学	2013	3/25
	2015	8/9		2015	2/7		2013	1/1		2014	1/3
	2016	9/3	药物滥用	2014	1/5		2014	1/2		2016	1/1
传播	2009	1/4		2016	1/1		2015	1/0	心理学—临床	2009	1/10
护理学	2009	1/5	女性研究	2011	1/10		2016	3/1		2013	1/4
	2010	2/8		2015	1/1	心理学—发展	2010	2/46		2015	1/3
	2011	2/11	人类学	2012	1/10		2011	1/17	心理学—试验	2002	1/7
	2012	2/8		2014	1/2		2012	1/12		2003	1/56
	2013	1/3	心理学—生物	2002	1/107		2013	1/2		2011	2/20
	2015	3/6		2004	1/35		2015	4/10	教育和教学研究	2013	2/9
	2016	1/1		2005	1/8		2016	1/0	历史与科学哲学	2009	1/4
老年医学	2008	1/4		2007	2/41	语言学	2011	1/0	心理学—社会	2006	1/10
	2010	2/52		2010	2/16	心理学—跨学科	2012	1/2	运输	2014	1/7
	2011	1/11		2015	1/1		2013	2/17			
	2013	1/9		2016	1/0		2014	4/14			
	2015	2/4	卫生保健政策和服务	2011	1/1		2015	2/0			

安徽医科大学具有潜在优势的学科有传播、老年医学、康复、药物滥用、女性研究、人类学、卫生保健政策和服务、心理学—发展、语言学、心理学—跨学科、社会科学—生物医学、心理学—临床、心理学—试验、教育和教学研究、历史与科学哲学、心理学—社会、运输;具有稳定优势的学科有精神病学,公共事业、环境和职业健康,护理学,心理学—生物;没有显现出极强优势的学科。

6. 北京第二外国语学院

2000~2016 年,SSCI 收录北京第二外国语学院各学科论文篇数及被引数见表 5-8,按年份远近排序。

表 5-8　2000~2016 年 SSCI 收录北京第二外国语学院各学科论文篇数及被引数

学科	年份	篇数/被引数	学科	年份	篇数/被引数	学科	年份	篇数/被引数	学科	年份	篇数/被引数
餐旅、休闲、运动和旅游	2008	2/99	餐旅、休闲、运动和旅游	2011	1/15	餐旅、休闲、运动和旅游	2014	2/7			
	2010	2/54		2013	2/22		2015	4/5			

续表

学科	年份	篇数/被引数	学科	年份	篇数/被引数	学科	年份	篇数/被引数
餐旅、休闲、运动和旅游	2016	3/1	环境研究	2008	1/88	社会学	2015	1/0
语言学	2009	1/1		2010	2/54	教育和教学研究	2011	1/4
	2011	3/5		2013	1/19		2014	1/2
	2014	1/2		2015	1/2	传播	2014	1/4
	2015	3/0	经济学	2007	1/0	心理学—跨学科	2016	1/0
	2016	2/0		2009	1/0	心理学—社会	2016	1/0
管理学	2008	1/88		2016	2/1	心理学—生物	2014	1/0
	2010	2/54	商业	2014	1/4	心理学—试验	2014	1/0
	2013	1/19	社会学	2007	1/0			
	2015	1/0		2009	1/0			

北京第二外国语学院具有潜在优势的学科有语言学、管理学、环境研究、经济学、商业、社会学、教育和教学研究、传播、心理学—跨学科、心理学—社会、心理学—生物、心理学—试验；具有稳定优势的学科有餐旅、休闲、运动和旅游；没有显现出极强优势的学科。

7. 北京工商大学

2000~2016 年，SSCI 收录北京工商大学各学科论文篇数及被引数见表 5-9，按年份远近排序。

表 5-9 2000~2016 年 SSCI 收录北京工商大学各学科论文篇数及被引数

学科	年份	篇数/被引数	学科	年份	篇数/被引数	学科	年份	篇数/被引数
经济学	2013	2/9	伦理学	2010	2/58	商业	2010	2/58
	2014	2/4		2014	1/2		2014	2/4
	2015	4/0	商业—财经	2013	1/9		2015	2/0
	2016	1/0		2015	1/1	国际关系	2015	1/0
管理学	2013	1/3	信息科学与图书馆科学	2012	1/3	社会科学—数学方法	2014	1/3
	2014	1/2		2013	2/11			

北京工商大学具有潜在优势的学科有经济学、管理学、伦理学、商业—财经、信息科学与图书馆科学、商业、国际关系、社会科学—数学方法；无具有稳定优势的学科；也无具有极强优势的学科。

8. 北京航空航天大学

2000~2016 年，SSCI 收录北京航空航天大学各学科论文篇数及被引数见表 5-10，按年份远近排序。

表 5-10 2000~2016 年 SSCI 收录北京航空航天大学各学科论文篇数及被引数

学科	年份	篇数/被引数	学科	年份	篇数/被引数	学科	年份	篇数/被引数	学科	年份	篇数/被引数
管理学	2000	1/17	社会科学—跨学科	2012	2/2	运输	2012	1/19	语言与语言学	2015	2/1
	2001	1/4		2013	5/24		2013	1/26		2016	1/0
	2002	3/36		2014	4/12		2014	5/14	商业—财经	2010	2/48
	2003	1/129		2015	2/5		2015	11/53		2011	1/9
	2005	3/79		2016	4/2		2016	13/15		2013	4/22
	2006	1/34	信息科学与图书馆科学	2004	2/69	人体工程学	2009	1/57		2015	2/1
	2007	2/67		2005	1/7		2013	1/2		2016	1/0
	2008	1/94		2007	1/26		2014	2/4	公共事业、环境和职业健康	2009	1/57
	2009	3/42		2009	2/13		2015	6/6		2011	1/9
	2010	6/206		2010	4/26		2016	9/2		2015	2/4
	2011	4/74		2011	3/43	环境研究	2000	1/20		2016	4/2
	2012	5/52		2012	3/43		2008	1/12	国际关系	2007	1/2
	2013	5/37		2013	5/35		2012	1/21		2011	2/0
	2014	10/28		2014	6/16		2013	1/19		2012	1/0
	2015	2/6		2015	4/5		2014	2/15		2013	1/1
	2016	3/1		2016	5/2		2015	7/43	社会科学—数学方法	2008	1/1
经济学	2000	1/62	商业	2002	1/1		2016	12/6		2013	2/4
	2002	1/115		2005	1/25		2009	1/35		2015	3/5
	2007	2/44		2006	1/34		2010	2/36		2016	2/0
	2008	2/1		2007	1/6	心理学—应用	2013	1/2	教育和教学研究	2010	2/28
	2009	1/39		2012	1/22		2014	2/5		2015	1/0
	2010	2/10		2013	3/16		2015	3/1		2016	1/0
	2011	5/60		2014	1/1		2016	2/0	心理学—跨学科	2014	2/15
	2012	3/24		2015	2/3		2011	1/3		2015	2/8
	2013	6/40		2016	2/0		2012	2/6		2016	3/0
	2014	10/19	运输	2000	1/62	心理学—社会	2014	4/1	心理学—试验	2011	1/17
	2015	13/20		2002	2/140		2015	1/0		2014	1/1
	2016	17/16		2007	2/44		2016	2/0		2015	3/13
社会科学—跨学科	2007	1/2		2009	5/133	语言与语言学	2012	1/0		2016	2/0
	2009	3/84		2010	4/52		2013	1/1	地理	2000	1/20
	2011	1/0		2011	4/58		2014	2/1		2012	1/21

续表

学科	年份	篇数/被引数	学科	年份	篇数/被引数	学科	年份	篇数/被引数	学科	年份	篇数/被引数
规划与发展	2007	1/61	传播	2016	1/1	城市研究	2016	1/2	餐旅、休闲、运动和旅游	2015	1/6
	2016	1/2	心理学—数学	2015	1/0	法律	2016	1/0	区域研究	2013	1/1
环保和可持续发展的科学技术	2010	2/20		2016	1/0	公共行政	2016	1/0	社会工作	2016	1/0
	2016	4/4	心理学—教育	2016	1/0	精神病学	2016	1/0	心理学—临床	2012	1/0
传播	2015	1/0				历史	2014	1/0	政治科学	2015	1/0

北京航空航天大学具有潜在优势的学科有人体工程学、心理学—应用、心理学—社会、语言学、商业、财经、公共事业、环境和职业健康、国际关系、社会科学—数学方法、教育和教学研究、心理学—跨学科、心理学—试验、地理、规划与发展、环保和可持续发展的科学技术、传播、心理学—数学、心理学—教育、城市研究、法律、公共行政、精神病学、历史、餐旅、休闲、运动和旅游、区域研究、社会工作、心理学—临床、政治科学；具有稳定优势的学科有社会科学—跨学科、信息科学与图书馆科学、商业、运输、环境研究；具有极强优势的学科有管理学、经济学。

9. 北京工业大学

2000~2016年，SSCI收录北京工业大学各学科论文篇数及被引数见表5-11，按年份远近排序。

表5-11　2000~2016年SSCI收录北京工业大学各学科论文篇数及被引数

学科	年份	篇数/被引数	学科	年份	篇数/被引数	学科	年份	篇数/被引数	学科	年份	篇数/被引数
社会科学—跨学科	2013	1/7	环境研究	2015	1/0	经济学	2011	1/5	运输	2014	3/17
	2014	1/9		2016	2/0		2012	1/0		2015	6/11
	2015	5/6	城市研究	2010	2/12		2013	1/3		2016	4/1
	2016	1/1		2013	2/9	管理学	2010	2/6	心理学—试验	2010	6/42
环境研究	2010	2/12	人体工程学	2014	1/9		2016	1/0		2012	1/0
	2011	1/16		2015	5/6	国际关系	2013	1/0	心理学—应用	2013	2/6
	2014	3/21		2016	1/1	运输	2013	2/11		2014	1/5

续表

学科	年份	篇数/被引数	学科	年份	篇数/被引数	学科	年份	篇数/被引数	学科	年份	篇数/被引数
政治科学	2012	1/0	公共事业、环境和职业健康	2014	2/12	环保和可持续发展的科学技术	2014	2/7	信息科学与图书馆科学	2007	1/20
心理学—跨学科	2011	1/16		2015	6/11		2015	2/7		2013	1/1
公共事业、环境和职业健康	2013	1/7		2016	3/1		2016	2/0		2015	3/3

北京工业大学具有潜在优势的学科有社会科学—跨学科，环境研究，城市研究，人体工程学，经济学，管理学，国际关系，运输，心理学—试验，心理学—应用，政治科学，心理学—跨学科，公共事业、环境和职业健康，环保和可持续发展的科学技术，信息科学与图书馆科学；无具有稳定优势的学科；也无具有极强优势的学科。

10. 北京化工大学

2000~2016年，SSCI收录北京化工大学各学科论文篇数及被引数见表5-12，按年份远近排序。

表5-12　2000~2016年SSCI收录北京化工大学各学科论文篇数及被引数

学科	年份	篇数/被引数	学科	年份	篇数/被引数	学科	年份	篇数/被引数
环境研究	2012	1/12	经济学	2013	1/0	环保和可持续发展的科学技术	2014	2/6
	2014	2/6		2014	4/58		2016	3/1
	2015	2/16		2015	1/4	教育和教学研究	2016	2/2
	2016	4/2		2016	1/0	人体工程学	2016	1/0
管理学	2015	1/1	运输	2014	2/46	语言学	2016	1/2
	2016	1/0		2016	1/0			
法律	2016	1/0	商业	2016	1/0			

北京化工大学具有潜在优势的学科有环境研究、管理学、法律、经济学、运输、商业、环保和可持续发展的科学技术、教育和教学研究、人体工程学、语言学；无具有稳定优势的学科；也无具有极强优势的学科。

11. 北京交通大学

2000~2016年，SSCI收录北京交通大学各学科论文篇数及被引数见表5-13，按年份远近排序。

表 5-13　2000~2016 年 SSCI 收录北京交通大学各学科论文篇数及被引数

学科	年份	篇数/被引数	学科	年份	篇数/被引数	学科	年份	篇数/被引数	学科	年份	篇数/被引数
管理学	2009	4/12	运输	2005	1/115	公共事业、环境和职业健康	2010	2/14	环保和可持续发展的科学技术	2014	3/26
	2010	2/0		2008	1/38		2011	2/26		2015	1/1
	2011	5/37		2009	3/53		2013	1/5		2016	3/1
	2012	6/106		2010	4/28		2014	3/18	心理学—社会	2014	1/0
	2013	12/71		2011	3/49		2015	4/11		2015	1/0
	2014	6/39		2012	2/8		2016	9/8		2016	1/0
	2015	11/24		2013	3/29	社会科学—跨学科	2009	4/12	商业—财经	2015	1/0
	2016	14/8		2014	18/127		2011	1/8		2016	2/0
经济学	2005	1/115		2015	27/79		2013	1/38	心理学—应用	2014	1/2
	2008	1/38		2016	32/33		2014	3/18		2016	2/0
	2009	1/39	环境研究	2009	1/10		2015	3/8	人体工程学	2014	3/18
	2012	1/6		2010	2/136		2016	5/7		2015	4/8
	2013	2/24		2011	1/20	信息科学与图书馆科学	2011	2/29		2016	5/7
	2014	10/86		2013	3/23		2012	1/16	规划与发展	2014	1/3
	2015	14/45		2014	4/14		2013	4/5	教育和教学研究	2016	1/0
	2016	22/22		2015	5/8		2014	2/4	社会科学—数学方法	2016	2/2
地理	2014	1/3		2016	3/1		2016	3/0	心理学—试验	2013	1/6
	2015	1/0	城市研究	2014	2/4	商业	2015	6/5			
	2016	2/1		2016	1/0		2016	4/7			

北京交通大学具有潜在优势的学科有地理，城市研究，公共事业、环境和职业健康，社会科学—跨学科，信息科学与图书馆科学，商业，环保和可持续发展的科学技术，心理学—社会，商业—财经，心理学—应用，人体工程学，规划与发展，教育和教学研究，社会科学—数学方法，心理学—试验；具有稳定优势的学科有管理学、经济学、运输、环境研究；没有显现出极强优势的学科。

12. 北京科技大学

2000~2016 年，SSCI 收录北京科技大学各学科论文篇数及被引数见表 5-14，按年份远近排序。

表 5-14　2000~2016 年 SSCI 收录北京科技大学各学科论文篇数及被引数

学科	年份	篇数/被引数	学科	年份	篇数/被引数	学科	年份	篇数/被引数	学科	年份	篇数/被引数
经济学	2006	1/1	人类学	2009	2/10	规划与发展	2014	1/3	环保和可持续发展的科学技术	2014	1/8
	2011	1/29		2014	2/3		2015	1/0		2016	2/1
	2012	1/2		2015	2/3		2016	2/0	语言学	2014	1/0
	2013	1/8		2016	1/0	心理学—社会	2013	1/2		2016	1/0
	2014	5/7	信息科学与图书馆科学	2006	2/4		2014	1/0	教育—特殊	2013	1/2
	2015	6/1		2011	1/2		2015	1/0	康复	2013	1/2
教育和教学研究	2005	1/2		2015	1/5	商业	2013	1/0	伦理学	2014	2/11
	2012	1/14		2016	2/0		2014	4/27	女性研究	2016	1/0
	2013	1/3	管理学	2014	2/23		2016	3/0	人口学	2013	1/2
	2014	1/0		2015	5/8	心理学—教育	2013	1/3	社会学	2013	1/10
	2015	1/1		2016	3/1		2014	1/3	心理学—应用	2016	1/1
环境研究	2013	1/21	人体工程学	2008	1/6		2015	1/1	运输	2015	1/0
	2014	2/11		2015	1/0	城市研究	2014	1/3	公共事业、环境和职业健康	2014	1/0
	2015	2/3		2016	2/0		2015	1/1	社会科学—跨学科	2013	1/10
	2016	1/0	传播	2009	1/3	地理	2015	1/2	社会科学—数学方法	2014	1/4

北京科技大学具有潜在优势的学科有经济学，教育和教学研究，环境研究，人类学，信息科学与图书馆科学，管理学，人体工程学，传播，规划与发展，心理学—社会，商业，心理学—教育，城市研究，地理，环保和可持续发展的科学技术，语言学，教育—特殊，康复，伦理学，女性研究，人口学，社会学，心理学—应用，运输，公共事业、环境和职业健康，社会科学—跨学科，社会科学—数学方法；无具有稳定优势的学科；也无具有极强优势的学科。

13. 北京理工大学

2000~2016 年，SSCI 收录北京理工大学各学科论文篇数及被引数见表 5-15，按年份远近排序。

表 5-15 2000~2016 年 SSCI 收录北京理工大学各学科论文篇数及被引数

学科	年份	篇数/被引数	学科	年份	篇数/被引数	学科	年份	篇数/被引数	学科	年份	篇数/被引数
法律	2009	1/0	环境研究	2009	2/33	信息科学与图书馆科学	2006	1/3	公共事业、环境和职业健康	2014	1/1
法律	2010	4/0	环境研究	2010	4/168	信息科学与图书馆科学	2012	1/9	公共事业、环境和职业健康	2015	1/1
法律	2011	2/0	环境研究	2011	4/179	信息科学与图书馆科学	2014	6/42	公共事业、环境和职业健康	2016	2/1
法律	2012	2/1	环境研究	2012	2/65	信息科学与图书馆科学	2015	4/16	心理学—试验	2014	1/1
法律	2013	2/0	环境研究	2013	9/125	信息科学与图书馆科学	2016	5/3	心理学—试验	2015	2/4
法律	2014	2/2	环境研究	2014	5/39	人体工程学	2010	2/16	心理学—试验	2016	1/0
法律	2015	2/0	环境研究	2015	7/30	人体工程学	2011	1/6	国际关系	2014	1/0
法律	2016	1/0	环境研究	2016	5/0	人体工程学	2014	1/6	国际关系	2015	1/1
管理学	2010	4/42	经济学	2010	2/10	人体工程学	2015	1/2	教育和教学研究	2015	1/10
管理学	2011	2/23	经济学	2011	1/10	社会科学—跨学科	2010	2/10	教育和教学研究	2016	1/0
管理学	2012	10/88	经济学	2012	2/7	社会科学—跨学科	2012	3/29	心理学—跨学科	2014	1/1
管理学	2013	2/15	经济学	2013	4/6	社会科学—跨学科	2015	2/3	心理学—跨学科	2015	1/3
管理学	2014	8/68	经济学	2014	6/38	社会科学—跨学科	2016	1/0	运输	2015	1/1
管理学	2015	8/20	经济学	2015	4/29	规划与发展	2014	3/31	运输	2016	3/1
管理学	2016	7/7	经济学	2016	4/1	规划与发展	2015	3/6	公共行政	2015	1/1
环保和可持续发展的科学技术	2009	1/17	商业	2010	2/32	规划与发展	2016	3/0	社会科学—生物医学	2014	1/1
环保和可持续发展的科学技术	2011	2/93	商业	2012	2/15	商业—财经	2011	1/10	社会科学—数学方法	2011	1/10
环保和可持续发展的科学技术	2012	3/47	商业	2013	2/13	商业—财经	2015	1/5	传播	2014	1/1
环保和可持续发展的科学技术	2013	1/3	商业	2014	4/31	商业—财经	2016	1/0	心理学—应用	2016	1/1
环保和可持续发展的科学技术	2014	8/63	商业	2015	3/6	心理学—社会	2010	2/12	语言学	2011	1/9
环保和可持续发展的科学技术	2015	7/94	商业	2016	4/1	心理学—社会	2011	2/13			
环保和可持续发展的科学技术	2016	19/33	地理	2013	1/14	心理学—社会	2012	1/0			

北京理工大学具有潜在优势的学科有商业、地理、信息科学与图书馆科学、人体工程学、社会科学—跨学科、规划与发展、商业—财经、心理学—社会、公共事业、环境和职业健康、心理学—试验、国际关系、教育和教学研究、心理学—跨学科、运输、公共行政、社会科学—生物医学、社会科学—数学方法、传播、心理学—应用、语言学；具有稳定优势的学科有法律、管理学、环保和可持续发展的科学技术、环境研究、经济学；没有显现出极强优势的学科。

14. 北京联合大学

2000~2016年，SSCI收录北京联合大学各学科论文篇数及被引数见表5-16，按年份远近排序。

表5-16　2000~2016年SSCI收录北京联合大学各学科论文篇数及被引数

学科	年份	篇数/被引数	学科	年份	篇数/被引数	学科	年份	篇数/被引数
餐旅、休闲、运动和旅游	2012	1/11	管理学	2012	2/4	环保和可持续发展的科学技术	2014	1/4
	2013	3/34		2013	2/31		2016	1/0
	2014	3/8		2014	1/3	信息科学与图书馆科学	2015	1/8
	2015	2/0		2015	1/1		2016	1/0
	2016	3/1		2016	2/0	城市研究	2015	1/1
环境研究	2013	2/31	商业	2012	1/4	地理	2016	1/0
	2015	2/2		2015	1/0	规划与发展	2015	1/1
	2016	2/0	社会学	2012	1/11	人体工程学	2011	1/4
经济学	2015	1/0		2016	1/1			

北京联合大学具有潜在优势的学科有餐旅、休闲、运动和旅游，环境研究，经济学，管理学，商业，社会学，环保和可持续发展的科学技术，信息科学与图书馆科学，城市研究，地理，规划与发展，人体工程学；无具有稳定优势的学科；也无具有极强优势的学科。

15. 北京林业大学

2000~2016年，SSCI收录北京林业大学各学科论文篇数及被引数见表5-17，按年份远近排序。

表5-17　2000~2016年SSCI收录北京林业大学各学科论文篇数及被引数

学科	年份	篇数/被引数	学科	年份	篇数/被引数	学科	年份	篇数/被引数	学科	年份	篇数/被引数
城市研究	2012	3/14	地理	2015	1/3	环境研究	2011	1/40	环保和可持续发展的科学技术	2014	1/9
	2013	2/23	管理学	2012	1/0		2012	2/11		2015	3/6
	2014	2/6		2015	1/1		2013	3/73		2016	8/6
	2015	3/2		2016	1/0		2014	7/24	教育和教学研究	2015	1/0
地理	2010	2/14	规划与发展	2014	2/5		2015	7/7		2016	1/2
	2013	1/50		2016	2/1		2016	8/1	经济学	2005	1/5
	2014	1/2	环境研究	2010	2/14	环保和可持续发展的科学技术	2013	1/54		2012	2/12

续表

学科	年份	篇数/被引数	学科	年份	篇数/被引数	学科	年份	篇数/被引数	学科	年份	篇数/被引数
经济学	2013	1/8	社会学	2014	1/0	人体工程学	2015	1/1	语言学	2016	1/0
	2014	1/4		2015	2/6	商业—财经	2015	1/0	社会科学—生物医学	2009	1/4
	2015	1/0		2016	2/0		2011	1/0	社会科学—数学方法	2016	1/0
社会科学—跨学科	2012	1/0	心理学—社会	2015	1/0	心理学—应用	2015	1/1	餐旅、休闲、运动和旅游	2016	1/0
	2015	2/6		2016	2/0	心理学—临床	2013	1/2	公共事业、环境和职业健康	2009	1/4
	2016	4/2	人口学	2009	1/4	心理学—数学	2016	1/0	信息科学与图书馆科学	2007	1/5

北京林业大学具有潜在优势的学科有城市研究，地理，管理学，规划与发展，环保和可持续发展的科学技术，教育和教学研究，经济学，社会科学—跨学科，社会学，心理学—社会，人口学，人体工程学，商业—财经，心理学—应用，心理学—临床，心理学—数学，语言学，社会科学—生物医学，社会科学—数学方法，餐旅、休闲、运动和旅游，公共事业、环境和职业健康，信息科学与图书馆科学；具有稳定优势的学科有环境研究；没有显现出极强优势的学科。

16. 北京师范大学

2000~2016年，SSCI收录北京师范大学各学科论文篇数及被引数见表5-18，按年份远近排序。

表5-18 2000~2016年SSCI收录北京师范大学各学科论文篇数及被引数

学科	年份	篇数/被引数	学科	年份	篇数/被引数	学科	年份	篇数/被引数	学科	年份	篇数/被引数
城市研究	2009	1/7	城市研究	2014	2/9	地理	2009	3/29	地理	2014	12/85
	2010	4/142		2015	1/4		2010	8/226		2015	3/12
	2011	2/30		2016	3/2		2011	4/42		2016	14/9
	2012	1/16	地理	2003	1/11		2012	7/120	公共事业、环境和职业健康	2006	1/32

续表

学科	年份	篇数/被引数	学科	年份	篇数/被引数	学科	年份	篇数/被引数	学科	年份	篇数/被引数
公共事业、环境和职业健康	2010	4/38	教育和教学研究	2000	1/0	精神病学	2016	11/2	社会科学—数学方法	2009	1/4
	2011	3/21		2001	1/1	康复	2011	1/1		2012	2/17
	2012	2/17		2003	5/15		2013	2/2		2013	3/8
	2013	4/12		2004	3/5		2014	1/9		2014	3/11
	2014	10/41		2005	1/3		2015	3/3		2015	2/3
	2015	9/12		2006	3/6		2016	1/0		2016	5/2
	2016	7/2		2007	4/9	环保和可持续发展的科学技术	2009	1/54	社会学	2006	1/11
管理学	2009	1/2		2008	10/22		2012	2/57		2008	1/14
	2011	1/0		2009	6/18		2013	2/8		2009	3/4
	2012	2/16		2010	12/50		2014	16/71		2010	2/26
	2013	3/20		2011	5/36		2015	22/72		2011	1/9
	2014	5/13		2012	4/55		2016	20/9		2012	1/1
	2015	6/11		2013	12/41	教育—特殊	2011	1/11		2013	4/30
	2016	7/2		2014	15/31		2012	1/1		2014	3/16
规划与发展	2006	1/4		2015	15/14		2013	1/1		2015	3/1
	2010	4/74		2016	16/3		2014	1/9		2016	1/2
	2011	1/4	经济学	2006	2/34		2015	2/2	心理学—发展	2000	1/56
	2013	1/33		2008	6/41		2016	1/0		2002	1/14
	2014	4/13		2009	3/38	商业	2009	1/14		2003	1/147
	2015	2/2		2010	4/22		2010	2/28		2005	1/2
	2016	10/0		2011	3/4		2011	1/0		2006	1/32
环境研究	2003	1/11		2012	5/23		2013	3/26		2009	2/27
	2005	1/21		2013	7/16		2014	3/7		2010	4/32
	2006	3/66		2014	16/51		2015	6/5		2011	6/94
	2007	1/14		2015	10/6		2016	8/3		2012	2/25
	2008	3/112		2016	29/7	社会工作	2001	1/24		2013	6/75
	2009	4/110	女性研究	2007	1/3		2003	1/7		2014	5/18
	2010	14/526		2012	1/3		2007	1/1		2015	12/19
	2011	8/146		2010	2/14		2010	2/0		2016	8/1
	2012	7/137		2011	3/94		2011	1/3	心理学—跨学科	2003	3/32
	2013	11/133		2012	6/75		2014	2/2		2005	1/0
	2014	34/237	精神病学	2013	6/47		2015	1/0		2006	1/4
	2015	30/98		2014	16/59		2016	3/1		2007	1/8
	2016	25/16		2015	16/27	社会科学—数学方法	2008	2/38		2008	1/1

续表

学科	年份	篇数/被引数	学科	年份	篇数/被引数	学科	年份	篇数/被引数	学科	年份	篇数/被引数
心理学—跨学科	2010	2/16	心理学—生物	2012	2/7	心理学—教育	2006	1/164	语言学	2016	6/4
	2011	2/14		2013	4/19		2007	1/0	心理学—临床	2002	1/14
	2012	4/102		2014	4/13		2009	2/6		2011	3/12
	2013	6/28		2015	8/14		2010	4/50		2013	4/10
	2014	14/25		2016	2/1		2011	2/49		2014	9/29
	2015	26/40	心理学—试验	2004	1/60		2012	3/26		2015	6/8
	2016	55/6		2005	1/2		2013	5/15		2016	4/1
民族研究	2016	1/0		2006	4/74		2014	6/15	社会问题	2001	1/24
区域研究	2006	2/27		2007	6/114		2015	4/2		2003	1/7
	2008	1/4		2008	4/92		2016	8/1		2015	1/3
	2011	1/2		2009	10/109	信息科学与图书馆科学	2005	1/12		2016	2/1
	2012	1/2		2010	14/344		2006	1/1	社会科学—生物医学	2010	2/22
	2014	2/6		2011	9/87		2010	4/12		2011	2/18
	2016	3/0		2012	7/105		2011	1/8		2012	1/1
卫生保健政策和服务	2009	1/15		2013	17/116		2012	2/19		2015	2/8
	2011	2/12		2014	15/101		2013	3/9	社会科学—跨学科	2006	2/15
	2013	1/13		2015	16/48		2014	1/1		2013	4/32
	2014	3/12		2016	29/20		2015	2/1		2014	5/21
	2015	2/4	心理学—数学	2007	1/37		2016	3/4		2015	6/5
	2016	1/0		2009	1/15	运输	2006	1/26		2016	2/4
心理学—社会	2004	1/18		2012	1/8		2009	1/15	商业—财经	2013	1/0
	2008	1/3		2013	4/10		2011	1/4		2015	1/0
	2010	2/32		2014	1/0		2012	1/9		2016	1/0
	2011	1/12		2015	1/0		2016	1/1	人类学	2009	3/4
	2012	5/93		2016	4/1	语言学	2006	1/16		2010	2/26
	2013	8/60	心理学—应用	2007	1/12		2008	1/3		2012	1/2
	2014	7/41		2011	1/20		2009	4/34	伦理学	2009	1/14
	2015	10/19		2012	2/31		2010	4/48		2011	1/0
	2016	14/1		2014	2/4		2011	4/29		2012	1/1
心理学—生物	2006	1/11		2015	3/3		2012	4/62		2016	1/1
	2009	1/8		2016	5/1		2013	6/26	老年医学	2010	2/14
	2010	18/196	心理学—教育	2003	1/147		2014	9/16		2012	1/6
	2011	5/40		2005	1/12		2015	4/8		2013	1/10

续表

学科	年份	篇数/被引数	学科	年份	篇数/被引数	学科	年份	篇数/被引数	学科	年份	篇数/被引数
老年医学	2014	4/12	家庭研究	2013	1/4	公共行政	2012	1/2	历史与科学哲学	2003	1/4
劳动关系与劳动力	2008	1/4		2014	3/9	犯罪学和刑罚学	2013	2/0		2012	1/1
	2012	2/3		2015	6/2		2014	1/0	人口学	2015	1/0
	2013	1/13		2016	8/1		2015	2/0		2016	1/0
	2014	2/11	国际关系	2010	2/2		2016	1/0	社会科学史	2009	1/7
	2015	1/3		2013	1/2	法律	2013	3/1		2011	1/9
药物滥用	2014	2/4		2014	1/3		2014	1/0	传播	2014	1/1
	2015	1/5		2015	1/0		2015	1/0		2016	1/0
	2016	1/6	公共行政	2001	1/24	餐旅、休闲、运动和旅游	2015	1/0	文化研究	2016	1/0
家庭研究	2011	2/11		2003	1/7		2016	1/1	政治科学	2016	1/3

北京师范大学具有潜在优势的学科有女性研究，环保和可持续发展的科学技术，教育—特殊，民族研究，区域研究，卫生保健政策和服务，心理学—应用，运输，心理学—临床，社会问题，社会科学—生物医学，社会科学—跨学科，商业—财经，人类学，伦理学，老年医学，劳动关系与劳动力，药物滥用，家庭研究，国际关系，公共行政，犯罪学和刑罚学，法律，餐旅、休闲、运动和旅游，历史与科学哲学，人口学，社会科学史，传播，文化研究，政治科学；具有稳定优势的学科有城市研究，地理，公共事业、环境和职业健康，管理学，规划与发展，经济学，商业，社会工作，社会科学—数学方法，社会学，心理学—社会，心理学—生物，心理学—数学，信息科学与图书馆科学，语言学；具有极强优势的学科有环境研究、教育和教学研究、精神病学、康复、心理学—发展、心理学—跨学科、心理学—试验、心理学—教育。

17. 北京外国语大学

2000~2016 年，SSCI 收录北京外国语大学各学科论文篇数及被引数见表 5-19，按年份远近排序。

表 5-19　2000~2016 年 SSCI 收录北京外国语大学各学科论文篇数及被引数

学科	年份	篇数/被引数	学科	年份	篇数/被引数	学科	年份	篇数/被引数
教育和教学研究	2001	1/23	教育和教学研究	2013	2/5	人口学	2016	1/0
	2009	1/34		2014	1/5	区域研究	2001	1/0
	2010	4/20		2015	2/1		2008	1/0
	2011	1/4		2016	1/0		2010	2/6
	2012	1/4	管理学	2011	1/0		2011	1/24

续表

学科	年份	篇数/被引数	学科	年份	篇数/被引数	学科	年份	篇数/被引数
区域研究	2012	1/8	国际关系	2016	1/0	语言学	2015	3/1
	2013	1/6		2001	1/23		2016	3/0
	2014	1/0	语言学	2010	6/24	传播	2008	1/1
国际关系	2007	1/4		2012	1/4	文化研究	2011	1/1
	2011	1/3		2013	1/3	心理学—跨学科	2016	1/0
	2012	1/8		2014	6/12	民族研究	2016	1/0

北京外国语大学具有潜在优势的学科有管理学、人口学、国际关系、传播、文化研究、心理学—跨学科、民族研究；具有稳定优势的学科有教育和教学研究、区域研究、语言学；没有显现出极强优势的学科。

18. 北京协和医院

2000~2016年，SSCI收录北京协和医院各学科论文篇数及被引数见表5-20，按年份远近排序。

表5-20　2000~2016年SSCI收录北京协和医院各学科论文篇数及被引数

学科	年份	篇数/被引数	学科	年份	篇数/被引数	学科	年份	篇数/被引数	学科	年份	篇数/被引数
护理学	2008	1/12	公共事业、环境和职业健康	2003	1/48	精神病学	2012	1/4	心理学—跨学科	2005	1/19
	2009	1/0		2005	1/19		2013	2/3		2016	2/0
	2010	2/2		2006	1/19		2014	3/4	药物滥用	2003	1/10
	2011	2/17		2009	1/7		2016	2/0	老年医学	2013	1/7
	2012	3/14		2010	2/4	社会科学—生物医学	2004	1/1	历史与科学哲学	2015	1/0
	2013	2/3		2012	1/1		2006	1/19	女性研究	2009	1/7
	2014	5/12		2013	1/9		2014	1/1	社会科学—跨学科	2015	1/0
	2015	2/1		2016	2/0		2015	1/0	心理学—发展	2012	1/0
	2016	4/0	伦理学	2004	1/1	卫生保健政策和服务	2005	1/19			
教育和教学研究	2003	1/48		2012	1/4		2015	1/0			
	2015	1/0		2014	1/1		2016	1/0			

北京协和医院具有潜在优势的学科有教育和教学研究、伦理学、精神病

学、社会科学—生物医学、卫生保健政策和服务、心理学—跨学科、药物滥用、老年医学、历史与科学哲学、女性研究、社会科学—跨学科、心理学—发展；具有稳定优势的学科有护理学，公共事业、环境和职业健康；没有显现出极强优势的学科。

19. 北京邮电大学

2000~2016年，SSCI收录北京邮电大学各学科论文篇数及被引数见表5-21，按年份远近排序。

表5-21 2000~2016年SSCI收录北京邮电大学各学科论文篇数及被引数

学科	年份	篇数/被引数	学科	年份	篇数/被引数	学科	年份	篇数/被引数	学科	年份	篇数/被引数
管理学	2006	1/35	教育和教学研究	2011	1/9	信息科学与图书馆科学	2008	1/28	传播	2008	1/28
	2009	1/30		2012	1/5		2010	2/62		2011	2/63
	2011	2/2		2015	1/0		2011	3/72		2012	4/47
	2012	1/9		2016	1/0		2012	5/56		2016	3/2
	2014	2/8	商业	2011	2/2		2013	1/2	规划与发展	2015	1/2
	2015	4/2		2014	4/12		2015	2/1	环保和可持续发展的科学技术	2015	2/4
	2016	2/0		2015	1/0		2016	4/2	公共事业、环境和职业健康	2015	1/0
经济学	2008	1/1		2016	5/5	社会科学—跨学科	2006	1/35	社会科学—数学方法	2008	1/1
	2012	1/0	环境研究	2013	1/6		2009	1/30	心理学—应用	2016	1/0
	2013	1/0		2015	1/2		2014	1/1	语言学	2016	1/0

北京邮电大学具有潜在优势的学科有经济学，教育和教学研究，商业，环境研究，社会科学—跨学科，传播，规划与发展，环保和可持续发展的科学技术，公共事业、环境和职业健康，社会科学—数学方法，心理学—应用，语言学；具有稳定优势的学科有管理学、信息科学与图书馆科学；没有显现出极强优势的学科。

20. 北京语言大学

2000~2016年，SSCI收录北京语言大学各学科论文篇数及被引数见表5-22，按年份远近排序。

表 5-22 2000~2016 年 SSCI 收录北京语言大学各学科论文篇数及被引数

学科	年份	篇数/被引数	学科	年份	篇数/被引数	学科	年份	篇数/被引数
语言学	2011	1/24	管理学	2013	1/3	心理学—发展	2015	1/2
	2012	2/5	伦理学	2016	1/0	心理学—跨学科	2016	1/0
	2014	1/0	女性研究	2016	1/0	心理学—试验	2015	2/2
	2015	2/2	人类学	2005	1/0	教育和教学研究	2011	1/24
	2016	1/0	传播	2010	2/12			
商业	2016	1/0	文化研究	2005	1/0			

北京语言大学具有潜在优势的学科有语言学、商业、管理学、伦理学、女性研究、人类学、传播、文化研究、心理学—发展、心理学—跨学科、心理学—试验、教育和教学研究；无具有稳定优势的学科；也无具有极强优势的学科。

21. 北京中医药大学

2000~2016 年，SSCI 收录北京中医药大学各学科论文篇数及被引数见表 5-23，按年份远近排序。

表 5-23 2000~2016 年 SSCI 收录北京中医药大学各学科论文篇数及被引数

学科	年份	篇数/被引数	学科	年份	篇数/被引数	学科	年份	篇数/被引数
护理学	2013	2/15	心理学—临床	2014	1/1	公共事业、环境和职业健康	2015	1/0
	2015	1/2	心理学—社会	2015	1/0		2016	1/0
	2016	2/1	心理学—生物	2016	2/1	信息科学与图书馆科学	2015	1/0
精神病学	2014	1/3	心理学—试验	2016	1/0		2016	1/0
	2015	1/3	家庭研究	2014	1/1	社会科学—跨学科	2016	1/0
	2016	3/3	商业	2016	1/0	管理学	2016	1/0

北京中医药大学具有潜在优势的学科有护理学，精神病学，心理学—临床，心理学—社会，心理学—生物，心理学—试验，家庭研究，商业，公共事业、环境和职业健康，信息科学与图书馆科学，社会科学—跨学科，管理学；无具有稳定优势的学科；也无具有极强优势的学科。

22. 沈阳航空航天大学

2000~2016 年，SSCI 收录沈阳航空航天大学各学科论文篇数及被引数见

表 5-24，按年份远近排序。

表 5-24　2000~2016 年 SSCI 收录沈阳航空航天大学各学科论文篇数及被引数

学科	年份	篇数/被引数
管理学	2011	2/48
环境研究	2016	1/5
公共事业、环境和职业健康	2016	1/0
环保和可持续发展的科学技术	2016	1/5

沈阳航空航天大学具有潜在优势的学科有管理学，环境研究，公共事业、环境和职业健康，环保和可持续发展的科学技术；无具有稳定优势的学科；也无具有极强优势的学科。

23. 沈阳师范大学

2000~2016 年，SSCI 收录沈阳师范大学各学科论文篇数及被引数见表 5-25，按年份远近排序。

表 5-25　2000~2016 年 SSCI 收录沈阳师范大学各学科论文篇数及被引数

学科	年份	篇数/被引数	学科	年份	篇数/被引数
教育和教学研究	2007	1/13	心理学—社会	2009	1/1
	2011	2/10		2011	1/1
	2014	1/0	语言学	2015	1/0
	2015	1/0		2016	1/0
心理学—跨学科	2009	1/1	环境研究	2004	1/0
	2011	1/1	心理学—试验	2016	1/0

沈阳师范大学具有潜在优势的学科有教育和教学研究、心理学—跨学科、心理学—社会、语言学、环境研究、心理学—试验；无具有稳定优势的学科；也无具有极强优势的学科。

24. 大连海事大学

2000~2016 年，SSCI 收录大连海事大学各学科论文篇数及被引数见表 5-26，按年份远近排序。

表 5-26　2000~2016 年 SSCI 收录大连海事大学各学科论文篇数及被引数

学科	年份	篇数/被引数	学科	年份	篇数/被引数	学科	年份	篇数/被引数	学科	年份	篇数/被引数
运输	2008	1/6	运输	2010	2/22	运输	2012	2/47	运输	2014	6/36
	2009	1/7		2011	1/56		2013	5/44		2015	13/47

续表

学科	年份	篇数/被引数	学科	年份	篇数/被引数	学科	年份	篇数/被引数	学科	年份	篇数/被引数
运输	2016	14/4	经济学	2016	11/3	语言学	2014	1/0	社会科学—跨学科	2013	2/1
管理学	2011	4/53	法律	2002	1/11		2016	2/1		2014	1/2
	2013	2/7		2006	2/0	国际关系	2002	1/11	信息科学与图书馆科学	2011	1/9
	2014	2/3		2007	1/0		2006	2/0		2016	1/0
	2015	2/5		2008	1/1		2007	1/0	城市研究	2015	1/1
	2016	1/0		2013	1/24		2008	1/1	药物滥用	2016	1/0
经济学	2009	1/7	地理	2015	1/1	环境研究	2008	1/6	历史与科学哲学	2016	1/0
	2011	1/56		2016	3/0		2013	1/2	伦理学	2016	1/0
	2012	1/43	语言学	2008	1/2		2014	2/26	商业	2011	1/3
	2013	4/42		2010	2/2		2015	7/29		2013	2/3
	2014	3/13		2012	1/1	环保和可持续发展的科学技术	2014	1/7	社会科学—数学方法	2016	1/0
	2015	8/21		2013	1/1		2015	5/20			

大连海事大学具有潜在优势的学科有管理学、法律、地理、语言学、国际关系、环境研究、环保和可持续发展的科学技术、社会科学—跨学科、信息科学与图书馆科学、城市研究、药物滥用、历史与科学哲学、伦理学、商业、社会科学—数学方法;具有稳定优势的学科有运输、经济学;没有显现出极强优势的学科。

25. 大连理工大学

2000~2016年,SSCI收录大连理工大学各学科论文篇数及被引数见表5-27,按年份远近排序。

表5-27　2000~2016年SSCI收录大连理工大学各学科论文篇数及被引数

学科	年份	篇数/被引数	学科	年份	篇数/被引数	学科	年份	篇数/被引数	学科	年份	篇数/被引数
管理学	2000	1/4	管理学	2013	3/70	规划与发展	2010	2/34	环境研究	2008	1/46
	2005	1/247		2014	7/48		2012	3/8		2009	2/207
	2008	3/175		2015	8/8		2013	1/2		2010	2/36
	2010	2/104		2016	5/6		2015	2/9		2011	1/24
	2011	2/9	规划与发展	2007	1/21		2016	2/0		2013	3/46
	2012	2/83		2009	1/13	环境研究	2007	1/14		2014	3/12

续表

学科	年份	篇数/被引数	学科	年份	篇数/被引数	学科	年份	篇数/被引数	学科	年份	篇数/被引数
环境研究	2015	6/13	心理学—试验	2016	2/2	经济学	2008	1/150	公共事业、环境和职业健康	2009	1/13
	2016	6/5		2006	1/54		2009	2/132		2015	2/2
精神病学	2009	2/18		2007	1/15		2011	1/47		2016	4/1
	2012	1/17		2008	1/68		2013	3/35	公共行政	2012	1/4
	2014	2/18		2010	2/18		2014	6/18		2016	2/0
环保和可持续发展的科学技术	2006	1/190	信息科学与图书馆科学	2011	3/40		2015	3/13	国际关系	2012	1/0
	2007	2/230		2012	5/44		2016	7/1		2014	1/0
	2012	1/1		2013	13/68	心理学—跨学科	2014	1/1	人体工程学	2014	1/0
	2013	1/44		2014	9/29		2015	1/5		2016	1/1
	2015	6/39		2015	6/16		2016	2/2	社会科学—数学方法	2009	1/13
	2016	6/3		2016	11/2	心理学—临床	2012	1/17		2015	1/0
商业	2008	2/51	餐旅、休闲、运动和旅游	2009	1/8		2014	1/10	语言学	2011	1/0
	2009	1/13		2013	1/0		2008	1/6		2013	1/3
	2010	4/138		2014	1/1	传播	2013	2/4	劳动关系与劳动力	2015	1/0
	2011	1/8		2015	1/2		2016	1/0	历史与科学哲学	2010	2/6
	2012	2/59		2016	2/0	心理学—应用	2009	1/10	女性研究	2001	1/8
	2014	3/13	城市研究	2002	1/6		2014	1/8	区域研究	2012	1/0
	2015	3/11		2013	1/1	运输	2008	1/150	社会科学—跨学科	2016	1/1
	2016	2/1		2015	2/1		2011	1/47	社会科学—生物医学	2016	1/0
心理学—试验	2009	1/131		2016	1/0		2013	3/36	社会学	2016	1/0
	2013	1/4	地理	2013	1/24		2014	3/17	政治科学	2012	2/4
	2014	2/8		2014	1/7		2015	6/13			
	2015	2/12		2015	1/4		2016	8/4			

大连理工大学具有潜在优势的学科有精神病学，环保和可持续发展的科学技术，心理学—试验，餐旅、休闲、运动和旅游，城市研究，地理，心理学—跨学科，心理学—临床，传播，心理学—应用，运输，公共事业、环境和职业健康，公

共行政，国际关系，人体工程学，社会科学—数学方法，语言学，劳动关系与劳动力，历史与科学哲学，女性研究，区域研究，社会科学—跨学科，社会科学—生物医学，社会学—政治科学；具有稳定优势的学科有管理学、规划与发展、环境研究、商业、信息科学与图书馆科学、经济学；没有显现出极强优势的学科。

26. 大连医科大学

2000~2016年，SSCI收录大连医科大学各学科论文篇数及被引数见表5-28，按年份远近排序。

表5-28　2000~2016年SSCI收录大连医科大学各学科论文篇数及被引数

学科	年份	篇数/被引数	学科	年份	篇数/被引数	学科	年份	篇数/被引数
公共事业、环境和职业健康	2011	1/9	精神病学	2011	2/19	人类学	2012	1/2
	2012	1/2		2012	1/6		2013	1/3
	2013	1/3		2015	1/0	社会科学—生物医学	2012	1/2
	2014	1/11		2016	2/1		2015	1/1
	2015	1/2	心理学—生物	2010	2/12	心理学—试验	2011	1/4
	2016	2/2		2011	1/4		2015	2/3
护理学	2014	2/5		2014	1/2	社会科学—跨学科	2016	1/1
	2016	1/0		2015	2/3	卫生保健政策和服务	2011	1/9
教育和教学研究	2015	1/0	伦理学	2012	1/2	心理学—跨学科	2015	1/1

大连医科大学具有潜在优势的学科有公共事业、环境和职业健康，护理学，教育和教学研究，精神病学，心理学—生物，伦理学，人类学，社会科学—生物医学，心理学—试验，社会科学—跨学科，卫生保健政策和服务，心理学—跨学科；无具有稳定优势的学科；也无具有极强优势的学科。

27. 电子科技大学

2000~2016年，SSCI收录电子科技大学各学科论文篇数及被引数见表5-29，按年份远近排序。

表5-29　2000~2016年SSCI收录电子科技大学各学科论文篇数及被引数

学科	年份	篇数/被引数
人体工程学	2012	1/1
心理学—应用	2012	1/1

电子科技大学具有潜在优势的学科有人体工程学、心理学—应用；无具有稳定优势的学科；也无具有极强优势的学科。

28. 东北大学

2000~2016年，SSCI收录东北大学各学科论文篇数及被引数见表5-30，按年份远近排序。

表5-30　2000~2016年SSCI收录东北大学各学科论文篇数及被引数

学科	年份	篇数/被引数	学科	年份	篇数/被引数	学科	年份	篇数/被引数	学科	年份	篇数/被引数
管理学	2000	1/97	商业	2000	1/97	环境研究	2007	2/44	国际关系	2012	1/0
	2002	1/19		2008	1/16		2012	1/15		2016	1/0
	2004	1/160		2009	1/4		2015	3/5	精神病学	2015	1/0
	2006	1/21		2011	1/9		2016	6/2		2016	1/5
	2008	5/65		2012	1/43	人体工程学	2007	1/15	伦理学	2015	1/0
	2009	3/33		2013	4/15		2012	2/8		2016	1/0
	2010	10/306		2014	2/18		2015	2/2	社会学	2013	1/0
	2011	4/17		2015	7/6		2016	6/4		2016	1/0
	2012	5/80		2016	3/0	心理学—试验	2003	1/4	心理学—跨学科	2015	1/3
	2013	5/21	心理学—应用	2000	1/97		2015	1/3		2016	2/0
	2014	9/122		2004	2/200		2016	1/0	心理学—社会	2012	1/4
	2015	13/30		2007	1/15	信息科学与图书馆科学	2014	4/14		2015	1/0
	2016	11/6		2008	1/16		2015	2/7	城市研究	2012	1/15
经济学	2008	1/49		2010	2/132		2016	1/1	公共行政	2016	1/0
	2009	1/32		2011	1/9	运输	2014	1/3	区域研究	2012	1/0
	2011	1/3		2012	1/4		2015	1/5	人类学	2013	1/0
	2012	1/0		2015	2/1		2016	1/0	社会工作	2015	1/0
	2013	3/2		2016	1/1	地理	2012	1/0	社会科学—跨学科	2014	1/7
	2014	2/4	商业—财经	2011	1/3		2016	1/0	心理学—发展	2016	1/5
	2015	5/6		2013	1/0	公共事业、环境和职业健康	2009	1/0	语言学	2015	2/0
	2016	7/3		2014	1/2		2015	1/0	政治科学	2016	1/0
环保和可持续发展的科学技术	2012	1/12	餐旅、休闲、运动和旅游	2014	1/2	规划与发展	2012	1/15			
	2015	2/2		2015	1/1		2013	1/8			
	2016	4/7		2016	2/0	历史与科学哲学	2016	1/0			

东北大学具有潜在优势的学科有环保和可持续发展的科学技术，商业—财经，餐旅、休闲、运动和旅游，环境研究，人体工程学，心理学—试验，信息科学与图书馆科学，运输，地理，公共事业、环境和职业健康，规划与发展，历史与科学哲学，国际关系，精神病学，伦理学，社会学，心理学—跨学科，心理学—社会，城市研究，公共行政，区域研究，人类学，社会工作，社会科学—跨学科，心理学—发展，语言学，政治科学；具有稳定优势的学科有经济学、商业、心理学—应用；具有极强优势的学科有管理学。

29．东北林业大学

2000~2016年，SSCI收录东北林业大学各学科论文篇数及被引数见表5-31，按年份远近排序。

表5-31　2000~2016年SSCI收录东北林业大学各学科论文篇数及被引数

学科	年份	篇数/被引数	学科	年份	篇数/被引数
信息科学与图书馆科学	2012	2/9	环境研究	2015	1/1
	2015	1/2	经济学	2015	1/0
	2016	1/0	商业	2015	1/0
公共事业、环境和职业健康	2016	1/0	心理学—应用	2016	1/0
环保和可持续发展的科学技术	2015	1/1	运输	2016	1/0

东北林业大学具有潜在优势的学科有信息科学与图书馆科学，公共事业、环境和职业健康，环保和可持续发展的科学技术，环境研究，经济学，商业，心理学—应用，运输；无具有稳定优势和极强优势的学科。

30．东北师范大学

2000~2016年，SSCI收录东北师范大学各学科论文篇数及被引数见表5-32，按年份远近排序。

表5-32　2000~2016年SSCI收录东北师范大学各学科论文篇数及被引数

学科	年份	篇数/被引数	学科	年份	篇数/被引数	学科	年份	篇数/被引数	学科	年份	篇数/被引数
经济学	2010	2/0	经济学	2016	1/0	教育和教学研究	2016	6/0	地理	2014	1/17
	2011	3/19	教育和教学研究	2009	2/15	心理学—试验	2009	1/9		2015	2/0
	2012	1/2		2011	1/9		2011	1/1		2016	1/0
	2013	1/0		2012	3/11		2013	1/13	管理学	2009	1/0
	2014	1/0		2013	1/1		2014	2/11		2015	1/1
	2015	4/6		2014	3/5		2016	1/1		2016	1/0

续表

学科	年份	篇数/被引数	学科	年份	篇数/被引数	学科	年份	篇数/被引数	学科	年份	篇数/被引数
环境研究	2014	2/25	社会科学—数学方法	2011	2/12	心理学—跨学科	2014	1/0	信息科学与图书馆科学	2012	1/11
	2015	2/0		2012	2/9	心理学—数学	2012	2/9		2016	1/0
	2016	4/1		2014	1/0		2015	1/1	城市研究	2016	2/1
商业	2013	1/0		2015	1/6	心理学—生物	2009	1/9	法律	2016	1/0
	2015	2/1		2009	1/5		2012	1/4	规划与发展	2016	2/1
	2016	1/0		2012	1/2		2013	1/4	精神病学	2016	1/0
社会工作	2011	1/2	语言学	2013	1/1	餐旅、休闲、运动和旅游	2014	1/0	文化研究	2016	1/0
	2012	1/1		2014	2/4		2016	1/0	心理学—社会	2016	1/0
	2014	1/0		2015	1/0	环保和可持续发展的科学技术	2014	1/0	心理学—应用	2015	1/1
社会学	2011	1/2	商业—财经	2012	1/2		2016	3/0			
	2012	1/1		2015	1/6	心理学—教育	2012	1/2			
	2014	2/0	心理学—跨学科	2013	1/1		2015	1/1			

东北师范大学具有潜在优势的学科有教育和教学研究，心理学—试验，地理，管理学，环境研究，商业，社会工作，社会学，社会科学—数学方法，语言学，商业—财经，心理学—跨学科，心理学—数学，心理学—生物，餐旅、休闲、运动和旅游，环保和可持续发展的科学技术，心理学—教育，信息科学与图书馆科学，城市研究，法律，规划与发展，精神病学，文化研究，心理学—社会，心理学—应用；具有稳定优势的学科有经济学；无极强优势的学科。

31. 东华理工大学

2000~2016 年，SSCI 收录东华理工大学各学科论文篇数及被引数见表 5-33，按年份远近排序。

表 5-33　2000~2016 年 SSCI 收录东华理工大学各学科论文篇数及被引数

学科	年份	篇数/被引数
管理学	2011	1/0
	2012	1/2
	2013	2/19
	2014	1/13
	2015	1/9

续表

学科	年份	篇数/被引数
环境研究	2013	1/1
人体工程学	2011	1/0
商业	2011	1/0

东华理工大学具有潜在优势的学科有管理学、环境研究、人体工程学、商业；无具有稳定优势的学科；也无具有极强优势的学科。

32. 东华大学

2000~2016年，SSCI收录东华大学各学科论文篇数及被引数见表5-34，按年份远近排序。

表5-34　2000~2016年SSCI收录东华大学各学科论文篇数及被引数

学科	年份	篇数/被引数	学科	年份	篇数/被引数	学科	年份	篇数/被引数
人体工程学	2006	1/3	环境研究	2009	1/7	经济学	2015	2/0
	2012	1/4		2014	1/10		2016	1/0
	2013	1/10		2015	1/3	商业	2014	1/1
	2014	2/8		2016	2/0		2016	1/1
	2015	1/1	心理学—应用	2012	1/4	商业—财经	2016	1/2
	2016	4/0		2014	1/1	社会科学—数学方法	2016	1/0
规划与发展	2016	1/1		2016	2/0	心理学—试验	2016	1/0
管理学	2000	1/8	环保和可持续发展的科学技术	2014	1/10	信息科学与图书馆科学	2015	1/2
	2004	1/6		2015	1/3	语言学	2016	1/0
	2015	1/1		2016	2/0	公共事业、环境和职业健康	2006	1/3
	2016	1/0	女性研究	2013	1/0	区域研究	2002	1/0

东华大学具有潜在优势的学科有人体工程学，规划与发展，管理学，环境研究，心理学—应用，环保和可持续发展的科学技术，女性研究，经济学，商业，商业—财经，社会科学—数学方法，心理学—试验，信息科学与图书馆科学，语言学，公共事业、环境和职业健康，区域研究；无具有稳定优势的学科；也无具有极强优势的学科。

33. 东南大学

2000~2016年，SSCI收录东南大学各学科论文篇数及被引数见表5-35，按年份远近排序。

表 5-35　2000~2016 年 SSCI 收录东南大学各学科论文篇数及被引数

学科	年份	篇数/被引数	学科	年份	篇数/被引数	学科	年份	篇数/被引数	学科	年份	篇数/被引数
公共事业、环境和职业健康	2010	2/0	经济学	2011	1/1	社会科学—跨学科	2011	1/12	信息科学与图书馆科学	2007	1/3
	2011	2/32		2012	7/48		2012	4/94		2008	2/3
	2012	3/62		2013	8/68		2013	7/193		2009	1/1
	2013	7/86		2014	9/22		2014	3/21		2012	1/3
	2014	5/26		2015	9/12		2015	3/8		2013	2/14
	2015	9/23		2016	15/6		2016	8/8		2016	2/0
	2016	11/9	规划与发展	2014	4/12	心理学—临床	2008	1/54	运输	2007	1/10
管理学	2005	2/224		2015	3/10		2009	1/2		2008	2/28
	2009	1/54		2016	4/2		2010	2/20		2009	1/5
	2010	2/58	精神病学	2008	4/158		2015	1/0		2010	14/210
	2011	3/18		2009	5/163		2016	1/0		2011	3/32
	2012	8/61		2010	8/70	餐旅、休闲、运动和旅游	2013	1/5		2012	9/90
	2013	9/192		2011	4/77		2014	3/18		2013	12/109
	2014	8/57		2012	2/15		2015	1/0		2014	14/48
	2015	4/2		2013	2/20		2016	2/0		2015	17/26
	2016	8/0		2014	6/40	家庭研究	2015	1/3		2016	27/16
环境研究	2009	1/5		2015	9/19		2016	1/0	心理学—试验	2008	1/6
	2010	4/36		2016	3/0	语言学	2011	1/8		2013	1/10
	2011	1/25	人体工程学	2010	2/0		2013	2/9		2014	1/2
	2012	1/16		2011	2/17	城市研究	2014	4/12		2016	2/0
	2013	1/3		2012	2/57		2015	2/2	心理学—跨学科	2008	1/36
	2014	4/12		2013	5/62		2016	4/2		2014	1/0
	2015	10/18		2014	3/21	教育和教学研究	2011	2/17		2015	1/0
	2016	20/5		2015	3/8		2013	1/1		2016	1/0
经济学	2007	2/53		2016	7/9	康复	2012	2/11	护理学	2014	1/2
	2008	1/27	社会科学—跨学科	2009	1/12		2013	1/12		2015	2/5
	2010	6/108		2010	2/0	信息科学与图书馆科学	2003	1/4		2016	1/0

续表

学科	年份	篇数/被引数	学科	年份	篇数/被引数	学科	年份	篇数/被引数	学科	年份	篇数/被引数
心理学—发展	2009	1/53	商业	2016	1/0	商业—财经	2015	1/0	区域研究	2016	1/0
	2012	1/4	社会科学—数学方法	2010	2/6		2016	3/0	社会学	2015	1/0
心理学—生物	2013	1/1		2012	2/9	社会工作	2015	1/3	传播	2012	1/3
	2014	1/8		2016	3/1		2016	2/0	卫生保健政策和服务	2016	1/0
环保和可持续发展的科学技术	2011	1/14	心理学—教育	2009	1/53	地理	2015	1/2	心理学—社会	2011	1/4
	2015	4/4		2011	3/21	法律	2016	1/0	社会科学—生物医学	2015	1/9
	2016	13/2		2014	1/6	教育—特殊	2012	1/4	心理学—应用	2016	1/0
商业	2005	1/15	老年医学	2009	1/2	药物滥用	2015	1/5			
	2012	2/5		2011	1/24	伦理学	2016	1/0			

东南大学具有潜在优势的学科有规划与发展，心理学—临床，餐旅、休闲、运动和旅游，家庭研究，语言学，城市研究，教育和教学研究，康复，心理学—试验，心理学—跨学科，护理学，心理学—发展，心理学—生物，环保和可持续发展的科学技术，商业，社会科学—数学方法，心理学—教育，老年医学，商业—财经，社会工作，地理，法律，教育—特殊，药物滥用，伦理学，区域研究，社会学，传播，卫生保健政策和服务，心理学—社会，社会科学—生物医学，心理学—应用；具有稳定优势的学科有公共事业、环境和职业健康，管理学，环境研究，经济学，精神病学，人体工程学，社会科学—跨学科，信息科学与图书馆科学，运输；没有显现出极强优势的学科。

34．福建农林大学

2000~2016年，SSCI 收录福建农林大学各学科论文篇数及被引数见表5-36，按年份远近排序。

表5-36　2000~2016年 SSCI 收录福建农林大学各学科论文篇数及被引数

学科	年份	篇数/被引数	学科	年份	篇数/被引数
经济学	2014	2/2	商业	2015	1/0
	2015	1/1	管理学	2015	1/0
	2016	1/0	环境研究	2014	1/0
人类学	2014	1/0	地理	2016	2/2

续表

学科	年份	篇数/被引数	学科	年份	篇数/被引数
公共事业、环境和职业健康	2016	1/0	信息科学与图书馆科学	2016	1/0
教育和教学研究	2016	1/0	运输	2015	1/1
社会科学—跨学科	2014	1/0			

福建农林大学具有潜在优势的学科有经济学，人类学，商业，管理学，环境研究，地理，公共事业、环境和职业健康，教育和教学研究，社会科学—跨学科，信息科学与图书馆科学，运输；无具有稳定优势的学科；也无具有极强优势的学科。

35. 福建师范大学

2000~2016年，SSCI收录福建师范大学各学科论文篇数及被引数见表5-37，按年份远近排序。

表5-37　2000~2016年SSCI收录福建师范大学各学科论文篇数及被引数

学科	年份	篇数/被引数	学科	年份	篇数/被引数	学科	年份	篇数/被引数	学科	年份	篇数/被引数
管理学	2013	1/5	环境研究	2007	1/70	商业	2013	1/5	地理	2010	2/82
	2014	2/5		2009	1/42		2014	1/4	法律	2016	1/0
	2015	1/0		2014	2/36		2015	1/0	教育和教学研究	2013	1/0
规划与发展	2006	1/1		2015	1/0	心理学—试验	2015	1/1	精神病学	2009	1/17
	2007	1/70		2016	1/0		2016	1/1	区域研究	2010	2/4
	2010	2/4		2010	2/0	心理学—应用	2009	1/17	社会问题	2016	1/1
	2014	1/5		2011	1/4		2015	1/0	心理学—临床	2014	1/4
环保和可持续发展的科学技术	2012	1/12	语言学	2014	1/0	城市研究	2007	1/70	心理学—社会	2015	1/0
	2014	1/0		2016	1/1		2014	1/5	餐旅、休闲、运动和旅游	2015	1/0
	2015	1/0	心理学—教育	2010	2/8	人口学	2010	2/82	公共事业、环境和职业健康	2016	2/0
	2016	2/13		2013	1/0		2013	1/0			

福建师范大学具有潜在优势的学科有管理学，规划与发展，环保和可持续发

展的科学技术，环境研究，语言学，心理学—教育，商业，心理学—试验，心理学—应用，城市研究，人口学，地理，法律，教育和教学研究，精神病学，区域研究，社会问题，心理学—临床，心理学—社会，餐旅、休闲、运动和旅游，公共事业、环境和职业健康；无具有稳定优势的学科；也无具有极强优势的学科。

36. 福建医科大学

2000~2016年，SSCI收录福建医科大学各学科论文篇数及被引数见表5-38，按年份远近排序。

表5-38 2000~2016年SSCI收录福建医科大学各学科论文篇数及被引数

学科	年份	篇数/被引数	学科	年份	篇数/被引数	学科	年份	篇数/被引数
公共事业、环境和职业健康	2010	2/2	护理学	2007	1/70	康复	2012	1/10
	2011	2/21		2008	1/7		2013	2/13
	2012	2/13		2009	1/8		2014	1/17
	2014	1/5		2013	1/2	心理学—应用	2005	1/5
	2015	1/1		2016	4/2		2008	1/18
	2016	1/0	老年医学	2008	1/12	卫生保健政策和服务	2014	1/3
精神病学	2005	1/5		2014	1/16	心理学—试验	2014	1/7
	2008	1/18		2016	1/2	教育和教学研究	2016	1/0
	2013	1/1	人类学	2015	1/1			

福建医科大学具有潜在优势的学科有公共事业、环境和职业健康，精神病学，护理学，老年医学，人类学，康复，心理学—应用，卫生保健政策和服务，心理学—试验，教育和教学研究；无具有稳定优势的学科；也无具有极强优势的学科。

37. 福建中医药大学

2000~2016年，SSCI收录福建中医药大学各学科论文篇数及被引数见表5-39，按年份远近排序。

表5-39 2000~2016年SSCI收录福建中医药大学各学科论文篇数及被引数

学科	年份	篇数/被引数	学科	年份	篇数/被引数
护理学	2012	1/6	康复	2014	1/8
	2014	1/8	老年医学	2012	1/6
精神病学	2016	1/0	公共事业、环境和职业健康	2015	1/3

福建中医药大学具有潜在优势的学科有护理学，精神病学，康复，老年医学，公共事业、环境和职业健康；无具有稳定优势的学科；也无具有极强优势的学科。

38. 福州大学

2000~2016年，SSCI收录福州大学各学科论文篇数及被引数见表5-40，按年份远近排序。

表5-40 2000~2016年SSCI收录福州大学各学科论文篇数及被引数

学科	年份	篇数/被引数	学科	年份	篇数/被引数	学科	年份	篇数/被引数
管理学	2007	2/44	信息科学与图书馆科学	2007	1/3	地理	2013	1/0
	2009	2/26		2008	1/1		2014	1/7
	2010	2/24		2013	1/0	人口学	2009	1/1
	2011	2/57		2014	1/7		2012	1/2
	2012	1/12	运输	2011	1/19	人体工程学	2015	1/0
	2013	3/49		2013	1/26	商业	2016	1/0
	2016	2/0		2016	3/2	商业—财经	2016	1/0
经济学	2009	1/1	环保和可持续发展的科学技术	2014	1/0	社会科学—跨学科	2013	1/0
	2011	1/19		2016	2/0	社会学	2015	1/0
	2013	3/33	环境研究	2014	1/0	心理学—试验	2016	1/0
	2015	1/0		2016	1/0	民族研究	2015	1/0
	2016	2/1	城市研究	2016	1/0			

福州大学具有潜在优势的学科有经济学、信息科学与图书馆科学、运输、环保和可持续发展的科学技术、环境研究、城市研究、地理、人口学、人体工程学、商业、商业—财经、社会科学—跨学科、社会学、心理学—试验、民族研究；具有稳定优势的学科有管理学；没有显现出极强优势的学科。

39. 复旦大学

2000~2016年，SSCI收录复旦大学各学科论文篇数及被引数见表5-41，按年份远近排序。

表5-41 2000~2016年SSCI收录复旦大学各学科论文篇数及被引数

学科	年份	篇数/被引数	学科	年份	篇数/被引数	学科	年份	篇数/被引数	学科	年份	篇数/被引数
城市研究	2006	1/14	城市研究	2014	3/13	法律	2007	1/2	法律	2014	1/1
	2008	2/16		2015	2/6		2008	2/6		2015	1/0
	2009	1/58		2016	2/0		2009	1/4	公共事业、环境和职业健康	2003	1/4
	2010	2/28	法律	2001	1/3		2010	4/8		2004	1/25
	2011	1/7		2004	2/8		2012	3/10		2006	2/39
	2013	2/35		2006	1/2		2013	1/0		2007	5/97

续表

学科	年份	篇数/被引数	学科	年份	篇数/被引数	学科	年份	篇数/被引数	学科	年份	篇数/被引数
公共事业、环境和职业健康	2008	5/83	国际关系	2001	1/3	地理	2009	1/1	经济学	2012	17/87
	2010	6/40		2004	2/8		2011	2/17		2013	34/96
	2011	7/48		2006	2/4		2012	5/97		2014	28/89
	2012	8/55		2007	2/2		2013	4/51		2015	28/22
	2013	17/69		2008	4/5	犯罪学和刑罚学	2008	1/6		2016	19/3
	2014	29/90		2009	3/21		2010	2/4	精神病学	2002	1/59
	2015	33/59		2010	18/66	女性研究	2008	1/2		2006	1/40
	2016	21/1		2011	5/27		2014	1/1		2007	1/9
公共行政	2003	1/10		2012	7/20	社会科学史	2014	1/3		2009	2/39
	2008	1/19		2013	7/6		2016	1/0		2010	4/12
	2009	1/6		2014	3/5	文化研究	2014	1/0		2011	2/33
	2012	4/22		2015	5/1		2015	1/3		2012	5/50
	2013	5/7		2016	10/1	心理学—生物	2013	1/4		2013	7/44
	2014	1/1	护理学	2004	2/55		2015	1/2		2014	8/22
	2015	4/2		2007	1/6	家庭研究	2015	1/2		2015	5/5
	2016	2/0		2008	3/68	教育—特殊	2013	1/8		2016	7/6
管理学	2006	2/88		2011	4/42	环境研究	2004	1/114	康复	2009	2/20
	2008	3/10		2012	1/0		2006	1/26		2010	4/58
	2009	5/130		2013	1/3		2007	1/1		2011	2/19
	2010	12/296		2014	1/1		2008	1/2		2013	2/11
	2011	3/33		2015	3/4		2011	2/25		2014	2/1
	2012	9/77		2016	4/0		2012	7/128		2015	2/1
	2013	9/78	教育和教学研究	2009	4/5		2013	9/59		2016	2/3
	2014	12/40		2011	1/9		2014	7/41	区域研究	2000	1/8
	2015	17/46		2012	1/5		2015	7/16		2003	1/5
	2016	12/4		2013	2/1		2016	10/0		2006	1/2
规划与发展	2008	1/19		2014	2/7	经济学	2000	1/7		2007	1/7
	2009	1/9		2015	4/7		2001	1/0		2008	1/0
	2010	2/6		2016	2/0		2005	1/8		2009	2/16
	2012	1/25	餐旅、休闲、运动和旅游	2009	1/40		2006	1/14		2010	8/32
	2013	2/1		2011	1/3		2007	3/16		2011	1/3
	2014	2/6		2012	1/20		2008	7/34		2012	5/11
	2015	5/8		2014	1/3		2009	11/100		2013	5/5
	2016	2/0		2015	2/0		2010	20/172		2014	1/0
国际关系	2000	1/0		2016	3/1		2011	9/177		2015	4/6

续表

学科	年份	篇数/被引数	学科	年份	篇数/被引数	学科	年份	篇数/被引数	学科	年份	篇数/被引数
区域研究	2016	12/0	人类学	2014	1/7	社会学	2013	5/5	信息科学与图书馆科学	2014	6/21
人体工程学	2000	1/1		2016	2/0		2014	7/25		2015	8/21
	2005	1/16	商业—财经	2006	1/23		2015	9/3		2016	6/4
	2011	1/0		2010	6/48		2016	8/3	语言学	2007	1/0
	2012	1/7		2011	8/58	传播	2008	1/19		2010	2/38
	2013	1/4		2012	3/20		2009	1/3		2012	4/11
	2015	1/1		2013	13/41		2010	2/6		2013	1/2
	2016	1/0		2014	13/26		2011	2/4		2014	4/2
人口学	2012	1/11		2015	7/6		2012	2/1		2015	2/0
	2013	1/4		2016	9/0		2013	1/0		2016	3/0
	2014	1/2	社会科学—跨学科	2006	1/13		2014	1/12	政治科学	2007	1/3
	2016	3/0		2008	1/6		2015	3/1		2008	1/0
老年医学	2010	4/20		2010	2/4		2016	7/0		2010	6/28
	2012	1/9		2013	3/7	心理学—跨学科	2000	1/1		2011	1/4
	2013	1/2		2014	2/1		2008	1/9		2013	1/0
	2014	1/7		2015	5/6		2010	4/20		2014	1/1
	2015	2/4		2016	4/1		2011	1/5		2015	4/1
	2016	5/2	社会科学—生物医学	2009	1/3		2013	1/1		2016	4/0
药物滥用	2011	1/14		2010	2/0		2015	5/12	卫生保健政策和服务	2002	1/18
	2013	2/15		2011	1/10		2016	4/0		2004	2/61
	2014	3/11		2012	1/1	心理学—试验	2008	1/9		2006	1/27
	2015	2/2		2013	1/7		2010	2/30		2007	2/34
	2016	2/3		2014	2/6		2011	2/22		2008	1/10
伦理学	2009	1/3		2015	1/1		2012	2/17		2009	6/111
	2010	4/4		2016	3/0		2013	2/16		2010	4/102
	2011	1/7	社会科学—数学方法	2005	1/8		2014	2/5		2011	3/20
	2012	1/1		2011	1/4		2015	4/12		2012	1/4
	2014	1/4		2012	1/4		2016	1/1		2013	7/16
	2016	3/1		2013	2/0	信息科学与图书馆科学	2006	1/53		2014	4/28
人类学	2001	1/0		2014	6/11		2007	1/31		2015	9/16
	2007	1/55		2015	2/0		2008	5/138		2016	9/1
	2009	1/1		2016	3/0		2009	8/168	社会问题	2000	1/0
	2010	6/104	社会学	2001	1/0		2010	12/174		2007	1/0
	2011	4/5		2003	1/12		2011	7/67		2009	1/3
	2012	1/5		2011	4/5		2012	3/61		2010	4/20
	2013	1/7		2012	2/16		2013	10/91		2011	1/3

续表

学科	年份	篇数/被引数	学科	年份	篇数/被引数	学科	年份	篇数/被引数	学科	年份	篇数/被引数
社会问题	2016	4/1	环保和可持续发展的科学技术	2014	3/12	历史与科学哲学	2016	1/0	心理学—临床	2016	2/1
商业	2008	1/3		2015	2/8	社会工作	2013	1/1	心理学—社会	2011	1/0
	2009	4/63		2016	10/5		2014	2/4		2013	1/4
	2010	10/204	劳动关系与劳动力	2002	1/1		2015	1/0		2016	2/0
	2011	5/39		2011	1/5	心理学—发展	2008	1/20	心理学—应用	2012	1/8
	2012	9/108		2016	2/0		2010	2/30		2013	2/4
	2013	6/12	历史	2013	1/0		2015	1/1		2015	2/1
	2014	10/30		2014	1/3		2016	2/1	运输	2007	1/18
	2015	19/31		2016	2/0	心理学—临床	2010	4/14		2014	2/4
	2016	8/7	历史与科学哲学	2012	2/1		2013	1/6		2015	1/1
环保和可持续发展的科学技术	2013	2/38		2013	1/0		2015	1/1	民族研究	2015	1/4

复旦大学具有潜在优势的学科有餐旅、休闲、运动和旅游，地理，犯罪学和刑罚学，女性研究，社会科学史，文化研究，心理学—生物，家庭研究，教育—特殊，人口学，老年医学，药物滥用，伦理学，社会问题，环保和可持续发展的科学技术，劳动关系与劳动力，历史，历史与科学哲学，社会工作，心理学—发展，心理学—临床，心理学—社会，心理学—应用，运输，民族研究；具有稳定优势的学科有城市研究、法律、公共行政、管理学、规划与发展、护理学、教育和教学研究、环境研究、精神病学、康复、人体工程学、人类学、商业—财经、社会科学—跨学科、社会科学—生物医学、社会科学—数学方法、社会学、传播、心理学—跨学科、心理学—试验、信息科学与图书馆科学、语言学、政治科学、商业；具有极强优势的学科有公共事业、环境和职业健康、国际关系、经济学、区域研究、卫生保健政策和服务。

40. 广东财经大学

2000~2016年，SSCI收录广东财经大学各学科论文篇数及被引数见表5-42，按年份远近排序。

表5-42 2000~2016年SSCI收录广东财经大学各学科论文篇数及被引数

学科	年份	篇数/被引数	学科	年份	篇数/被引数
经济学	2014	1/6	经济学	2016	3/1
	2015	1/1	心理学—社会	2015	1/0

续表

学科	年份	篇数/被引数	学科	年份	篇数/被引数
心理学—社会	2016	1/0	管理学	2015	1/2
	2014	1/2	环保和可持续发展的科学技术	2016	3/3
运输	2014	1/6	环境研究	2016	1/0
	2016	1/0	老年医学	2015	2/2
商业	2014	1/3	区域研究	2015	1/0
	2015	1/1	卫生保健政策和服务	2015	1/1
地理	2014	1/6	信息科学与图书馆科学	2015	1/0
	2015	1/0	语言学	2015	1/0

广东财经大学具有潜在优势的学科有经济学、心理学—社会、运输、商业、地理、管理学、环保和可持续发展的科学技术、环境研究、老年医学、区域研究、卫生保健政策和服务、信息科学与图书馆科学、语言学；无具有稳定优势的学科；也无具有极强优势的学科。

41. 广东工业大学

2000~2016年，SSCI收录广东工业大学各学科论文篇数及被引数见表5-43，按年份远近排序。

表5-43　2000~2016年SSCI收录广东工业大学各学科论文篇数及被引数

学科	年份	篇数/被引数	学科	年份	篇数/被引数	学科	年份	篇数/被引数
环境研究	2007	1/39	运输	2013	1/0	社会科学—跨学科	2015	1/0
	2013	1/0		2015	1/2	社会科学—数学方法	2016	1/0
	2016	2/0		2016	1/0	卫生保健政策和服务	2016	1/2
经济学	2014	2/8	心理学—社会	2014	1/3	公共事业、环境和职业健康	2016	1/2
	2015	1/2		2016	1/0	环保和可持续发展的科学技术	2013	1/0
	2016	2/0	管理学	2015	3/12	商业	2015	1/11
信息科学与图书馆科学	2012	1/14		2016	1/0	心理学—教育	2014	1/2
	2013	1/4	老年医学	2015	1/3	语言学	2016	1/0
	2014	1/0	人类学	2015	1/0			
	2016	1/0	人体工程学	2016	1/0			

广东工业大学具有潜在优势的学科有环境研究，经济学，信息科学与图书馆科学，运输，心理学—社会，管理学，老年医学，人类学，人体工程学，社会科学—跨学科，社会科学—数学方法，卫生保健政策和服务，公共事业、环境和职业健康，环保和可持续发展的科学技术，商业，心理学—教育，语言学；无具有稳定优势的学科；也无具有极强优势的学科。

42. 广东外语外贸大学

2000~2016年，SSCI收录广东外语外贸大学各学科论文篇数及被引数见表5-44，按年份远近排序。

表5-44　2000~2016年SSCI收录广东外语外贸大学各学科论文篇数及被引数

学科	年份	篇数/被引数	学科	年份	篇数/被引数	学科	年份	篇数/被引数	学科	年份	篇数/被引数
管理学	2012	1/2	经济学	2014	6/17	心理学—跨学科	2007	2/44	心理学—教育	2016	1/0
	2014	1/5		2015	2/0		2010	4/10	信息科学与图书馆科学	2013	1/6
	2015	3/10		2016	10/0		2012	2/9		2014	1/1
	2016	2/2	历史	2014	1/1		2013	1/4		2016	1/0
国际关系	2008	1/0	传播	2012	2/11		2014	1/0	心理学—试验	2013	1/4
	2012	1/0		2013	1/2		2016	7/0		2014	1/3
	2014	1/1		2015	2/4	心理学—社会	2014	1/0		2015	3/15
	2015	1/0		2016	2/0		2015	1/0		2016	1/0
	2016	2/1	文化研究	2011	2/1	语言学	2008	2/8	女性研究	2012	1/2
教育和教学研究	2008	1/0		2014	1/0		2009	5/43	人类学	2014	1/0
	2009	2/20		2016	1/0		2011	3/1	商业	2014	1/1
	2010	2/12		2013	3/24		2012	2/2		2016	2/1
	2012	2/5	社会科学—数学方法	2014	1/7		2013	7/22	商业—财经	2013	1/3
	2013	1/6		2015	1/0		2014	9/14		2015	1/0
	2014	5/9		2016	3/0		2015	14/24		2016	2/0
	2015	4/8		2010	2/20		2016	11/3	社会科学—跨学科	2010	2/20
	2016	8/2	社会学	2012	1/8	心理学—教育	2014	1/0		2014	1/0
经济学	2013	4/30		2016	2/1		2015	1/0		2016	1/1

续表

学科	年份	篇数/被引数	学科	年份	篇数/被引数	学科	年份	篇数/被引数	学科	年份	篇数/被引数
餐旅、休闲、运动和旅游	2014	1/1	规划与发展	2013	1/1	家庭研究	2015	1/0	政治科学	2015	2/6
地理	2014	1/2	环保和可持续发展的科学技术	2016	1/0	心理学—发展	2014	1/0			
法律	2015	1/0	环境研究	2014	1/0	心理学—数学	2016	1/0			
公共行政	2015	1/2	家庭研究	2014	1/1	心理学—应用	2016	1/0			

广东外语外贸大学具有潜在优势的学科有管理学，国际关系，经济学，历史，传播，文化研究，社会科学—数学方法，社会学，心理学—跨学科，心理学—社会，心理学—教育，信息科学与图书馆科学，心理学—试验，女性研究，人类学，商业，商业—财经，社会科学—跨学科，餐旅、休闲、运动和旅游，地理，法律，公共行政，规划与发展，环保和可持续发展的科学技术，环境研究，家庭研究，心理学—发展，心理学—数学，心理学—应用，政治科学；具有稳定优势的学科有语言学、教育和教学研究；没有显现出极强优势的学科。

43. 广西大学

2000~2016年，SSCI收录广西大学各学科论文篇数及被引数见表5-45，按年份远近排序。

表5-45 2000~2016年SSCI收录广西大学各学科论文篇数及被引数

学科	年份	篇数/被引数	学科	年份	篇数/被引数	学科	年份	篇数/被引数
教育和教学研究	2001	1/0	管理学	2012	1/4	城市研究	2015	1/1
	2008	1/11		2014	1/3		2016	3/1
	2009	1/0		2015	1/1	规划与发展	2015	1/1
	2011	1/6		2016	1/0		2016	2/1
	2012	2/5	餐旅、休闲、运动和旅游	2012	1/4	商业—财经	2014	1/4
	2013	2/1		2015	1/0	心理学—跨学科	2016	1/0
环境研究	2012	1/4	经济学	2012	1/0	犯罪学和刑罚学	2014	2/4
	2015	1/1		2013	1/1			
	2016	3/1		2015	2/0			

广西大学具有潜在优势的学科有教育和教学研究、环境研究、管理学、餐旅、休闲、运动和旅游、经济学、城市研究、规划与发展、商业—财经、心理学—跨学科、犯罪学和刑罚学；无具有稳定优势的学科；也无具有极强优势的学科。

44. 广西医科大学

2000~2016年，SSCI收录广西医科大学各学科论文篇数及被引数见表5-46，按年份远近排序。

表5-46 2000~2016年SSCI收录广西医科大学各学科论文篇数及被引数

学科	年份	篇数/被引数	学科	年份	篇数/被引数	学科	年份	篇数/被引数
公共事业、环境和职业健康	2006	1/0	精神病学	2013	1/21	护理学	2010	2/0
	2007	1/38		2014	3/52		2015	1/5
	2011	2/16		2015	6/53	药物滥用	2015	1/1
	2012	1/15		2016	3/3		2016	1/1
	2014	1/8	康复	2013	1/2	社会科学—生物医学	2014	1/2
	2015	3/5		2015	1/5	心理学—跨学科	2014	1/2
	2016	5/1	社会工作	2012	1/15	心理学—生物	2015	1/4

广西医科大学具有潜在优势的学科有精神病学、康复、社会工作、护理学、药物滥用、社会科学—生物医学、心理学—跨学科、心理学—生物；具有稳定优势的学科有公共事业、环境和职业健康；没有显现出极强优势的学科。

45. 广州大学

2000~2016年，SSCI收录广州大学各学科论文篇数及被引数见表5-47，按年份远近排序。

表5-47 2000~2016年SSCI收录广州大学各学科论文篇数及被引数

学科	年份	篇数/被引数	学科	年份	篇数/被引数	学科	年份	篇数/被引数
环境研究	2007	1/12	城市研究	2014	1/18	心理学—跨学科	2013	2/1
	2012	1/23		2015	1/0		2014	1/0
	2014	2/35		2016	1/0		2016	1/0
	2015	2/14	地理	2013	1/1	心理学—社会	2014	3/9
	2016	2/1		2015	1/14		2015	1/0
教育和教学研究	2005	1/7	规划与发展	2014	1/18		2016	2/0
	2010	4/8		2015	2/0	管理学	2012	1/3
	2011	1/1		2016	1/0		2013	1/2

续表

学科	年份	篇数/被引数	学科	年份	篇数/被引数	学科	年份	篇数/被引数
心理学—发展	2014	1/4	精神病学	2016	1/0	心理学—试验	2014	1/2
	2016	1/0	商业	2013	1/2	信息科学与图书馆科学	2013	1/1
餐旅、休闲、运动和旅游	2014	1/3	社会科学—跨学科	2014	1/6	政治科学	2016	1/0
公共事业、环境和职业健康	2016	1/0	社会学	2014	1/6	心理学—临床	2013	2/18
环保和可持续发展的科学技术	2016	1/1	心理学—生物	2014	1/2		2015	1/0

广州大学具有潜在优势的学科有环境研究，教育和教学研究，城市研究，地理，规划与发展，心理学—跨学科，心理学—社会，管理学，心理学—发展，餐旅、休闲、运动和旅游，公共事业、环境和职业健康，环保和可持续发展的科学技术，精神病学，商业，社会科学—跨学科，社会学，心理学—生物，心理学—试验，信息科学与图书馆科学，政治科学，心理学—临床；无具有稳定优势的学科；也无具有极强优势的学科。

46. 哈尔滨工程大学

2000~2016 年，SSCI 收录哈尔滨工程大学各学科论文篇数及被引数见表 5-48，按年份远近排序。

表 5-48 2000~2016 年 SSCI 收录哈尔滨工程大学各学科论文篇数及被引数

学科	年份	篇数/被引数	学科	年份	篇数/被引数	学科	年份	篇数/被引数
经济学	2000	1/6	规划与发展	2013	1/3	环保和可持续发展的科学技术	2014	1/0
	2011	1/0		2015	1/3		2016	3/3
	2012	2/1		2016	1/0	社会工作	2015	1/1
	2014	2/4	国际关系	2014	2/4	社会学	2015	1/1
	2016	2/0		2016	1/0	运输	2016	1/0
商业	2014	2/4	环境研究	2013	1/3	城市研究	2013	1/3
	2015	1/3		2014	1/0	管理学	2015	1/0
	2016	2/0		2016	2/0			

哈尔滨工程大学具有潜在优势的学科有经济学、商业、规划与发展、国际关系、环境研究、环保和可持续发展的科学技术、社会工作、社会学、运输、城市研究、管理学；无具有稳定优势的学科；也无具有极强优势的学科。

47. 哈尔滨工业大学

2000~2016 年，SSCI 收录哈尔滨工业大学各学科论文篇数及被引数见表 5-49，按年份远近排序。

表 5-49 2000~2016 年 SSCI 收录哈尔滨工业大学各学科论文篇数及被引数

学科	年份	篇数/被引数	学科	年份	篇数/被引数	学科	年份	篇数/被引数	学科	年份	篇数/被引数
餐旅、休闲、运动和旅游	2010	2/138	环境研究	2008	1/8	社会科学—跨学科	2011	1/3	语言学	2009	1/2
	2011	1/26		2009	2/17		2012	1/2		2013	1/6
	2013	4/45		2011	1/18		2013	1/0		2014	1/0
	2014	3/29		2013	3/31		2014	4/19		2015	1/0
	2015	4/10		2014	5/18		2015	4/4		2016	1/0
	2016	7/6		2015	5/3		2016	3/1	运输	2008	1/0
城市研究	2010	2/20		2016	8/6	心理学—跨学科	2010	2/26		2011	1/2
	2013	1/12	教育和教学研究	2011	2/29		2011	1/115		2012	1/20
	2015	4/5		2012	1/17		2012	2/35		2013	3/35
	2016	3/0		2013	1/6		2015	3/10		2014	4/21
公共行政	2010	2/34		2015	2/0		2016	4/2		2015	4/13
	2011	1/3	经济学	2007	1/18	心理学—试验	2010	2/26		2016	10/6
	2012	2/8		2010	4/28		2011	1/115	政治科学	2010	2/34
	2014	1/2		2011	2/5		2012	2/35		2012	2/10
	2015	1/0		2013	8/42		2015	2/10		2013	1/1
管理学	2010	6/18		2014	2/4		2016	3/2		2014	1/1
	2011	6/42		2015	7/11	信息科学与图书馆科学	2000	1/9	地理	2011	1/2
	2012	5/37		2016	8/2		2003	1/4		2013	1/17
	2013	5/17	人体工程学	2010	4/20		2004	1/12		2016	1/0
	2014	8/17		2011	1/22		2005	2/25	公共事业、环境和职业健康	2014	3/15
	2015	10/15		2014	2/13		2006	3/13		2016	3/1
	2016	10/5		2016	2/1		2007	2/24	规划与发展	2013	1/12
国际关系	2011	1/3	商业	2010	6/24		2008	1/1		2014	1/2
	2013	1/0		2011	5/16		2009	4/34		2015	1/2
	2014	1/3		2012	3/47		2010	8/54	社会学	2016	3/1
	2015	2/0		2013	5/48		2011	3/34	传播	2009	1/4
环保和可持续发展的科学技术	2012	2/16		2014	6/9		2012	6/30	心理学—社会	2015	1/0
	2013	2/21		2015	7/7		2013	7/35		2016	1/0
	2014	2/8		2016	9/3		2014	10/44	心理学—应用	2016	1/0
	2015	3/3	商业—财经	2015	1/5		2015	4/8			
	2016	5/1		2016	1/0		2016	6/1			

哈尔滨工业大学具有潜在优势的学科有餐旅、休闲、运动和旅游，城市研究，公共行政，国际关系，环保和可持续发展的科学技术，教育和教学研究，人体工程学，商业—财经，社会科学—跨学科，心理学—跨学科，心理学—试验，语言学，政治科学，地理，公共事业、环境和职业健康，规划与发展，社会学，传播，心理学—社会，心理学—应用；具有稳定优势的学科有管理学、环境研究、经济学、商业、运输；具有极强优势的学科有信息科学与图书馆科学。

48. 哈尔滨医科大学

2000~2016年，SSCI收录哈尔滨医科大学各学科论文篇数及被引数见表5-50，按年份远近排序。

表5-50 2000~2016年SSCI收录哈尔滨医科大学各学科论文篇数及被引数

学科	年份	篇数/被引数	学科	年份	篇数/被引数	学科	年份	篇数/被引数	学科	年份	篇数/被引数
护理学	2009	3/62	精神病学	2009	2/37	卫生保健政策和服务	2010	2/4	公共事业、环境和职业健康	2010	2/24
	2010	2/0		2011	3/13		2011	1/3		2012	3/67
	2011	1/0		2012	1/5		2014	1/0		2014	2/8
	2012	3/34		2013	3/27		2015	1/2		2015	9/11
	2013	3/4		2014	1/1	心理学—跨学科	2009	1/11		2016	6/2
	2014	3/4		2015	4/3		2015	1/0	管理学	2014	1/0
	2015	2/5		2016	5/5		2016	1/1		2016	1/1
	2016	3/1	康复	2009	1/4	药物滥用	2010	2/6	心理学—临床	2011	1/4
教育和教学研究	2013	1/12		2011	1/5		2014	1/4	心理学—社会	2012	1/1
	2014	2/4		2013	1/5	人类学	2007	1/0			
	2015	1/0		2015	1/5		2014	1/3			

哈尔滨医科大学具有潜在优势的学科有教育和教学研究，康复，卫生保健政策和服务，心理学—跨学科，药物滥用，人类学，公共事业、环境和职业健康，管理学，心理学—临床，心理学—社会；具有稳定优势的学科有护理学、精神病学；没有显现出极强优势的学科。

49. 海南大学

2000~2016年，SSCI收录海南大学各学科论文篇数及被引数见表5-51，按年份远近排序。

表 5-51 2000~2016 年 SSCI 收录海南大学各学科论文篇数及被引数

学科	年份	篇数/被引数	学科	年份	篇数/被引数	学科	年份	篇数/被引数
餐旅、休闲、运动和旅游	2012	2/10	管理学	2013	1/3	劳动关系与劳动力	2014	1/2
	2013	3/18		2014	1/2	商业—财经	2013	1/5
	2014	1/1		2016	2/0	社会学	2012	1/5
	2015	2/4	规划与发展	2009	1/14	信息科学与图书馆科学	2012	1/0
经济学	2009	1/14	国际关系	2016	1/0	环保和可持续发展的科学技术	2015	2/15
	2013	1/5	地理	2015	1/0			
	2014	1/1	环境研究	2016	1/0			

海南大学具有潜在优势的学科有餐旅、休闲、运动和旅游，经济学，管理学，规划与发展，国际关系，地理，环境研究，劳动关系与劳动力，商业—财经，社会学，信息科学与图书馆科学，环保和可持续发展的科学技术；无具有稳定优势的学科；也无具有极强优势的学科。

50. 杭州电子科技大学

2000~2016 年，SSCI 收录杭州电子科技大学各学科论文篇数及被引数见表 5-52，按年份远近排序。

表 5-52 2000~2016 年 SSCI 收录杭州电子科技大学各学科论文篇数及被引数

学科	年份	篇数/被引数	学科	年份	篇数/被引数	学科	年份	篇数/被引数
管理学	2009	1/6	人体工程学	2013	1/11	传播	2013	1/15
	2012	1/22		2014	1/2		2015	1/3
	2013	1/17	环境研究	2014	1/2		2016	1/0
	2014	3/4	民族研究	2009	1/0	心理学—跨学科	2009	1/107
	2015	1/0		2011	3/69		2012	1/41
	2016	3/1		2012	1/22		2014	1/15
经济学	2013	1/0	信息科学与图书馆科学	2013	1/0	公共事业、环境和职业健康	2015	1/0
	2015	1/0		2014	1/6		2016	1/0
	2016	1/0		2015	2/1	商业	2011	2/124
人体工程学	2011	1/38		2016	3/1		2012	1/25

续表

学科	年份	篇数/被引数	学科	年份	篇数/被引数	学科	年份	篇数/被引数
商业	2013	1/17	心理学—试验	2014	1/15	社会科学—跨学科	2015	1/2
商业	2014	2/4	商业—财经	2007	1/5	环保和可持续发展的科学技术	2014	1/2
心理学—试验	2009	1/107	社会学	2015	1/2	心理学—社会	2015	1/2
心理学—试验	2012	1/41	社会科学—数学方法	2016	1/0	运输	2016	1/0

杭州电子科技大学具有潜在优势的学科有管理学，经济学，人体工程学，环境研究，民族研究，信息科学与图书馆科学，传播，心理学—跨学科，公共事业、环境和职业健康，商业，心理学—试验，商业—财经，社会学，社会科学—数学方法，社会科学—跨学科，环保和可持续发展的科学技术，心理学—社会，运输；无具有稳定优势的学科；也无具有极强优势的学科。

51. 杭州师范大学

2000~2016年，SSCI收录杭州师范大学各学科论文篇数及被引数见表5-53，按年份远近排序。

表5-53 2000~2016年SSCI收录杭州师范大学各学科论文篇数及被引数

学科	年份	篇数/被引数	学科	年份	篇数/被引数	学科	年份	篇数/被引数	学科	年份	篇数/被引数
护理学	2009	2/17	心理学—生物	2012	1/9	规划与发展	2014	1/4	城市研究	2014	1/4
护理学	2010	2/0	心理学—生物	2014	1/1	规划与发展	2015	1/0	公共行政	2014	1/0
护理学	2011	3/9	心理学—生物	2015	1/7	心理学—跨学科	2015	2/3	环保和可持续发展的科学技术	2016	1/0
护理学	2012	1/3	心理学—生物	2016	1/0	心理学—跨学科	2016	1/1	教育—特殊	2016	1/0
护理学	2013	1/2	心理学—试验	2010	2/2	心理学—社会	2015	1/0	康复	2016	1/0
护理学	2014	3/6	心理学—试验	2011	1/2	心理学—社会	2016	2/0	药物滥用	2015	1/4
护理学	2015	2/1	心理学—试验	2012	2/19	管理学	2014	1/2	劳动关系与劳动力	2014	1/0

续表

学科	年份	篇数/被引数	学科	年份	篇数/被引数	学科	年份	篇数/被引数	学科	年份	篇数/被引数
教育和教学研究	2007	1/11	心理学—试验	2013	2/2	管理学	2016	1/0	商业	2013	1/6
	2010	4/6		2014	2/20	心理学—数学	2012	2/19	社会工作	2015	1/2
	2011	1/2		2016	8/4		2016	1/0	社会学	2015	1/0
	2012	1/0	经济学	2013	2/10	信息科学与图书馆科学	2015	1/0	心理学—发展	2016	4/5
	2013	2/4		2015	1/0		2016	1/0	心理学—应用	2012	1/1
	2014	2/8		2016	1/0	精神病学	2015	1/4	心理学—教育	2016	3/3
	2016	2/0		2013	2/5		2016	1/0			
环境研究	2014	1/4	语言学	2014	1/0	餐旅、休闲、运动和旅游	2015	1/0			
	2016	1/0		2015	2/0		2016	2/0			

杭州师范大学具有潜在优势的学科有环境研究、心理学—生物、心理学—试验、经济学、语言学、规划与发展、心理学—跨学科、心理学—社会、管理学、心理学—数学、信息科学与图书馆科学、精神病学、餐旅、休闲、运动和旅游、城市研究、公共行政、环保和可持续发展的科学技术、教育—特殊、康复、药物滥用、劳动关系与劳动力、商业、社会工作、社会学、心理学—发展、心理学—应用、心理学—教育；具有稳定优势的学科有护理学、教育和教学研究；没有显现出极强优势的学科。

52. 合肥工业大学

2000~2016 年，SSCI 收录合肥工业大学各学科论文篇数及被引数见表 5-54，按年份远近排序。

表 5-54　2000~2016 年 SSCI 收录合肥工业大学各学科论文篇数及被引数

学科	年份	篇数/被引数	学科	年份	篇数/被引数	学科	年份	篇数/被引数	学科	年份	篇数/被引数
管理学	2001	2/2	管理学	2012	1/16	管理学	2016	1/0	环境研究	2016	4/0
	2003	1/12		2013	1/9	规划与发展	2015	1/6	经济学	2012	1/1
	2007	1/22		2014	2/5	环境研究	2014	1/12		2015	4/9
	2010	2/108		2015	4/6		2015	3/12		2016	2/0

续表

学科	年份	篇数/被引数	学科	年份	篇数/被引数	学科	年份	篇数/被引数	学科	年份	篇数/被引数
商业	2011	1/7	环保和可持续发展的科学技术	2016	8/12	运输	2015	3/10	教育和教学研究	2016	1/0
	2014	1/0		2015	1/2		2016	3/0	精神病学	2015	1/4
	2015	1/1	人体工程学	2016	1/0	社会科学—数学方法	2015	1/1	餐旅、休闲、运动和旅游	2012	1/1
城市研究	2015	1/6	信息科学与图书馆科学	2012	1/16	心理学—跨学科	2016	1/0	公共事业、环境和职业健康	2016	3/0
环保和可持续发展的科学技术	2013	1/3		2014	1/4	心理学—试验	2016	1/0			
	2015	3/21		2015	6/11	心理学—应用	2016	1/0			

合肥工业大学具有潜在优势的学科有规划与发展，环境研究，经济学，商业，城市研究，环保和可持续发展的科学技术，人体工程学，信息科学与图书馆科学，运输，社会科学—数学方法，心理学—跨学科，心理学—试验，心理学—应用，教育和教学研究，精神病学，餐旅、休闲、运动和旅游，公共事业、环境和职业健康；具有稳定优势的学科有管理学；没有显现出极强优势的学科。

53．河北大学

2000~2016年，SSCI收录河北大学各学科论文篇数及被引数见表5-55，按年份远近排序。

表5-55　2000~2016年SSCI收录河北大学各学科论文篇数及被引数

学科	年份	篇数/被引数	学科	年份	篇数/被引数	学科	年份	篇数/被引数
公共事业、环境和职业健康	2014	1/0	商业	2008	1/17	教育和教学研究	2000	1/2
	2015	1/2		2015	1/1	人类学	2014	1/2
管理学	2008	1/17	社会科学—跨学科	2006	1/3	环保和可持续发展的科学技术	2016	2/0
	2015	1/1		2014	1/2	信息科学与图书馆科学	2016	1/0
城市研究	2016	1/0	环境研究	2016	2/0	商业—财经	2008	1/17

河北大学具有潜在优势的学科有公共事业、环境和职业健康，管理学，城市研究，商业，社会科学—跨学科，环境研究，教育和教学研究，人类学，环保和可持续发展的科学技术，信息科学与图书馆科学，商业—财经；无具有稳定优势的学科；也无具有极强优势的学科。

54. 河北师范大学

2000~2016年，SSCI收录河北师范大学各学科论文篇数及被引数见表5-56，按年份远近排序。

表 5-56　2000~2016 年 SSCI 收录河北师范大学各学科论文篇数及被引数

学科	年份	篇数/被引数	学科	年份	篇数/被引数
康复	2010	2/0	环境研究	2014	1/4
	2015	1/2	经济学	2014	1/2
人类学	2011	1/1	心理学—跨学科	2013	1/1
社会科学史	2013	1/1	环保和可持续发展的科学技术	2014	1/4
传播	2012	1/1	管理学	2016	1/0

河北师范大学具有潜在优势的学科有康复、人类学、社会科学史、传播、环境研究、经济学、心理学—跨学科、环保和可持续发展的科学技术、管理学；无具有稳定优势的学科；也无具有极强优势的学科。

55. 河海大学

2000~2016年，SSCI收录河海大学各学科论文篇数及被引数见表5-57，按年份远近排序。

表 5-57　2000~2016 年 SSCI 收录河海大学各学科论文篇数及被引数

学科	年份	篇数/被引数	学科	年份	篇数/被引数	学科	年份	篇数/被引数	学科	年份	篇数/被引数
管理学	2011	2/9	环境研究	2013	2/10	经济学	2015	1/1	信息科学与图书馆科学	2009	1/6
	2012	2/1		2014	2/25		2011	1/1		2013	1/3
	2013	1/3		2015	3/5	运输	2012	1/1		2014	1/1
	2014	1/3		2016	8/5		2013	1/5		2015	1/0
	2015	2/2		2009	1/2		2014	1/7		2011	2/9
	2016	3/0		2011	1/14		2016	1/0		2014	1/3
环境研究	2011	1/14	经济学	2014	2/9	信息科学与图书馆科学	2007	1/2	商业	2015	1/1

续表

学科	年份	篇数/被引数	学科	年份	篇数/被引数	学科	年份	篇数/被引数	学科	年份	篇数/被引数
商业	2016	2/0	伦理学	2016	1/0	人类学	2006	1/1	公共事业、环境和职业健康	2016	1/0
政治科学	2013	1/0	社会学	2006	1/1		2010	2/0	公共行政	2013	1/0
	2015	1/1		2010	2/0	区域研究	2011	1/0	商业—财经	2011	1/9
规划与发展	2016	1/0	心理学—跨学科	2015	1/0	环保和可持续发展的科学技术	2014	1/2	社会工作	2016	2/0
							2015	1/0			
							2016	6/2			
精神病学	2014	1/0		2016	4/2	家庭研究	2016	1/0	社会科学—跨学科	2016	1/0
	2015	1/3	心理学—临床	2015	1/1	教育和教学研究	2016	1/2	心理学—应用	2016	1/0
伦理学	2014	1/3		2016	1/1	地理	2013	1/12	语言学	2016	1/0

河海大学具有潜在优势的学科有管理学，环境研究，经济学，运输，信息科学与图书馆科学，商业，政治科学，规划与发展，精神病学，伦理学，社会学，心理学—跨学科，心理学—临床，人类学，区域研究，环保和可持续发展的科学技术，家庭研究，教育和教学研究，地理，公共事业、环境和职业健康，公共行政，商业—财经，社会工作，社会科学—跨学科，心理学—应用，语言学；无具有稳定优势的学科；也无具有极强优势的学科。

56. 河北医科大学

2000~2016年，SSCI收录河北医科大学各学科论文篇数及被引数见表5-58，按年份远近排序。

表5-58　2000~2016年SSCI收录河北医科大学各学科论文数及被引数

学科	年份	篇数/被引数	学科	年份	篇数/被引数
公共事业、环境和职业健康	2012	1/11	精神病学	2016	2/0
	2014	1/8	药物滥用	2015	1/1
	2016	1/3		2016	1/0
精神病学	2015	1/0	老年医学	2015	1/1

续表

学科	年份	篇数/被引数	学科	年份	篇数/被引数
伦理学	2015	1/2	心理学—跨学科	15	1/1
人类学	2012	1/11	心理学—生物	14	1/6
社会科学—生物医学	2015	1/2	护理学	16	1/0

河北医科大学具有潜在优势的学科有公共事业、环境和职业健康，精神病学，药物滥用，老年医学，伦理学，人类学，社会科学—生物医学，心理学—跨学科，心理学—生物，护理学；无具有稳定优势的学科；也无具有极强优势的学科。

57. 河南大学

2000~2016年，SSCI收录河南大学各学科论文篇数及被引数见表5-59，按年份远近排序。

表5-59　2000~2016年SSCI收录河南大学各学科论文篇数及被引数

学科	年份	篇数/被引数	学科	年份	篇数/被引数	学科	年份	篇数/被引数	学科	年份	篇数/被引数
公共事业、环境和职业健康	2009	2/17	经济学	2013	3/3	心理学—跨学科	2009	2/17	环保和可持续发展的科学技术	2015	1/1
	2010	4/38		2014	3/0		2010	4/38		2016	5/0
	2011	3/27		2015	6/8		2011	1/13	城市研究	2015	1/1
	2012	1/10		2016	10/2		2014	1/0		2016	1/0
	2014	1/0	精神病学	2012	1/10		2015	1/0	地理	2002	1/5
	2015	1/0		2015	1/2		2016	5/1		2016	3/2
	2016	2/2	卫生保健政策和服务	2009	2/17	心理学—生物	2014	1/1	规划与发展	2014	1/0
环境研究	2012	1/3		2010	4/38		2015	1/2		2015	2/1
	2013	1/5		2011	1/13		2016	1/0	国际关系	2014	1/0
	2014	1/5		2012	1/10	语言学	2012	1/0		2015	1/3
	2015	4/4		2014	1/0		2014	1/0	教育—特殊	2015	1/0
	2016	8/0		2015	3/5		2015	1/0		2016	1/0
经济学	2002	1/5		2016	1/1	环保和可持续发展的科学技术	2014	1/5	教育和教学研究	2011	1/7

续表

学科	年份	篇数/被引数	学科	年份	篇数/被引数	学科	年份	篇数/被引数	学科	年份	篇数/被引数
教育和教学研究	2012	1/0	商业—财经	2016	2/0	药物滥用	2012	1/1	心理学—应用	2015	1/2
康复	2015	1/0	文化研究	2007	2/0	管理学	2016	2/0	心理学—教育	2016	1/0
	2016	1/0		2008	1/1	政治科学	2015	1/1	信息科学与图书馆科学	2010	2/0
商业	2014	1/0	心理学—试验	2014	1/1	社会科学—跨学科	2015	2/2			
	2016	1/1		2015	1/1	社会科学—数学方法	2016	1/0			
商业—财经	2015	1/3	人类学	2015	1/0	心理学—发展	2015	1/7			

河南大学具有潜在优势的学科有环境研究、经济学、精神病学、心理学—跨学科、心理学—生物、语言学、环保和可持续发展的科学技术、城市研究、地理、规划与发展、国际关系、教育—特殊、教育和教学研究、康复、商业、商业—财经、文化研究、心理学—试验、人类学、药物滥用、管理学、政治科学、社会科学—跨学科、社会科学—数学方法、心理学—发展、心理学—应用、心理学—教育、信息科学与图书馆科学；具有稳定优势的学科有公共事业、环境和职业健康、卫生保健政策和服务；没有显现出极强优势的学科。

58. 河南理工大学

2000~2016年，SSCI收录河南理工大学各学科论文篇数及被引数见表5-60，按年份远近排序。

表5-60 2000~2016年SSCI收录河南理工大学各学科论文篇数及被引数

学科	年份	篇数/被引数	学科	年份	篇数/被引数
环境研究	2014	1/0	环保和可持续发展的科学技术	2015	1/0
	2015	2/0		2016	2/1
	2016	3/1	城市研究	2016	1/0
经济学	2015	1/1	规划与发展	2016	1/0

河南理工大学具有潜在优势的学科有环境研究、经济学、环保和可持续发展的科学技术、城市研究、规划与发展；无具有稳定优势的学科；也无具有极强优

势的学科。

59. 河南农业大学

2000~2016年，SSCI收录河南农业大学各学科论文篇数及被引数见表5-61，按年份远近排序。

表5-61 2000~2016年SSCI收录河南农业大学各学科论文篇数及被引数

学科	年份	篇数/被引数	学科	年份	篇数/被引数
经济学	2004	1/24	环保和可持续发展的科学技术	2009	1/50
	2006	1/46		2010	2/88
	2007	1/12		2014	3/15
	2008	1/58	环境研究	2009	2/52
	2010	2/14		2014	2/9
	2012	3/35	城市研究	2016	1/1
	2013	2/1	教育和教学研究	2014	1/2
	2015	1/0			
	2016	2/0			

河南农业大学具有潜在优势的学科有环保和可持续发展的科学技术、环境研究、城市研究、教育和教学研究；具有稳定优势的学科有经济学；没有显现出极强优势的学科。

60. 河南师范大学

2000~2016年，SSCI收录河南师范大学各学科论文篇数及被引数见表5-62，按年份远近排序。

表5-62 2000~2016年SSCI收录河南师范大学各学科论文篇数及被引数

学科	年份	篇数/被引数	学科	年份	篇数/被引数
信息科学与图书馆科学	2001	2/35	信息科学与图书馆科学	2012	1/13
	2002	2/45		2013	1/10
	2005	1/10		2014	1/1
	2006	2/66		2015	1/1
	2009	1/1	社会科学—跨学科	2003	1/7
	2010	2/2	心理学—生物	2012	1/6

河南师范大学具有潜在优势的学科有社会科学—跨学科、心理学—生物；具有稳定优势的学科有信息科学与图书馆科学；没有显现出极强优势的学科。

61. 湖南大学

2000~2016年，SSCI收录湖南大学各学科论文篇数及被引数见表5-63，按年份远近排序。

表 5-63　2000~2016 年 SSCI 收录湖南大学各学科论文篇数及被引数

学科	年份	篇数/被引数	学科	年份	篇数/被引数	学科	年份	篇数/被引数	学科	年份	篇数/被引数
管理学	2011	1/2	经济学	2007	5/6	城市研究	2009	1/5	地理	2010	4/70
	2012	3/11		2008	2/1		2011	2/10		2014	1/2
	2013	2/1		2009	3/10		2014	1/3		2016	1/3
	2014	6/7		2010	8/84		2015	1/2	信息科学与图书馆科学	2014	1/0
	2015	9/19		2011	4/21		2016	1/0		2015	1/2
	2016	6/3		2012	5/47	公共事业、环境和职业健康	2010	2/72		2016	1/0
规划与发展	2007	5/6		2013	5/16		2013	2/1	女性研究	2013	1/0
	2008	2/1		2014	12/33		2014	3/6		2015	1/1
	2009	1/5		2015	18/19		2015	2/4	人体工程学	2010	2/72
	2010	2/0		2016	24/16		2016	1/0		2014	1/5
	2011	3/7	商业	2011	1/2	运输	2010	2/72	心理学—社会	2015	1/0
	2012	1/1		2012	1/5		2013	2/1		2016	1/0
	2013	1/5		2013	3/22		2014	2/5	心理学—试验	2015	1/1
	2014	1/0		2014	4/13		2015	3/6	心理学—应用	2015	1/2
	2015	3/5		2015	6/17		2016	3/0	社会学	2016	1/1
	2016	3/1		2016	7/2		2010	2/72	心理学—发展	2015	1/1
环境研究	2009	2/10	商业—财经	2013	1/0	社会科学—跨学科	2011	1/4	心理学—跨学科	2015	1/1
	2010	6/190		2014	4/22		2014	1/5	心理学—临床	2016	2/1
	2011	2/4		2015	6/10		2016	2/1	劳动关系与劳动力	2016	1/0
	2012	1/12		2016	12/4	社会科学—数学方法	2013	2/3	历史与科学哲学	2015	1/0
	2014	3/36	国际关系	2014	2/4		2014	2/3	餐旅、休闲、运动和旅游	2011	1/2
	2015	4/21		2015	1/0		2015	1/2	法律	2015	1/1
	2016	9/5		2016	2/0		2016	1/0	犯罪学和刑罚学	2015	1/0
教育和教学研究	2003	1/0	环保和可持续发展的科学技术	2014	1/23	语言学	2011	1/0			
	2011	1/3		2015	3/54		2014	1/0			
	2016	1/0		2016	7/3		2015	2/0			

湖南大学具有潜在优势的学科有管理学，教育和教学研究，商业，商业—财经，国际关系，环保和可持续发展的科学技术，城市研究，公共事业、环境和职业健康，运输，社会科学—跨学科，社会科学—数学方法，语言学，地理，信息科学与图书馆科学，女性研究，人体工程学，心理学—社会，心理学—试验，心理学—应用，社会学，心理学—发展，心理学—跨学科，心理学—临床，劳动关系与劳动力，历史与科学哲学，餐旅、休闲、运动和旅游，法律，犯罪学和刑罚学；具稳定优势的学科有规划与发展、环境研究、经济学；无极强优势的学科。

62. 湖南科技大学

2000~2016年，SSCI收录湖南科技大学各学科论文篇数及被引数见表5-64，按年份远近排序。

表5-64　2000~2016年SSCI收录湖南科技大学各学科论文篇数及被引数

学科	年份	篇数/被引数	学科	年份	篇数/被引数
管理学	2005	1/64	信息科学与图书馆科学	2005	1/64
	2015	1/0		2016	1/0
环境研究	2008	1/22	精神病学	2015	1/1
	2015	1/5	规划与发展	2015	1/5
经济学	2010	2/2	城市研究	2015	1/5
	2012	1/3			

湖南科技大学具有潜在优势的学科有管理学、环境研究、经济学、信息科学与图书馆科学、精神病学、规划与发展、城市研究；无具有稳定优势的学科；也无具有极强优势的学科。

63. 湖南师范大学

2000~2016年，SSCI收录湖南师范大学各学科论文篇数及被引数见表5-65，按年份远近排序。

表5-65　2000~2016年SSCI收录湖南师范大学各学科论文篇数及被引数

学科	年份	篇数/被引数	学科	年份	篇数/被引数	学科	年份	篇数/被引数
经济学	2006	1/19	社会科学—数学方法	2006	1/19	社会学	2015	1/2
	2010	2/6		2010	2/6	卫生保健政策和服务	2014	1/4
	2014	1/3		2014	1/3	心理学—发展	2016	1/3
	2015	4/2		2015	1/0	心理学—跨学科	2016	4/0
	2016	1/1		2016	1/1	餐旅、休闲、运动和旅游	2015	1/0

续表

学科	年份	篇数/被引数	学科	年份	篇数/被引数	学科	年份	篇数/被引数
精神病学	2011	1/15	语言学	2012	1/1	城市研究	2015	1/1
	2014	1/5		2013	1/0	法律	2009	2/2
	2015	2/11		2014	1/1	公共事业、环境和职业健康	2009	1/4
	2016	3/3		2015	1/1	管理学	2013	1/0
人类学	2007	1/5	环境研究	2016	6/8	环保和可持续发展的科学技术	2016	3/4
	2009	1/4	心理学—临床	2015	1/11	教育和教学研究	2013	1/0
	2016	1/0		2016	1/0	社会科学—跨学科	2015	1/2
商业—财经	2011	1/11	心理学—社会	2013	1/1	社会科学—生物医学	2014	1/4
	2016	1/0		2015	5/3	商业	2015	1/0

湖南师范大学具有潜在优势的学科有经济学，精神病学，人类学，商业—财经，社会科学—数学方法，语言学，环境研究，心理学—临床，心理学—社会，社会学，卫生保健政策和服务，心理学—发展，心理学—跨学科，餐旅、休闲、运动和旅游，城市研究，法律，公共事业、环境和职业健康，管理学，环保和可持续发展的科学技术，教育和教学研究，社会科学—跨学科，社会科学—生物医学，商业；无具有稳定优势的学科；也无具有极强优势的学科。

64. 华北电力大学

2000~2016年，SSCI收录华北电力大学各学科论文篇数及被引数见表5-66，按年份远近排序。

表5-66 2000~2016年SSCI收录华北电力大学各学科论文篇数及被引数

学科	年份	篇数/被引数	学科	年份	篇数/被引数	学科	年份	篇数/被引数	学科	年份	篇数/被引数
环境研究	2006	1/34	环境研究	2014	19/138	环保和可持续发展的科学技术	2012	8/144	管理学	2016	2/0
	2008	1/74		2015	9/20		2013	11/151	经济学	2008	2/190
	2009	2/263		2016	23/8		2014	25/251		2009	3/308
	2010	10/300	家庭研究	2014	1/3		2015	18/68		2010	2/16
	2011	4/135	环保和可持续发展的科学技术	2009	1/352		2016	41/38		2012	1/13
	2012	8/71		2010	2/32	管理学	2013	1/4		2013	2/21
	2013	11/93		2011	2/46		2015	1/4		2014	3/17

续表

学科	年份	篇数/被引数	学科	年份	篇数/被引数	学科	年份	篇数/被引数	学科	年份	篇数/被引数
经济学	2015	1/8	社会工作	2014	2/3	国际关系	2014	1/3	女性研究	2016	1/0
	2016	7/0		2008	1/29		2016	7/0	人类学	2016	1/0
商业	2014	1/3	社会科学—数学方法	2009	2/47	城市研究	2012	1/3	社会科学—跨学科	2016	1/0
	2016	7/0		2010	2/16	规划与发展	2012	1/3			

华北电力大学具有潜在优势的学科有家庭研究、管理学、商业、社会工作、社会科学—数学方法、国际关系、城市研究、规划与发展、女性研究、人类学、社会科学—跨学科；具有稳定优势的学科有环境研究、环保和可持续发展的科学技术、经济学；没有显现出极强优势的学科。

65. 华东理工大学

2000~2016年，SSCI收录华东理工大学各学科论文篇数及被引数见表5-67，按年份远近排序。

表5-67　2000~2016年SSCI收录华东理工大学各学科论文篇数及被引数

学科	年份	篇数/被引数	学科	年份	篇数/被引数	学科	年份	篇数/被引数	学科	年份	篇数/被引数
管理学	2010	2/12	经济学	2016	4/0	环保和可持续发展的科学技术	2015	1/2	餐旅、休闲、运动和旅游	2016	1/2
	2011	1/8	环境研究	2015	3/10		2016	3/0	心理学—跨学科	2015	1/0
	2013	2/10		2016	1/0		2013	3/16		2016	1/0
	2014	7/21		2011	2/8	商业	2014	2/8	信息科学与图书馆科学	2011	2/17
	2015	8/28		2012	1/24		2015	4/6		2014	2/5
	2016	9/3	商业—财经	2013	2/3		2016	11/6		2015	4/3
经济学	2012	3/36		2014	2/9	社会科学—数学方法	2012	1/24	心理学—社会	2014	3/1
	2013	6/4		2016	2/0		2013	2/2	心理学—试验	2016	1/0
	2014	4/10	环保和可持续发展的科学技术	2012	3/5		2016	2/0	心理学—应用	2016	1/0
	2015	2/1		2014	1/9	餐旅、休闲、运动和旅游	2015	2/2	城市研究	2015	1/2

续表

学科	年份	篇数/被引数	学科	年份	篇数/被引数	学科	年份	篇数/被引数	学科	年份	篇数/被引数
法律	2011	1/1	劳动关系与劳动力	2016	1/0	社会工作	2016	1/0	运输	2015	2/8
教育和教学研究	2016	1/0	伦理学	2015	1/0	社会科学—跨学科	2014	2/11			
精神病学	2013	1/6	人体工程学	2015	1/0	社会学	2015	1/1			

华东理工大学具有潜在优势的学科有管理学，经济学，环境研究，商业—财经，环保和可持续发展的科学技术，商业，社会科学—数学方法，餐旅、休闲、运动和旅游，心理学—跨学科，信息科学与图书馆科学，心理学—社会，心理学—试验，心理学—应用，城市研究，法律，教育和教学研究，精神病学，劳动关系与劳动力，伦理学，人体工程学，社会工作，社会科学—跨学科，社会学，运输；无具有稳定优势的学科；也无具有极强优势的学科。

66. 华东师范大学

2000~2016年，SSCI收录华东师范大学各学科论文篇数及被引数见表5-68，按年份远近排序。

表5-68 2000~2016年SSCI收录华东师范大学各学科论文篇数及被引数

学科	年份	篇数/被引数	学科	年份	篇数/被引数	学科	年份	篇数/被引数	学科	年份	篇数/被引数
地理	2003	1/32	环境研究	2006	2/44	教育和教学研究	2014	4/4	经济学	2008	1/6
	2004	2/83		2008	2/9		2015	7/9		2009	2/46
	2005	1/2		2010	6/272		2016	13/2		2010	4/40
	2006	2/44		2011	3/40	区域研究	2009	1/1		2011	2/21
	2008	2/25		2012	6/29		2010	2/54		2012	1/1
	2009	1/34		2013	5/62		2011	2/8		2013	1/8
	2010	10/198		2014	5/28		2012	1/1		2014	7/12
	2011	7/73		2015	5/4		2013	2/1		2015	5/17
	2012	4/70		2016	7/9		2014	3/2		2016	8/1
	2013	2/45	教育和教学研究	2004	1/4		2015	1/0	社会科学—数学方法	2004	1/8
	2014	7/44		2006	1/0		2016	7/0		2007	1/3
	2015	1/2		2008	1/1	精神病学	2014	2/12		2008	1/6
	2016	6/4		2009	2/3		2015	5/14		2009	1/12
环境研究	2002	1/35		2010	2/12		2016	4/1		2010	4/40
	2003	1/32		2011	4/27	经济学	2004	1/8		2011	1/0
	2004	2/83		2012	5/32		2006	1/3		2013	1/5
	2005	1/2		2013	9/67		2007	1/3		2014	1/2

续表

学科	年份	篇数/被引数	学科	年份	篇数/被引数	学科	年份	篇数/被引数	学科	年份	篇数/被引数
社会科学—数学方法	2015	2/5	信息科学与图书馆科学	2014	1/15	国际关系	2016	2/1	劳动关系与劳动力	2014	1/0
	2016	3/0		2015	2/5	公共事业、环境和职业健康	2012	1/5	历史	2015	1/0
心理学—跨学科	2003	1/0		2016	2/0		2014	1/2	伦理学	2013	1/0
	2009	1/19	语言学	2007	1/0		2016	2/2	女性研究	2013	1/1
	2010	4/20		2012	1/0	犯罪学和刑罚学	2013	1/1	社会工作	2014	1/3
	2013	1/2		2013	1/3		2014	1/0	社会科学—跨学科	2013	1/0
	2014	3/6		2014	2/2	教育—特殊	2011	1/7		2015	1/2
	2015	8/2		2015	2/0		2012	1/1	社会问题	2014	1/1
	2016	13/2		2016	3/1		2013	1/2	社会学	2001	1/0
心理学—社会	2008	1/8	餐旅、休闲、运动和旅游	2011	2/21		2015	3/9	传播	2016	1/1
	2011	1/2		2012	2/20	环保和可持续发展的科学技术	2014	2/20	文化研究	2011	1/4
	2013	1/0		2014	2/3		2015	3/2		2014	1/1
	2014	8/11		2016	2/1		2016	4/2	心理学—发展	2013	2/2
	2015	4/12	城市研究	2008	2/17	法律	2013	1/0		2015	7/16
	2016	5/0		2010	2/14		2001	1/0		2016	2/0
心理学—试验	2009	1/13		2013	2/17	人类学	2013	1/0	心理学—生物	2008	1/15
	2012	2/28		2015	4/7		2014	2/4		2009	3/15
	2013	5/35		2016	3/0		2016	1/0		2012	1/2
	2014	1/5	管理学	2010	4/16	商业	2011	1/16		2016	1/0
	2015	7/4		2011	2/15		2015	3/7	心理学—应用	2012	1/4
	2016	5/0		2012	2/20		2016	1/0		2015	2/4
心理学—教育	2003	1/8		2014	5/8	商业—财经	2010	2/24		2016	2/0
	2010	2/2		2016	1/0		2011	1/18	运输	2015	1/2
	2011	1/24	规划与发展	2008	1/2		2015	1/0		2016	1/0
	2012	2/6		2013	1/5		2016	3/1	政治科学	2012	1/1
	2014	2/5		2015	2/2	康复	2011	1/7		2015	1/0
	2015	2/1		2016	2/0		2013	1/2	心理学—临床	2015	2/2
	2016	3/0		2006	1/9		2015	3/9	心理学—数学	2013	1/5
信息科学与图书馆科学	2010	2/0	国际关系	2012	1/1		2016	1/0	公共行政	2009	1/7
	2011	2/30		2013	1/1	药物滥用	2015	1/0			
	2013	1/1		2015	1/0		2016	1/0			

华东师范大学具有潜在优势的学科有精神病学，心理学—社会，心理学—试验，信息科学与图书馆科学，语言学，餐旅、休闲、运动和旅游，城市研究，管理学，规划与发展，国际关系，公共事业、环境和职业健康，犯罪学和刑罚学，教育—特殊，环保和可持续发展的科学技术，法律，人类学，商业，商业—财经，康复，药物滥用，劳动关系与劳动力，历史，伦理学，女性研究，社会工作，社会科学—跨学科，社会问题，社会学，传播，文化研究，心理学—发展，心理学—生物，心理学—应用，运输，政治科学，心理学—临床，心理学—数学，公共行政；具有稳定优势的学科有教育和教学研究、区域研究、社会科学—数学方法、心理学—跨学科、心理学—教育；具有极强优势的学科有地理、经济学、环境研究。

67. 华南理工大学

2000~2016年，SSCI收录华南理工大学各学科论文篇数及被引数见表5-69，按年份远近排序。

表5-69　2000~2016年SSCI收录华南理工大学各学科论文篇数及被引数

学科	年份	篇数/被引数	学科	年份	篇数/被引数	学科	年份	篇数/被引数	学科	年份	篇数/被引数
城市研究	2008	2/33	管理学	2012	5/62	商业—财经	2016	3/0	地理	2016	1/0
	2010	4/206		2013	1/1	社会科学—跨学科	2010	2/0	公共事业、环境和职业健康	2011	1/2
	2012	1/8		2014	11/41		2014	1/0		2015	1/0
	2014	2/5		2015	7/16		2015	3/0		2016	2/0
	2015	2/3		2016	5/2		2016	2/0	国际关系	2013	1/0
	2016	1/0	公共行政	2013	1/3	社会科学—数学方法	2009	1/14		2014	1/1
环境研究	2007	1/3		2009	1/14		2010	2/26		2016	1/0
	2009	1/24		2010	10/88		2011	1/14	环保和可持续发展的科学技术	2014	2/17
	2010	8/254		2011	2/14		2013	1/6		2015	2/8
	2011	1/2	经济学	2012	2/12	运输	2014	1/0		2016	6/2
	2012	3/26		2013	8/52		2015	2/1	法律	2008	1/0
	2013	3/43		2014	10/21		2016	5/0		2013	1/0
	2014	4/22		2015	7/13	商业	2013	1/3	规划与发展	2010	2/178
	2015	1/3		2016	8/0		2014	5/20		2014	2/5
	2016	7/5	商业—财经	2012	1/8		2015	1/1	教育和教学研究	2013	2/16
管理学	2009	1/21		2013	2/4		2016	4/1		2016	1/0
	2010	4/6		2014	1/3	地理	2008	1/8	历史与科学哲学	2016	1/0
	2011	3/26		2015	2/5		2010	2/22	伦理学	2016	1/0

续表

学科	年份	篇数/被引数	学科	年份	篇数/被引数	学科	年份	篇数/被引数	学科	年份	篇数/被引数
语言学	2006	1/0	信息科学与图书馆科学	2016	2/0	心理学—跨学科	2015	1/1	人体工程学	2016	1/0
	2013	1/11	心理学—应用	2007	1/19		2016	2/0	人类学	2014	1/0
	2015	2/1		2016	1/0	社会学	2016	2/0		2015	2/0
	2016	2/0		2014	3/6	传播	2016	1/0	区域研究	2015	1/0
信息科学与图书馆科学	2013	1/3	心理学—社会	2015	2/1	人体工程学	2007	1/19	餐旅、休闲、运动和旅游	2013	1/5
	2015	5/10		2016	1/0		2015	2/2			

华南理工大学具有潜在优势的学科有城市研究，公共行政，商业—财经，社会科学—跨学科，社会科学—数学方法，运输，商业，地理，公共事业、环境和职业健康，国际关系，环保和可持续发展的科学技术，法律，规划与发展，教育和教学研究，历史与科学哲学，伦理学，语言学，信息科学与图书馆科学，心理学—应用，心理学—社会，心理学—跨学科，社会学，传播，人体工程学，人类学，区域研究，餐旅、休闲、运动和旅游；具有稳定优势的学科有环境研究、管理学、经济学；没有显现出极强优势的学科。

68. 华东政法大学

2000~2016年，SSCI收录华东政法大学各学科论文篇数及被引数见表5-70，按年份远近排序。

表 5-70 2000~2016 年 SSCI 收录华东政法大学各学科论文篇数及被引数

学科	年份	篇数/被引数	学科	年份	篇数/被引数
法律	2010	2/0	商业	2005	1/30
	2012	1/0		2015	1/5
	2014	1/0		2016	1/1
	2015	2/0	商业—财经	2015	1/1
犯罪学和刑罚学	2006	1/4		2016	1/0
	2015	1/0	社会问题	2016	1/0
管理学	2005	1/30	心理学—应用	2006	1/4
	2015	1/5	环保和可持续发展的科学技术	2016	1/3
地理	2015	1/0	经济学	2015	1/1
国际关系	2014	1/0	区域研究	2015	1/0

华东政法大学具有潜在优势的学科有法律、犯罪学和刑罚学、管理学、地理、国际关系、商业、商业—财经、社会问题、心理学—应用、环保和可持续发展的科学技术、经济学、区域研究；无具有稳定优势的学科；也无具有极强优势的学科。

69. 华南师范大学

2000~2016 年，SSCI 收录华南师范大学各学科论文篇数及被引数见表 5-71，按年份远近排序。

表 5-71 2000~2016 年 SSCI 收录华南师范大学各学科论文篇数及被引数

学科	年份	篇数/被引数	学科	年份	篇数/被引数	学科	年份	篇数/被引数	学科	年份	篇数/被引数
地理	2011	1/5	经济学	2005	1/13	精神病学	2016	5/0	心理学—试验	2011	1/10
	2012	4/14		2007	2/4		2009	1/2		2012	2/11
	2013	1/5		2008	1/0	心理学—跨学科	2010	4/70		2013	2/1
	2014	6/9		2011	1/1		2011	2/19		2014	7/18
	2015	3/5		2012	3/11		2012	2/10		2015	13/18
	2016	5/0		2013	1/2		2013	3/2		2016	7/4
教育和教学研究	2002	1/35		2014	4/4		2014	7/22	语言学	2009	1/9
	2004	1/19		2015	3/0		2015	15/24		2011	1/14
	2010	4/6		2016	9/2		2016	17/9		2012	1/2
	2011	1/20	社会科学—跨学科	2007	2/3	心理学—社会	2003	1/20		2013	1/0
	2013	2/12		2010	6/4		2009	1/3		2015	3/3
	2014	2/8		2013	1/19		2010	2/0		2016	3/1
	2015	4/4		2014	1/7		2012	2/5	心理学—教育	2001	1/19
	2016	6/5		2015	4/11		2013	1/8		2007	1/0
管理学	2007	2/3		2016	6/1		2014	3/5		2015	2/3
	2010	6/4	餐旅、休闲、运动和旅游	2011	1/1		2015	6/6		2016	3/3
	2013	1/11		2013	1/6		2016	9/2	心理学—临床	2011	1/77
	2014	1/4		2014	4/7	心理学—生物	2009	1/13		2013	5/28
	2016	3/4		2015	1/0		2013	2/10		2015	4/11
环境研究	2011	2/32		2016	1/2		2015	3/5		2016	2/1
	2012	3/20	精神病学	2011	1/77		2016	1/0	心理学—发展	2012	1/19
	2014	5/10		2013	3/12	心理学—试验	2007	1/0		2013	2/13
	2015	3/4		2014	1/8		2009	3/22		2014	1/4
	2016	2/2		2015	2/2		2010	4/76		2015	7/13

续表

学科	年份	篇数/被引数	学科	年份	篇数/被引数	学科	年份	篇数/被引数	学科	年份	篇数/被引数
心理学—发展	2016	8/0	区域研究	2016	1/0	教育—特殊	2012	1/2	社会科学—数学方法	2014	1/1
社会学	2013	1/19	商业	2011	1/0		2016	1/0		2015	1/0
	2014	2/9		2015	1/0	康复	2012	1/2		2016	2/0
	2015	3/10	历史	2011	1/1		2015	1/2	传播	2014	1/0
	2016	2/1		2014	2/0		2016	1/0		2016	1/0
城市研究	2012	2/18	公共行政	2013	1/2	药物滥用	2016	1/0	文化研究	2014	1/1
	2014	2/7		2012	1/11	历史与科学哲学	2016	1/0	心理学—数学	2016	1/0
	2015	1/0	规划与发展	2013	2/16	伦理学	2016	1/0	心理学—应用	2016	2/2
法律	2009	2/2		2014	2/8	女性研究	2016	1/0	信息科学与图书馆科学	2014	2/12
	2010	2/0	国际关系	2010	2/14	社会工作	2016	1/0		2015	1/6
	2011	1/0	护理学	2016	1/0	社会科学—数学方法	2007	1/43	政治科学	2010	2/14
公共事业、环境和职业健康	2012	1/7	环保和可持续发展的科学技术	2014	1/1		2008	1/0		2015	1/0
	2014	1/5		2015	2/4		2010	2/44			
	2016	1/0	家庭研究	2015	1/2		2011	1/1			
区域研究	2014	2/4		2016	2/0		2013	1/4			

华南师范大学具有潜在优势的学科有地理,管理学,环境研究,社会科学—跨学科,餐旅、休闲、运动和旅游,精神病学,心理学—生物,语言学,心理学—教育,心理学—临床,心理学—发展,社会学,城市研究,法律,公共事业、环境和职业健康,区域研究,商业,历史,公共行政,规划与发展,国际关系,护理学,环保和可持续发展的科学技术,家庭研究,教育—特殊,康复,药物滥用,历史与科学哲学,伦理学,女性研究,社会工作,传播,文化研究,心理学—数学,心理学—应用,信息科学与图书馆科学,政治科学;具有稳定优势的学科有教育和教学研究、经济学、心理学—跨学科、心理学—社会、心理学—试验、社会科学—数学方法;没有显现出极强优势的学科。

70. 华南农业大学

2000~2016 年,SSCI 收录华南农业大学各学科论文篇数及被引数见表 5-72,按年份远近排序。

表 5-72　2000~2016 年 SSCI 收录华南农业大学各学科论文篇数及被引数

学科	年份	篇数/被引数	学科	年份	篇数/被引数	学科	年份	篇数/被引数
经济学	2009	1/0	管理学	2013	1/1	社会科学—跨学科	2014	2/3
	2010	2/12		2014	1/7	心理学—跨学科	2016	1/0
	2011	1/3		2015	2/1	心理学—生物	2007	1/61
	2013	2/18		2016	1/0	国际关系	2014	1/0
	2014	2/7	信息科学与图书馆科学	2014	1/7	环保和可持续发展的科学技术	2016	1/0
	2015	4/5		2015	1/1	环境研究	2016	1/0
	2016	1/3		2016	1/0	人类学	2014	1/3
商业	2011	1/17	商业—财经	2014	1/2	餐旅、休闲、运动和旅游	2015	1/0
	2015	1/1		2016	1/0			

华南农业大学具有潜在优势的学科有商业,管理学,信息科学与图书馆科学,商业—财经,社会科学—跨学科,心理学—跨学科,心理学—生物,国际关系,环保和可持续发展的科学技术,环境研究,人类学,餐旅、休闲、运动和旅游;具有稳定优势的学科有经济学;没有显现出极强优势的学科。

71. 华侨大学

2000~2016 年,SSCI 收录华侨大学各学科论文篇数及被引数见表 5-73,按年份远近排序。

表 5-73　2000~2016 年 SSCI 收录华侨大学各学科论文篇数及被引数

学科	年份	篇数/被引数	学科	年份	篇数/被引数	学科	年份	篇数/被引数	学科	年份	篇数/被引数
管理学	2013	2/0	经济学	2014	4/19	人类学	2013	1/5	社会科学—跨学科	2013	1/5
	2014	1/4		2015	6/1		2014	3/0		2014	1/0
	2015	1/1		2016	1/0		2015	2/0		2015	1/1
	2016	1/1	精神病学	2014	1/21	商业	2015	3/3	社会科学—数学方法	2014	1/13
经济学	2013	2/0	药物滥用	2014	1/1		2016	3/0		2015	1/1

续表

学科	年份	篇数/被引数	学科	年份	篇数/被引数	学科	年份	篇数/被引数	学科	年份	篇数/被引数
社会学	2000	1/9	心理学—生物	2011	1/20	餐旅、休闲、运动和旅游	2000	1/9	教育和教学研究	2013	1/4
	2014	1/3	心理学—试验	2016	1/0		2016	2/1		2016	4/0
	2016	1/0	语言学	2016	1/1	城市研究	2016	2/0	女性研究	2016	1/0
心理学—跨学科	2016	1/0	社会问题	2016	1/1	环保和可持续发展的科学技术	2016	1/0			
心理学—社会	2015	1/0	社会工作	2016	1/0	环境研究	2016	3/0			

华侨大学具有潜在优势的学科有管理学，经济学，精神病学，药物滥用，人类学，商业，社会科学—跨学科，社会科学—数学方法，社会学，心理学—跨学科，心理学—社会，心理学—生物，心理学—试验，语言学，社会问题，社会工作，餐旅、休闲、运动和旅游，城市研究，环保和可持续发展的科学技术，环境研究，教育和教学研究，女性研究；无具有稳定优势的学科；也无具有极强优势的学科。

72. 华中科技大学

2000~2016年，SSCI收录华中科技大学各学科论文篇数及被引数见表5-74，按年份远近排序。

表5-74 2000~2016年SSCI收录华中科技大学各学科论文篇数及被引数

学科	年份	篇数/被引数	学科	年份	篇数/被引数	学科	年份	篇数/被引数	学科	年份	篇数/被引数
法律	2002	1/0	公共事业、环境和职业健康	2011	5/31	商业	2011	5/75	护理学	2012	2/18
	2005	1/1		2012	5/29		2012	6/85		2013	3/10
	2007	2/0		2013	16/37		2013	6/26		2014	3/6
	2009	1/0		2014	12/26		2014	10/41		2015	2/1
	2010	4/2		2015	21/43		2015	14/14		2016	4/3
	2016	2/0		2016	11/1		2016	21/15	环境研究	2005	1/14
公共事业、环境和职业健康	2003	2/3	商业	2006	1/50	护理学	2007	2/33		2007	1/58
	2005	1/1		2007	1/15		2008	1/1		2010	2/4
	2008	4/27		2008	1/15		2009	1/10		2011	1/5
	2009	5/106		2009	4/89		2010	2/2		2012	1/3
	2010	6/70		2010	6/284		2011	1/1		2013	2/14

续表

学科	年份	篇数/被引数	学科	年份	篇数/被引数	学科	年份	篇数/被引数	学科	年份	篇数/被引数
环境研究	2014	3/7	经济学	2011	4/20	社会科学—跨学科	2008	1/4	社会科学—数学方法	2010	6/20
	2015	9/21		2012	4/39		2011	1/2		2013	2/5
	2016	6/0		2013	11/62		2013	1/0		2015	2/2
管理学	2000	1/9		2014	8/43		2014	3/5		2016	2/1
	2006	2/21		2015	12/8		2015	6/12	社会学	2007	2/8
	2007	3/25		2016	10/7		2016	4/0		2008	3/3
	2008	3/23	卫生保健政策和服务	2008	1/7	传播	2009	1/0		2011	1/2
	2009	3/30		2009	1/8		2010	4/44		2014	2/2
	2010	6/148		2010	4/58		2011	2/8		2015	2/2
	2011	8/115		2011	1/4		2012	1/3		2016	2/0
	2012	6/54		2012	1/42		2013	2/6	心理学—跨学科	2010	6/320
	2013	7/23		2013	3/31		2014	2/6		2011	5/125
	2014	18/121		2014	3/24		2015	1/3		2012	3/118
	2015	20/19		2015	5/4		2016	1/0		2014	4/13
	2016	14/11		2016	3/2	精神病学	2004	1/7		2015	1/4
教育和教学研究	2000	1/0	伦理学	2006	1/50		2007	1/17		2016	3/0
	2004	1/2		2009	2/54		2009	1/44	心理学—临床	2009	1/44
	2006	1/3		2010	2/4		2010	2/24		2012	1/0
	2007	1/35		2011	2/53		2011	1/1		2013	1/2
	2009	2/2		2012	1/4		2012	3/16		2016	2/0
	2010	2/28		2013	1/2		2013	2/5	心理学—试验	2010	2/302
	2011	1/17		2015	3/2		2014	3/19		2011	6/125
	2012	1/7	人体工程学	2009	1/35		2015	2/5		2012	2/109
	2013	2/22		2011	2/30		2016	5/0		2014	4/13
	2014	3/10		2012	1/12	老年医学	2010	4/60		2015	1/0
	2015	3/2		2013	2/5		2012	1/0		2016	1/0
	2016	3/0		2014	1/2		2013	1/3	信息科学与图书馆科学	2004	1/3
经济学	2008	3/16		2015	2/12		2015	2/1		2005	1/0
	2009	1/12		2016	4/1		2016	2/0		2008	3/21
	2010	14/58	社会科学—跨学科	2005	1/0	社会科学—数学方法	2009	1/12		2009	2/16

续表

学科	年份	篇数/被引数	学科	年份	篇数/被引数	学科	年份	篇数/被引数	学科	年份	篇数/被引数
信息科学与图书馆科	2010	6/382	地理	2015	1/3	药物滥用	2009	1/15	文化研究	2013	1/0
	2011	2/60	规划与发展	2011	1/2		2013	1/0	心理学—发展	2015	1/1
	2012	1/36		2012	1/6		2016	2/0	心理学—社会	2011	2/3
	2013	6/45		2015	1/4	劳动关系与劳动力	2015	1/1		2013	2/1
	2014	9/56		2016	1/5	女性研究	2015	1/2		2014	13/12
	2015	10/13	国际关系	2008	1/15	人口学	2016	1/0		2015	7/5
	2016	10/6		2013	1/1	人类学	2007	2/8		2016	6/0
运输	2012	2/15		2014	2/5		2008	3/3	心理学—生物	2014	1/0
	2013	2/15		2016	1/0		2012	1/3	心理学—数学	2011	1/0
	2014	8/51	环保和可持续发展的科学技术	2013	2/35		2015	1/0		2013	1/0
	2015	8/22		2014	1/0	商业—财经	2008	1/1	心理学—应用	2015	1/3
	2016	8/2		2015	7/5		2010	2/2		2016	1/0
政治科学	2010	2/34		2016	7/10		2016	2/0	语言学	2007	1/1
餐旅、休闲、运动和旅游	2011	1/17	家庭研究	2014	1/1	社会科学—生物医学	2008	1/4		2012	1/7
	2015	1/0	教育—特殊	2014	1/5		2012	2/13		2014	3/2
城市研究	2013	1/6	康复	2012	1/10		2013	2/5		2015	1/1
	2015	3/5		2014	1/5		2016	1/0		2016	3/0
	2016	1/0	药物滥用	2004	1/7	社会问题	2009	1/15			

华中科技大学具有潜在优势的学科有法律，老年医学，社会科学—数学方法，社会学，心理学—跨学科，心理学—临床，心理学—试验，运输，政治科学，餐旅、休闲、运动和旅游，城市研究，地理，规划与发展，国际关系，环保和可持续发展的科学技术，家庭研究，教育—特殊，康复，药物滥用，劳动关系与劳动力，女性研究，人口学，人类学，商业—财经，社会科学—生物医学，社会问题，文化研究，心理学—发展，心理学—社会，心理学—生物，心理学—数学，心理学—应用，语言学；具有稳定优势的学科有法律，公共事业、环境和职业健康，商业，护理学，环境研究，经济学，卫生保健政策和服务，伦理学，人体工程学，社会科学—跨学科，传播，精神病学，信息科学与图书馆科学；具

有极强优势的学科有管理学、教育和教学研究。

73. 华中师范大学

2000~2016年，SSCI收录华中师范大学各学科论文篇数及被引数见表5-75，按年份远近排序。

表5-75 2000~2016年SSCI收录华中师范大学各学科论文篇数及被引数

学科	年份	篇数/被引数	学科	年份	篇数/被引数	学科	年份	篇数/被引数	学科	年份	篇数/被引数
教育和教学研究	2002	1/0	语言学	2007	1/10	环境研究	2002	1/46	环保和可持续发展的科学技术	2014	1/2
	2007	3/14		2008	1/4		2010	2/62		2016	2/0
	2008	2/7		2009	1/4		2014	2/3	经济学	2013	2/6
	2009	1/4		2010	2/0		2016	2/0		2014	1/2
	2010	2/20		2012	1/4	心理学—发展	2013	1/14	商业	2012	1/2
	2012	2/3		2013	1/1		2014	1/0		2013	1/1
	2015	5/0		2014	1/0		2015	1/2	传播	2009	1/4
	2016	4/2		2016	1/0		2016	2/0		2010	1/0
心理学—社会	2002	1/5	心理学—试验	2007	1/10	心理学—教育	2012	1/1	心理学—临床	2013	1/14
	2003	1/4		2011	2/2		2013	1/20		2016	1/0
	2011	1/3		2012	2/14		2015	1/3	心理学—生物	2011	1/23
	2013	2/13		2014	2/2		2016	3/0		2014	1/2
	2014	2/1		2015	1/2	信息科学与图书馆科学	2015	2/0	社会科学—数学方法	2013	1/5
	2015	1/1		2016	3/0		2016	4/0		2014	1/2
	2016	7/1		2004	1/0	家庭研究	2015	1/2	城市研究	2002	1/46
管理学	2012	1/2		2012	1/10		2016	1/0	地理	2013	1/6
	2013	2/13	心理学—跨学科	2014	1/1	精神病学	2014	1/13	公共事业、环境和职业健康	2016	1/1
	2014	1/3		2015	1/1		2015	1/2	规划与发展	2014	1/0
	2016	1/1		2016	8/0		2016	3/4	护理学	2011	1/8
教育—特殊	2000	1/26	运输	2014	1/10	康复	2000	1/26	药物滥用	2016	1/0
	2001	1/32		2015	1/2		2007	1/10	社会科学—跨学科	2007	1/10
	2015	1/0		2016	2/3		2015	1/0	心理学—应用	2016	1/0

华中师范大学具有潜在优势的学科有管理学，教育—特殊，心理学—试验，心理学—跨学科，运输，环境研究，心理学—发展，心理学—教育，信息科学与图书馆科学，家庭研究，精神病学，康复，环保和可持续发展的科学技术，经济学，商业，传播，心理学—临床，心理学—生物，社会科学—数学方法，城市研究，地理，公共事业、环境和职业健康，规划与发展，护理学，药物滥用，社会科学—跨学科，心理学—应用；具有稳定优势的学科有教育和教学研究、语言学、心理学—社会；没有显现出极强优势的学科。

74. 华中农业大学

2000~2016年，SSCI收录华中农业大学各学科论文篇数及被引数见表5-76，按年份远近排序。

表5-76 2000~2016年SSCI收录华中农业大学各学科论文篇数及被引数

学科	年份	篇数/被引数	学科	年份	篇数/被引数	学科	年份	篇数/被引数	学科	年份	篇数/被引数
经济学	2010	2/6	地理	2010	2/18	商业	2011	1/0	商业—财经	2016	1/0
	2011	2/13		2011	1/10		2014	2/1	社会科学—跨学科	2015	2/0
	2012	1/3		2013	1/5		2015	3/4	心理学—社会	2014	1/0
	2013	3/6		2016	2/0		2016	3/0		2016	1/0
	2014	2/1	环境研究	2011	1/10	管理学	2011	1/0	心理学—应用	2015	1/2
	2015	4/4		2014	3/6		2015	3/4	信息科学与图书馆科学	2010	2/18
	2016	6/0		2015	7/9	规划与发展	2014	1/1		2013	1/5
环保和可持续发展的科学技术	2014	3/6		2016	12/1		2016	3/0		2016	1/0
	2015	3/2	城市研究	2015	2/9	国际关系	2014	1/0			
	2016	9/0		2016	2/0		2016	2/0			

华中农业大学具有潜在优势的学科有环保和可持续发展的科学技术、地理、环境研究、城市研究、商业、管理学、规划与发展、国际关系、商业—财经、社会科学—跨学科、心理学—社会、心理学—应用、信息科学与图书馆科学；具有稳定优势的学科有经济学；没有显现出极强优势的学科。

75. 吉林大学

2000~2016 年，SSCI 收录吉林大学各学科论文篇数及被引数见表 5-77，按年份远近排序。

表 5-77　2000~2016 年 SSCI 收录吉林大学各学科论文篇数及被引数

学科	年份	篇数/被引数	学科	年份	篇数/被引数	学科	年份	篇数/被引数	学科	年份	篇数/被引数
管理学	2005	1/18	精神病学	2015	1/1	信息科学与图书馆科学	2003	1/5	商业—财经	2012	1/2
	2011	1/2		2016	6/5		2005	1/15		2015	1/0
	2012	3/38	康复	2013	2/12		2009	3/94		2016	2/0
	2013	8/73		2015	1/0		2012	4/68	社会科学—跨学科	2013	4/50
	2014	7/13	药物滥用	2011	1/1		2013	2/8		2014	3/7
	2015	5/6		2012	1/13		2014	4/9		2015	1/0
	2016	9/6	历史	2015	2/0		2015	2/2	区域研究	2012	1/0
规划与发展	2010	2/0		2007	4/43		2016	5/6		2014	1/0
	2011	1/10		2009	2/13	公共事业、环境和职业健康	2012	1/3		2016	1/0
	2015	2/0		2010	2/16		2014	1/1	教育和教学研究	2001	1/0
	2003	1/0	人类学	2011	3/43		2015	6/22		2014	2/5
	2008	2/93		2012	1/1		2016	4/0		2016	1/0
	2011	2/38		2013	1/2	城市研究	2005	1/2	护理学	2013	1/0
经济学	2012	2/2		2014	2/11		2006	1/5		2015	2/0
	2013	3/9		2015	1/3		2013	1/6		2016	5/0
	2014	4/9		2010	2/0	环保和可持续发展的科学技术	2014	1/3	法律	2009	1/1
	2015	2/0		2011	1/2		2015	6/6		2010	2/0
	2016	4/1		2012	1/0		2016	8/0		2016	1/0
精神病学	2009	1/0	商业	2013	1/0	环境研究	2011	1/37	运输	2008	1/21
	2011	2/11		2014	1/3		2014	1/3		2015	2/0
	2012	5/38		2015	2/3		2015	6/6		2016	4/1
	2013	4/19		2016	3/0		2016	9/0	国际关系	2013	1/0

续表

学科	年份	篇数/被引数	学科	年份	篇数/被引数	学科	年份	篇数/被引数	学科	年份	篇数/被引数
女性研究	2014	1/0	社会学	2016	1/0	心理学—临床	2013	1/7	心理学—应用	2016	1/0
人口学	2011	1/0	传播	2015	1/0		2013	1/1	政治科学	2009	1/1
餐旅、休闲、运动和旅游	2015	2/0		2016	1/0	心理学—社会	2014	1/3		2010	2/0
人体工程学	2013	1/7	卫生保健政策和服务	2016	2/0		2015	2/0	语言学	2014	2/5
	2015	1/0	文化研究	2016	2/0		2016	2/0			
社会科学—数学方法	2003	1/0	心理学—发展	2016	1/5	心理学—生物	2015	1/1			
社会问题	2014	1/0	心理学—跨学科	2015	1/0	心理学—试验	2015	1/0			

吉林大学具有潜在优势的学科有规划与发展，精神病学，康复，药物滥用，历史，公共事业、环境和职业健康，城市研究，环保和可持续发展的科学技术，环境研究，商业—财经，社会科学—跨学科，区域研究，教育和教学研究，护理学，法律，运输，国际关系，女性研究，人口学，餐旅、休闲、运动和旅游，人体工程学，社会科学—数学方法，社会问题，社会学，传播，卫生保健政策和服务，文化研究，心理学—发展，心理学—跨学科，心理学—临床，心理学—社会，心理学—生物，心理学—试验，心理学—应用，政治科学，语言学；具有稳定优势的学科有管理学、人类学、商业、经济学、信息科学与图书馆科学；没有显现出极强优势的学科。

76. 暨南大学

2000~2016年，SSCI收录暨南大学各学科论文篇数及被引数见表5-78，按年份远近排序。

表5-78 2000~2016年SSCI收录暨南大学各学科论文篇数及被引数

学科	年份	篇数/被引数	学科	年份	篇数/被引数	学科	年份	篇数/被引数	学科	年份	篇数/被引数
管理学	2007	2/22	管理学	2011	1/1	管理学	2014	3/19	管理学	2016	6/1
	2010	2/2		2013	2/24		2015	2/0	环境研究	2012	1/4

续表

学科	年份	篇数/被引数	学科	年份	篇数/被引数	学科	年份	篇数/被引数	学科	年份	篇数/被引数
环境研究	2013	3/20	餐旅、休闲、运动和旅游	2014	2/11	商业—财经	2010	2/10	信息科学与图书馆科学	2011	1/6
	2014	4/6		2015	2/0		2013	1/0		2014	2/2
	2015	6/12		2016	2/1		2014	2/6		2015	1/2
	2016	19/16	地理	2013	2/19		2015	6/10		2016	1/0
经济学	2005	1/13		2014	2/1		2016	3/0	语言学	2011	2/0
	2007	1/12		2015	1/1	人类学	2007	1/0		2015	1/0
	2009	1/17		2016	3/0	社会科学—跨学科	2014	2/10		2016	4/0
	2010	6/66	规划与发展	2011	1/4		2015	2/2	运输	2014	1/6
	2011	5/16		2014	1/0		2016	3/1		2016	1/0
	2012	7/22		2015	2/4	社会科学—数学方法	2012	1/5	政治科学	2013	1/3
	2013	12/32		2016	4/2		2014	1/0		2015	1/0
	2014	12/22	国际关系	2010	2/10		2015	1/0	公共行政	2013	1/3
	2015	14/17		2011	1/7		2016	1/0		2016	1/0
	2016	18/2		2013	1/0		2007	1/0	犯罪学和刑罚学	2016	1/0
商业	2010	6/132		2016	2/0	社会学	2011	1/2	公共事业、环境和职业健康	2016	4/0
	2011	2/8	精神病学	2012	1/9		2014	1/2	护理学	2013	1/0
	2012	1/5		2014	3/15		2015	1/2	环保和可持续发展的科学技术	2014	1/5
	2015	6/6		2015	2/2		2016	1/0		2015	4/15
	2016	7/1		2016	1/1	传播	2011	1/2		2016	8/10
法律	2013	1/3	人体工程学	2007	1/5		2014	3/2	家庭研究	2015	1/0
	2014	1/0		2012	2/14		2015	1/0	教育和教学研究	2000	1/2
	2015	1/0		2013	1/5		2016	4/0		2015	1/0
城市研究	2015	3/7		2015	1/1	心理学—社会	2013	1/1	康复	2014	1/1
	2016	2/1		2008	1/12		2015	2/0		2016	1/0
餐旅、休闲、运动和旅游	2013	1/22	商业—财经	2009	1/5		2016	1/0	劳动关系与劳动力	2014	1/2

续表

学科	年份	篇数/被引数	学科	年份	篇数/被引数	学科	年份	篇数/被引数	学科	年份	篇数/被引数
历史	2015	1/0	女性研究	2016	1/0	卫生保健政策和服务	2016	1/0	心理学—试验	2011	1/6
伦理学	2010	2/120	区域研究	2011	1/0	文化研究	2016	1/0	心理学—数学	2015	1/0
伦理学	2015	1/1	区域研究	2013	1/0	心理学—跨学科	2011	1/2			
伦理学	2016	1/0	人口学	2014	1/1	心理学—跨学科	2016	3/0			
民族研究	2016	1/0	人口学	2015	1/2	心理学—临床	2013	1/6			

暨南大学具有潜在优势的学科有环境研究，商业，法律，城市研究，餐旅、休闲、运动和旅游，地理，规划与发展，国际关系，精神病学，人体工程学，人类学，社会科学—跨学科，社会科学—数学方法，社会学，传播，心理学—社会，信息科学与图书馆科学，语言学，运输，政治科学，公共行政，犯罪学和刑罚学，公共事业、环境和职业健康，护理学，环保和可持续发展的科学技术，家庭研究，教育和教学研究，康复，劳动关系与劳动力，历史，伦理学，民族研究，女性研究，区域研究，人口学，卫生保健政策和服务，文化研究，心理学—跨学科，心理学—临床，心理学—试验，心理学—数学；具有稳定优势的学科有管理学、经济学、商业—财经；没有显现出极强优势的学科。

77. 江南大学

2000~2016年，SSCI 收录江南大学各学科论文篇数及被引数见表 5-79，按年份远近排序。

表 5-79　2000~2016 年 SSCI 收录江南大学各学科论文篇数及被引数

学科	年份	篇数/被引数	学科	年份	篇数/被引数	学科	年份	篇数/被引数	学科	年份	篇数/被引数
公共事业、环境和职业健康	2015	1/3	护理学	2014	1/18	经济学	2014	2/4	商业	2016	1/1
公共事业、环境和职业健康	2016	2/0	护理学	2015	3/12	经济学	2015	5/6	卫生保健政策和服务	2015	1/0
管理学	2014	1/0	护理学	2016	2/0	经济学	2016	1/1	卫生保健政策和服务	2016	1/0
管理学	2015	2/0	经济学	2010	2/2	康复	2014	1/6	心理学—跨学科	2014	1/10
管理学	2016	3/1	经济学	2012	2/8	人体工程学	2011	1/1	心理学—跨学科	2015	4/3

续表

学科	年份	篇数/被引数	学科	年份	篇数/被引数	学科	年份	篇数/被引数	学科	年份	篇数/被引数
心理学—社会	2016	1/0	心理学—试验	2015	1/1	教育和教学研究	2016	1/0	社会科学—生物医学	2015	1/2
心理学—生物	2015	1/11	环保和可持续发展的科学技术	2016	1/0	社会科学—跨学科	2016	1/1	传播	2016	1/0
	2016	1/0	环境研究	2016	1/0	社会科学—生物医学	2014	1/10	信息科学与图书馆科学	2014	1/0

江南大学具有潜在优势的学科有公共事业、环境和职业健康，管理学，护理学，经济学，康复，人体工程学，商业，卫生保健政策和服务，心理学—跨学科，心理学—社会，心理学—生物，心理学—试验，环保和可持续发展的科学技术，环境研究，教育和教学研究，社会科学—跨学科，社会科学—生物医学，传播，信息科学与图书馆科学；无具有稳定优势的学科；也无具有极强优势的学科。

78. 江苏大学

2000~2016年，SSCI收录江苏大学各学科论文篇数及被引数见表5-80，按年份远近排序。

表5-80　2000~2016年SSCI收录江苏大学各学科论文篇数及被引数

学科	年份	篇数/被引数	学科	年份	篇数/被引数	学科	年份	篇数/被引数	学科	年份	篇数/被引数
公共事业、环境和职业健康	2014	1/3	环保和可持续发展的科学技术	2014	1/2	精神病学	2016	1/0	心理学—试验	2011	1/1
	2015	3/3		2015	1/3	老年医学	2009	1/2	信息科学与图书馆科学	2013	1/8
	2016	2/0		2016	3/2	商业	2011	1/0		2014	2/3
管理学	2007	1/0	环境研究	2014	2/3	社会工作	2015	1/1		2015	1/2
	2011	1/0		2015	1/8	社会科学—数学方法	2014	1/0		2016	1/0
	2014	1/3		2016	1/0		2016	1/0	语言学	2012	1/0
护理学	2010	2/4	经济学	2013	2/9	传播	2015	1/0		2014	1/1
	2015	1/0		2014	3/6	卫生保健政策和服务	2014	1/3			
	2016	1/0		2015	1/0	心理学—跨学科	2011	1/1			
规划与发展	2016	1/1		2016	1/0	心理学—社会	2016	1/0			

江苏大学具有潜在优势的学科有公共事业、环境和职业健康，管理学，护理学，规划与发展，环保和可持续发展的科学技术，环境研究，经济学，精神病学，老年医学，商业，社会工作，社会科学—数学方法，传播，卫生保健政策和服务，心理学—跨学科，心理学—社会，心理学—试验，信息科学与图书馆科学，语言学；无具有稳定优势的学科；也无具有极强优势的学科。

79. 江苏科技大学

2000~2016年，SSCI收录江苏科技大学各学科论文篇数及被引数见表5-81，按年份远近排序。

表 5-81　2000~2016 年 SSCI 收录江苏科技大学各学科论文篇数及被引数

学科	年份	篇数/被引数	学科	年份	篇数/被引数
管理学	2011	1/2	商业	2011	2/7
	2012	1/23		2015	1/2
	2016	3/3	心理学—应用	2015	1/0
经济学	2016	1/0	信息科学与图书馆科学	2010	2/12
人体工程学	2015	1/0		2012	1/23

江苏科技大学具有潜在优势的学科有管理学、经济学、人体工程学、商业、心理学—应用、信息科学与图书馆科学；无具有稳定优势的学科；也无具有极强优势的学科。

80. 江苏师范大学

2000~2016年，SSCI收录江苏师范大学各学科论文篇数及被引数见表5-82，按年份远近排序。

表 5-82　2000~2016 年 SSCI 收录江苏师范大学各学科论文篇数及被引数

学科	年份	篇数/被引数	学科	年份	篇数/被引数	学科	年份	篇数/被引数	学科	年份	篇数/被引数
环境研究	2014	2/17	经济学	2014	1/6	社会科学—跨学科	2016	1/0	卫生保健政策和服务	2015	1/0
	2015	1/2		2015	1/1	社会科学—数学方法	2015	2/2	心理学—社会	2014	1/2
	2016	2/1		2016	2/0		2016	1/0		2015	1/0
教育和教学研究	2014	1/2	商业—财经	2014	1/6	社会学	2013	1/14	心理学—试验	2016	1/2
	2015	4/8	社会科学—跨学科	2013	1/14		2014	1/4		2015	1/0
	2016	4/1		2014	1/4		2016	1/0	语言学	2016	1/1

续表

学科	年份	篇数/被引数	学科	年份	篇数/被引数	学科	年份	篇数/被引数	学科	年份	篇数/被引数
地理	2016	1/1	餐旅、休闲、运动和旅游	2016	1/0	规划与发展	2014	1/14	商业	2015	1/4
法律	2015	1/0		2013	1/8	国际关系	2015	1/0		2016	1/2
管理学	2016	1/1	城市研究	2014	1/14	环保和可持续发展的科学技术	2016	3/2			

江苏师范大学具有潜在优势的学科有环境研究，教育和教学研究，经济学，商业—财经，社会科学—跨学科，社会科学—数学方法，社会学，卫生保健政策和服务，心理学—社会，心理学—试验，语言学，地理，法律，管理学，餐旅、休闲、运动和旅游，城市研究，规划与发展，国际关系，环保和可持续发展的科学技术，商业；无具有稳定优势的学科；也无具有极强优势的学科。

81. 江西财经大学

2000~2016年，SSCI收录江西财经大学各学科论文篇数及被引数见表5-83，按年份远近排序。

表5-83 2000~2016年SSCI收录江西财经大学各学科论文篇数及被引数

学科	年份	篇数/被引数	学科	年份	篇数/被引数	学科	年份	篇数/被引数	学科	年份	篇数/被引数
管理学	2010	4/32	经济学	2014	8/19	商业	2016	5/1	信息科学与图书馆科学	2014	1/2
	2012	1/5		2015	10/33		2010	2/18		2016	2/0
	2013	2/66		2016	12/3	商业—财经	2012	1/0	社会科学—跨学科	2012	1/0
	2014	1/0	地理	2014	1/2		2013	1/0		2016	1/0
	2015	6/21		2015	1/1		2014	2/2	社会科学—数学方法	2015	2/2
	2016	7/0		2016	1/0		2015	1/1		2016	1/0
经济学	2007	1/7	商业	2010	2/6	心理学—社会	2016	4/0	社会学	2012	1/0
	2008	1/0		2012	1/5		2010	2/4		2015	1/0
	2012	1/0		2014	3/1		2012	1/0	环保和可持续发展的科学技术	2014	11/92
	2013	3/66		2015	5/20		2013	2/5		2015	6/32

学科	年份	篇数/被引数	学科	年份	篇数/被引数	学科	年份	篇数/被引数	学科	年份	篇数/被引数
环保和可持续发展的科学技术	2016	12/13	规划与发展	2015	3/14	城市研究	2015	1/1	心理学—跨学科	2016	1/0
环境研究	2013	2/46	公共事业、环境和职业健康	2016	8/1	国际关系	2014	4/1	运输	2015	1/4
	2014	12/79		2012	1/7	劳动关系与劳动力	2010	2/26	政治科学	2016	1/0
	2015	6/7		2014	2/5	历史	2015	1/0			
	2016	12/12		2016	2/0	社会工作	2016	1/0			
规划与发展	2014	1/2	餐旅、休闲、运动和旅游	2015	2/0	传播	2016	3/0			

江西财经大学具有潜在优势的学科有管理学，地理，商业，商业—财经，心理学—社会，信息科学与图书馆科学，社会科学—跨学科，社会科学—数学方法，社会学，环保和可持续发展的科学技术，环境研究，规划与发展，公共事业、环境和职业健康，餐旅、休闲、运动和旅游，城市研究，国际关系，劳动关系与劳动力，历史，社会工作，传播，心理学—跨学科，运输，政治科学；具有稳定优势的学科有经济学；没有显现出极强优势的学科。

82. 江西师范大学

2000~2016年，SSCI收录江西师范大学各学科论文篇数及被引数见表5-84，按年份远近排序。

表5-84 2000~2016年SSCI收录江西师范大学各学科论文篇数及被引数

学科	年份	篇数/被引数	学科	年份	篇数/被引数	学科	年份	篇数/被引数	学科	年份	篇数/被引数
经济学	2010	2/8	语言学	2014	2/5	国际关系	2015	1/0	社会科学—数学方法	2010	2/8
	2014	2/0		2016	1/0		2016	1/0		2016	1/0
	2015	1/0	政治科学	2016	1/0	心理学—数学	2015	1/0	社会学	2014	1/2
	2016	2/0		2013	1/2		2016	1/0	心理学—跨学科	2016	3/0
语言学	2010	2/20	商业	2015	1/0	教育和教学研究	2014	1/4	心理学—社会	2016	1/0
	2013	1/3		2016	1/0		2015	1/0	心理学—生物	2013	1/2

续表

学科	年份	篇数/被引数	学科	年份	篇数/被引数	学科	年份	篇数/被引数	学科	年份	篇数/被引数
心理学—试验	2016	1/0	心理学—应用	2015	1/0	餐旅、休闲、运动和旅游	2015	3/0	环保和可持续发展的科学技术	2016	1/0
商业—财经	2016	1/0	心理学—教育	2015	2/0	城市研究	2016	1/0	环境研究	2016	2/0
社会科学—跨学科	2014	1/2	历史	2015	3/0	公共事业、环境和职业健康	2016	1/1			

江西师范大学具有潜在优势的学科有经济学，语言学，政治科学，商业，国际关系，心理学—数学，教育和教学研究，社会科学—数学方法，社会学，心理学—跨学科，心理学—社会，心理学—生物，心理学—试验，商业—财经，社会科学—跨学科，心理学—应用，心理学—教育，历史，餐旅、休闲、运动和旅游，城市研究，公共事业、环境和职业健康，环保和可持续发展的科学技术，环境研究；无具有稳定优势的学科；也无具有极强优势的学科。

83. 昆明理工大学

2000~2016 年，SSCI 收录昆明理工大学各学科论文篇数及被引数见表 5-85，按年份远近排序。

表 5-85 2000~2016 年 SSCI 收录昆明理工大学各学科论文篇数及被引数

学科	年份	篇数/被引数	学科	年份	篇数/被引数
经济学	2013	1/6	心理学—试验	2012	1/1
	2014	1/1		2015	1/0
	2016	1/1	老年医学	2016	2/0
管理学	2012	1/0	历史与科学哲学	2009	1/7
	2016	2/3	伦理学	2009	1/7
环境研究	2013	1/6	区域研究	2016	1/0
精神病学	2016	1/0	心理学—跨学科	2013	1/0
药物滥用	2016	1/0	语言学	2015	1/0

昆明理工大学具有潜在优势的学科有经济学、管理学、环境研究、精神病学、药物滥用、心理学—试验、老年医学、历史与科学哲学、伦理学、区域研究、心理学—跨学科、语言学；无具有稳定优势的学科；也无具有极强优势的学科。

84. 昆明医科大学

2000~2016年，SSCI收录昆明医科大学各学科论文篇数及被引数见表5-86，按年份远近排序。

表5-86　2000~2016年SSCI收录昆明医科大学各学科论文篇数及被引数

学科	年份	篇数/被引数	学科	年份	篇数/被引数	学科	年份	篇数/被引数
公共事业、环境和职业健康	2007	1/13	药物滥用	2009	1/0	社会科学—生物医学	2008	1/13
	2008	3/24		2015	1/2	传播	2009	1/3
	2009	1/5		2016	1/1	卫生保健政策和服务	2004	1/4
	2011	1/2	心理学—临床	2009	1/0	心理学—社会	2016	1/0
	2012	3/20		2014	1/6	信息科学与图书馆科学	2009	1/3
	2013	2/11		2016	1/0	老年医学	2016	1/0
	2015	4/6	精神病学	2010	2/18	女性研究	2009	1/5
	2016	2/0		2013	3/33	规划与发展	2000	1/1
区域研究	2000	1/1		2014	3/10	康复	2009	1/8
	2010	2/16		2016	3/1			

昆明医科大学具有潜在优势的学科有区域研究、药物滥用、心理学—临床、精神病学、社会科学—生物医学、传播、卫生保健政策和服务、心理学—社会、信息科学与图书馆科学、老年医学、女性研究、规划与发展、康复；具有稳定优势的学科有公共事业、环境和职业健康；没有显现出极强优势的学科。

85. 兰州大学

2000~2016年，SSCI收录兰州大学各学科论文篇数及被引数见表5-87，按年份远近排序。

表5-87　2000~2016年SSCI收录兰州大学各学科论文篇数及被引数

学科	年份	篇数/被引数	学科	年份	篇数/被引数	学科	年份	篇数/被引数	学科	年份	篇数/被引数
环境研究	2007	2/39	环境研究	2014	6/92	经济学	2008	1/1	经济学	2016	2/0
	2009	1/41		2015	2/4		2011	1/7	精神病学	2014	1/0
	2011	6/76		2016	9/36		2012	1/2		2016	1/0
	2012	4/40	经济学	2007	2/39		2013	2/55	环保和可持续发展的科学技术	2009	1/24

续表

学科	年份	篇数/被引数	学科	年份	篇数/被引数	学科	年份	篇数/被引数	学科	年份	篇数/被引数
环保和可持续发展的科学技术	2011	1/11	城市研究	2016	3/3	心理学—跨学科	2015	2/4	社会学	2011	1/11
	2014	6/31	护理学	2011	1/10		2016	1/0	传播	2015	1/0
	2015	2/4		2014	2/0	心理学—社会	2013	1/0	商业—财经	2015	1/0
	2016	7/10		2008	1/4		2016	1/0	社会科学—跨学科	2014	1/0
人类学	2011	1/11	管理学	2011	2/13	信息科学与图书馆科学	2014	1/1	地理	2008	1/1
	2013	1/14		2012	1/41		2015	1/2	公共行政	2013	1/8
	2014	1/0		2014	1/18	语言学	2011	1/2	规划与发展	2016	1/2
	2015	2/12	公共事业、环境和职业健康	2012	1/3	社会科学—数学方法	2013	1/12	老年医学	2016	1/0
城市研究	2010	2/20		2015	1/0		2016	2/0	区域研究	2013	1/0
	2011	2/7		2016	1/0	卫生保健政策和服务	2013	1/3			
	2014	1/1	心理学—跨学科	2014	1/6		2015	1/0			

兰州大学具有潜在优势的学科有经济学,精神病学,环保和可持续发展的科学技术,人类学,城市研究,护理学,管理学,公共事业、环境和职业健康,心理学—跨学科,心理学—社会,信息科学与图书馆科学,语言学,社会科学—数学方法,卫生保健政策和服务,社会学,传播,商业—财经,社会科学—跨学科,地理,公共行政,规划与发展,老年医学,区域研究;具有稳定优势的学科有环境研究;没有显现出极强优势的学科。

86. 兰州交通大学

2000~2016年,SSCI收录兰州交通大学各学科论文篇数及被引数见表5-88,按年份远近排序。

表5-88　2000~2016年SSCI收录兰州交通大学各学科论文篇数及被引数

学科	年份	篇数/被引数	学科	年份	篇数/被引数
地理	2011	1/8	环境研究	2016	2/0
	2012	1/2	经济学	2015	1/15
环境研究	2011	1/8	城市研究	2016	1/0

续表

学科	年份	篇数/被引数	学科	年份	篇数/被引数
管理学	2015	1/14	环保和可持续发展的科学技术	2016	1/0
运输	2015	1/15	信息科学与图书馆科学	2012	1/2

兰州交通大学具有潜在优势的学科有地理、环境研究、经济学、城市研究、管理学、运输、环保和可持续发展的科学技术、信息科学与图书馆科学;无具有稳定优势的学科;也无具有极强优势的学科。

87. 辽宁师范大学

2000~2016年,SSCI收录辽宁师范大学各学科论文篇数及被引数见表5-89,按年份远近排序。

表 5-89 2000~2016 年 SSCI 收录辽宁师范大学各学科论文篇数及被引数

学科	年份	篇数/被引数	学科	年份	篇数/被引数	学科	年份	篇数/被引数
环保和可持续发展的科学技术	2014	1/1	心理学—跨学科	2013	1/11	城市研究	2015	1/0
	2015	1/1		2015	3/0	地理	2014	1/0
	2016	2/0		2016	1/0	公共事业、环境和职业健康	2016	1/0
环境研究	2014	1/1	心理学—社会	2014	1/1	管理学	2016	1/1
	2015	2/1		2016	1/0	规划与发展	2015	1/0
	2016	3/1	心理学—试验	2013	2/3	经济学	2014	1/0
心理学—生物	2012	1/2		2014	5/20	心理学—发展	2013	1/1
	2013	2/9		2016	2/1	运输	2014	1/0
	2015	1/1	心理学—数学	2014	1/4	餐旅、休闲、运动和旅游	2016	1/1
	2016	3/2	语言学	2014	1/2			

辽宁师范大学具有潜在优势的学科有环保和可持续发展的科学技术,环境研究,心理学—生物,心理学—跨学科,心理学—社会,心理学—试验,心理学—数学,语言学,城市研究,地理,公共事业、环境和职业健康,管理学,规划与发展,经济学,心理学—发展,运输,餐旅、休闲、运动和旅游;无具有稳定优势的学科;也无具有极强优势的学科。

88. 闽江学院

2000~2016年,SSCI收录闽江学院各学科论文篇数及被引数见表5-90,按年份远近排序。

表 5-90 2000~2016 年 SSCI 收录闽江学院各学科论文篇数及被引数

学科	年份	篇数/被引数	学科	年份	篇数/被引数	学科	年份	篇数/被引数
环境研究	2011	2/71	经济学	2012	1/3	环保和可持续发展的科学技术	2013	2/31
	2012	4/109		2013	2/61		2014	6/74
	2013	3/48		2014	2/18		2015	2/20
	2014	5/77		2015	3/11		2016	4/6
	2016	1/3		2016	1/3	商业—财经	2013	1/0
地理	2013	1/23	商业	2015	1/1		2014	1/3
规划与发展	2016	1/4		2016	1/4	国际关系	2015	1/1

闽江学院具有潜在优势的学科有环境研究、地理、规划与发展、经济学、商业、环保和可持续发展的科学技术、商业—财经、国际关系；无具有稳定优势的学科；也无具有极强优势的学科。

89. 南昌大学

2000~2016 年，SSCI 收录南昌大学各学科论文篇数及被引数见表 5-91，按年份远近排序。

表 5-91 2000~2016 年 SSCI 收录南昌大学各学科论文篇数及被引数

学科	年份	篇数/被引数	学科	年份	篇数/被引数	学科	年份	篇数/被引数
公共事业、环境和职业健康	2014	1/2	管理学	2013	2/7	环保和可持续发展的科学技术	2016	1/2
	2015	2/1		2016	2/2	环境研究	2015	1/2
	2016	4/2	护理学	2013	1/0	商业—财经	2016	1/0
经济学	2013	3/18		2016	1/0	社会科学—数学方法	2013	1/5
	2014	4/3	精神病学	2015	1/1	卫生保健政策和服务	2015	1/1
	2016	2/0	康复	2016	1/0	心理学—跨学科	2015	1/1
地理	2013	1/0	人类学	2015	1/0	信息科学与图书馆科学	2015	1/0

南昌大学具有潜在优势的学科有公共事业、环境和职业健康，经济学，地理，管理学，护理学，精神病学，康复，人类学，环保和可持续发展的科学技术，环境研究，商业—财经，社会科学—数学方法，卫生保健政策和服务，心理学—跨学科，信息科学与图书馆科学；无具有稳定优势的学科；也无具有极强优

势的学科。

90. 南方医科大学

2000~2016年，SSCI收录南方医科大学各学科论文篇数及被引数见表5-92，按年份远近排序。

表5-92 2000~2016年SSCI收录南方医科大学各学科论文篇数及被引数

学科	年份	篇数/被引数	学科	年份	篇数/被引数	学科	年份	篇数/被引数
公共事业、环境和职业健康	2009	2/29	护理学	2009	1/17	心理学—跨学科	2011	1/3
	2010	4/24		2013	1/9		2012	1/2
	2012	3/26		2014	1/1	心理学—临床	2016	1/1
	2014	3/22		2015	1/1	心理学—社会	2014	1/1
	2015	3/2		2016	2/0		2016	1/0
	2016	7/0	教育和教学研究	2014	1/2	心理学—生物	2015	1/1
精神病学	2013	1/14		2015	1/1	心理学—试验	2016	1/0
	2015	2/3	卫生保健政策和服务	2012	1/1	运输	2016	1/0
	2016	3/2		2016	1/0	伦理学	2012	1/2

南方医科大学具有潜在优势的学科有公共事业、环境和职业健康，精神病学，护理学，教育和教学研究，卫生保健政策和服务，心理学—跨学科，心理学—临床，心理学—社会，心理学—生物，心理学—试验，运输，伦理学；无具有稳定优势的学科；也无具有极强优势的学科。

91. 南京财经大学

2000~2016年，SSCI收录南京财经大学各学科论文篇数及被引数见表5-93，按年份远近排序。

表5-93 2000~2016年SSCI收录南京财经大学各学科论文篇数及被引数

学科	年份	篇数/被引数	学科	年份	篇数/被引数	学科	年份	篇数/被引数
经济学	2010	2/112	经济学	2016	7/2	信息科学与图书馆科学	2015	1/1
	2012	1/1	信息科学与图书馆科学	2009	1/9		2016	2/0
	2014	2/15		2011	1/18	传播	2009	1/9
	2015	3/0		2012	1/3		2011	1/18

续表

学科	年份	篇数/被引数	学科	年份	篇数/被引数	学科	年份	篇数/被引数
传播	2012	2/4	环保和可持续发展的科学技术	2015	3/3	商业	2015	1/0
管理学	2012	1/2		2016	2/3	商业—财经	2016	1/0
	2014	2/6	环境研究	2014	1/4	社会科学—数学方法	2016	1/0
	2015	2/0		2015	2/2	餐旅、休闲、运动和旅游	2014	1/1
	2016	1/0		2016	4/4	地理	2015	2/6
城市研究	2014	1/5	区域研究	2009	1/1	规划与发展	2015	1/0
	2015	1/3		2012	1/2	教育和教学研究	2015	1/1
	2016	1/0		2016	1/0	人口学	2016	1/0
环保和可持续发展的科学技术	2014	1/4	商业	2014	1/6	运输	2016	2/1

南京财经大学具有潜在优势的学科有经济学，信息科学与图书馆科学，传播，管理学，城市研究，环保和可持续发展的科学技术，环境研究，区域研究，商业，商业—财经，社会科学—数学方法，餐旅、休闲、运动和旅游，地理，规划与发展，教育和教学研究，人口学，运输；无具有稳定优势的学科；也无具有极强优势的学科。

92. 南京大学

2000~2016年，SSCI收录南京大学各学科论文篇数及被引数见表5-94，按年份远近排序。

表 5-94 2000~2016 年 SSCI 收录南京大学各学科论文篇数及被引数

学科	年份	篇数/被引数	学科	年份	篇数/被引数	学科	年份	篇数/被引数	学科	年份	篇数/被引数
餐旅、休闲、运动和旅游	2008	1/4	城市研究	2012	1/11	地理	2012	6/41	公共行政	2013	1/2
	2010	2/10		2013	2/17		2013	1/3		2015	1/2
	2011	3/61		2014	4/27		2014	6/30	管理学	2006	1/56
	2012	1/12		2015	11/14		2015	6/4		2008	2/121
	2013	1/13		2016	9/7		2016	8/3		2009	5/62
	2014	2/4	地理	2006	1/55	公共行政	2009	1/3		2010	4/20
	2015	4/1		2010	10/220		2010	2/12		2011	7/90
	2016	4/3		2011	1/0		2012	2/6		2012	6/49

续表

学科	年份	篇数/被引数	学科	年份	篇数/被引数	学科	年份	篇数/被引数	学科	年份	篇数/被引数
管理学	2013	13/166	规划与发展	2012	2/14	精神病学	2015	5/9	社会科学—数学方法	2013	1/5
	2014	15/69		2013	3/9		2016	2/0		2015	1/5
	2015	11/14		2014	2/24	区域研究	2008	1/0		2016	1/0
	2016	16/9		2015	8/10		2010	8/22	社会学	2001	1/0
环保和可持续发展的科学技术	2008	1/77		2016	8/7		2011	2/8		2009	1/7
	2010	4/24	教育和教学研究	2000	1/2		2012	4/9		2012	1/0
	2012	3/9		2007	1/35		2013	1/0		2014	4/100
	2013	2/51		2009	2/0		2014	6/10		2015	6/139
	2014	6/70		2010	2/10		2015	3/0		2016	6/7
	2015	6/13		2011	2/9		2016	4/0	传播	2012	1/4
	2016	14/9		2012	1/1	人类学	2001	1/0		2013	1/6
公共事业、环境和职业健康	2004	1/27		2014	2/0		2006	1/25		2015	1/0
	2008	1/12		2016	1/0		2011	2/16		2016	2/0
	2010	2/10		2005	1/45		2013	2/4	卫生保健政策和服务	2013	1/22
	2012	2/9		2006	1/55		2016	1/1		2014	2/14
	2014	8/89		2008	5/129	商业	2005	1/12		2015	2/4
	2015	5/38		2009	2/8		2011	5/11		2016	1/0
	2016	7/0		2010	4/2		2012	2/3	心理学—跨学科	2012	2/5
环境研究	2004	1/10	经济学	2011	10/23		2013	10/59		2014	1/5
	2006	1/55		2012	8/28		2014	9/34		2015	3/0
	2008	1/110		2013	18/67		2015	6/2		2016	10/0
	2009	1/4		2014	15/38		2016	8/3	心理学—临床	2009	1/14
	2010	8/224		2015	22/19	商业—财经	2012	1/7		2010	2/22
	2011	8/193		2016	23/5		2013	5/31		2015	1/0
	2012	11/90	精神病学	2009	1/14		2014	3/20		2016	2/0
	2013	6/36		2010	2/22		2015	3/6	心理学—社会	2010	2/24
	2014	14/71		2011	1/9		2016	5/1		2011	4/13
	2015	20/26		2012	1/9	社会科学—数学方法	2008	1/12		2012	5/5
	2016	29/14		2014	2/46		2012	1/15		2013	6/4

续表

学科	年份	篇数/被引数	学科	年份	篇数/被引数	学科	年份	篇数/被引数	学科	年份	篇数/被引数
心理学—社会	2014	11/16	信息科学与图书馆科学	2013	12/54	运输	2015	1/4	历史与科学哲学	2003	1/6
	2015	7/5		2014	18/53		2016	7/2		2009	1/0
	2016	3/0		2015	11/12	政治科学	2006	1/1		2015	1/0
心理学—生物	2009	1/14		2016	17/6		2011	1/12	伦理学	2003	1/6
	2010	2/22	社会科学—跨学科	2011	1/0		2013	1/1		2005	1/12
	2014	2/4		2014	5/98		2014	1/1		2015	1/0
	2016	1/0		2015	4/138		2016	1/0	民族研究	2016	1/0
心理学—试验	2011	1/3		2016	4/6	法律	2011	1/1	女性研究	2010	2/10
	2012	1/0	社会科学—生物医学	2004	1/27		2013	1/1		2013	2/1
	2013	1/2		2012	1/7	犯罪学和刑罚学	2014	1/0		2014	2/3
	2014	1/2		2014	1/1	国际关系	2013	1/6	人口学	2012	1/7
	2015	2/3		2002	1/40		2014	2/7		2014	1/1
	2016	5/0		2006	1/0		2015	1/2		2016	1/0
心理学—应用	2012	1/9	语言学	2007	2/78		2016	2/0	社会工作	2016	1/5
	2013	2/12		2009	2/14	护理学	2013	1/1	社会科学史	2009	1/0
	2014	2/14		2010	2/10		2014	1/0	文化研究	2012	1/0
	2015	1/2		2011	2/5		2015	1/1		2013	3/1
	2016	1/0		2013	1/0	家庭研究	2014	1/2		2015	2/0
信息科学与图书馆科学	2001	1/15		2014	3/0	康复	2011	1/7	心理学—发展	2012	1/0
	2008	2/3		2016	1/0		2016	1/0		2014	1/2
	2009	2/18		2005	1/45	药物滥用	2015	1/1		2015	1/0
	2010	2/12		2010	2/12		2016	3/0	心理学—教育	2015	2/0
	2011	6/58	运输	2011	1/3	劳动关系与劳动力	2016	1/0			
	2012	6/27		2013	1/4	老年医学	2015	2/17			

南京大学具有潜在优势的学科有城市研究、公共行政、规划与发展、人类学、商业—财经、社会科学—数学方法、社会学、传播、卫生保健政策和服务、

心理学—跨学科、心理学—临床、心理学—生物、心理学—试验、心理学—应用、社会科学—跨学科、社会科学—生物医学、运输、政治科学、法律、犯罪学和刑罚学、国际关系、护理学、家庭研究、康复、药物滥用、劳动关系与劳动力、老年医学、历史与科学哲学、伦理学、民族研究、女性研究、人口学、社会工作、社会科学史、文化研究、心理学—发展、心理学—教育；具有稳定优势的学科有餐旅、休闲、运动和旅游、地理、管理学、环保和可持续发展的科学技术、公共事业、环境和职业健康、环境研究、教育和教学研究、经济学、精神病学、区域研究、商业、心理学—社会、信息科学与图书馆科学、语言学；没有显现出极强优势的学科。

93. 南京工业大学

2000~2016年，SSCI收录南京工业大学各学科论文篇数及被引数见表5-95，按年份远近排序。

表5-95 2000~2016年SSCI收录南京工业大学各学科论文篇数及被引数

学科	年份	篇数/被引数	学科	年份	篇数/被引数	学科	年份	篇数/被引数
城市研究	2012	1/5	环保和可持续发展的科学技术	2015	1/1	教育和教学研究	2015	1/0
	2013	1/2		2016	1/0	传播	2016	1/1
	2015	1/4	心理学—社会	2014	1/1	卫生保健政策和服务	2016	1/1
	2016	1/0		2016	1/0	信息科学与图书馆科学	2014	1/8
环境研究	2009	1/0	地理	2014	1/8		2015	1/2
	2013	1/2	管理学	2015	1/5	语言学	2015	1/0
	2015	2/5	规划与发展	2016	1/0			
	2016	2/0	经济学	2015	2/5			

南京工业大学具有潜在优势的学科有城市研究、环境研究、环保和可持续发展的科学技术、心理学—社会、地理、管理学、规划与发展、经济学、教育和教学研究、传播、卫生保健政策和服务、信息科学与图书馆科学、语言学；无具有稳定优势的学科；也无具有极强优势的学科。

94. 南京航空航天大学

2000~2016年，SSCI收录南京航空航天大学各学科论文篇数及被引数见表5-96，按年份远近排序。

表 5-96 2000~2016 年 SSCI 收录南京航空航天大学各学科论文篇数及被引数

学科	年份	篇数/被引数	学科	年份	篇数/被引数	学科	年份	篇数/被引数	学科	年份	篇数/被引数
管理学	2002	2/14	环保和可持续发展的科学技术	2009	1/28	经济学	2008	1/51	信息科学与图书馆科学	2009	1/9
	2009	1/72		2014	3/26		2010	2/288		2016	1/0
	2011	1/13		2015	1/6		2012	2/47	语言学	2014	1/3
	2012	1/3		2016	9/6		2013	1/44		2015	1/2
	2013	1/6	环境研究	2009	2/30		2014	6/53	运输	2014	1/7
	2014	1/10		2010	6/220		2015	6/6		2015	3/3
	2015	1/1		2011	1/106		2016	8/3		2016	5/1
	2016	3/2		2012	1/75		2014	2/0	公共事业、环境和职业健康	2016	1/1
社会科学—跨学科	2009	1/30		2013	1/71	社会科学—数学方法	2015	1/1	教育和教学研究	2014	1/3
	2010	2/90		2014	2/3		2016	2/0	劳动关系与劳动力	2016	1/1
	2014	1/10		2015	2/18	商业	2012	1/8	人体工程学	2016	3/1
	2016	2/2		2016	8/5		2016	3/1			
社会学	2009	1/30	规划与发展	2012	1/8	商业—财经	2015	1/2			
	2010	2/90		2016	1/1		2016	1/0			

南京航空航天大学具有潜在优势的学科有社会科学—跨学科，社会学，环保和可持续发展的科学技术，规划与发展，社会科学—数学方法，商业，商业—财经，信息科学与图书馆科学，语言学，运输，公共事业、环境和职业健康，教育和教学研究，劳动关系与劳动力，人体工程学；具有稳定优势的学科有管理学、环境研究、经济学；没有显现出极强优势的学科。

95. 南京理工大学

2000~2016 年，SSCI 收录南京理工大学各学科论文篇数及被引数见表 5-97，按年份远近排序。

表 5-97　2000~2016 年 SSCI 收录南京理工大学各学科论文篇数及被引数

学科	年份	篇数/被引数	学科	年份	篇数/被引数	学科	年份	篇数/被引数
信息科学与图书馆科学	2006	2/9	经济学	2015	3/4	社会科学—数学方法	2015	1/0
	2007	1/5		2016	4/4		2016	1/0
	2010	2/2	药物滥用	2014	1/1	语言学	2011	1/1
	2012	1/0	历史与科学哲学	2016	1/0		2014	1/0
	2013	1/0	伦理学	2016	1/0	文化研究	2015	1/0
	2016	6/4	人口学	2015	1/0	心理学—跨学科	2016	1/0
管理学	2011	1/0	商业	2011	1/0	心理学—试验	2016	1/0
	2015	4/7	商业—财经	2016	1/0	公共事业、环境和职业健康	2015	1/7
	2016	3/4	社会工作	2016	1/5	环保和可持续发展的科学技术	2016	1/0
环境研究	2015	1/5	社会科学—跨学科	2016	1/0			
	2016	2/0	传播	2011	1/1			

南京理工大学具有潜在优势的学科有信息科学与图书馆科学，管理学，环境研究，经济学，药物滥用，历史与科学哲学，伦理学，人口学，商业，商业—财经，社会工作，社会科学—跨学科，传播，社会科学—数学方法，语言学，文化研究，心理学—跨学科，心理学—试验，公共事业、环境和职业健康，环保和可持续发展的科学技术；无具有稳定优势的学科；也无具有极强优势的学科。

96. 南京林业大学

2000~2016 年，SSCI 收录南京林业大学各学科论文篇数及被引数见表 5-98，按年份远近排序。

表 5-98　2000~2016 年 SSCI 收录南京林业大学各学科论文篇数及被引数

学科	年份	篇数/被引数	学科	年份	篇数/被引数	学科	年份	篇数/被引数
餐旅、休闲、运动和旅游	2012	2/11	环境研究	2013	1/23	城市研究	2015	1/0
	2013	1/1		2015	2/0	地理	2011	1/11
	2014	3/8		2016	1/2		2015	1/1
	2016	2/0	城市研究	2013	1/23	环保和可持续发展的科学技术	2015	1/0

续表

学科	年份	篇数/被引数	学科	年份	篇数/被引数	学科	年份	篇数/被引数
环保和可持续发展的科学技术	2016	1/2	经济学	2016	1/0	规划与发展	2013	1/23
管理学	2012	1/8	社会科学—数学方法	2016	1/0	信息科学与图书馆科学	2015	1/1
经济学	2014	1/0	公共事业、环境和职业健康	2012	2/2			

南京林业大学具有潜在优势的学科有餐旅、休闲、运动和旅游，环境研究，城市研究，地理，环保和可持续发展的科学技术，管理学，经济学，社会科学—数学方法，公共事业、环境和职业健康，规划与发展，信息科学与图书馆科学；无具有稳定优势的学科；也无具有极强优势的学科。

97. 南京农业大学

2000~2016年，SSCI收录南京农业大学各学科论文篇数及被引数见表5-99，按年份远近排序。

表5-99　2000~2016年SSCI收录南京农业大学各学科论文篇数及被引数

学科	年份	篇数/被引数	学科	年份	篇数/被引数	学科	年份	篇数/被引数
经济学	2004	1/13	环境研究	2001	1/24	信息科学与图书馆科学	2012	1/2
	2007	3/30		2003	1/26		2013	1/3
	2008	1/9		2012	1/0		2014	2/5
	2009	1/5		2013	1/8		2015	3/1
	2010	2/32		2014	3/26		2016	3/0
	2011	3/39		2015	5/10	语言学	2015	1/2
	2012	4/23		2016	9/7	运输	2012	1/0
	2013	5/20	地理	2016	2/0	教育和教学研究	2008	1/0
	2014	7/25	管理学	2013	1/3		2016	1/0
	2015	9/21		2016	3/0	环保和可持续发展的科学技术	2016	3/0
	2016	6/2	规划与发展	2013	1/2	人类学	2013	1/6
城市研究	2015	1/0		2015	2/2	社会工作	2014	1/0
	2016	1/0		2016	2/1	心理学—跨学科	2015	1/0

南京农业大学具有潜在优势的学科有城市研究、地理、管理学、规划与发展、信息科学与图书馆科学、语言学、运输、教育和教学研究、环保和可持续发展的科学技术、人类学、社会工作、心理学—跨学科；具有稳定优势的学科有经

济学、环境研究；没有显现出极强优势的学科。

98. 南京审计大学

2000~2016 年，SSCI 收录南京审计大学各学科论文篇数及被引数见表 5-100，按年份远近排序。

表 5-100　2000~2016 年 SSCI 收录南京审计大学各学科论文篇数及被引数

学科	年份	篇数/被引数	学科	年份	篇数/被引数	学科	年份	篇数/被引数
经济学	2013	2/20	商业—财经	2015	2/7	国际关系	2016	1/0
	2015	5/6		2016	1/0	环保和可持续发展的科学技术	2016	1/0
	2016	5/0	社会科学—数学方法	2013	1/16	伦理学	2015	1/1
商业	2015	2/1		2015	1/1	人类学	2014	1/0
	2016	1/0		2016	3/0	社会学	2014	1/0

南京审计大学具有潜在优势的学科有经济学、商业、商业—财经、社会科学—数学方法、国际关系、环保和可持续发展的科学技术、伦理学、人类学、社会学；无具有稳定优势的学科；也无具有极强优势的学科。

99. 南京师范大学

2000~2016 年，SSCI 收录南京师范大学各学科论文篇数及被引数见表 5-101，按年份远近排序。

表 5-101　2000~2016 年 SSCI 收录南京师范大学各学科论文篇数及被引数

学科	年份	篇数/被引数	学科	年份	篇数/被引数	学科	年份	篇数/被引数	学科	年份	篇数/被引数
地理	2002	1/14	环境研究	2014	4/8	家庭研究	2015	1/0	人类学	2004	1/10
	2010	2/48		2015	3/3	教育—特殊	2015	1/1		2007	2/31
	2013	5/14		2016	3/1	经济学	2009	1/18		2008	1/3
	2014	2/5		2000	2/1		2010	2/44		2012	1/1
	2015	5/11		2001	5/5		2011	1/21		2013	1/9
	2016	5/2		2002	3/1		2012	1/1	心理学—跨学科	2004	1/33
环境研究	2007	1/3	教育和教学研究	2004	4/29		2014	1/14		2012	1/10
	2008	1/25		2011	1/4		2015	1/2		2013	2/3
	2009	2/16		2012	1/6		2016	4/1		2015	2/1
	2012	1/9		2015	1/0	人类学	2001	1/34		2016	7/3
	2013	1/0		2016	3/1		2002	1/66	心理学—试验	2012	2/1

续表

学科	年份	篇数/被引数	学科	年份	篇数/被引数	学科	年份	篇数/被引数	学科	年份	篇数/被引数
心理学—试验	2013	1/2	语言学	2015	1/3	公共事业、环境和职业健康	2014	1/1	康复	2015	1/1
	2014	1/4		2016	3/0		2015	1/2	老年医学	2016	1/0
	2015	3/4	运输	2009	1/18	法律	2016	1/0	历史与科学哲学	2013	1/0
	2016	2/2		2010	2/44	犯罪学和刑罚学	2014	1/0	社会科学—跨学科	2016	1/0
心理学—教育	2011	1/4		2016	2/0	管理学	2008	1/8	社会科学—生物医学	2014	1/1
	2012	1/1	餐旅、休闲、运动和旅游	2013	1/0		2011	1/5	社会科学史	2013	1/1
	2013	1/2		2016	2/0	规划与发展	2014	1/2	社会学	2016	1/0
信息科学与图书馆科学	2013	3/14	城市研究	2014	2/8	环保和可持续发展的科学技术	2014	2/10	心理学—发展	2015	1/1
	2014	2/5		2016	1/1		2015	3/3	心理学—临床	2014	1/0
	2015	4/8	社会科学—数学方法	2011	1/21		2016	2/0		2015	1/0
	2016	3/0		2014	1/14	精神病学	2015	2/10	心理学—社会	2015	2/0
语言学	2013	1/0		2015	1/2		2016	1/0	心理学—生物	2016	2/1
	2014	2/0		2016	2/8	康复	2012	1/0			

南京师范大学具有潜在优势的学科有地理，家庭研究，教育—特殊，心理学—跨学科，心理学—试验，心理学—教育，信息科学与图书馆科学，语言学，运输，餐旅、休闲、运动和旅游，城市研究，社会科学—数学方法，公共事业、环境和职业健康，法律，犯罪学和刑罚学，管理学，规划与发展，环保和可持续发展的科学技术，精神病学，康复，老年医学，历史与科学哲学，社会科学—跨学科，社会科学—生物医学，社会科学史，社会学，心理学—发展，心理学—临床，心理学—社会，心理学—生物；具有稳定优势的学科有环境研究、教育和教学研究、经济学、人类学；没有显现出极强优势的学科。

100. 南京信息工程大学

2000~2016 年，SSCI 收录南京信息工程大学各学科论文篇数及被引数见表 5-102，按年份远近排序。

表 5-102　2000~2016 年 SSCI 收录南京信息工程大学各学科论文篇数及被引数

学科	年份	篇数/被引数	学科	年份	篇数/被引数	学科	年份	篇数/被引数
环保和可持续发展的科学技术	2011	2/15	经济学	2012	1/4	心理学—发展	2014	1/2
	2014	2/11		2014	1/4		2015	1/0
	2015	3/2		2015	1/2	信息科学与图书馆科学	2013	1/0
	2016	10/6		2016	4/1	运输	2014	1/4
环境研究	2013	1/2	精神病学	2014	1/2	管理学	2013	2/8
	2014	2/15		2015	1/0		2015	2/19
	2015	4/3	人口学	2015	1/0	餐旅、休闲、运动和旅游	2016	1/0
	2016	6/3	商业	2012	1/4	国际关系	2012	1/4
家庭研究	2014	1/2	商业—财经	2015	1/2	公共事业、环境和职业健康	2016	1/0
	2015	1/0	社会科学—数学方法	2013	1/8			
地理	2015	2/1		2015	1/0			

南京信息工程大学具有潜在优势的学科有环保和可持续发展的科学技术，环境研究，家庭研究，地理，经济学，精神病学，人口学，商业，商业—财经，社会科学—数学方法，心理学—发展，信息科学与图书馆科学，运输，管理学，餐旅、休闲、运动和旅游，国际关系，公共事业、环境和职业健康；无具有稳定优势的学科；也无具有极强优势的学科。

101. 南京医科大学

2000~2016 年，SSCI 收录南京医科大学各学科论文篇数及被引数见表 5-103，按年份远近排序。

表 5-103　2000~2016 年 SSCI 收录南京医科大学各学科论文篇数及被引数

学科	年份	篇数/被引数	学科	年份	篇数/被引数	学科	年份	篇数/被引数	学科	年份	篇数/被引数
公共事业、环境和职业健康	2008	1/82	护理学	2010	2/8	精神病学	2008	1/17	精神病学	2015	3/14
	2009	1/6		2011	1/4		2009	1/9		2016	8/6
	2013	2/4		2012	1/5		2010	4/64	老年医学	2009	1/15
	2014	5/8		2013	2/21		2012	1/48		2016	2/3
	2015	3/7		2016	1/0		2013	2/19	康复	2012	1/19
	2016	3/2	精神病学	2002	1/3		2014	1/8		2013	2/16

续表

学科	年份	篇数/被引数	学科	年份	篇数/被引数	学科	年份	篇数/被引数	学科	年份	篇数/被引数
康复	2014	2/6	卫生保健政策和服务	2010	2/16	心理学—发展	2015	1/0	信息科学与图书馆科学	2012	1/8
康复	2015	1/1	卫生保健政策和服务	2016	3/0	心理学—发展	2016	2/1	信息科学与图书馆科学	2014	2/5
康复	2016	4/3	卫生保健政策和服务	2013	1/18	心理学—临床	2016	1/2	信息科学与图书馆科学	2015	1/0
卫生保健政策和服务	2008	1/7	心理学—发展	2014	1/13	心理学—社会	2013	1/1	社会科学—跨学科	2016	1/1
卫生保健政策和服务	2009	1/20	心理学—发展	2013	1/7	心理学—生物	2015	1/6	社会科学—生物医学	2013	1/2

南京医科大学具有潜在优势的学科有公共事业、环境和职业健康，护理学，老年医学，康复，卫生保健政策和服务，心理学—发展，心理学—跨学科，心理学—临床，心理学—社会，心理学—生物，信息科学与图书馆科学，社会科学—跨学科，社会科学—生物医学；具有稳定优势的学科有精神病学；没有显现出极强优势的学科。

102. 南京中医药大学

2000~2016 年，SSCI 收录南京中医药大学各学科论文篇数及被引数见表 5-104，按年份远近排序。

表 5-104　2000~2016 年 SSCI 收录南京中医药大学各学科论文篇数及被引数

学科	年份	篇数/被引数	学科	年份	篇数/被引数
护理学	2013	1/12	公共事业、环境和职业健康	2012	1/6
护理学	2015	3/5	公共事业、环境和职业健康	2015	1/4
护理学	2016	1/0	社会科学—跨学科	2015	1/4
精神病学	2014	1/2	心理学—生物	2016	1/3
精神病学	2016	2/4	语言学	2014	1/1
康复	2016	1/3			

南京中医药大学具有潜在优势的学科有护理学，精神病学，康复，公共事业、环境和职业健康，社会科学—跨学科，心理学—生物，语言学；无具有稳定优势的学科；也无具有极强优势的学科。

103. 南开大学

2000~2016 年，SSCI 收录南开大学各学科论文篇数及被引数见表 5-105，按年份远近排序。

表 5-105　2000~2016 年 SSCI 收录南开大学各学科论文篇数及被引数

学科	年份	篇数/被引数	学科	年份	篇数/被引数	学科	年份	篇数/被引数	学科	年份	篇数/被引数
公共行政	2000	1/38	环境研究	2012	1/2	商业—财经	2009	2/0	信息科学与图书馆	2010	4/54
	2001	1/13		2014	2/10		2010	4/24		2011	2/8
	2007	1/6		2015	1/1		2011	5/61		2012	3/13
	2008	1/18		2016	8/2		2013	1/8		2013	3/1
	2012	1/2	心理学—跨学科	2009	1/3		2014	3/9		2014	3/9
	2013	1/3		2013	1/17		2015	3/1		2015	5/9
	2015	1/0		2016	3/0		2016	6/0		2016	4/1
管理学	2004	1/53	经济学	2000	1/29	社会工作	2000	1/38	语言学	2008	1/0
	2008	1/13		2002	1/6		2001	1/13		2009	1/0
	2009	1/25		2003	2/36		2012	1/1		2010	4/4
	2010	2/8		2006	6/88		2014	1/4		2012	1/0
	2011	1/2		2007	3/29		2016	1/0		2013	3/7
	2012	6/19		2008	3/80	社会问题	2000	1/38		2014	1/0
	2013	5/59		2009	4/13		2001	1/13		2015	3/2
	2014	5/20		2010	12/94		2000	1/29		2016	2/0
	2015	8/22		2011	9/114		2002	1/6	运输	2009	1/6
	2016	7/2		2012	5/24		2003	2/36		2011	2/46
规划与发展	2000	1/38		2013	10/23		2007	2/28		2015	1/3
	2001	1/13		2014	6/16		2008	1/60		2016	4/0
	2007	1/6		2015	15/8		2009	1/0	心理学—教育	2010	2/0
	2008	1/18		2016	19/4		2010	8/74		2012	1/0
	2011	1/12	社会科学—数学方法	2004	1/53		2011	3/37	政治科学	2006	1/0
	2014	1/4		2010	2/8		2012	6/33		2012	1/2
	2015	1/3		2012	2/64		2013	5/14		2013	1/3
	2016	1/0		2013	3/17		2014	1/6		2014	1/1
环境研究	2007	2/47	商业	2014	3/10		2015	5/3	餐旅、休闲、运动和旅游	2016	1/1
	2009	1/6		2015	4/4		2016	10/6	城市研究	2011	1/12
	2010	4/76		2016	1/0		2006	2/42		2016	2/0
	2011	4/32	商业—财经	2007	1/0	信息科学与图书馆	2008	1/8	公共事业、环境和职业健康	2012	1/7

续表

学科	年份	篇数/被引数	学科	年份	篇数/被引数	学科	年份	篇数/被引数	学科	年份	篇数/被引数
公共事业、环境和职业健康	2014	2/5	环保和可持续发展的科学技术	2009	1/29	老年医学	2015	1/0	传播	2016	1/0
	2015	1/0		2014	3/48	区域研究	2004	1/6	心理学—社会	2014	1/0
	2006	1/4		2015	1/1		2009	2/14		2015	1/1
	2011	1/1		2016	5/4		2011	1/5	心理学—试验	2015	1/0
国际关系	2015	2/0	教育—特殊	2012	1/0	人口学	2011	1/1		2016	1/0
	2016	1/0	教育和教学研究	2015	1/0	社会科学—跨学科	2008	1/18	心理学—应用	2015	1/1
护理学	2015	1/0	康复	2012	1/0	传播	2015	1/1		2016	2/0

南开大学具有潜在优势的学科有心理学—跨学科，社会工作，社会问题，运输，心理学—教育，政治科学，餐旅、休闲、运动和旅游，城市研究，公共事业、环境和职业健康，国际关系，护理学，环保和可持续发展的科学技术，教育—特殊，教育和教学研究，康复，老年医学，区域研究，人口学，社会科学—跨学科，传播，心理学—社会，心理学—试验，心理学—应用；具有稳定优势的学科有公共行政、管理学、规划与发展、环境研究、商业、商业—财经、信息科学与图书馆科学、语言学；具有极强优势的学科有经济学、社会科学—数学方法。

104. 南通大学

2000~2016 年，SSCI 收录南通大学各学科论文篇数及被引数见表 5-106，按年份远近排序。

表 5-106　2000~2016 年 SSCI 收录南通大学各学科论文篇数及被引数

学科	年份	篇数/被引数	学科	年份	篇数/被引数	学科	年份	篇数/被引数
护理学	2010	2/6	精神病学	2012	1/12	心理学—临床	2014	1/2
	2011	1/2		2014	2/2	心理学—社会	2016	2/0
	2012	1/9		2015	1/4	语言学	2013	1/0
	2013	1/1	康复	2013	1/2	运输	2016	1/1
	2014	1/4	人体工程学	2016	1/1	公共事业、环境和职业健康	2015	1/2
	2015	2/4	社会科学—跨学科	2016	1/1		2016	4/1
	2016	3/1	传播	2016	1/0			
教育和教学研究	2014	1/7	卫生保健政策和服务	2016	1/0			

南通大学具有潜在优势的学科有教育和教学研究，精神病学，康复，人体工程学，社会科学—跨学科，传播，卫生保健政策和服务，心理学—临床，心理学—社会，语言学，运输，公共事业、环境和职业健康；具有稳定优势的学科有护理学；没有显现出极强优势的学科。

105. 内蒙古大学

2000~2016 年，SSCI 收录内蒙古大学各学科论文篇数及被引数见表 5-107，按年份远近排序。

表 5-107　2000~2016 年 SSCI 收录内蒙古大学各学科论文篇数及被引数

学科	年份	篇数/被引数	学科	年份	篇数/被引数	学科	年份	篇数/被引数
环保和可持续发展的科学技术	2011	1/10	信息科学与图书馆科学	2010	2/14	经济学	2012	1/46
	2014	1/3		2012	1/7		2015	2/17
	2016	3/0		2014	1/6		2016	2/0
环境研究	2011	1/20	运输	2015	1/0	商业—财经	2015	1/3
	2012	1/24		2012	1/46		2016	1/0
	2014	1/2		2015	2/14	规划与发展	2016	1/0
	2016	4/0		2016	2/0			
城市研究	2016	1/0	地理	2012	1/24			

内蒙古大学具有潜在优势的学科有环保和可持续发展的科学技术、环境研究、城市研究、信息科学与图书馆科学、运输、地理、经济学、商业—财经、规划与发展；无具有稳定优势的学科；也无具有极强优势的学科。

106. 宁波大学

2000~2016 年，SSCI 收录宁波大学各学科论文篇数及被引数见表 5-108，按年份远近排序。

表 5-108　2000~2016 年 SSCI 收录宁波大学各学科论文篇数及被引数

学科	年份	篇数/被引数	学科	年份	篇数/被引数	学科	年份	篇数/被引数	学科	年份	篇数/被引数
公共事业、环境和职业健康	2011	1/5	经济学	2012	1/1	药物滥用	2011	1/5	精神病学	2015	1/3
	2014	2/2		2015	2/1		2012	2/17		2016	1/1
	2016	2/1		2016	1/2		2013	1/4	心理学—跨学科	2015	2/0
环境研究	2013	1/11	教育和教学研究	2007	1/0		2015	1/3		2016	3/0
	2014	1/10		2015	1/0		2016	1/1	心理学—试验	2014	1/5
	2016	2/0	药物滥用	2010	4/36	精神病学	2014	1/4		2015	2/4

续表

学科	年份	篇数/被引数	学科	年份	篇数/被引数	学科	年份	篇数/被引数	学科	年份	篇数/被引数
心理学—试验	2016	1/0	社会科学—跨学科	2006	1/4	历史	2015	2/1	心理学—社会	2013	1/1
餐旅、休闲、运动和旅游	2015	2/1		2016	1/1	人体工程学	2016	1/1	心理学—应用	2016	1/0
	2016	1/0	城市研究	2016	1/0	商业	2015	1/1	信息科学与图书馆科学	2016	1/2
环保和可持续发展的科学技术	2014	1/10	管理学	2015	2/1	卫生保健政策和服务	2014	1/1	语言学	2016	1/0
	2016	1/0	康复	2014	1/1	心理学—临床	2010	2/10	运输	2016	2/1

宁波大学具有潜在优势的学科有公共事业、环境和职业健康，环境研究，经济学，教育和教学研究，药物滥用，精神病学，心理学—跨学科，心理学—试验，餐旅、休闲、运动和旅游，环保和可持续发展的科学技术，社会科学—跨学科，城市研究，管理学，康复，历史，人体工程学，商业，卫生保健政策和服务，心理学—临床，心理学—社会，心理学—应用，信息科学与图书馆科学，语言学，运输；无具有稳定优势的学科；也无具有极强优势的学科。

107. 青岛大学

2000~2016 年，SSCI 收录青岛大学各学科论文篇数及被引数见表 5-109，按年份远近排序。

表 5-109　2000~2016 年 SSCI 收录青岛大学各学科论文篇数及被引数

学科	年份	篇数/被引数	学科	年份	篇数/被引数	学科	年份	篇数/被引数
精神病学	2012	1/1	公共事业、环境和职业健康	2012	1/13	环保和可持续发展的科学技术	2016	1/0
	2013	3/10		2014	1/20	环境研究	2015	1/0
	2014	1/0		2015	2/1	老年医学	2012	1/6
	2015	4/11		2016	2/3		2013	1/11
	2016	3/13		2010	2/0		2015	1/3
康复	2011	1/16	护理学	2013	1/3		2016	1/0
	2013	1/3		2015	1/0	商业	2007	1/6
心理学—临床	2013	1/1	经济学	2008	1/4	运输	2015	1/0
	2015	2/8		2016	1/0			

青岛大学具有潜在优势的学科有精神病学，康复，心理学—临床，公共事

业、环境和职业健康，护理学，经济学，环保和可持续发展的科学技术，环境研究，老年医学，商业，运输；无具有稳定优势的学科；也无具有极强优势的学科。

108. 清华大学

2000~2016 年，SSCI 收录清华大学各学科论文篇数及被引数见表 5-110，按年份远近排序。

表 5-110 2000~2016 年 SSCI 收录清华大学各学科论文篇数及被引数

学科	年份	篇数/被引数	学科	年份	篇数/被引数	学科	年份	篇数/被引数	学科	年份	篇数/被引数
城市研究	2006	1/30	公共事业、环境和职业健康	2009	2/2	管理学	2011	15/113	国际关系	2016	3/0
	2009	2/25		2010	12/152		2012	18/119	精神病学	2006	2/22
	2011	1/42		2011	3/19		2013	15/132		2008	1/1
	2012	1/0		2012	6/46		2014	24/81		2010	2/92
	2013	4/41		2013	3/19		2015	27/18		2012	1/6
	2014	9/59		2014	3/11		2016	27/8		2014	1/10
	2015	9/28		2015	10/13		2003	1/37		2015	1/1
	2016	16/3		2016	8/3		2006	1/14		2016	1/0
地理	2006	1/15	公共行政	2003	1/4	规划与发展	2009	1/63	环保和可持续发展的科学技术	2009	1/0
	2009	1/56		2008	2/5		2010	4/14		2010	4/64
	2010	4/18		2009	1/18		2011	4/79		2011	5/79
	2011	3/27		2010	6/24		2012	2/32		2012	4/49
	2012	1/5		2011	2/30		2013	2/39		2013	6/49
	2014	3/17		2012	5/16		2014	6/20		2014	6/45
	2015	3/10		2013	1/6		2015	7/19		2015	16/70
	2016	4/1		2014	3/6		2016	13/5		2016	13/15
法律	2005	1/0		2015	5/3	国际关系	2001	1/0	环境研究	2002	1/30
	2007	1/1		2016	6/4		2003	1/0		2003	2/16
	2009	1/6	管理学	2000	1/10		2004	2/12		2004	1/24
	2010	2/10		2001	1/2		2006	3/46		2005	2/246
	2011	2/5		2002	1/16		2007	3/3		2006	4/105
	2012	4/16		2003	1/37		2008	6/32		2007	9/348
	2013	4/2		2004	3/91		2009	4/16		2008	5/223
	2014	2/0		2005	2/101		2010	8/42		2009	8/141
	2015	4/4		2006	7/197		2011	4/16		2010	24/830
	2016	2/0		2007	7/46		2012	5/17		2011	12/249
公共事业、环境和职业健康	2003	1/4		2008	1/66		2013	7/20		2012	28/543
	2006	1/50		2009	8/118		2014	4/1		2013	23/375
	2008	1/2		2010	26/296		2015	7/6		2014	23/211

续表

学科	年份	篇数/被引数	学科	年份	篇数/被引数	学科	年份	篇数/被引数	学科	年份	篇数/被引数
环境研究	2015	22/90	区域研究	2014	5/1	信息科学与图书馆科学	2013	4/23	社会科学—跨学科	2014	7/7
	2016	36/33		2015	8/4		2014	7/16		2015	5/9
教育和教学研究	2003	1/53		2016	6/0		2015	10/11		2016	4/1
	2004	1/35	人类学	2002	1/0		2016	6/3	社会科学—数学方法	2004	1/6
	2005	1/13		2003	1/0	商业	2004	3/91		2006	1/6
	2008	2/107		2006	3/10		2005	2/116		2007	1/0
	2009	1/5		2007	1/17		2006	2/31		2008	4/41
	2010	4/4		2010	2/0		2007	1/12		2009	3/41
	2011	4/24		2011	1/1		2009	1/9		2010	2/8
	2012	4/4		2013	1/2		2010	2/34		2011	2/7
	2013	4/29	人体工程学	2001	2/23		2011	7/11		2012	2/2
	2014	2/2		2003	2/5		2012	8/40		2013	2/23
	2015	5/8		2004	3/67		2013	4/40		2014	5/37
	2016	7/0		2006	4/63		2014	11/22		2015	9/14
经济学	2001	1/4		2007	2/26		2015	10/8		2016	8/1
	2004	2/147		2008	3/13		2016	6/2	社会问题	2001	1/0
	2006	8/284		2009	9/123	商业—财经	2007	1/7		2004	1/0
	2007	6/31		2010	16/200		2008	1/4		2006	1/0
	2008	12/140		2011	6/59		2009	3/37		2007	1/2
	2009	22/253		2012	6/54		2010	4/16		2008	1/2
	2010	26/266		2013	7/21		2011	6/42		2010	4/26
	2011	18/111		2014	14/25		2012	7/36		2011	1/2
	2012	17/60		2015	19/27		2013	7/34		2013	1/2
	2013	23/158		2016	14/6		2014	8/41		2016	3/1
	2014	35/162	信息科学与图书馆科学	2002	3/27		2015	4/2	传播	2004	1/1
	2015	32/51		2003	4/19		2016	10/4		2006	2/42
	2016	49/11		2004	4/42	社会科学—跨学科	2003	1/4		2009	2/10
区域研究	2004	1/22		2005	1/1		2006	4/151		2011	4/22
	2007	2/0		2006	3/19		2007	1/0		2012	3/23
	2008	4/34		2007	2/5		2008	2/8		2013	2/3
	2009	2/61		2008	2/35		2009	1/7		2014	3/5
	2010	12/94		2009	10/77		2010	8/88		2015	5/1
	2011	5/23		2010	10/66		2011	3/24		2016	2/0
	2012	4/2		2011	5/16		2012	3/12	心理学—跨学科	2003	1/1
	2013	5/8		2012	3/25		2013	1/0		2006	1/4

续表

学科	年份	篇数/被引数	学科	年份	篇数/被引数	学科	年份	篇数/被引数	学科	年份	篇数/被引数
心理学—跨学科	2008	1/61	政治科学	2007	1/2	心理学—生物	2011	1/2	康复	2003	1/18
	2009	2/17		2008	2/2		2013	1/5		2010	2/56
	2010	2/42		2010	4/26		2016	4/0	劳动关系与劳动力	2009	2/26
	2011	1/11		2012	3/6	卫生保健政策和服务	2009	1/47		2010	2/2
	2013	3/11		2013	5/19		2012	1/1		2013	1/7
	2014	2/29		2014	2/0		2013	2/4	老年医学	2005	1/13
	2015	7/6		2016	1/1		2016	1/0		2009	1/5
	2016	5/1	语言学	2007	1/1	文化研究	2006	3/10		2011	1/8
心理学—试验	2000	1/4		2008	2/63		2007	1/17		2012	1/2
	2008	1/61		2009	2/23		2011	1/1		2016	1/0
	2009	3/37		2010	6/68		2012	2/2	历史	2010	2/2
	2010	12/216		2014	1/0		2015	1/1	历史与科学哲学	2008	1/7
	2011	2/10		2015	2/1	心理学—发展	2011	2/10		2010	4/10
	2012	1/5		2016	4/0		2013	1/3		2014	2/10
	2013	6/39	心理学—应用	2006	1/42		2014	1/0		2015	1/1
	2014	4/16		2008	1/6		2015	1/0		2016	2/0
	2015	5/5		2009	4/35		2016	1/0	伦理学	2014	1/0
	2016	7/2		2010	6/94	社会学	2002	1/0	女性研究	2009	1/12
运输	2003	1/4		2011	1/6		2003	1/0		2011	1/0
	2006	2/96		2012	2/17		2008	2/3		2016	1/0
	2008	3/99		2013	5/40		2009	4/7	人口学	2004	1/24
	2009	1/6		2014	5/13		2010	1/0		2012	1/11
	2010	14/178		2015	10/15		2012	2/9		2014	1/1
	2011	2/12		2016	10/2		2014	5/5		2016	1/0
	2012	2/4	心理学—社会	2009	3/19		2016	3/0	社会工作	2011	1/2
	2013	3/14		2012	2/2	餐旅、休闲、运动和旅游	2009	1/0		2015	1/0
	2014	8/37		2013	1/2		2010	2/2	心理学—临床	2011	1/0
	2015	11/34		2014	3/11		2008	2/8		2015	1/1
	2016	11/7		2015	2/2	犯罪学和刑罚学	2010	2/4	心理学—教育	2007	1/4
政治科学	2004	1/12		2016	8/0		2011	1/0		2016	1/0
	2006	1/0	心理学—生物	2010	2/54		2016	1/0	心理学—数学	2016	1/0

清华大学具有潜在优势的学科有心理学—社会，心理学—生物，卫生保健政策和服务，文化研究，心理学—发展，餐旅、休闲、运动和旅游，犯罪学和刑罚学，康复，劳动关系与劳动力，老年医学，历史，历史与科学哲学，伦理学，女性研究，人口学，社会工作，心理学—临床，心理学—教育，心理学—数学；具

有稳定优势的学科有城市研究，地理，法律，公共事业、环境和职业健康，公共行政，规划与发展，精神病学，环保和可持续发展的科学技术，区域研究，人类学，商业—财经，社会问题，传播，心理学—跨学科，心理学—试验，运输，政治科学，语言学，心理学—应用，社会学；具有极强优势的学科有管理学、国际关系、环境研究、教育和教学研究、经济学、人体工程学、信息科学与图书馆科学、商业、社会科学—跨学科、社会科学—数学方法。

109. 曲阜师范大学

2000~2016 年，SSCI 收录曲阜师范大学各学科论文篇数及被引数见表 5-111，按年份远近排序。

表 5-111　2000~2016 年 SSCI 收录曲阜师范大学各学科论文篇数及被引数

学科	年份	篇数/被引数	学科	年份	篇数/被引数	学科	年份	篇数/被引数
教育和教学研究	2002	1/0	管理学	2012	1/12	地理	2015	1/0
	2013	2/4		2014	1/0	公共事业、环境和职业健康	2016	1/1
	2014	1/0		2015	1/0	环保和可持续发展的科学技术	2016	1/1
	2015	2/4	语言学	2009	1/0	环境研究	2015	1/0
	2016	5/3		2013	1/0	教育—特殊	2016	1/0
经济学	2013	2/10		2016	1/0	社会科学—跨学科	2016	2/1
	2014	1/2	社会科学—数学方法	2013	2/10	心理学—教育	2016	1/2
	2015	1/0		2014	1/2	运输	2016	2/1
康复	2016	1/0	心理学—跨学科	2015	1/4			
人体工程学	2016	1/1		2016				

曲阜师范大学具有潜在优势的学科有教育和教学研究，经济学，康复，人体工程学，管理学，语言学，社会科学—数学方法，心理学—跨学科，地理，公共事业、环境和职业健康，环保和可持续发展的科学技术，环境研究，教育—特殊，社会科学—跨学科，心理学—教育，运输；无具有稳定优势的学科；也无具有极强优势的学科。

110. 厦门大学

2000~2016 年，SSCI 收录厦门大学各学科论文篇数及被引数见表 5-112，按年份远近排序。

表 5-112　2000~2016 年 SSCI 收录厦门大学各学科论文篇数及被引数

学科	年份	篇数/被引数	学科	年份	篇数/被引数	学科	年份	篇数/被引数	学科	年份	篇数/被引数
餐旅、休闲、运动和旅游	2009	1/4	国际关系	2008	1/2	经济学	2013	13/34	社会科学—数学方法	2009	2/3
	2013	1/5		2010	2/2		2014	25/35		2011	2/4
	2014	1/0		2013	4/13		2015	44/96		2012	3/9
	2016	6/3		2014	4/6		2016	41/2		2014	3/3
城市研究	2006	1/2		2015	4/7	区域研究	2007	1/2		2015	10/5
	2013	1/1		2016	14/4		2011	1/3		2016	6/0
	2014	1/1	环保和可持续发展的科学技术	2012	1/2		2012	1/0	社会学	2012	1/1
	2015	1/1		2013	1/16		2014	1/1		2013	1/5
地理	2012	1/30		2014	4/45		2015	1/2		2014	3/1
	2014	1/0		2015	12/35		2016	1/0		2015	2/0
	2015	1/2		2016	23/41	商业	2010	2/0		2016	1/0
	2016	1/0	环境研究	2006	1/2		2011	5/25	心理学—社会	2011	1/0
法律	2003	1/25		2009	1/26		2012	4/60		2013	1/5
	2008	1/2		2010	10/508		2013	4/24		2014	1/1
	2009	3/10		2011	1/9		2014	8/42		2015	2/3
	2010	2/2		2012	7/243		2015	14/32		2016	1/0
	2011	1/0		2013	10/98		2016	19/8	心理学—应用	2002	1/15
	2012	2/3		2014	11/109	社会科学—跨学科	2012	2/21		2004	1/17
	2013	4/6		2015	13/48		2015	5/2		2015	1/2
	2014	3/3		2016	22/24		2016	3/1		2016	1/0
	2015	3/1	家庭研究	2016	1/0	传播	2015	1/0	心理学—教育	2011	2/11
	2016	2/1	教育和教学研究	2000	1/0		2016	1/0		2012	2/16
管理学	2009	1/11		2003	1/0	伦理学	2013	1/13		2013	1/9
	2010	6/66		2004	1/1		2014	3/32		2014	1/1
	2011	6/34		2009	5/4		2015	5/16	信息科学与图书馆科学	2011	1/26
	2012	5/57		2010	2/6		2016	3/4		2013	4/14
	2013	5/17		2011	2/4	商业—财经	2006	1/25		2014	2/3
	2014	10/9		2012	1/1		2009	1/0		2015	3/1
	2015	10/6		2014	1/1		2010	6/88		2016	1/0
	2016	13/3		2016	2/0		2011	4/70	公共事业、环境和职业健康	2007	1/22
规划与发展	2010	2/6	经济学	2002	1/10		2012	3/61		2012	1/6
	2013	2/5		2006	2/35		2013	12/62		2013	1/2
	2014	1/0		2009	4/14		2014	9/20		2016	2/1
	2015	2/5		2010	10/86		2015	10/9	犯罪学和刑罚学	2002	1/15
	2016	2/4		2011	10/104		2016	12/3		2004	1/17
国际关系	2003	1/25		2012	11/74	社会科学—数学方法	2006	1/10	公共行政	2010	2/4

续表

学科	年份	篇数/被引数	学科	年份	篇数/被引数	学科	年份	篇数/被引数	学科	年份	篇数/被引数
公共行政	2012	1/0	历史	2016	1/0	心理学—跨学科	2012	1/18	语言学	2012	1/2
	2013	2/11	女性研究	2008	1/0		2013	1/0		2013	1/0
护理学	2014	2/3		2012	1/3		2015	2/0		2015	3/0
	2015	2/4	人口学	2012	1/1	心理学—临床	2013	1/2		2016	1/0
	2016	1/0		2012	1/5		2016	2/1	运输	2014	1/7
精神病学	2013	1/2	人类学	2013	1/0	心理学—试验	2011	1/20		2015	3/0
	2016	1/0		2015	5/0		2012	1/1		2016	3/0
劳动关系与劳动力	2013	1/4	社会科学史	2016	1/0		2013	1/5	政治科学	2011	1/0
	2016	1/0	卫生保健政策和服务	2016	1/0	语言学	2009	2/9		2015	3/0
老年医学	2009	1/2	文化研究	2012	1/5		2010	2/36		2016	3/0
	2013	1/2		2015	1/0		2011	2/10			

厦门大学具有潜在优势的学科有餐旅、休闲、运动和旅游，城市研究，地理，规划与发展，环保和可持续发展的科学技术，家庭研究，区域研究，社会科学—跨学科，传播，伦理学，社会学，心理学—社会，心理学—应用，心理学—教育，信息科学与图书馆科学，公共事业、环境和职业健康，犯罪学和刑罚学，公共行政，护理学，精神病学，劳动关系与劳动力，老年医学，历史，女性研究，人口学，人类学，社会科学史，卫生保健政策和服务，文化研究，心理学—跨学科，心理学—临床，心理学—试验，运输，政治科学；具有稳定优势的学科有法律、管理学、国际关系、环境研究、教育和教学研究、经济学、商业、商业—财经、社会科学—数学方法、语言学；没有显现出极强优势的学科。

111. 山东财经大学

2000~2016 年，SSCI 收录山东财经大学各学科论文篇数及被引数见表 5-113，按年份远近排序。

表 5-113　2000~2016 年 SSCI 收录山东财经大学各学科论文篇数及被引数

学科	年份	篇数/被引数	学科	年份	篇数/被引数
经济学	2012	2/30	公共行政	2016	1/0
	2013	3/16	管理学	2016	1/4
	2015	1/2	国际关系	2016	1/0
	2016	3/2	社会科学—跨学科	2016	1/4
法律	2016	1/0	卫生保健政策和服务	2016	1/0

山东财经大学具有潜在优势的学科有经济学、法律、公共行政、管理学、国际关系、社会科学—跨学科、卫生保健政策和服务；无具有稳定优势的学科；也无具有极强优势的学科。

112. 山东大学

2000~2016 年，SSCI 收录山东大学各学科论文篇数及被引数见表 5-114，按年份远近排序。

表 5-114 2000~2016 年 SSCI 收录山东大学各学科论文篇数及被引数

学科	年份	篇数/被引数	学科	年份	篇数/被引数	学科	年份	篇数/被引数	学科	年份	篇数/被引数
餐旅、休闲、运动和旅游	2012	3/40	管理学	2014	3/28	规划与发展	2014	3/24	精神病学	2011	1/10
	2013	1/5		2015	5/5		2016	1/0		2012	3/28
	2014	3/12		2016	2/0	环境研究	2009	2/17		2013	9/32
	2015	4/8	国际关系	2010	2/18		2010	2/82		2014	10/37
	2016	2/1		2012	1/4		2011	6/142		2015	16/32
法律	2010	2/18		2013	1/0		2013	6/47		2016	18/4
	2012	3/5		2014	2/3		2014	5/27	伦理学	2006	1/10
	2013	1/0		2015	1/0		2015	11/26		2007	1/14
	2014	1/0		2016	1/0		2016	2/2		2011	1/3
	2015	3/1	护理学	2008	1/8	教育和教学研究	2013	1/3		2012	1/1
	2016	1/0		2009	4/26		2015	1/0		2016	1/0
公共事业、环境和职业健康	2004	1/40		2010	4/30		2016	2/3	人类学	2007	1/0
	2005	1/8		2011	3/7	经济学	2006	1/17		2011	1/1
	2009	1/11		2012	4/16		2008	1/4		2014	4/10
	2010	2/0		2013	3/9		2009	2/7		2015	6/1
	2011	2/13		2014	6/9		2010	2/16		2016	2/1
	2012	5/27		2015	12/17		2011	3/19	人体工程学	2005	1/8
	2013	5/16		2016	6/0		2012	5/12		2012	1/6
	2014	9/28	环保和可持续发展的科学技术	2010	2/26		2013	11/12		2015	1/2
	2015	13/12		2011	2/49		2014	5/13		2016	1/0
	2016	15/0		2012	2/19		2015	10/11	商业	2012	1/1
管理学	2008	2/4		2013	2/41		2016	10/1		2014	2/26
	2010	2/4		2014	3/18	精神病学	2001	1/17		2015	1/0
	2012	2/4		2015	8/47		2006	1/4		2016	1/0
	2013	1/0		2016	5/9		2010	2/60	社会科学—跨学科	2005	1/8

续表

学科	年份	篇数/被引数	学科	年份	篇数/被引数	学科	年份	篇数/被引数	学科	年份	篇数/被引数
社会科学—跨学科	2013	1/3	卫生保健政策和服务	2011	1/16	信息科学与图书馆科学	2014	1/2	老年医学	2014	2/19
	2014	3/7		2013	2/15		2015	1/0		2016	1/2
	2015	3/3		2014	2/9	语言学	2004	1/37	历史	2014	1/0
	2016	3/0		2015	8/11		2013	2/4	女性研究	2014	1/0
社会科学—生物医学	2006	1/10		2016	6/1		2014	2/2		2015	1/1
	2007	2/20	心理学—跨学科	2007	1/6		2015	1/0		2016	1/0
	2009	1/3		2009	1/3	运输	2005	1/8	区域研究	2014	1/1
	2011	1/3		2011	1/10		2012	1/0		2016	2/0
	2012	1/4		2012	3/25		2015	1/1	商业—财经	2015	1/7
	2013	1/3		2013	4/16		2016	1/0		2016	1/0
	2014	1/0		2014	3/17	政治科学	2009	1/5	社会工作	2008	1/3
	2015	3/3		2015	3/3		2014	2/17		2014	1/9
	2016	1/0		2016	4/0	城市研究	2015	3/2		2015	1/1
社会科学—数学方法	2006	1/17	心理学—临床	2012	1/7		2016	2/0	社会问题	2015	1/0
	2010	2/16		2014	2/4	地理	2013	2/1	传播	2004	1/15
	2013	1/4		2015	2/4	犯罪学和刑罚学	2016	1/0		2011	1/2
	2014	1/4		2016	1/0	家庭研究	2014	1/9		2016	1/0
	2016	1/0	心理学—社会	2012	1/5		2016	1/0	心理学—发展	2014	1/0
社会学	2011	1/1		2014	2/9	康复	2014	1/2		2016	2/0
	2014	2/5		2016	2/0		2015	1/0	心理学—生物	2013	1/1
	2015	1/0	心理学—应用	2006	1/4		2016	1/0		2015	2/4
	2016	1/0		2014	2/20	药物滥用	2014	1/4	心理学—试验	2012	1/2
卫生保健政策和服务	2002	1/13		2015	1/2		2015	3/7		2016	1/0
	2004	2/63		2016	2/0		2016	3/0	心理学—教育	2015	1/1
	2005	1/34	信息科学与图书馆科学	2004	1/15	劳动关系与劳动力	2009	1/15		2016	1/3
	2008	2/63		2011	1/2		2015	1/3			
	2009	1/15		2013	1/3		2016	1/0			

山东大学具有潜在优势的学科有餐旅、休闲、运动和旅游，法律，国际关系，规划与发展，教育和教学研究，伦理学，人类学，人体工程学，商业，社会科学—跨学科，社会科学—数学方法，社会学，心理学—临床，心理学—社会，心理学—应用，信息科学与图书馆科学，语言学，运输，政治科学，城市研究，地理，犯罪学和刑罚学，家庭研究，康复，药物滥用，劳动关系与劳动力，老年

医学，历史，女性研究，区域研究，商业—财经，社会工作，社会问题，传播，心理学—发展，心理学—生物，心理学—试验，心理学—教育；具有稳定优势的学科有公共事业、环境和职业健康，管理学，护理学，环保和可持续发展的科学技术，环境研究，经济学，精神病学，社会科学—生物医学，卫生保健政策和服务，心理学—跨学科；没有显现出极强优势的学科。

113. 山东科技大学

2000~2016 年，SSCI 收录山东科技大学各学科论文篇数及被引数见表 5-115，按年份远近排序。

表 5-115　2000~2016 年 SSCI 收录山东科技大学各学科论文篇数及被引数

学科	年份	篇数/被引数	学科	年份	篇数/被引数
地理	2012	1/4	环境研究	2015	2/3
	2013	3/20		2016	3/1
	2014	1/0	教育和教学研究	2009	1/15
环保和可持续发展的科学技术	2015	2/3	经济学	2015	1/2
	2016	2/0	信息科学与图书馆科学	2013	3/20
运输	2015	1/2			

山东科技大学具有潜在优势的学科有地理、环保和可持续发展的科学技术、运输、环境研究、教育和教学研究、经济学、信息科学与图书馆科学；无具稳定优势和极强优势的学科。

114. 山东师范大学

2000~2016 年，SSCI 收录山东师范大学各学科论文篇数及被引数见表 5-116，按年份远近排序。

表 5-116　2000~2016 年 SSCI 收录山东师范大学各学科论文篇数及被引数

学科	年份	篇数/被引数	学科	年份	篇数/被引数	学科	年份	篇数/被引数	学科	年份	篇数/被引数
地理	2012	1/0	教育和教学研究	2002	1/0	精神病学	2015	1/2	心理学—临床	2012	1/17
管理学	2014	1/5		2004	1/16		2016	1/0		2014	2/2
	2015	1/17		2007	1/11		2010	2/0		2015	1/3
环境研究	2011	1/3		2015	1/0	心理学—跨学科	2011	1/1		2009	1/1
	2012	1/0		2016	2/0		2013	3/5		2010	2/6
家庭研究	2011	1/11	康复	2012	1/17		2014	1/5	心理学—社会	2012	1/7
	2014	2/8	经济学	2015	1/0		2015	2/4		2014	2/7
	2015	4/5		2016	1/0		2016	5/0		2015	3/3
	2016	1/0	精神病学	2012	1/17	心理学—临床	2011	1/11		2016	2/0

续表

学科	年份	篇数/被引数	学科	年份	篇数/被引数	学科	年份	篇数/被引数	学科	年份	篇数/被引数
心理学—生物	2015	1/0	心理学—教育	2015	2/2	心理学—发展	2015	4/8	社会科学—跨学科	2014	1/2
	2016	1/0	社会学	2001	1/0		2016	2/1		2015	1/2
心理学—试验	2016	2/0	传播	2016	1/0	人类学	2001	1/0	社会科学—数学方法	2014	1/5
心理学—教育	2004	1/66	心理学—发展	2004	1/66	社会工作	2014	1/7			
	2013	2/8		2013	1/7		2015	2/2			
	2014	2/5		2014	1/1		2016	1/0			

山东师范大学具有潜在优势的学科有地理、管理学、环境研究、家庭研究、教育和教学研究、康复、经济学、精神病学、心理学—跨学科、心理学—临床、心理学—社会、心理学—生物、心理学—试验、心理学—教育、社会学、传播、心理学—发展、人类学、社会工作、社会科学—跨学科、社会科学—数学方法；无具有稳定优势的学科；也无具有极强优势的学科。

115. 山西财经大学

2000~2016 年，SSCI 收录山西财经大学各学科论文篇数及被引数见表 5-117，按年份远近排序。

表 5-117　2000~2016 年 SSCI 收录山西财经大学各学科论文篇数及被引数

学科	年份	篇数/被引数	学科	年份	篇数/被引数	学科	年份	篇数/被引数
经济学	2012	2/2	环境研究	2003	1/20	心理学—跨学科	2016	1/2
	2013	4/11		2007	1/22	心理学—社会	2013	1/1
	2014	1/0		2014	1/0	餐旅、休闲、运动和旅游	2015	1/0
	2015	1/2		2016	2/2	管理学	2014	1/0
	2016	1/1	教育和教学研究	2011	1/3	环保和可持续发展的科学技术	2015	1/0
商业—财经	2013	1/10		2014	1/2			
	2016	1/1	语言学	2011	1/3			

山西财经大学具有潜在优势的学科有经济学，商业—财经，环境研究，教育和教学研究，语言学，心理学—跨学科，心理学—社会，餐旅、休闲、运动和旅游，管理学，环保和可持续发展的科学技术；无具有稳定优势的学科；也无具有

极强优势的学科。

116. 山西大学

2000~2016 年，SSCI 收录山西大学各学科论文篇数及被引数见表 5-118，按年份远近排序。

表 5-118　2000~2016 年 SSCI 收录山西大学各学科论文篇数及被引数

学科	年份	篇数/被引数	学科	年份	篇数/被引数	学科	年份	篇数/被引数
管理学	2011	1/3	精神病学	2015	1/5	餐旅、休闲、运动和旅游	2015	2/0
	2012	1/39	伦理学	2012	1/4		2016	3/0
	2013	1/2		2014	1/1	地理	2009	1/4
	2015	1/2	商业	2012	1/4		2010	2/10
	2016	2/0		2014	1/1	法律	2016	1/0
环境研究	2009	1/4	商业—财经	2016	2/1	社会科学—跨学科	2014	1/2
	2016	1/0	信息科学与图书馆科学	2010	2/10	社会科学—数学方法	2016	1/0
教育和教学研究	2013	1/4		2012	2/12	心理学—试验	2015	1/0
	2016	1/1		2015	1/1	心理学—教育	2015	1/0
经济学	2016	4/1		2016	1/0	语言学	2016	1/0

山西大学具有潜在优势的学科有管理学，环境研究，教育和教学研究，经济学，精神病学，伦理学，商业，商业—财经，信息科学与图书馆科学，餐旅、休闲、运动和旅游，地理，法律，社会科学—跨学科，社会科学—数学方法，心理学—试验，心理学—教育，语言学；无具有稳定优势的学科；也无具有极强优势的学科。

117. 山西医科大学

2000~2016 年，SSCI 收录山西医科大学各学科论文篇数及被引数见表 5-119，按年份远近排序。

表 5-119　2000~2016 年 SSCI 收录山西医科大学各学科论文篇数及被引数

学科	年份	篇数/被引数	学科	年份	篇数/被引数	学科	年份	篇数/被引数
精神病学	2009	2/33	精神病学	2013	3/14	康复	2015	1/2
	2010	2/86		2015	3/4	老年医学	2013	1/0
	2012	1/28		2016	7/2	伦理学	2015	1/0

续表

学科	年份	篇数/被引数	学科	年份	篇数/被引数	学科	年份	篇数/被引数
社会科学—生物医学	2015	1/0	心理学—生物	2016	1/0	公共事业、环境和职业健康	2016	1/0
卫生保健政策和服务	2015	3/2	心理学—试验	2016	1/0	教育和教学研究	2015	1/0
	2016	1/0		2008	1/8		2011	1/12
心理学—跨学科	2009	1/13	公共事业、环境和职业健康	2014	1/8	信息科学与图书馆科学	2015	1/0
心理学—临床	2013	1/0		2015	4/11		2016	1/1

山西医科大学具有潜在优势的学科有精神病学，康复，老年医学，伦理学，社会科学—生物医学，卫生保健政策和服务，心理学—跨学科，心理学—临床，心理学—生物，心理学—试验，公共事业、环境和职业健康，教育和教学研究，信息科学与图书馆科学；无具有稳定优势的学科；也无具有极强优势的学科。

118. 陕西师范大学

2000~2016 年，SSCI 收录陕西师范大学各学科论文篇数及被引数见表 5-120，按年份远近排序。

表 5-120　2000~2016 年 SSCI 收录陕西师范大学各学科论文篇数及被引数

学科	年份	篇数/被引数	学科	年份	篇数/被引数	学科	年份	篇数/被引数	学科	年份	篇数/被引数
教育和教学研究	2000	2/1	经济学	2016	9/0	心理学—跨学科	2015	1/0	心理学—生物	2009	1/41
	2010	2/10		2003	1/2		2016	10/1		2011	1/9
	2012	1/3		2008	1/2	心理学—社会	2011	1/2		2012	1/1
	2013	1/0		2009	1/6		2012	4/38		2013	4/22
	2014	3/5	心理学—跨学科	2010	2/18		2013	5/34		2014	3/11
	2015	6/12		2011	1/1		2014	4/28		2015	2/1
	2016	2/0		2012	1/3		2015	7/7		2016	5/1
经济学	2014	1/1		2013	2/5		2016	6/1	心理学—试验	2008	1/2
	2015	3/4		2014	3/18	心理学—生物	2008	1/20		2011	1/3

续表

学科	年份	篇数/被引数	学科	年份	篇数/被引数	学科	年份	篇数/被引数	学科	年份	篇数/被引数
心理学—试验	2012	3/10	地理	2015	1/2	区域研究	2016	1/0	社会科学史	2009	1/19
	2013	3/17		2016	3/0	人体工程学	2013	1/5	社会学	2013	4/68
	2014	7/26	公共事业、环境和职业健康	2005	1/4		2015	1/0		2014	2/5
	2015	4/2		2013	1/5		2016	1/0		2015	5/6
	2016	13/3		2015	2/5		2014	2/1		2016	1/0
心理学—教育	2010	2/18	管理学	2015	1/0	心理学—发展	2015	1/1	卫生保健政策和服务	2015	1/9
	2011	1/7		2016	1/0		2016	1/0	文化研究	2015	1/0
	2013	4/16	规划与发展	2015	2/5	城市研究	2016	1/1	心理学—应用	2015	2/2
	2014	1/1		2016	2/1		2015	1/0		2016	1/0
	2016	1/0		2011	1/10	餐旅、休闲、运动和旅游	2016	1/3	信息科学与图书馆科学	2013	1/10
语言学	2007	1/1	环境研究	2013	1/0	环保和可持续发展的科学技术	2016	4/0		2014	1/3
	2011	2/0		2016	8/2	老年医学	2015	1/2	运输	2013	1/5
	2013	1/0	家庭研究	2015	1/1	商业	2015	1/5		2015	2/2
	2015	2/3		2016	1/0	社会工作	2016	1/0		2016	3/0
	2016	1/0	精神病学	2015	2/1	社会科学—跨学科	2013	5/73			
政治科学	2015	1/0		2016	1/0		2014	2/5			
地理	2009	1/19	区域研究	2015	1/4		2015	3/4			

陕西师范大学具有潜在优势的学科有经济学，心理学—社会，心理学—教育，语言学，政治科学，地理，公共事业、环境职业健康，管理学，规划与发展，环境研究，家庭研究，精神病学，区域研究，人体工程学，心理学—发展，城市研究，餐旅、休闲、运动和旅游，环保和可持续发展的科学技术，老年医学，商业，社会工作，社会科学—跨学科，社会科学史，社会学，卫生保健政策和服务，文化研究，心理学—应用，信息科学与图书馆科学，运输；具有稳定优势的学科有教育和教学研究、心理学—生物、心理学—试验、心理学—跨学科；

没有显现出极强优势的学科。

119. 汕头大学

2000~2016 年，SSCI 收录汕头大学各学科论文篇数及被引数见表 5-121，按年份远近排序。

表 5-121　2000~2016 年 SSCI 收录汕头大学各学科论文篇数及被引数

学科	年份	篇数/被引数	学科	年份	篇数/被引数	学科	年份	篇数/被引数	学科	年份	篇数/被引数
公共事业、环境和职业健康	2008	2/37	管理学	2008	1/5	经济学	2011	2/7	信息科学与图书馆科学	2006	1/3
	2009	2/11		2013	2/9		2015	1/0		2008	2/1
	2012	2/27		2014	1/0		2016	2/0		2014	1/17
	2013	1/4		2015	2/8	人类学	2007	1/17		2015	3/14
	2014	4/15		2016	2/1		2014	2/0	康复	2015	1/1
	2016	7/3	精神病学	2008	1/1		2015	4/1	药物滥用	2014	1/0
教育和教学研究	2008	1/5		2012	1/6	社会科学—跨学科	2008	1/28	人口学	2008	1/3
	2009	1/4		2013	1/9		2014	2/0	人体工程学	2008	1/28
	2010	2/88		2014	1/4		2015	4/1	商业	2016	1/0
	2011	1/14		2016	1/0	传播	2008	1/18	国际关系	2016	1/0
	2012	1/16	语言学	2010	2/88		2009	1/24	卫生保健政策和服务	2016	1/1
	2013	1/3		2011	1/14		2014	1/2	餐旅、休闲、运动和旅游	2016	1/0
	2015	1/1		2012	1/16	心理学—生物	2008	1/7			
护理学	2013	1/1		2013	2/0		2012	1/3			
	2016	1/0	运输	2008	2/37	心理学—社会	2015	1/1			

汕头大学具有潜在优势的学科有公共事业、环境和职业健康，护理学，管理学，精神病学，语言学，运输，经济学，人类学，社会科学—跨学科，传播，心理学—生物，心理学—社会，信息科学与图书馆科学，康复，药物滥用，人口学，人体工程学，商业，国际关系，卫生保健政策和服务，餐旅、休闲、运动和旅游；具有稳定优势的学科有教育和教学研究；没有显现出极强优势的学科。

120. 上海财经大学

2000~2016 年，SSCI 收录上海财经大学各学科论文篇数及被引数见表 5-122，按年份远近排序。

表 5-122　2000~2016 年 SSCI 收录上海财经大学各学科论文篇数及被引数

学科	年份	篇数/被引数	学科	年份	篇数/被引数	学科	年份	篇数/被引数	学科	年份	篇数/被引数
城市研究	2012	1/0	经济学	2002	1/0	商业—财经	2008	2/5	餐旅、休闲、运动和旅游	2013	1/11
	2013	5/19		2006	1/5		2010	4/48		2014	3/4
	2014	1/3		2008	10/52		2011	1/15		2016	1/0
	2015	1/4		2009	5/30		2012	4/48	地理	2016	1/2
	2016	1/0		2010	16/152		2013	11/81	法律	2009	1/1
公共事业、环境和职业健康	2009	1/4		2011	7/40		2014	8/8	犯罪学和刑罚学	2014	1/4
	2010	2/6		2012	17/85		2015	16/12	国际关系	2013	2/4
	2011	1/3		2013	38/149		2016	5/2		2014	1/2
	2015	1/1		2014	27/39	社会科学—数学方法	2006	1/5	环保和可持续发展的科学技术	2016	1/5
	2016	1/0		2015	45/34		2008	1/13	康复	2008	1/3
管理学	2010	4/84		2016	38/11		2009	2/23	劳动关系与劳动力	2015	1/0
	2011	1/11	区域研究	2010	2/28		2011	2/12	人口学	2014	1/2
	2012	3/31		2011	1/2		2013	5/4	社会科学—跨学科	2009	1/0
	2013	7/54		2013	1/4		2014	6/3		2014	1/4
	2014	8/46		2014	2/6		2015	7/8		2016	1/0
	2015	10/15		2015	1/3		2016	9/2	社会学	2013	1/11
	2016	13/2		2016	2/0	公共行政	2012	1/1		2014	1/3
环境研究	2011	1/26		2008	1/3		2013	1/1		2015	1/2
	2012	4/37		2010	2/8		2014	3/6	传播	2013	1/0
	2013	5/35		2011	2/28		2016	1/0		2014	1/0
	2014	3/31		2012	2/28	规划与发展	2012	1/0	卫生保健政策和服务	2011	1/4
	2015	2/18	商业	2013	6/38		2013	3/6		2015	2/1
	2016	5/1		2014	8/31		2015	3/4	心理学—跨学科	2016	1/0
信息科学与图书馆科学	2011	1/2		2015	2/4		2016	2/0	心理学—社会	2015	1/2
	2012	1/6		2016	3/0	教育和教学研究	2008	1/3	心理学—教育	2012	1/9
	2013	3/32	心理学—试验	2012	1/15		2013	2/9	运输	2013	2/17
	2014	1/5		2013	1/2		2014	2/7		2014	1/3
	2015	5/20		2012	1/14		2016	1/0	政治科学	2013	3/3
	2016	2/0	心理学—应用	2013	1/0		2010	2/8		2014	3/5
语言学	2012	1/15		2014	1/16	伦理学	2014	1/5		2015	1/0
	2013	2/9		2015	1/2		2015	2/4		2016	3/0
	2016	1/0		2016	3/1		2016	2/0			

上海财经大学具有潜在优势的学科有城市研究，公共事业、环境和职业健康，环境研究，信息科学与图书馆科学，语言学，区域研究，心理学—试验，心理学—应用，公共行政，规划与发展，教育和教学研究，伦理学，餐旅、休闲、运动和旅游，地理，法律，犯罪学和刑罚学，国际关系，环保和可持续发展的科学技术，康复，劳动关系与劳动力，人口学，社会科学—跨学科，社会学，传播，卫生保健政策和服务，心理学—跨学科，心理学—社会，心理学—教育，运输，政治科学；具有稳定优势的学科有管理学、经济学、商业—财经、社会科学—数学方法、商业；没有显现出极强优势的学科。

121. 上海大学

2000~2016 年，SSCI 收录上海大学各学科论文篇数及被引数见表 5-123，按年份远近排序。

表 5-123　2000~2016 年 SSCI 收录上海大学各学科论文篇数及被引数

学科	年份	篇数/被引数	学科	年份	篇数/被引数	学科	年份	篇数/被引数	学科	年份	篇数/被引数
管理学	2008	2/21	商业	2016	9/1	区域研究	2011	1/2	心理学—跨学科	2014	1/2
	2010	2/18		2011	1/45		2015	1/0		2016	2/0
	2011	5/58	运输	2013	1/2		2016	6/0	心理学—社会	2014	1/0
	2012	2/7		2014	4/18	人类学	2007	1/3		2015	3/4
	2013	8/46		2015	1/1		2010	4/2		2016	2/0
	2014	9/22		2016	3/3		2011	2/4	心理学—生物	2009	1/5
	2015	10/24	环境研究	2010	2/146		2014	1/0		2013	1/4
	2016	8/1		2013	1/21		2015	1/1		2015	1/0
文化研究	2007	1/3		2015	4/8		2016	1/0	信息科学与图书馆科学	2004	1/3
	2010	4/2		2016	7/2	法律	2008	1/0		2009	1/0
	2011	1/1	经济学	2011	1/1		2013	1/0		2012	2/50
	2013	1/1		2014	5/25		2014	1/0		2013	2/24
	2014	1/0		2015	6/4	社会科学—跨学科	2013	2/11		2014	1/5
	2015	1/1		2016	6/3		2014	1/7		2015	2/2
	2016	1/0		2005	1/5		2016	1/0		2016	1/0
商业	2011	1/5	女性研究	2011	1/1	社会学	2012	1/2	心理学—试验	2015	1/1
	2013	3/11		2013	2/1		2013	1/5	心理学—应用	2015	1/1
	2014	3/14		2014	1/0		2015	2/0		2016	1/0
	2015	4/12	区域研究	2009	1/0	心理学—跨学科	2013	1/3	餐旅、休闲、运动和旅游	2016	1/0

续表

学科	年份	篇数/被引数	学科	年份	篇数/被引数	学科	年份	篇数/被引数	学科	年份	篇数/被引数
地理	2015	2/7	环保和可持续发展的科学技术	2015	2/14	康复	2010	2/20	社会科学—数学方法	2016	1/0
公共事业、环境和职业健康	2013	1/23		2016	5/9		2015	1/3	心理学—临床	2016	1/0
	2016	1/1	家庭研究	2015	2/0	药物滥用	2014	1/1	心理学—教育	2014	1/2
规划与发展	2015	3/2	教育和教学研究	2010	2/44	老年医学	2016	1/0	语言学	2007	1/0
	2016	1/0		2016	1/0		2016	1/0		2016	1/0
国际关系	2008	1/0	精神病学	2011	1/5	人体工程学	2014	1/0			

上海大学具有潜在优势的学科有商业，运输，环境研究，经济学，女性研究，区域研究，人类学，法律，社会科学—跨学科，社会学，心理学—跨学科，心理学—社会，心理学—生物，心理学—试验，心理学—应用，餐旅、休闲、运动和旅游，地理，公共事业、环境和职业健康，规划与发展，国际关系，环保和可持续发展的科学技术，家庭研究，教育和教学研究，精神病学，康复，药物滥用，老年医学，人体工程学，社会科学—数学方法，心理学—临床，心理学—教育，语言学；具有稳定优势的学科有管理学、文化研究、信息科学与图书馆科学；没有显现出极强优势的学科。

122. 上海海事大学

2000~2016 年，SSCI 收录上海海事大学各学科论文篇数及被引数见表 5-124，按年份远近排序。

表 5-124 2000~2016 年 SSCI 收录上海海事大学各学科论文篇数及被引数

学科	年份	篇数/被引数	学科	年份	篇数/被引数	学科	年份	篇数/被引数	学科	年份	篇数/被引数
环境研究	2009	1/2	公共事业、环境和职业健康	2015	2/6	经济学	2010	4/148	商业	2015	3/7
	2013	2/8		2016	1/3		2013	1/18		2016	1/1
	2014	2/2	运输	2010	4/148		2014	7/24	社会科学—跨学科	2015	2/6
	2015	3/11		2012	1/1		2016	3/0		2016	2/3
	2016	4/0		2013	1/18	教育和教学研究	2015	1/0	语言学	2015	1/0
环保和可持续发展的科学技术	2014	2/11		2014	5/20		2016	2/0		2016	1/0
	2015	1/2		2015	6/14	人体工程学	2015	2/6	管理学	2014	1/3
	2016	2/0		2016	7/4		2016	1/3		2015	2/0

续表

学科	年份	篇数/被引数	学科	年份	篇数/被引数	学科	年份	篇数/被引数	学科	年份	篇数/被引数
管理学	2016	2/0	地理	2014	1/5	商业—财经	2010	2/88			
城市研究	2016	1/0	国际关系	2014	1/0	心理学—跨学科	2015	2/0			

上海海事大学具有潜在优势的学科有环境研究，环保和可持续发展的科学技术，公共事业、环境和职业健康，运输，经济学，教育和教学研究，人体工程学，商业，社会科学—跨学科，语言学，管理学，城市研究，地理，国际关系，商业—财经，心理学—跨学科；无具有稳定优势的学科；也无具有极强优势的学科。

123. 上海交通大学

2000~2016 年，SSCI 收录上海交通大学各学科论文篇数及被引数见表 5-125，按年份远近排序。

表 5-125 2000~2016 年 SSCI 收录上海交通大学各学科论文篇数及被引数

学科	年份	篇数/被引数	学科	年份	篇数/被引数	学科	年份	篇数/被引数	学科	年份	篇数/被引数
法律	2004	1/9	公共行政	2011	2/41	国际关系	2010	2/0	环保和可持续发展的科学技术	2011	3/78
	2008	1/0		2012	1/31		2011	2/6		2012	1/23
	2009	1/1		2014	1/4		2012	2/27		2014	6/42
	2010	4/24		2015	5/20		2014	2/0		2015	6/11
	2011	3/12		2016	1/1		2015	4/6		2016	11/5
	2012	3/10		2002	1/1		2016	4/0	环境研究	2003	1/0
	2013	2/0		2006	1/11	护理学	2008	1/8		2005	1/17
	2014	9/3		2007	2/201		2010	2/8		2007	1/89
	2015	13/11		2008	3/53		2011	1/4		2008	1/2
	2016	3/0		2009	7/163		2012	1/14		2009	1/52
公共事业、环境和职业健康	2004	2/42	管理学	2010	16/692		2013	4/13		2010	8/380
	2010	10/86		2011	6/110		2014	6/54		2011	1/14
	2011	3/40		2012	12/238		2015	2/2		2012	2/27
	2012	7/46		2013	19/137		2016	4/0		2013	3/28
	2013	9/70		2014	13/30	环保和可持续发展的科学技术	2005	1/77		2014	7/41
	2014	7/21		2015	28/56		2007	1/74		2015	9/36
	2015	7/6		2016	23/4		2008	1/14		2016	10/3
	2016	7/1	国际关系	2007	1/2		2009	1/45	历史	2012	1/0
公共行政	2009	1/4		2008	1/2		2010	6/314		2014	1/3

续表

学科	年份	篇数/被引数	学科	年份	篇数/被引数	学科	年份	篇数/被引数	学科	年份	篇数/被引数
教育和教学研究	2000	1/0	精神病学	2015	23/56	商业—财经	2013	2/6	社会科学—数学方法	2008	2/17
	2001	1/29		2016	35/19		2014	11/27		2010	6/102
	2007	1/7	药物滥用	2011	1/5		2015	12/20		2011	1/3
	2008	1/13		2012	4/27		2016	9/3		2012	2/9
	2009	1/64		2013	2/2	卫生保健政策和服务	2008	1/57		2013	3/12
	2010	4/40		2014	2/3		2010	4/58		2014	3/0
	2013	1/3		2015	2/9		2013	1/5		2015	3/9
	2014	3/9		2016	1/0		2014	2/8		2016	5/2
	2015	1/0	康复	2008	1/12		2015	1/0	心理学—跨学科	2010	2/50
	2016	2/0		2012	1/6		2016	1/0		2011	3/8
经济学	2006	2/29		2013	1/6	区域研究	2008	1/2		2012	1/10
	2007	1/69		2015	1/1		2010	8/10		2013	4/6
	2008	5/69		2016	3/0		2012	2/1		2014	1/1
	2009	7/38	伦理学	2011	2/2		2013	4/4		2015	2/5
	2010	30/350		2012	3/84		2014	2/1		2016	2/0
	2011	9/44		2013	4/34		2015	9/3	心理学—临床	2007	1/57
	2012	15/112		2014	1/10		2016	8/0		2009	1/5
	2013	26/142		2015	3/12	人体工程学	2004	1/18		2010	4/44
	2014	31/103		2016	3/1		2009	1/14		2011	2/22
	2015	33/61	商业	2008	1/11		2010	4/58		2012	3/30
	2016	34/12		2009	7/122		2011	1/5		2013	4/18
精神病学	2003	2/52		2010	6/14		2012	1/6		2014	1/3
	2004	1/41		2011	9/81		2014	2/8		2015	2/5
	2005	5/188		2012	12/221		2016	1/1		2016	4/4
	2006	2/35		2013	9/77	社会科学—跨学科	2004	1/18	心理学—社会	2010	4/44
	2007	8/260		2014	5/25		2009	1/56		2011	2/13
	2008	4/55		2015	17/33		2010	4/176		2012	2/8
	2009	2/11		2016	23/6		2011	2/6		2014	2/4
	2010	18/220	商业—财经	2008	1/49		2013	2/8		2015	2/0
	2011	12/174		2009	1/3		2014	2/7		2016	2/0
	2012	17/111		2010	6/38		2015	5/0	心理学—生物	2008	1/24
	2013	22/117		2011	4/19		2016	2/1		2009	1/15
	2014	32/166		2012	8/82	社会科学—数学方法	2006	1/28		2013	1/5

续表

学科	年份	篇数/被引数	学科	年份	篇数/被引数	学科	年份	篇数/被引数	学科	年份	篇数/被引数
心理学—生物	2014	2/6	运输	2009	2/23	心理学—应用	2015	5/11	老年医学	2012	2/19
	2015	2/2		2010	6/82		2016	6/2		2013	2/4
信息科学与图书馆科学	2004	2/9		2011	1/5	心理学—教育	2014	1/0		2014	1/10
	2005	1/5		2012	1/25	文化研究	2013	1/2		2015	1/0
	2006	2/14		2013	12/56		2014	1/2		2016	2/2
	2007	1/1		2014	12/60	心理学—发展	2009	2/9	民族研究	2014	1/11
	2008	1/2		2015	12/24		2010	2/20		2011	1/1
	2009	5/11		2016	19/11		2012	2/14	人类学	2012	1/0
	2010	2/10	政治科学	2008	1/2		2014	2/13		2015	2/0
	2011	3/8		2009	1/4	餐旅、休闲、运动和旅游	2016	5/3	社会工作	2009	1/2
	2012	3/53		2013	1/0	城市研究	2003	1/0	社会科学—生物医学	2012	2/11
	2013	4/2		2014	1/1		2013	3/19	社会科学史	2014	1/3
	2014	7/38		2016	1/0		2015	2/1	社会问题	2016	1/1
	2015	5/10		2009	1/15		2016	3/2	社会学	2012	1/0
	2016	7/1		2011	1/1	地理	2014	1/3		2013	1/0
语言学	2001	1/29		2013	1/1		2015	2/10		2015	1/0
	2010	2/12	心理学—试验	2014	1/0		2016	1/0	传播	2009	1/5
	2014	1/0		2015	1/2	犯罪学和刑罚学	2016	1/0		2012	2/4
	2015	2/1		2016	6/2	规划与发展	2014	1/6		2013	1/1
	2016	6/1	心理学—数学	2014	1/0		2015	2/2		2015	1/1
运输	2004	1/18	心理学—应用	2010	2/42		2016	1/1		2016	4/1
	2005	1/17		2012	1/4	劳动关系与劳动力	2008	1/44			
	2006	1/11		2013	1/2		2014	1/4			
	2008	1/2		2014	3/3		2015	1/1			

上海交通大学具有潜在优势的学科有公共行政，历史，药物滥用，康复，伦理学，卫生保健政策和服务，心理学—社会，心理学—生物，语言学，政治科学，心理学—试验，心理学—数学，心理学—应用，心理学—教育，文化研究，心理学—

发展，餐旅、休闲、运动和旅游，城市研究，地理，犯罪学和刑罚学，规划与发展，劳动关系与劳动力，老年医学，民族研究，人类学，社会工作，社会科学—生物医学，社会科学史，社会问题，社会学，传播；具有稳定优势的学科有法律，公共事业、环境和职业健康，国际关系，护理学，环保和可持续发展的科学技术，教育和教学研究，经济学，商业，商业—财经，区域研究，人体工程学，社会科学—跨学科，社会科学—数学方法，心理学—跨学科，心理学—临床；具有极强优势的学科有管理学、环境研究、运输、精神病学、信息科学与图书馆科学。

124. 上海理工大学

2000~2016 年，SSCI 收录上海理工大学各学科论文篇数及被引数见表 5-126，按年份远近排序。

表 5-126 2000~2016 年 SSCI 收录上海理工大学各学科论文篇数及被引数

学科	年份	篇数/被引数	学科	年份	篇数/被引数	学科	年份	篇数/被引数	学科	年份	篇数/被引数
城市研究	2010	2/14	经济学	2012	1/3	伦理学	2015	1/2	地理	2015	2/3
	2015	1/1		2013	2/19	人体工程学	2015	1/4	社会科学—跨学科	2015	1/4
	2016	1/0		2015	2/1	商业	2010	2/10	心理学—跨学科	2012	1/46
管理学	2010	2/10		2016	1/0		2011	1/0		2015	1/1
	2011	1/0	传播	2012	2/2		2015	1/2		2016	1/0
	2014	1/4		2013	2/0	运输	2008	1/2	心理学—社会	2016	1/0
环境研究	2015	1/1		2015	1/0		2013	1/19	心理学—试验	2016	1/0
	2016	2/0		2016	3/0		2014	1/1			
公共事业、环境和职业健康	2015	1/4	环保和可持续发展的科学技术	2015	1/5		2015	1/4			
	2016	1/2		2016	3/5		2016	3/0			

上海理工大学具有潜在优势的学科有城市研究，管理学，环境研究，公共事业、环境和职业健康，经济学，传播，环保和可持续发展的科学技术，伦理学，人体工程学，商业，运输，地理，社会科学—跨学科，心理学—跨学科，心理学—社会，心理学—试验；无具有稳定优势的学科；也无具有极强优势的学科。

125. 上海师范大学

2000~2016 年，SSCI 收录上海师范大学各学科论文篇数及被引数见表 5-127，按年份远近排序。

表 5-127 2000~2016 年 SSCI 收录上海师范大学各学科论文篇数及被引数

学科	年份	篇数/被引数	学科	年份	篇数/被引数	学科	年份	篇数/被引数	学科	年份	篇数/被引数
教育和教学研究	2001	1/0	心理学—跨学科	2013	2/11	心理学—试验	2014	2/1	餐旅、休闲、运动和旅游	2013	1/17
	2003	1/1		2014	1/1		2015	1/0		2015	1/1
	2004	1/6		2015	1/2		2016	3/0	城市研究	2015	2/2
	2007	1/11		2016	4/0	心理学—应用	2012	1/5	管理学	2015	1/0
	2008	1/0	心理学—临床	2013	1/7		2014	1/4	规划与发展	2016	1/0
	2009	2/3		2014	1/0		2016	2/1	国际关系	2013	1/1
	2010	2/10		2015	1/1	语言学	2010	2/2	环保和可持续发展的科学技术	2016	1/1
	2011	2/7		2016	2/1		2012	2/0	家庭研究	2016	1/0
	2012	1/0		2013	1/1		2015	1/0	历史与科学哲学	2009	1/2
	2015	1/0	心理学—社会	2014	4/8		2016	2/0	人类学	2016	1/0
	2016	7/1		2015	5/11	经济学	2015	2/0	商业—财经	2016	1/0
心理学—发展	2011	1/5		2016	2/0		2016	3/0	社会问题	2014	1/1
	2014	1/19		2007	1/11	精神病学	2015	2/2		2016	1/0
	2015	3/2		2010	2/10		2016	2/0	社会学	2013	1/17
	2016	6/3	心理学—教育	2011	1/5	康复	2013	1/7	心理学—生物	2009	1/4
环境研究	2011	1/14		2013	3/6		2016	1/1		2014	1/1
	2015	1/0		2014	1/6	地理	2011	1/14	政治科学	2003	1/5
	2016	1/1		2016	2/1		2015	1/2			

上海师范大学具有潜在优势的学科有心理学—发展，环境研究，心理学—跨学科，心理学—临床，心理学—社会，心理学—教育，心理学—试验，心理学—应用，语言学，经济学，精神病学，康复，地理，餐旅、休闲、运动和旅游，城市研究，管理学，规划与发展，国际关系，环保和可持续发展的科学技术，家庭研究，历史与科学哲学，人类学，商业—财经，社会问题，社会学，心理学—生物，政治科学；具有稳定优势的学科有教育和教学研究；没有显现出极强优势的

学科。

126. 上海外国语大学

2000~2016 年，SSCI 收录上海外国语大学各学科论文篇数及被引数见表 5-128，按年份远近排序。

表 5-128　2000~2016 年 SSCI 收录上海外国语大学各学科论文篇数及被引数

学科	年份	篇数/被引数	学科	年份	篇数/被引数	学科	年份	篇数/被引数	学科	年份	篇数/被引数
教育和教学研究	2000	1/0	语言学	2009	1/48	管理学	2007	1/4	公共行政	2014	1/1
	2009	1/48		2010	4/14		2016	1/0	规划与发展	2015	1/1
	2010	2/14		2011	3/13	经济学	2011	1/7	民族研究	2016	1/0
	2011	1/5		2012	2/9		2014	1/0	女性研究	2011	1/0
	2013	1/1		2013	2/5	商业	2007	1/4	人口学	2016	1/0
	2014	1/4		2014	4/6		2014	1/0	商业—财经	2014	1/1
	2016	2/0		2015	4/0	文化研究	2011	2/2	传播	2010	2/0
国际关系	2006	1/2		2016	4/0		2012	1/0	心理学—生物	2016	1/1
	2013	1/0	社会科学—跨学科	2012	2/4	心理学—社会	2012	2/4	心理学—教育	2016	2/0
	2014	4/2		2013	1/0		2015	2/3	政治科学	2014	3/2
	2016	1/0		2015	3/5		2012	1/9		2015	1/0
区域研究	2014	1/1	社会学	2010	2/0	心理学—试验	2014	1/2			
	2015	1/1		2012	2/4		2016	1/1			
	2016	1/0		2015	3/3	心理学—应用	2007	1/4			

上海外国语大学具有潜在优势的学科有国际关系、区域研究、社会科学—跨学科、社会学、管理学、经济学、商业、文化研究、心理学—社会、心理学—试验、心理学—应用、公共行政、规划与发展、民族研究、女性研究、人口学、商业—财经、传播、心理学—生物、心理学—教育、政治科学；具有稳定优势的学科有教育和教学研究、语言学；没有显现出极强优势的学科。

127. 上海体育学院

2000~2016 年，SSCI 收录上海体育学院各学科论文篇数及被引数见表 5-129，按年份远近排序。

表 5-129 2000~2016 年 SSCI 收录上海体育学院各学科论文篇数及被引数

学科	年份	篇数/被引数	学科	年份	篇数/被引数	学科	年份	篇数/被引数	学科	年份	篇数/被引数
餐旅、休闲、运动和旅游	2010	4/14	公共事业、环境和职业健康	2014	1/0	心理学—社会	2014	1/1	经济学	2010	2/12
	2012	4/13		2015	3/12		2015	2/0		2014	1/4
	2013	16/33		2016	2/0		2016	1/0	精神病学	2016	1/1
	2014	8/33	管理学	2010	2/2	心理学—生物	2014	1/1	药物滥用	2016	2/1
	2015	4/4		2016	1/1		2015	1/3	老年医学	2013	1/22
	2016	13/25	护理学	2013	1/11	康复	2015	2/1	民族研究	2015	1/1
心理学—试验	2012	2/1	教育—特殊	2015	1/0		2016	1/0	人体工程学	2013	1/4
	2013	2/8	教育和教学研究	2013	4/9	心理学—应用	2013	11/27	心理学—跨学科	2016	1/0
	2014	1/2		2014	3/2		2014	1/7	心理学—临床	2016	1/0
	2016	1/3		2016	1/0		2016	1/0	信息科学与图书馆科学	2015	1/1

上海体育学院具有潜在优势的学科有餐旅、休闲、运动和旅游，心理学—试验，公共事业、环境和职业健康，管理学，护理学，教育—特殊，教育和教学研究，心理学—社会，心理学—生物，康复，心理学—应用，经济学，精神病学，药物滥用，老年医学，民族研究，人体工程学，心理学—跨学科，心理学—临床，信息科学与图书馆科学；无具有稳定优势的学科；也无具有极强优势的学科。

128. 深圳大学

2000~2016 年，SSCI 收录深圳大学各学科论文篇数及被引数见表 5-130，按年份远近排序。

表 5-130 2000~2016 年 SSCI 收录深圳大学各学科论文篇数及被引数

学科	年份	篇数/被引数	学科	年份	篇数/被引数	学科	年份	篇数/被引数	学科	年份	篇数/被引数
管理学	2009	1/6	管理学	2016	4/1	环境研究	2016	7/4	经济学	2014	3/14
	2012	2/21	环境研究	2012	1/0	经济学	2012	1/3		2015	2/3
	2014	5/29		2014	1/0		2013	1/2		2016	5/0

续表

学科	年份	篇数/被引数	学科	年份	篇数/被引数	学科	年份	篇数/被引数	学科	年份	篇数/被引数
区域研究	2010	2/12	社会学	2016	1/0	心理学—跨学科	2015	1/0	语言学	2016	2/0
区域研究	2016	1/0	心理学—试验	2013	1/9	心理学—跨学科	2016	16/0	城市研究	2015	2/2
人体工程学	2014	2/7	心理学—试验	2014	7/37	心理学—社会	2013	1/0	城市研究	2016	3/4
人体工程学	2015	3/7	心理学—试验	2015	9/21	心理学—社会	2015	1/3	地理	2016	1/2
人体工程学	2016	2/1	心理学—试验	2016	4/1	心理学—社会	2016	1/0	公共事业、环境和职业健康	2010	2/18
商业	2013	2/10	心理学—应用	2014	1/4	心理学—生物	2014	5/16	公共事业、环境和职业健康	2016	1/0
商业	2014	1/4	心理学—应用	2015	3/7	心理学—生物	2015	2/4	规划与发展	2016	3/4
商业	2015	1/2	心理学—应用	2016	1/0	心理学—生物	2016	1/1	国际关系	2016	1/0
商业	2016	1/0	传播	2007	1/59	运输	2014	2/10	护理学	2011	1/2
商业—财经	2013	1/8	传播	2008	1/10	运输	2015	1/1	环保和可持续发展的科学技术	2016	5/1
商业—财经	2016	2/0	传播	2010	2/10	运输	2016	2/0	精神病学	2016	1/0
社会科学—数学方法	2015	1/2	传播	2014	1/1	信息科学与图书馆科学	2016	2/0	康复	2014	1/2
社会科学—数学方法	2016	2/0	传播	2016	2/0	信息科学与图书馆科学	2014	1/0			
社会学	2014	1/1	心理学—跨学科	2014	2/4	语言学	2015	2/4			

深圳大学具有潜在优势的学科有管理学，环境研究，经济学，区域研究，人体工程学，商业，商业—财经，社会科学—数学方法，社会学，心理学—试验，心理学—应用，传播，心理学—跨学科，心理学—社会，心理学—生物，运输，信息科学与图书馆科学，语言学，城市研究，地理，公共事业、环境和职业健康，规划与发展，国际关系，护理学，环保和可持续发展的科学技术，精神病学，康复；无具有稳定优势的学科；也无具有极强优势的学科。

129. 首都经济贸易大学

2000~2016年，SSCI收录首都经济贸易大学各学科论文篇数及被引数见表5-131，按年份远近排序。

第五章 SSCI各学科学术影响力 ·259·

表 5-131 2000~2016 年 SSCI 收录首都经济贸易大学各学科论文篇数及被引数

学科	年份	篇数/被引数	学科	年份	篇数/被引数	学科	年份	篇数/被引数	学科	年份	篇数/被引数
经济学	2010	2/2	商业—财经	2013	1/1	城市研究	2015	2/0	地理	2015	2/7
	2013	4/5		2014	3/4		2016	1/0	环保和可持续发展的科学技术	2016	1/2
	2014	7/11		2015	1/2	管理学	2008	1/18	劳动关系与劳动力	2009	1/8
	2015	16/4		2016	1/0		2016	2/0	卫生保健政策和服务	2015	1/0
	2016	12/1		2014	1/4		2014	1/7	心理学—社会	2015	1/1
环境研究	2015	3/7	社会科学—数学方法	2015	7/1	规划与发展	2015	1/0	心理学—应用	2016	1/0
	2016	1/0		2016	3/0		2016	1/0	信息科学与图书馆科学	2015	1/0

首都经济贸易大学具有潜在优势的学科有经济学、环境研究、商业—财经、社会科学—数学方法、城市研究、管理学、规划与发展、地理、环保和可持续发展的科学技术、劳动关系与劳动力、卫生保健政策和服务、心理学—社会、心理学—应用、信息科学与图书馆科学；无具有稳定优势的学科；也无具有极强优势的学科。

130. 首都师范大学

2000~2016 年，SSCI 收录首都师范大学各学科论文篇数及被引数见表 5-132，按年份远近排序。

表 5-132 2000~2016 年 SSCI 收录首都师范大学各学科论文篇数及被引数

学科	年份	篇数/被引数	学科	年份	篇数/被引数	学科	年份	篇数/被引数	学科	年份	篇数/被引数
教育和教学研究	2004	1/0	教育和教学研究	2010	2/0	教育和教学研究	2015	2/1	心理学—试验	2010	2/22
	2005	1/29		2012	1/1		2016	4/1		2012	1/6
	2009	1/13		2014	1/1	心理学—试验	2006	1/34		2013	1/4

续表

学科	年份	篇数/被引数	学科	年份	篇数/被引数	学科	年份	篇数/被引数	学科	年份	篇数/被引数
心理学—试验	2014	1/3	精神病学	2011	1/2	心理学—发展	2013	1/4	心理学—应用	2016	1/3
	2015	2/6		2013	2/12		2013	2/5	心理学—教育	2013	1/1
	2016	5/0		2015	2/4	心理学—跨学科	2015	7/10		2015	1/2
	2015	2/1		2016	2/3		2016	13/3		2016	1/0
心理学—生物	2016	1/0	区域研究	2009	1/3		2011	1/2	信息科学与图书馆科学	2014	1/2
餐旅、休闲、运动和旅游	2015	1/1		2016	1/0	心理学—临床	2015	1/1	语言学	2006	1/34
城市研究	2015	1/2	人类学	2015	1/0		2016	3/0		2012	2/7
地理	2009	2/5		2016	1/0		2013	1/4		2014	2/1
管理学	2016	1/0	商业	2015	1/1		2014	1/0		2015	1/1
规划与发展	2015	1/2	社会科学—跨学科	2015	1/4	心理学—社会	2015	3/2		2016	2/0
护理学	2015	2/0	社会科学—数学方法	2015	1/0		2016	3/0	药物滥用	2011	1/2
环境研究	2010	2/0	文化研究	2009	1/14	心理学—数学	2016	1/0			
	2015	2/2		2016	1/0	心理学—应用	2013	2/12			
经济学	2015	1/3	心理学—发展	2008	1/4		2015	1/3			

首都师范大学具有潜在优势的学科有心理学—生物，餐旅、休闲、运动和旅游，城市研究，地理，管理学，规划与发展，护理学，环境研究，经济学，精神病学，区域研究，人类学，商业，社会科学—跨学科，社会科学—数学方法，文化研究，心理学—发展，心理学—跨学科，心理学—临床，心理学—社会，心理学—数学，心理学—应用，心理学—教育，信息科学与图书馆科学，语言学，药物滥用；具有稳定优势的学科有教育和教学研究、心理学—试验；没有显现出极强优势的学科。

131. 首都医科大学

2000~2016 年，SSCI 收录首都医科大学各学科论文篇数及被引数见表 5-133，按年份远近排序。

表 5-133 2000~2016 年 SSCI 收录首都医科大学各学科论文篇数及被引数

学科	年份	篇数/被引数	学科	年份	篇数/被引数	学科	年份	篇数/被引数	学科	年份	篇数/被引数
公共事业、环境和职业健康	2010	6/58	精神病学	2006	1/19	药物滥用	2008	2/33	心理学—临床	2008	3/51
	2011	4/50		2007	3/45		2009	2/46		2009	1/21
	2012	6/45		2008	6/172		2010	4/22		2010	2/14
	2013	2/6		2009	6/96		2013	2/6		2015	1/3
	2014	3/11		2010	12/156		2014	1/2		2016	1/2
	2015	5/10		2011	4/59		2015	1/0	心理学—社会	2011	1/4
	2016	7/2		2012	11/75		2016	1/0		2014	1/9
护理学	2006	1/31		2013	9/86	卫生保健政策和服务	2010	2/34		2015	1/0
	2007	1/11		2014	12/42		2012	1/6	心理学—发展	2011	1/2
	2009	2/18		2015	14/31		2013	2/10		2016	1/1
	2010	6/22		2016	24/9		2014	1/4	心理学—精神分析	2011	1/2
	2011	4/15	老年医学	2008	1/11		2015	1/2	心理学—跨学科	2009	1/3
	2012	1/2		2009	1/9		2016	1/0		2014	2/10
	2013	2/2		2011	1/20	心理学—生物	2004	1/74	家庭研究	2014	1/9
	2014	8/20		2012	2/40		2008	2/15	教育和教学研究	2014	1/2
	2015	2/0		2013	1/15		2009	1/5	经济学	2016	1/0
	2016	6/1		2014	3/13		2012	1/6	劳动关系与劳动力	2013	1/7
康复	2007	1/3		2015	3/6		2013	1/11	人类学	2015	1/1
	2008	1/1		2016	1/1		2014	1/8	心理学—应用	2013	1/4
	2012	2/14	社会工作	2014	1/9		2015	2/11	信息科学与图书馆科学	2013	1/0
	2013	2/3	社会科学—生物医学	2011	1/26	心理学—实验	2003	1/9		2016	1/0
	2014	2/1		2014	1/7		2011	1/19	语言学	2012	1/11
	2015	1/4		2016	1/0		2015	1/3			

首都医科大学具有潜在优势的学科有康复、社会工作、社会科学—生物医学、卫生保健政策和服务、心理学—实验、心理学—临床、心理学—社会、心理

学—发展、心理学—精神分析、心理学—跨学科、家庭研究、教育和教学研究、经济学、劳动关系与劳动力、人类学、心理学—应用、信息科学与图书馆科学、语言学;具有稳定优势的学科有公共事业、环境和职业健康,护理学,精神病学,老年医学,药物滥用,心理学—生物;没有显现出极强优势的学科。

132. 四川大学

2000~2016 年,SSCI 收录四川大学各学科论文篇数及被引数见表 5-134,按年份远近排序。

表 5-134　2000~2016 年 SSCI 收录四川大学各学科论文篇数及被引数

学科	年份	篇数/被引数	学科	年份	篇数/被引数	学科	年份	篇数/被引数	学科	年份	篇数/被引数
公共事业、环境和职业健康	2008	1/10	环境研究	2009	1/3	城市研究	2013	1/3	康复	2014	5/23
	2009	1/11		2010	2/6		2014	1/1		2015	1/0
	2010	8/124		2011	1/15		2015	1/1		2016	4/2
	2011	8/92		2013	3/17	地理	2014	2/4	药物滥用	2008	2/14
	2012	6/49		2014	5/8		2015	1/0		2009	1/1
	2013	4/14		2015	4/9		2016	1/3		2012	1/24
	2014	8/36		2016	8/4	法律	2011	1/5		2013	1/12
	2015	9/11		2005	1/8		2015	1/1		2016	1/0
	2016	11/4		2008	1/1		2016	3/0		2012	2/8
管理学	2005	1/8		2010	6/6	犯罪学和刑罚学	2010	2/10	商业	2013	4/29
	2009	1/38	经济学	2011	3/83		2011	1/13		2014	4/11
	2012	8/62		2013	8/20		2014	1/1		2015	6/14
	2013	6/31		2014	7/13		2005	1/10		2016	3/4
	2014	9/59		2015	6/2		2006	1/22	传播	2011	1/1
	2015	14/48		2016	10/9		2007	1/30		2013	1/3
	2016	8/3		2005	1/17		2008	1/76		2014	1/2
护理学	2007	1/39		2010	6/64		2009	2/153		2015	1/0
	2008	1/11	老年医学	2011	1/21	精神病学	2010	22/562		2016	3/1
	2009	2/20		2012	1/3		2011	11/387	公共行政	2007	1/20
	2010	2/28		2014	3/11		2012	11/142		2015	1/0
	2011	1/8		2015	2/1		2013	14/234		2016	1/0
	2012	1/3		2016	1/0		2014	21/123	规划与发展	2010	2/6
	2013	5/13	餐旅、休闲、运动和旅游	2013	2/6		2015	24/98		2015	4/2
	2014	12/38		2015	1/0		2016	15/6	国际关系	2014	2/3
	2015	7/3		2016	1/0	康复	2003	1/1		2015	3/0
	2016	12/6	城市研究	2001	1/8		2006	1/18		2016	2/0

续表

学科	年份	篇数/被引数	学科	年份	篇数/被引数	学科	年份	篇数/被引数	学科	年份	篇数/被引数
环保和可持续发展的科学技术	2014	8/26	社会科学—跨学科	2014	1/14	社会问题	2016	1/0	心理学—生物	2016	1/2
	2015	3/4		2015	4/37	心理学—发展	2015	1/1	心理学—实验	2011	1/15
	2016	10/9		2016	2/0		2016	1/0		2015	2/7
教育和教学研究	2010	2/12	社会科学—生物医学	2007	1/48	心理学—跨学科	2007	1/48	心理学—应用	2006	1/22
	2013	1/0		2008	1/19		2011	1/11		2010	4/6
	2014	1/1		2011	1/0		2012	2/9		2012	1/4
	2015	2/2		2012	1/6		2013	1/4		2013	1/2
伦理学	2008	1/19		2013	1/4		2015	1/1	信息科学与图书馆科学	2009	2/2
	2011	1/0		2015	2/7		2016	1/1		2013	4/16
女性研究	2016	1/0		2016	1/0	心理学—临床	2008	2/14		2014	5/7
区域研究	2014	1/6	社会科学—数学方法	2010	2/6		2009	1/1		2015	3/1
	2015	2/0		2014	1/3		2011	2/87		2016	1/0
人类学	2007	1/9	社会学	2010	2/6		2012	3/56	语言学	2015	1/1
	2014	1/0		2015	1/1		2013	5/63	运输	2011	1/35
	2015	1/0	卫生保健政策和服务	2008	1/1		2014	4/35		2013	2/9
人体工程学	2008	1/9		2013	2/5		2015	2/14		2014	1/3
	2010	2/6		2014	1/6		2016	2/0		2016	2/0
	2013	1/2		2016	6/3	心理学—社会	2012	1/4	政治科学	2014	1/0
商业—财经	2016	1/2	家庭研究	2016	3/0		2016	1/0		2016	1/0
社会工作	2012	1/3	教育—特殊	2003	1/1		2009	1/4			
	2016	2/0		2008	1/19	心理学—生物	2014	1/2			
社会科学—跨学科	2011	1/13	社会问题	2011	1/0		2015	1/0			

四川大学具有潜在优势的学科有餐旅、休闲、运动和旅游,城市研究,地理,法律,犯罪学和刑罚学,康复,药物滥用,商业,传播,公共行政,规划与发展,国际关系,环保和可持续发展的科学技术,教育和教学研究,伦理学,女性研究,区域研究,人类学,人体工程学,商业—财经,社会工作,社会科学—跨学科,社会科学—数学方法,社会学,卫生保健政策和服务,家庭研究,教育—特殊,社会问题,心理学—发展,心理学—跨学科,心理学—社会,心理学—生物,心理学—实验,心理学—应用,信息科学与图书馆科学,语言学,运输,政治科学;具有稳定优势的学科有公共事业、环境和职业健康,管理学,护理学,环境研究,经济学,老年医学,心理学—临床,社会科

学—生物医学；具有极强优势的学科有精神病学。

133. 四川农业大学

2000~2016 年，SSCI 收录四川农业大学各学科论文篇数及被引数见表 5-135，按年份远近排序。

表 5-135　2000~2016 年 SSCI 收录四川农业大学各学科论文篇数及被引数

学科	年份	篇数/被引数	学科	年份	篇数/被引数	学科	年份	篇数/被引数
环保和可持续发展的科学技术	2012	1/14	经济学	2010	2/6	商业—财经	2015	1/1
	2013	2/34		2012	1/0	社会科学—生物医学	2015	1/6
	2014	2/17		2013	1/1	传播	2013	1/1
	2015	1/1		2015	1/1	卫生保健政策和服务	2015	1/1
	2016	3/1	环境研究	2014	2/8	语言学	2013	1/1
餐旅、休闲、运动和旅游	2016	1/0		2015	1/1	地理	2016	1/2
公共事业、环境和职业健康	2015	1/6		2016	2/2	教育和教学研究	2012	1/2

四川农业大学具有潜在优势的学科有环保和可持续发展的科学技术，餐旅、休闲、运动和旅游，公共事业、环境和职业健康，经济学，环境研究，商业—财经，社会科学—生物医学，传播，卫生保健政策和服务，语言学，地理，教育和教学研究；无具有稳定优势的学科；也无具有极强优势的学科。

134. 苏州大学

2000~2016 年，SSCI 收录苏州大学各学科论文篇数及被引数见表 5-136，按年份远近排序。

表 5-136　2000~2016 年 SSCI 收录苏州大学各学科论文篇数及被引数

学科	年份	篇数/被引数	学科	年份	篇数/被引数	学科	年份	篇数/被引数	学科	年份	篇数/被引数
经济学	2001	1/21	经济学	2011	4/20	精神病学	2011	1/28	管理学	2013	2/10
	2005	1/14		2012	5/28		2012	1/11		2014	3/11
	2007	2/27		2013	3/46		2014	1/1		2015	2/1
	2008	2/11		2014	1/3		2015	2/5		2016	10/3
	2009	2/22		2015	6/10		2016	1/0	公共事业、环境和职业健康	2012	1/1
	2010	2/30		2016	6/4	管理学	2012	1/8		2014	3/1

续表

学科	年份	篇数/被引数	学科	年份	篇数/被引数	学科	年份	篇数/被引数	学科	年份	篇数/被引数
公共事业、环境和职业健康	2015	5/20	社会科学—数学方法	2011	1/4	国际关系	2012	1/1	人体工程学	2014	1/10
	2016	4/1		2012	1/10	家庭研究	2016	1/0		2016	3/0
护理学	2012	1/2		2015	2/1	教育和教学研究	2004	1/7	商业	2012	1/1
	2014	1/1		2016	2/0	康复	2013	2/13		2014	1/4
	2015	1/0	卫生保健政策和服务	2008	1/0		2016	1/0		2016	6/1
	2016	3/0		2015	1/7	药物滥用	2015	1/3	社会工作	2016	1/1
环保和可持续发展的科学技术	2013	1/27	心理学—发展	2014	1/1	商业—财经	2012	1/2	社会科学—跨学科	2015	1/4
	2014	2/10		2008	1/10		2013	1/1		2016	1/0
	2015	1/0	心理学—跨学科	2012	1/0		2014	1/0	心理学—生物	2013	1/4
	2016	2/1		2013	1/1		2015	1/0		2015	2/1
环境研究	2012	1/5		2014	2/9		2016	1/0	心理学—实验	2014	3/10
	2014	3/13		2015	1/0	传播	2011	1/1		2016	1/1
	2015	2/1		2013	1/3		2010	2/2	心理学—应用	2014	1/10
老年医学	2009	1/10	餐旅、休闲、运动和旅游	2014	1/1		2012	2/1		2016	4/0
	2011	1/28		2015	2/1	心理学—社会	2014	1/0	信息科学与图书馆科学	2007	1/15
	2012	2/13		2016	1/0		2015	2/0		2008	1/3
	2013	1/14	地理	2014	1/3		2016	1/0		2011	1/3
	2014	1/1	法律	2008	2/1	心理学—教育	2014	1/0		2014	2/6
社会科学—数学方法	2001	1/21		2011	1/1	历史	2013	1/3	语言学	2004	1/7
	2005	1/14	犯罪学和刑罚学	2016	1/0		2015	1/0		2014	4/1
	2007	1/20	规划与发展	2009	1/11	历史与科学哲学	2016	1/0		2015	1/1
	2008	1/10		2016	2/1	伦理学	2016	1/0	运输	2014	1/3
	2009	1/11	国际关系	2008	2/1	女性研究	2015	1/2		2016	2/4
	2010	2/30		2011	1/1	人类学	2016	1/1			

苏州大学具有潜在优势的学科有精神病学，管理学，公共事业、环境和职业健康，护理学，环保和可持续发展的科学技术，环境研究，老年医学，卫生保健政策和服务，心理学—发展，心理学—跨学科，餐旅、休闲、运动和旅游，地理，法律，犯罪学和刑罚学，规划与发展，国际关系，家庭研究，教育和教学研究，康复，药物滥用，商业—财经，传播，心理学—社会，心理学—教育，历史，历史与科学哲学，伦理学，女性研究，人类学，人体工程学，商业，社会工作，社会科学—跨学科，心理学—生物，心理学—实验，心理学—应用，信息科学与图书馆科学，语言学，运输；具有稳定优势的学科有社会科学—数学方法；具有极强优势的学科有经济学。

135. 四川师范大学

2000~2016 年，SSCI 收录四川师范大学各学科论文篇数及被引数见表 5-137，按年份远近排序。

表 5-137　2000~2016 年 SSCI 收录四川师范大学各学科论文篇数及被引数

学科	年份	篇数/被引数	学科	年份	篇数/被引数	学科	年份	篇数/被引数
环境研究	2006	1/49	经济学	2016	1/2	心理学—跨学科	2010	2/84
	2015	1/3	精神病学	2010	2/84		2012	1/3
	2016	1/0		2014	1/8		2014	1/0
教育—特殊	2014	1/1		2015	1/0	心理学—临床	2010	2/84
教育和教学研究	2007	1/3	康复	2014	1/1	心理学—数学	2013	1/0
	2008	1/2	商业	2016	1/2	环保和可持续发展的科学技术	2015	1/3
	2014	1/3	社会科学—数学方法	2013	1/0		2016	1/0

四川师范大学具有潜在优势的学科有环境研究、教育—特殊、教育和教学研究、经济学、精神病学、康复、商业、社会科学—数学方法、心理学—跨学科、心理学—临床、心理学—数学、环保和可持续发展的科学技术；无具有稳定优势的学科；也无具有极强优势的学科。

136. 太原科技大学

2000~2016 年，SSCI 收录太原科技大学各学科论文篇数及被引数见表 5-138，按年份远近排序。

表 5-138 2000~2016 年 SSCI 收录太原科技大学各学科论文篇数及被引数

学科	年份	篇数/被引数	学科	年份	篇数/被引数	学科	年份	篇数/被引数
环境研究	2014	1/5	城市研究	2016	1/0	社会学	2015	1/0
	2016	3/0	犯罪学和刑罚学	2016	1/0		2016	1/0
经济学	2011	1/36	公共事业、环境和职业健康	2015	1/0	心理学—跨学科	2016	1/0
	2012	1/4	环保和可持续发展的科学技术	2013	1/25	心理学—实验	2016	2/0
	2013	1/1		2016	2/1	信息科学与图书馆科学	2016	1/0
	2015	2/0	社会工作	2015	1/0	运输	2007	1/0
规划与发展	2011	1/36		2016	1/0			

太原科技大学具有潜在优势的学科有环境研究，经济学，规划与发展，城市研究，犯罪学和刑罚学，公共事业、环境和职业健康，环保和可持续发展的科学技术，社会工作，社会学，心理学—跨学科，心理学—实验，信息科学与图书馆科学，运输；无具有稳定优势的学科；也无具有极强优势的学科。

137. 泰山医学院

2000~2016 年，SSCI 收录泰山医学院各学科论文篇数及被引数见表 5-139，按年份远近排序。

表 5-139 2000~2016 年 SSCI 收录泰山医学院各学科论文篇数及被引数

学科	年份	篇数/被引数
护理学	2011	3/0
	2013	6/0
	2014	5/0
公共事业、环境和职业健康	2015	2/0
	2014	3/0

泰山医学院具有潜在优势的学科有护理学，公共事业、环境和职业健康；无具有稳定优势的学科；也无具有极强优势的学科。

138. 天津财经大学

2000~2016 年，SSCI 收录天津财经大学各学科论文篇数及被引数见表 5-140，按年份远近排序。

表 5-140 2000~2016 年 SSCI 收录天津财经大学各学科论文篇数及被引数

学科	年份	篇数/被引数
环境研究	2015	1/0
经济学	2011	1/2
人口学	2012	1/0
环保和可持续发展的科学技术	2015	1/0
社会科学—数学方法	2013	1/1
信息科学与图书馆科学	2011	1/0

天津财经大学具有潜在优势的学科有环境研究、经济学、人口学、环保和可持续发展的科学技术、社会科学—数学方法、信息科学与图书馆科学；无具有稳定优势的学科；也无具有极强优势的学科。

139. 天津大学

2000~2016 年，SSCI 收录天津大学各学科论文篇数及被引数见表 5-141，按年份远近排序。

表 5-141 2000~2016 年 SSCI 收录天津大学各学科论文篇数及被引数

学科	年份	篇数/被引数	学科	年份	篇数/被引数	学科	年份	篇数/被引数	学科	年份	篇数/被引数
管理学	2008	1/1	环境研究	2012	4/73	经济学	2013	4/33	环保和可持续发展的科学技术	2013	2/11
	2009	1/0		2013	5/32		2014	5/6		2014	3/17
	2010	2/2		2014	4/15		2015	9/16		2015	12/57
	2011	4/26		2015	11/37		2016	12/13		2016	10/12
	2012	3/42		2016	9/2	社会科学—数学方法	2012	1/6	社会科学—跨学科	2013	1/6
	2013	3/16	商业	2007	1/15		2013	1/13		2014	2/4
	2014	8/17		2008	1/1		2014	1/0		2015	1/1
	2015	22/58		2011	2/14		2015	1/1	餐旅、休闲、运动和旅游	2010	2/12
	2016	16/0		2015	3/2		2016	4/4	城市研究	2012	1/18
环境研究	2008	2/54		2016	5/0	规划与发展	2012	1/18		2014	1/4
	2009	5/77		2006	1/44		2014	1/4	地理	2008	1/4
	2010	4/4	经济学	2011	1/8		2016	1/0		2010	2/2
	2011	4/64		2012	2/18	环保和可持续发展的科学技术	2012	1/9	公共事业、环境和职业健康	2014	2/2

续表

学科	年份	篇数/被引数	学科	年份	篇数/被引数	学科	年份	篇数/被引数	学科	年份	篇数/被引数
公共事业、环境和职业健康	2015	2/2	人体工程学	2016	1/0	心理学—跨学科	2014	2/78	信息科学与图书馆科学	2016	4/2
	2016	1/0		2014	1/8		2015	2/22	语言学	2015	1/0
公共行政	2015	3/6	心理学—生物	2015	2/0		2016	4/2		2016	1/0
教育和教学研究	2014	1/1		2016	1/3	心理学—社会	2016	1/0	运输	2012	1/12
	2016	1/0	心理学—试验	2014	2/78	心理学—数学	2016	1/0		2014	1/2
精神病学	2015	2/0		2015	2/22	心理学—应用	2015	1/2		2015	8/17
康复	2003	1/51		2016	3/2		2016	1/1		2016	5/5
	2016	1/0	商业—财经	2015	2/0	信息科学与图书馆科学	2010	4/20	政治科学	2015	2/1
伦理学	2016	1/0	传播	2015	2/1		2014	4/19			
人体工程学	2014	2/2	卫生保健政策和服务	2014	2/9		2015	2/1			

天津大学具有潜在优势的学科有商业，社会科学—数学方法，规划与发展，环保和可持续发展的科学技术，社会科学—跨学科，餐旅、休闲、运动和旅游，城市研究，地理，公共事业、环境和职业健康，公共行政，教育和教学研究，精神病学，康复，伦理学，人体工程学，心理学—生物，心理学—实验，商业—财经，传播，卫生保健政策和服务，心理学—跨学科，心理学—社会，心理学—数学，心理学—应用，信息科学与图书馆科学，语言学，运输，政治科学；具有稳定优势的学科有管理学、环境研究、经济学；没有显现出极强优势的学科。

140. 天津工业大学

2000~2016 年，SSCI 收录天津工业大学各学科论文篇数及被引数见表 5-142，按年份远近排序。

表 5-142　2000~2016 年 SSCI 收录天津工业大学各学科论文篇数及被引数

学科	年份	篇数/被引数
经济学	2012	1/1
	2015	1/0
环保和可持续发展的科学技术	2015	1/4

天津工业大学具有潜在优势的学科有经济学、环保和可持续发展的科学技术；无具有稳定优势的学科；也无具有极强优势的学科。

141. 天津理工大学

2000~2016 年，SSCI 收录天津理工大学各学科论文篇数及被引数见表 5-143，按年份远近排序。

表 5-143 2000~2016 年 SSCI 收录天津理工大学各学科论文篇数及被引数

学科	年份	篇数/被引数	学科	年份	篇数/被引数
经济学	2014	2/1	社会科学—跨学科	2016	1/0
	2015	1/1	社会学	2016	1/0
康复	2014	1/1	语言学	2014	1/1
商业	2014	1/1	环保和可持续发展的科学技术	2016	2/3
管理学	2015	1/3			

天津理工大学具有潜在优势的学科有经济学、康复、商业、管理学、社会科学—跨学科、社会学、语言学、环保和可持续发展的科学技术；无具有稳定优势的学科；也无具有极强优势的学科。

142. 天津师范大学

2000~2016 年，SSCI 收录天津师范大学各学科论文篇数及被引数见表 5-144，按年份远近排序。

表 5-144 2000~2016 年 SSCI 收录天津师范大学各学科论文篇数及被引数

学科	年份	篇数/被引数	学科	年份	篇数/被引数	学科	年份	篇数/被引数	学科	年份	篇数/被引数
精神病学	2015	1/0	心理学—生物	2013	3/16	心理学—发展	2012	1/2	公共事业、环境和职业健康	2015	1/0
	2005	1/2		2014	4/15		2015	1/1		2016	1/1
	2007	1/8		2016	2/1		2011	1/1	管理学	2016	1/0
女性研究	2008	1/1	心理学—实验	2012	1/2	心理学—跨学科	2014	1/0	环保和可持续发展的科学技术	2016	1/2
	2009	2/1		2013	4/36		2015	1/0	卫生保健政策和服务	2015	1/0
	2010	4/2		2014	2/6		2016	1/0	心理学—数学	2015	1/0
人类学	2003	1/0		2015	3/3	教育和教学研究	2012	1/7	心理学—教育	2012	1/7
	2012	2/49		2016	3/1		2013	2/2		2013	2/2
	2013	1/7	信息科学与图书馆科学	2013	1/0	经济学	2007	1/8	语言学	2016	3/0
	2014	1/0		2015	1/0		2008	1/1			
	2015	2/3		2016	1/0		2015	1/2			

天津师范大学具有潜在优势的学科有精神病学，女性研究，人类学，心理学—生物，心理学—实验，信息科学与图书馆科学，心理学—发展，心理学—跨学科，教育和教学研究，经济学，公共事业、环境和职业健康，管理学，环保和可持续发展的科学技术，卫生保健政策和服务，心理学—数学，心理学—教育，语言学；无具有稳定优势的学科；也无具有极强优势的学科。

143. 天津商业大学

2000~2016 年，SSCI 收录天津商业大学各学科论文篇数及被引数见表 5-145，按年份远近排序。

表 5-145　2000~2016 年 SSCI 收录天津商业大学各学科论文篇数及被引数

学科	年份	篇数/被引数	学科	年份	篇数/被引数	学科	年份	篇数/被引数
经济学	2007	1/3	社会科学—数学方法	2011	1/8	规划与发展	2007	1/3
	2011	1/8		2012	1/2	环保和可持续发展的科学技术	2016	1/0
	2012	1/2		2013	1/3	餐旅、休闲、运动和旅游	2016	1/0
	2013	1/3		2016	2/0	语言学	2009	1/0
	2016	2/0	教育和教学研究	2009	1/0		2010	2/2
管理学	2016	1/0		2014	1/0		2014	1/0

天津商业大学具有潜在优势的学科有经济学，管理学，社会科学—数学方法，教育和教学研究，规划与发展，环保和可持续发展的科学技术，餐旅、休闲、运动和旅游，语言学；无具有稳定优势的学科；也无具有极强优势的学科。

144. 天津医科大学

2000~2016 年，SSCI 收录天津医科大学各学科论文篇数及被引数见表 5-146，按年份远近排序。

表 5-146　2000~2016 年 SSCI 收录天津医科大学各学科论文篇数及被引数

学科	年份	篇数/被引数	学科	年份	篇数/被引数	学科	年份	篇数/被引数
护理学	2009	1/2	护理学	2016	6/0	精神病学	2014	1/4
	2010	4/10	公共事业、环境和职业健康	2014	4/56		2015	4/8
	2012	2/6		2015	4/10		2016	3/1
	2013	4/15		2016	3/1	康复	2012	1/7
	2014	5/10	精神病学	2012	1/22		2014	2/3
	2015	7/9		2013	1/9		2015	1/0

续表

学科	年份	篇数/被引数	学科	年份	篇数/被引数	学科	年份	篇数/被引数
康复	2016	1/0	老年医学	2016	4/5	心理学—临床	2016	2/0
管理学	2015	1/3	伦理学	2013	1/3	心理学—实验	2015	1/1
教育和教学研究	2015	1/3	女性研究	2016	1/0			
老年医学	2013	1/6	社会科学—生物医学	2013	1/3			

天津医科大学具有潜在优势的学科有公共事业、环境和职业健康，精神病学，康复，管理学，教育和教学研究，老年医学，伦理学，女性研究，社会科学—生物医学，心理学—临床，心理学—实验；具有稳定优势的学科有护理学；没有显现出极强优势的学科。

145. 天津中医药大学

2000~2016 年，SSCI 收录天津中医药大学各学科论文篇数及被引数见表 5-147，按年份远近排序。

表 5-147　2000~2016 年 SSCI 收录天津中医药大学各学科论文篇数及被引数

学科	年份	篇数/被引数
护理学	2013	1/7
	2014	2/2
	2015	3/13
	2016	7/1
管理学	2015	1/4
心理学—生物	2009	1/25

天津中医药大学具有潜在优势的学科有护理学、管理学、心理学—生物；无具有稳定优势的学科；也无具有极强优势的学科。

146. 同济大学

2000~2016 年，SSCI 收录同济大学各学科论文篇数及被引数见表 5-148，按年份远近排序。

表 5-148　2000~2016 年 SSCI 收录同济大学各学科论文篇数及被引数

学科	年份	篇数/被引数	学科	年份	篇数/被引数	学科	年份	篇数/被引数	学科	年份	篇数/被引数
城市研究	2007	1/6	城市研究	2012	2/50	城市研究	2015	4/5	地理	2009	2/13
	2008	1/56		2013	4/40		2016	9/3		2011	1/7
	2011	2/16		2014	2/3	地理	2008	1/56		2013	2/11

续表

学科	年份	篇数/被引数	学科	年份	篇数/被引数	学科	年份	篇数/被引数	学科	年份	篇数/被引数
地理	2014	2/5	环境研究	2013	9/61	商业	2012	1/3	社会科学—数学方法	2013	1/1
	2015	2/2		2014	8/51		2013	4/23		2014	1/1
	2016	7/5		2015	12/18		2014	1/2		2015	2/2
公共事业、环境和职业健康	2011	1/1		2016	28/16		2015	4/9		2016	1/0
	2012	3/21	经济学	2003	1/36		2016	6/0	心理学—临床	2006	1/37
	2013	2/23		2005	1/6	商业—财经	2003	1/36		2011	1/1
	2014	9/27		2007	1/35		2010	2/10		2013	1/9
	2015	6/11		2008	1/59		2011	1/4		2014	2/5
	2016	16/7		2011	1/45		2013	1/1		2015	1/0
管理学	2008	1/23		2012	2/12		2014	1/0	运输	2001	1/16
	2010	2/34		2013	4/28		2015	3/0		2005	1/6
	2011	5/43		2014	3/45		2016	1/0		2007	1/6
	2012	10/114		2015	13/15	信息科学与图书馆科学	2008	1/21		2008	2/65
	2013	7/74		2016	18/5		2009	3/36		2010	6/40
	2014	11/58	精神病学	2006	1/37		2010	4/46		2011	8/100
	2015	15/47		2012	1/5		2011	2/20		2012	4/22
	2016	11/1		2013	7/35		2012	2/38		2013	8/44
规划与发展	2008	1/56		2014	6/18		2013	5/34		2014	11/29
	2009	1/3		2015	2/2		2014	5/15		2015	17/25
	2012	2/50		2016	6/2		2015	4/7		2016	34/16
	2013	4/37	康复	2012	2/3	社会科学—跨学科	2011	1/1	环保和可持续发展的科学技术	2010	4/42
	2014	1/1		2014	2/6		2012	1/4		2014	2/9
	2015	2/7		2015	2/0		2013	2/23		2015	8/29
	2016	5/1		2016	1/0		2014	3/16		2016	8/2
环境研究	2001	1/16	人体工程学	2011	1/7		2015	4/5	教育和教学研究	2009	1/1
	2004	1/33		2013	2/23		2016	9/7		2010	4/32
	2007	1/6		2014	4/22	社会科学—数学方法	2003	1/36		2015	1/1
	2009	2/42		2015	3/7		2007	1/35		2016	2/1
	2010	6/90		2016	10/8		2009	1/1	老年医学	2006	1/37
	2011	2/12	商业	2010	2/34		2010	2/10		2013	2/2
	2012	5/84		2011	1/3		2011	1/4		2014	1/2

续表

学科	年份	篇数/被引数	学科	年份	篇数/被引数	学科	年份	篇数/被引数	学科	年份	篇数/被引数
心理学—应用	2011	1/7	护理学	2012	2/12	伦理学	2016	1/0	心理学—跨学科	2011	1/0
	2012	2/9		2013	2/11	区域研究	2012	2/2		2013	1/3
	2014	1/4		2015	4/1		2015	1/1		2014	2/6
	2015	1/1		2016	2/0		2016	1/0		2016	3/0
	2016	3/4	家庭研究	2014	1/3	人口学	2014	1/0	心理学—社会	2013	2/5
餐旅、休闲、运动和旅游	2013	1/12	教育—特殊	2014	2/6	社会科学—生物医学	2012	1/4		2014	2/0
	2016	2/0		2015	1/0	社会科学史	2016	1/0		2016	2/0
法律	2015	1/0	劳动关系与劳动力	2013	1/15	社会学	2010	2/2	心理学—实验	2011	1/0
公共行政	2013	1/3	历史	2016	1/0		2015	1/0	心理学—数学	2009	1/1
	2016	1/0	历史与科学哲学	2015	1/2	传播	2014	1/0	政治科学	2012	1/2
国际关系	2012	1/2		2016	1/2		2016	1/0		2014	1/1
	2016	2/1	伦理学	2012	1/3	卫生保健政策和服务	2014	1/1			
护理学	2011	1/6		2015	1/2	心理学—发展	2016	1/1			

同济大学具有潜在优势的学科有公共事业、环境和职业健康，精神病学，康复，人体工程学，社会科学—跨学科，心理学—临床，环保和可持续发展的科学技术，教育和教学研究，老年医学，心理学—应用，餐旅、休闲、运动和旅游，法律，公共行政，国际关系，护理学，家庭研究，教育—特殊，劳动关系与劳动力，历史，历史与科学哲学，伦理学，区域研究，人口学，社会科学—生物医学，社会科学史，社会学，传播，卫生保健政策和服务，心理学—发展，心理学—跨学科，心理学—社会，心理学—实验，心理学—数学，政治科学；具有稳定优势的学科有城市研究、地理、管理学、规划与发展、环境研究、经济学、商业、商业—财经、信息科学与图书馆科学、社会科学—数学方法、运输；没有显现出极强优势的学科。

147. 外交学院

2000~2016 年，SSCI 收录外交学院各学科论文篇数及被引数见表 5-149，按年份远近排序。

表 5-149 2000~2016 年 SSCI 收录外交学院各学科论文篇数及被引数

学科	年份	篇数/被引数	学科	年份	篇数/被引数	学科	年份	篇数/被引数
国际关系	2003	1/0	国际关系	2015	1/0	商业	2011	1/4
	2004	1/5		2016	3/0	语言学	2014	1/4
	2006	1/3	区域研究	2010	2/6	环境研究	2004	1/5
	2008	1/1		2015	1/0	教育和教学研究	2014	1/4
	2010	2/50		2016	1/0	法律	2008	1/1
	2011	1/6	政治科学	2015	1/0	管理学	2011	1/4
	2014	1/5		2016	2/0			

外交学院具有潜在优势的学科有区域研究、政治科学、商业、语言学、环境研究、教育和教学研究、法律、管理学；具有稳定优势的学科有国际关系；没有显现出极强优势的学科。

148. 温州大学

2000~2016 年，SSCI 收录温州大学各学科论文篇数及被引数见表 5-150，按年份远近排序。

表 5-150 2000~2016 年 SSCI 收录温州大学各学科论文篇数及被引数

学科	年份	篇数/被引数	学科	年份	篇数/被引数	学科	年份	篇数/被引数
经济学	2012	1/2	传播	2015	1/0	餐旅、休闲、运动和旅游	2014	1/0
	2013	1/3	心理学—社会	2015	1/0	公共事业、环境和职业健康	2016	1/1
	2014	2/2	心理学—生物	2015	1/0	教育和教学研究	2016	2/0
	2015	1/0	管理学	2016	2/0	信息科学与图书馆科学	2016	1/2
精神病学	2015	1/2	护理学	2015	1/0			

温州大学具有潜在优势的学科有经济学，精神病学，传播，心理学—社会，心理学—生物，管理学，护理学，餐旅、休闲、运动和旅游，公共事业、环境和职业健康，教育和教学研究，信息科学与图书馆科学；无具有稳定优势的学科；也无具有极强优势的学科。

149. 温州医科大学

2000~2016 年，SSCI 收录温州医科大学各学科论文篇数及被引数见表 5-151，按年份远近排序。

表 5-151　2000~2016 年 SSCI 收录温州医科大学各学科论文篇数及被引数

学科	年份	篇数/被引数	学科	年份	篇数/被引数	学科	年份	篇数/被引数	学科	年份	篇数/被引数
公共事业、环境和职业健康	2010	2/8	护理学	2010	4/0	精神病学	2013	1/25	家庭研究	2016	1/0
	2011	1/6		2011	3/0		2014	1/3	教育—特殊	2010	2/18
	2012	1/10		2012	2/2		2015	2/2	康复	2010	2/18
	2013	1/3		2013	1/0		2016	6/4	女性研究	2010	2/8
	2014	1/0		2014	4/0	心理学—跨学科	2008	1/25	人体工程学	2013	1/0
	2015	1/0		2015	1/1		2016	3/5	社会工作	2016	1/0
	2016	2/0		2016	1/0	心理学—生物	2015	2/6	卫生保健政策和服务	2015	1/0
药物滥用	2014	1/3	心理学—临床	2015	1/1	心理学—实验	2008	1/25	信息科学与图书馆科学	2013	1/0
	2015	1/1		2016	1/1		2016	1/5	运输	2016	1/0
老年医学	2016	2/0	心理学—社会	2016	1/0	心理学—应用	2013	1/0			

温州医科大学具有潜在优势的学科有药物滥用、老年医学、心理学—临床、心理学—社会、精神病学、心理学—跨学科、心理学—生物、心理学—实验、心理学—应用、家庭研究、教育—特殊、康复、女性研究、人体工程学、社会工作、卫生保健政策和服务、信息科学与图书馆科学、运输;具有稳定优势的学科有公共事业、环境和职业健康,护理学;没有显现出极强优势的学科。

150. 武汉大学

2000~2016 年,SSCI 收录武汉大学各学科论文篇数及被引数见表 5-152,按年份远近排序。

表 5-152　2000~2016 年 SSCI 收录武汉大学各学科论文篇数及被引数

学科	年份	篇数/被引数	学科	年份	篇数/被引数	学科	年份	篇数/被引数	学科	年份	篇数/被引数
地理	2004	1/7	地理	2011	9/112	地理	2015	19/41	法律	2008	2/0
	2008	1/16		2012	17/110		2016	25/9		2009	4/3
	2009	2/20		2013	15/97	法律	2000	1/2		2010	8/20
	2010	12/284		2014	15/59		2005	1/6		2011	5/14

续表

学科	年份	篇数/被引数	学科	年份	篇数/被引数	学科	年份	篇数/被引数	学科	年份	篇数/被引数
法律	2012	3/6	环保和可持续发展的科学技术	2016	21/12	经济学	2016	20/1	伦理学	2016	1/0
	2013	7/10		2007	8/161		2006	2/73	社会科学—数学方法	2000	1/0
	2014	7/11		2008	5/46		2007	1/17		2009	2/5
	2015	10/5		2009	1/18		2008	3/37		2011	1/1
	2016	5/1		2010	2/16	精神病学	2009	1/6		2012	1/2
公共事业、环境和职业健康	2004	1/6	护理学	2011	2/3		2011	1/21		2013	1/4
	2007	1/17		2012	1/4		2012	1/21		2014	1/1
	2009	2/38		2013	5/17		2014	4/12		2015	3/3
	2010	2/26		2014	7/19		2015	2/2	卫生保健政策和服务	2012	1/0
	2011	1/19		2015	8/6		2016	4/0		2013	1/3
	2012	2/22		2016	7/3	商业	2010	2/6		2014	2/3
	2013	3/6	环境研究	2009	1/183		2011	6/26		2015	2/1
	2014	9/20		2010	8/194		2012	3/18		2016	3/1
	2015	17/21		2011	1/17		2013	9/67	心理学—跨学科	2012	1/41
	2016	19/4		2012	2/38		2014	5/27		2013	1/3
管理学	2010	2/24		2013	4/29		2015	11/12		2014	2/10
	2011	5/26		2014	11/63		2016	17/1		2015	1/8
	2012	6/56		2015	24/61	语言学	2012	1/3		2016	5/0
	2013	8/54		2016	32/20	心理学—临床	2014	1/3	信息科学与图书馆科学	2004	3/22
	2014	10/79	教育和教学研究	2004	1/6		2016	1/0		2006	2/16
	2015	14/23		2009	1/7	心理学—社会	2013	8/21		2007	3/5
	2016	16/8		2013	1/8		2014	1/2		2008	10/99
	2008	2/0		2014	1/3		2015	4/4		2009	8/54
	2009	4/3		2015	1/0		2016	4/3		2010	12/34
国际关系	2010	10/26		2000	1/0	心理学—发展	2014	1/2		2011	16/112
	2011	5/14		2007	2/13	规划与发展	2007	1/4		2012	21/168
	2012	2/4		2008	4/19		2008	1/3		2013	33/164
	2013	3/7		2009	4/7		2014	4/29		2014	35/96
	2014	5/11	经济学	2010	4/6		2015	3/14		2015	34/38
	2015	7/5		2011	7/61		2016	4/1		2016	37/16
	2016	8/1		2012	8/19	伦理学	2006	1/0	心理学—应用	2013	1/3
环保和可持续发展的科学技术	2013	1/1		2013	22/37		2012	1/13		2014	3/20
	2014	5/21		2014	11/21		2013	2/9		2015	1/1
	2015	7/13		2015	22/26		2015	2/1		2016	3/1

续表

学科	年份	篇数/被引数	学科	年份	篇数/被引数	学科	年份	篇数/被引数	学科	年份	篇数/被引数
心理学—教育	2012	1/3	劳动关系与劳动力	2016	1/0	社会科学—跨学科	2013	1/1	心理学—实验	2012	1/41
城市研究	2014	6/57	老年医学	2011	1/20		2014	3/32		2014	2/10
	2015	5/16		2015	3/4		2015	4/49		2015	1/8
	2016	5/1	历史与科学哲学	2014	2/2		2016	2/1		2016	1/0
犯罪学和刑罚学	2016	1/0	女性研究	2014	1/2	社会科学史	2016	1/0	运输	2011	3/52
公共行政	2012	3/2	区域研究	2012	3/1	社会学	2013	1/1		2012	1/10
	2014	1/0		2016	3/0		2014	3/32		2013	2/12
康复	2009	2/7	人类学	2013	1/1		2015	4/49		2014	4/20
	2012	1/9	人体工程学	2013	1/4	传播	2011	1/7		2015	2/6
	2014	2/6		2015	3/1		2015	2/0		2016	5/1
药物滥用	2008	1/21	商业—财经	2012	1/2		2016	2/0	政治科学	2006	1/0
劳动关系与劳动力	2012	3/2		2015	7/10	心理学—生物	2009	1/23		2016	2/0
	2014	1/0		2016	3/1		2010	2/18			

武汉大学具有潜在优势的学科有环保和可持续发展的科学技术、教育和教学研究、语言学、心理学—临床、心理学—社会、心理学—发展、规划与发展、伦理学、卫生保健政策和服务、心理学—跨学科、心理学—应用、心理学—教育、城市研究、犯罪学和刑罚学、公共行政、康复、药物滥用、劳动关系与劳动力、老年医学、历史与科学哲学、女性研究、区域研究、人类学、人体工程学、商业—财经、社会科学—跨学科、社会科学史、社会学、传播、心理学—生物、心理学—实验、运输、政治科学;具有稳定优势的学科有地理、法律、公共事业、环境和职业健康、管理学、国际关系、护理学、环境研究、经济学、精神病学、商业、社会科学—数学方法;具有极强优势的学科有信息科学与图书馆科学。

151. 武汉理工大学

2000~2016 年,SSCI 收录武汉理工大学各学科论文篇数及被引数见表 5-153,按年份远近排序。

表 5-153 2000~2016 年 SSCI 收录武汉理工大学各学科论文篇数及被引数

学科	年份	篇数/被引数	学科	年份	篇数/被引数	学科	年份	篇数/被引数	学科	年份	篇数/被引数
管理学	2008	2/41	管理学	2012	1/11	管理学	2015	1/0	信息科学与图书馆科学	2011	1/15
	2011	1/15		2014	3/5		2016	5/1		2012	1/11

续表

学科	年份	篇数/被引数	学科	年份	篇数/被引数	学科	年份	篇数/被引数	学科	年份	篇数/被引数
信息科学与图书馆科学	2014	1/1	环境研究	2016	5/2	社会科学—数学方法	2016	2/0	运输	2015	3/5
	2015	1/0	经济学	2013	1/12	社会学	2015	1/2		2016	7/2
	2016	3/0		2014	3/3		2016	1/0	人体工程学	2010	2/6
环保和可持续发展的科学技术	2014	1/2		2016	2/0	心理学—社会	2015	1/2		2015	3/5
	2015	4/9	商业	2016	3/0		2016	1/0	城市研究	2016	1/0
	2016	5/2	社会科学—跨学科	2014	1/0	心理学—应用	2015	1/2	公共事业、环境和职业健康	2015	3/5
环境研究	2013	1/9		2015	4/7		2016	5/1			
	2014	2/5		2016	1/0	运输	2013	2/21			
	2015	3/9	社会科学—数学方法	2014	2/3		2014	2/6			

武汉理工大学具有潜在优势的学科有管理学,信息科学与图书馆科学,环保和可持续发展的科学技术,环境研究,经济学,商业,社会科学—跨学科,社会科学—数学方法,社会学,心理学—社会,心理学—应用,运输,人体工程学,城市研究,公共事业、环境和职业健康;无具有稳定优势的学科;也无具有极强优势的学科。

152. 武汉科技大学

2000~2016 年,SSCI 收录武汉科技大学各学科论文篇数及被引数见表 5-154,按年份远近排序。

表 5-154 2000~2016 年 SSCI 收录武汉科技大学各学科论文篇数及被引数

学科	年份	篇数/被引数	学科	年份	篇数/被引数	学科	年份	篇数/被引数
信息科学与图书馆科学	2011	1/0	公共事业、环境和职业健康	2009	1/3	环保和可持续发展的科学技术	2011	1/32
	2013	2/21		2016	1/0	精神病学	2013	1/2
	2014	4/28	管理学	2014	1/19	康复	2014	1/15
	2015	2/4		2015	1/4	人体工程学	2013	1/5
	2016	1/0		2016	1/0	卫生保健政策和服务	2016	1/0
商业	2014	1/3	心理学—跨学科	2013	1/15	运输	2016	1/0
	2015	1/0	心理学—实验	2013	1/15			

武汉科技大学具有潜在优势的学科有信息科学与图书馆科学，商业，公共事业、环境和职业健康，管理学，心理学—跨学科，心理学—实验，环保和可持续发展的科学技术，精神病学，康复，人体工程学，卫生保健政策和服务，运输；无具有稳定优势的学科；也无具有极强优势的学科。

153. 西安财经学院

2000~2016 年，SSCI 收录西安财经学院各学科论文篇数及被引数见表 5-155，按年份远近排序。

表 5-155 2000~2016 年 SSCI 收录西安财经学院各学科论文篇数及被引数

学科	年份	篇数/被引数	学科	年份	篇数/被引数	学科	年份	篇数/被引数
经济学	2011	5/5	社会科学—数学方法	2011	1/4	区域研究	2014	1/0
	2012	3/0		2013	1/3	人口学	2016	1/0
	2013	1/3		2014	2/4	社会科学—生物医学	2016	1/1
	2014	2/4		2016	1/0	心理学—跨学科	2016	1/1
	2016	1/0	社会问题	2016	1/1			

西安财经学院具有潜在优势的学科有经济学、社会科学—数学方法、社会问题、区域研究、人口学、社会科学—生物医学、心理学—跨学科；无具有稳定优势的学科；也无具有极强优势的学科。

154. 西安电子科技大学

2000~2016 年，SSCI 收录西安电子科技大学各学科论文篇数及被引数见表 5-156，按年份远近排序。

表 5-156 2000~2016 年 SSCI 收录西安电子科技大学各学科论文篇数及被引数

学科	年份	篇数/被引数	学科	年份	篇数/被引数	学科	年份	篇数/被引数	学科	年份	篇数/被引数
管理学	2007	1/14	经济学	2011	2/1	商业	2014	1/5	心理学—实验	2015	1/6
	2011	1/8		2013	1/5		2016	3/0		2016	1/0
	2014	2/5		2016	1/0	商业—财经	2013	1/5	信息科学与图书馆科学	2011	1/7
	2015	2/1	精神病学	2015	1/8		2014	1/4		2014	2/2
	2016	1/0	药物滥用	2015	1/8	社会科学—数学方法	2011	1/0		2015	1/1
规划与发展	2016	1/0	社会学	2016	1/0		2013	1/5	心理学—社会	2013	1/1
环境研究	2016	2/0	传播	2016	1/0		2014	1/4		2016	1/0
人类学	2016	1/0	心理学—跨学科	2015	1/6	心理学—生物	2014	1/1	环保和可持续发展的科学技术	2016	2/0

西安电子科技大学具有潜在优势的学科有管理学、规划与发展、环境研究、人类学、经济学、精神病学、药物滥用、社会学、传播、心理学—跨学科、商业、商业—财经、社会科学—数学方法、心理学—生物、心理学—实验、信息科学与图书馆科学、心理学—社会、环保和可持续发展的科学技术;无具有稳定优势的学科;也无具有极强优势的学科。

155. 西安交通大学

2000~2016年,SSCI收录西安交通大学各学科论文篇数及被引数见表5-157,按年份远近排序。

表5-157 2000~2016年SSCI收录西安交通大学各学科论文篇数及被引数

学科	年份	篇数/被引数	学科	年份	篇数/被引数	学科	年份	篇数/被引数	学科	年份	篇数/被引数
地理	2006	1/20	公共事业、环境和职业健康	2016	13/1	护理学	2013	1/6	经济学	2008	1/20
	2008	1/20		2000	1/1		2014	1/3		2009	4/44
	2010	2/34		2006	3/99		2015	3/5		2010	6/30
	2011	2/9		2007	1/20		2016	2/2		2011	4/26
	2013	1/0	管理学	2008	11/332	环境研究	2003	1/28		2012	5/11
	2014	1/2		2009	9/207		2006	1/20		2013	9/27
	2015	1/0		2010	30/1260		2008	2/63		2014	13/35
	2016	1/0		2011	14/177		2009	4/143		2015	4/1
法律	2007	1/10		2012	18/172		2010	4/72		2016	12/2
	2008	1/7		2013	18/123		2011	2/53	精神病学	2007	1/36
	2010	4/16		2014	21/86		2012	3/47		2009	1/24
	2011	1/0		2015	20/40		2013	5/62		2010	2/20
	2012	1/0		2016	22/19		2014	3/14		2011	1/6
	2015	1/1		2008	1/7		2015	3/3		2012	2/31
	2016	1/0		2010	6/30		2016	4/0		2013	3/7
公共事业、环境和职业健康	2004	1/29	国际关系	2012	2/0	教育和教学研究	2002	1/0		2014	2/34
	2009	1/2		2013	4/11		2003	1/2		2015	6/10
	2010	14/122		2014	2/5		2007	1/0		2016	4/1
	2011	2/22		2015	2/1		2013	1/7	女性研究	2005	1/5
	2012	5/26	护理学	2008	1/17		2014	3/5		2011	2/5
	2013	5/37		2009	1/7		2015	1/1		2012	1/2
	2014	9/28		2010	4/48	经济学	2005	1/25		2014	1/0
	2015	7/5		2012	2/23		2006	1/69		2015	1/1

续表

学科	年份	篇数/被引数	学科	年份	篇数/被引数	学科	年份	篇数/被引数	学科	年份	篇数/被引数
女性研究	2016	1/0	商业	2015	15/39	社会学	2014	1/2	信息科学与图书馆科学	2013	2/3
伦理学	2008	3/22		2016	15/0		2015	2/4		2014	4/12
	2010	4/38	社会科学—跨学科	2000	1/1		2016	2/1		2015	1/2
	2013	1/2		2006	1/19	卫生保健政策和服务	2009	1/11		2016	4/9
	2014	2/5		2009	3/70		2010	2/4	运输	2005	1/25
	2015	2/0		2010	4/14		2011	1/10		2006	1/69
	2016	3/0		2012	1/1		2012	1/3		2008	1/9
人口学	2001	1/13		2013	6/20		2013	2/4		2010	2/12
	2003	1/10		2014	4/9		2014	2/12		2012	1/1
	2004	1/29		2015	6/2		2015	3/0		2016	1/0
	2005	1/4		2016	2/1		2016	2/0	社会科学—数学方法	2009	3/16
	2006	1/3	商业—财经	2008	1/20	心理学—生物	2005	1/7		2012	1/0
	2010	2/6		2011	2/18		2006	1/9		2013	1/6
	2011	1/14		2012	5/42		2009	1/6		2016	3/1
	2012	1/4		2013	1/0		2011	1/8	社会科学史	2000	1/13
	2013	1/0		2014	3/8		2012	2/23		2003	1/9
	2014	2/9		2015	2/0		2013	2/12	城市研究	2013	2/16
	2016	1/0		2016	5/1		2014	4/19		2015	1/0
人类学	2000	1/13	社会科学—生物医学	2001	1/13		2015	1/1		2016	1/2
	2003	1/9		2004	1/29		2016	1/0	公共行政	2013	2/19
	2008	2/7		2005	1/4	心理学—应用	2009	1/74		2015	2/4
	2009	2/7		2008	1/4		2010	6/110	规划与发展	2009	1/42
	2012	1/6		2010	4/38		2011	2/8		2013	1/4
	2015	1/3		2014	2/4		2013	1/18		2015	1/2
商业	2006	2/82		2015	1/0		2014	1/0		2016	2/0
	2008	8/169		2016	2/0		2016	1/0	环保和可持续发展的科学技术	2011	1/15
	2010	16/290	社会学	2001	1/13	信息科学与图书馆科学	2006	1/15		2014	2/57
	2011	9/57		2005	1/4		2007	1/17		2015	1/4
	2012	8/83		2007	1/5		2009	1/6		2016	5/0
	2013	9/70		2008	2/7		2011	1/8	家庭研究	2000	1/13
	2014	10/48		2013	2/7		2012	1/2		2003	1/9

续表

学科	年份	篇数/被引数	学科	年份	篇数/被引数	学科	年份	篇数/被引数	学科	年份	篇数/被引数
康复	2005	1/5	民族研究	2014	1/2	传播	2015	1/1	心理学—社会	2016	1/0
康复	2006	1/8		2012	1/1	心理学—发展	2015	1/1	心理学—试验	2007	1/29
康复	2007	1/14	区域研究	2013	1/3		2012	1/3	心理学—试验	2016	1/0
康复	2012	1/1	区域研究	2014	1/2	心理学—跨学科	2013	1/0	心理学—数学	2012	1/2
药物滥用	2014	1/7	区域研究	2015	1/0	心理学—跨学科	2015	1/2	心理学—教育	2003	1/2
劳动关系与劳动力	2006	1/28	人体工程学	2009	1/2	心理学—跨学科	2016	2/0	心理学—教育	2012	1/2
劳动关系与劳动力	2013	1/2	人体工程学	2010	2/20	心理学—临床	2012	1/0	心理学—教育	2016	1/0
老年医学	2004	1/24	人体工程学	2015	1/1	心理学—临床	2014	1/7	语言学	2014	1/3
老年医学	2005	1/5	社会工作	2011	2/17	心理学—临床	2015	1/1	语言学	2015	1/1
老年医学	2014	2/5	社会问题	2008	1/4	心理学—社会	2007	1/6	政治科学	2013	1/8
老年医学	2015	5/3	社会问题	2014	1/1	心理学—社会	2012	2/3			
历史	2000	1/13	社会问题	2015	1/0	心理学—社会	2013	1/0			
历史	2003	1/9	传播	2009	1/74	心理学—社会	2015	1/0			

西安交通大学具有潜在优势的学科有国际关系、教育和教学研究、女性研究、伦理学、人类学、心理学—应用、运输、社会科学—数学方法、社会科学史、城市研究、公共行政、规划与发展、环保和可持续发展的科学技术、家庭研究、康复、药物滥用、劳动关系与劳动力、老年医学、历史、民族研究、区域研究、人体工程学、社会工作、社会问题、传播、心理学—发展、心理学—跨学科、心理学—临床、心理学—社会、心理学—实验、心理学—数学、心理学—教育、语言学、政治科学；具有稳定优势的学科有地理、法律、公共事业、环境和职业健康，护理学、环境研究、经济学、精神病学、人口学、商业、社会科学—跨学科、商业—财经、社会科学—生物医学、社会学、卫生保健政策和服务、心理学—生物、信息科学与图书馆科学；具有极强优势的学科有管理学。

156. 西安理工大学

2000~2016 年，SSCI 收录西安理工大学各学科论文篇数及被引数见表 5-158，按年份远近排序。

表 5-158　2000~2016 年 SSCI 收录西安理工大学各学科论文篇数及被引数

学科	年份	篇数/被引数	学科	年份	篇数/被引数
管理学	2011	1/10	管理学	2014	1/8

续表

学科	年份	篇数/被引数	学科	年份	篇数/被引数
环境研究	2014	1/2	商业	2010	2/38
	2016	1/0	社会工作	2016	1/0
经济学	2010	2/38	社会学	2016	1/0
	2015	1/0	心理学—社会	2016	1/0
区域研究	2012	1/1	城市研究	2016	1/0

西安理工大学具有潜在优势的学科有管理学、环境研究、经济学、区域研究、商业、社会工作、社会学、心理学—社会、城市研究；无具有稳定优势的学科；也无具有极强优势的学科。

157. 西北大学

2000~2016 年，SSCI 收录西北大学各学科论文篇数及被引数见表 5-159，按年份远近排序。

表 5-159　2000~2016 年 SSCI 收录西北大学各学科论文篇数及被引数

学科	年份	篇数/被引数	学科	年份	篇数/被引数	学科	年份	篇数/被引数	学科	年份	篇数/被引数
管理学	2008	1/2	经济学	2014	2/3	商业	2014	1/1	心理学—社会	2009	2/178
	2011	1/29		2015	3/3		2015	2/1		2012	1/4
	2012	1/3		2016	7/1		2016	1/0		2013	2/3
	2013	1/3	区域研究	2010	2/14	商业—财经	2001	1/70		2014	2/8
	2014	1/6		2013	1/1		2007	1/54		2016	1/0
	2016	1/0		2011	1/0		2013	1/7	心理学—实验	2003	1/45
环境研究	2013	1/7	人类学	2013	1/0		2015	1/0		2011	1/30
	2014	1/11		2015	2/4		2016	1/1		2012	1/6
	2015	1/1	商业	2002	1/21	心理学—跨学科	2011	1/22		2014	3/8
	2016	2/0		2004	1/17		2013	2/8		2016	2/0
经济学	2006	1/7		2007	1/41		2014	1/7	语言学	2003	1/45
	2007	1/17		2008	1/45		2016	1/0		2012	1/4
	2008	1/2		2009	1/38	心理学—应用	2002	1/21		2013	2/17
	2009	1/0		2010	2/16		2013	1/3		2014	4/6
	2012	2/18		2012	1/15		2014	1/6	运输	2013	2/10
	2013	4/17		2013	3/54		2016	1/0		2014	1/2

续表

学科	年份	篇数/被引数	学科	年份	篇数/被引数	学科	年份	篇数/被引数	学科	年份	篇数/被引数
运输	2016	1/0	法律	2012	1/2	精神病学	2010	4/4	心理学—生物	2008	2/24
社会学	2014	1/6	公共行政	2016	1/0		2014	1/2		2016	1/0
	2015	1/5	规划与发展	2013	1/8	伦理学	2014	1/1	心理学—教育	2009	1/6
传播	2009	1/3	环保和可持续发展的科学技术	2015	2/3	社会科学—跨学科	2014	2/8	政治科学	2012	1/74
	2016	2/0		2016	1/0		2015	2/6		2014	1/3
心理学—发展	2005	1/163	教育和教学研究	2009	1/18	社会科学—数学方法	2006	1/7			
	2013	1/17		2015	1/1	心理学—临床	2011	1/22			
康复	2013	3/25	精神病学	2005	1/163		2016	1/1			

西北大学具有潜在优势的学科有管理学、环境研究、区域研究、人类学、商业—财经、心理学—跨学科、心理学—应用、心理学—社会、心理学—实验、语言学、运输、社会学、传播、心理学—发展、康复、法律、公共行政、规划与发展、环保和可持续发展的科学技术、教育和教学研究、精神病学、伦理学、社会科学—跨学科、社会科学—数学方法、心理学—临床、心理学—生物、心理学—教育、政治科学；具有稳定优势的学科有商业、经济学；没有显现出极强优势的学科。

158. 西北工业大学

2000~2016年，SSCI收录西北工业大学各学科论文篇数及被引数见表5-160，按年份远近排序。

表5-160 2000~2016年SSCI收录西北工业大学各学科论文篇数及被引数

学科	年份	篇数/被引数	学科	年份	篇数/被引数	学科	年份	篇数/被引数	学科	年份	篇数/被引数
管理学	2010	2/8	经济学	2006	1/3	伦理学	2015	1/0	商业—财经	2009	1/0
	2011	1/16		2009	1/0		2016	2/2		2015	1/1
	2012	3/10		2014	1/6	商业	2013	2/9	公共事业、环境和职业健康	2014	4/14
	2013	5/24		2015	3/2		2014	4/14		2015	1/0
	2014	4/18	伦理学	2013	1/2		2015	2/1	环境研究	2013	2/18
	2015	3/4		2014	1/4		2016	5/2		2016	2/0

续表

学科	年份	篇数/被引数	学科	年份	篇数/被引数	学科	年份	篇数/被引数	学科	年份	篇数/被引数
社会工作	2015	1/1	社会科学—数学方法	2016	1/2	人体工程学	2016	1/0	卫生保健政策和服务	2009	1/0
	2016	1/0	运输	2016	1/0	社会科学—跨学科	2013	2/4	心理学—应用	2010	2/8
社会科学—数学方法	2006	1/3	公共行政	2014	1/8	社会学	2015	1/1			
	2014	4/17	环保和可持续发展的科学技术	2016	4/3		2016	1/0			

西北工业大学具有潜在优势的学科有管理学，经济学，伦理学，商业，商业—财经，公共事业、环境和职业健康，环境研究，社会工作，社会科学—数学方法，运输，公共行政，环保和可持续发展的科学技术，人体工程学，社会科学—跨学科，社会学，卫生保健政策和服务，心理学—应用；无具有稳定优势的学科；也无具有极强优势的学科。

159. 西北农林科技大学

2000~2016 年，SSCI 收录西北农林科技大学各学科论文篇数及被引数见表 5-161，按年份远近排序。

表 5-161　2000~2016 年 SSCI 收录西北农林科技大学各学科论文篇数及被引数

学科	年份	篇数/被引数	学科	年份	篇数/被引数	学科	年份	篇数/被引数	学科	年份	篇数/被引数
地理	2007	2/55	环境研究	2015	2/0	经济学	2013	2/7	规划与发展	2016	1/0
	2013	1/19		2016	10/2		2014	4/5	社会学	2007	1/0
	2014	1/4	管理学	2016	1/0		2015	3/1		2013	1/3
	2015	1/0		2012	1/4		2016	3/0		2014	1/0
环境研究	2007	2/55	教育和教学研究	2014	1/2	区域研究	2014	1/2		2015	1/0
	2010	2/18		2015	1/0	人口学	2014	2/4		2016	1/0
	2011	1/8		2016	2/0	城市研究	2012	1/0	环保和可持续发展的科学技术	2010	2/2
	2013	4/40	经济学	2009	1/3		2014	1/0		2012	1/4
	2014	3/24		2011	1/8	规划与发展	2015	2/0		2016	8/2

续表

学科	年份	篇数/被引数	学科	年份	篇数/被引数	学科	年份	篇数/被引数	学科	年份	篇数/被引数
人类学	2015	1/0	社会科学—跨学科	2014	1/0	心理学—社会	2016	1/0	运输	2016	1/1
	2016	1/0		2016	2/0	信息科学与图书馆科学	2011	1/3	餐旅、休闲、运动和旅游	2016	1/0
商业—财经	2014	2/2	心理学—跨学科	2016	1/0	语言学	2016	1/0			

西北农林科技大学具有潜在优势的学科有地理，管理学，教育和教学研究，经济学，区域研究，人口学，城市研究，规划与发展，社会学，环保和可持续发展的科学技术，人类学，商业—财经，社会科学—跨学科，心理学—跨学科，心理学—社会，信息科学与图书馆科学，语言学，运输，餐旅、休闲、运动和旅游；具有稳定优势的学科有环境研究；没有显现出极强优势的学科。

160. 西北师范大学

2000~2016年，SSCI收录西北师范大学各学科论文篇数及被引数见表5-162，按年份远近排序。

表5-162 2000~2016年SSCI收录西北师范大学各学科论文篇数及被引数

学科	年份	篇数/被引数	学科	年份	篇数/被引数	学科	年份	篇数/被引数
环保和可持续发展的科学技术	2015	1/1	心理学—社会	2014	1/1	城市研究	2015	2/2
	2016	1/0		2016	1/0	教育和教学研究	2014	1/2
环境研究	2014	1/1	心理学—实验	2011	1/5	药物滥用	2014	1/0
	2015	1/1		2015	2/0		2015	1/0
	2016	2/0		2016	1/0	心理学—临床	2015	1/0
心理学—跨学科	2014	2/1	语言学	2014	1/2	心理学—教育	2016	1/0
	2015	2/0		2015	1/0			
	2016	2/1		2016	1/0			

西北师范大学具有潜在优势的学科有环保和可持续发展的科学技术、环境研究、心理学—跨学科、心理学—社会、心理学—实验、语言学、城市研究、教育和教学研究、药物滥用、心理学—临床、心理学—教育；无具有稳定优势的学科；也无具有极强优势的学科。

161. 西南财经大学

2000~2016 年，SSCI 收录西南财经大学各学科论文篇数及被引数见表 5-163，按年份远近排序。

表 5-163　2000~2016 年 SSCI 收录西南财经大学各学科论文篇数及被引数

学科	年份	篇数/被引数	学科	年份	篇数/被引数	学科	年份	篇数/被引数	学科	年份	篇数/被引数
城市研究	2006	1/10	环境研究	2012	2/18	商业	2011	1/61	运输	2012	1/1
	2007	1/42		2014	3/6		2013	7/32		2014	1/4
	2009	1/1		2015	4/2		2014	10/44		2015	1/2
	2013	1/9		2016	12/6		2015	15/22		2016	2/0
	2014	2/2	公共行政	2013	1/5		2016	17/26	传播	2009	1/2
	2015	2/0		2016	1/0	商业—财经	2009	1/1		2012	1/0
	2016	4/0	经济学	2004	2/2		2010	6/28		2014	2/2
管理学	2010	6/96		2006	1/5		2013	7/26	卫生保健政策和服务	2012	1/10
	2011	5/35		2007	2/43		2014	8/12		2015	1/1
	2012	3/6		2008	2/30		2015	20/16		2016	1/0
	2013	4/24		2009	3/2		2016	24/3	心理学—跨学科	2016	1/0
	2014	16/122		2010	6/18	政治科学	2014	1/2	心理学—社会	2014	1/1
	2015	17/29		2011	1/8	心理学—应用	2010	4/88	心理学—实验	2016	2/0
	2016	17/3		2012	7/80		2011	1/8	社会科学—生物医学	2011	1/3
规划与发展	2011	1/8		2013	16/48		2016	5/1	社会科学—数学方法	2015	11/14
	2014	1/0		2014	25/40	信息科学与图书馆科学	2010	2/10		2016	8/2
	2016	3/0		2015	49/33		2012	2/6	社会学	2013	1/3
国际关系	2013	2/8		2016	66/9		2013	2/3		2016	1/0
	2014	4/7	劳动关系与劳动力	2008	1/1		2014	5/43	社会工作	2008	1/5
	2015	6/1		2010	2/8		2015	5/10		2009	1/0
	2016	5/0		2014	3/3		2016	3/1		2011	1/9
环境研究	2006	1/10		2015	1/3	语言学	2009	1/2	社会科学—跨学科	2012	1/3
	2011	2/17		2016	1/0		2013	1/1		2011	1/5

续表

学科	年份	篇数/被引数	学科	年份	篇数/被引数	学科	年份	篇数/被引数	学科	年份	篇数/被引数
社会科学—跨学科	2016	1/0	区域研究	2014	1/4	环保和可持续发展的科学技术	2014	1/2	犯罪学和刑罚学	2016	1/0
老年医学	2012	2/7	人口学	2014	1/1		2015	2/2	公共事业、环境和职业健康	2011	1/3
伦理学	2013	1/2	人体工程学	2014	1/8	地理	2016	1/0	餐旅、休闲、运动和旅游	2011	2/20
	2015	2/9		2015	1/0	法律	2013	1/3			
	2016	5/16	精神病学	2012	1/3		2014	1/1			
区域研究	2013	3/34	教育和教学研究	2016	1/0		2016	2/0			

西南财经大学具有潜在优势的学科有规划与发展，国际关系，环境研究，公共行政，劳动关系与劳动力，商业，商业—财经，政治科学，心理学—应用，信息科学与图书馆科学，语言学，运输，传播，卫生保健政策和服务，心理学—跨学科，心理学—社会，心理学—实验，社会科学—生物医学，社会科学—数学方法，社会学，社会工作，社会科学—跨学科，老年医学，伦理学，区域研究，人口学，人体工程学，精神病学，教育和教学研究，环保和可持续发展的科学技术，地理，法律，犯罪学和刑罚学，公共事业、环境和职业健康，餐旅、休闲、运动和旅游；具有稳定优势的学科有城市研究、管理学；具有极强优势的学科有经济学。

162. 西南大学

2000~2016 年，SSCI 收录西南大学各学科论文篇数及被引数见表 5-164，按年份远近排序。

表 5-164　2000~2016 年 SSCI 收录西南大学各学科论文篇数及被引数

学科	年份	篇数/被引数	学科	年份	篇数/被引数	学科	年份	篇数/被引数	学科	年份	篇数/被引数
精神病学	2007	2/48	精神病学	2011	2/10	精神病学	2014	8/24	心理学—发展	2008	3/53
	2008	3/59		2012	1/9		2015	5/4		2009	1/7
	2010	4/46		2013	4/15		2016	7/2		2010	4/42

续表

学科	年份	篇数/被引数	学科	年份	篇数/被引数	学科	年份	篇数/被引数	学科	年份	篇数/被引数
心理学—发展	2011	2/5	心理学—社会	2013	9/27	社会学	2015	1/0	女性研究	2012	1/16
	2012	2/19		2014	8/8		2016	1/1		2015	1/2
	2014	1/11		2015	15/29	公共事业、环境和职业健康	2012	1/9		2016	1/0
	2015	3/2		2016	10/0		2015	2/36	商业	2013	1/0
	2016	4/0	心理学—生物	2008	3/57		2016	2/0		2014	2/17
心理学—跨学科	2009	2/3		2009	3/19	管理学	2013	1/0		2016	1/0
	2010	4/42		2010	10/90		2014	2/12	社会工作	2010	2/32
	2011	3/45		2011	7/87		2016	2/0		2015	1/0
	2012	3/38		2012	3/24	规划与发展	2015	1/7	人类学	2015	3/7
	2013	7/33		2013	5/38		2016	4/2	地理	2016	1/0
	2014	9/29		2014	3/5	环保和可持续发展的科学技术	2015	1/0	犯罪学和刑罚学	2015	1/2
	2015	11/15		2015	8/13		2016	2/0	餐旅、休闲、运动和旅游	2016	2/0
	2016	28/1		2016	5/0	环境研究	2014	1/1	教育—特殊	2016	1/0
心理学—临床	2007	1/45	心理学—实验	2007	1/82		2015	3/11	经济学	2012	2/1
	2008	1/16		2008	3/25		2016	7/3		2013	1/0
	2010	4/82		2009	3/23	家庭研究	2010	2/32		2016	2/0
	2011	5/60		2010	14/124		2015	2/1	康复	2016	1/0
	2012	3/22		2011	7/63		2016	3/0	历史	2016	1/0
	2013	3/18		2012	10/85	教育和教学研究	2007	1/3	历史与科学哲学	2016	1/0
	2014	7/23		2013	6/37		2008	1/0	伦理学	2016	1/0
	2015	5/10		2014	17/58		2013	3/21	区域研究	2006	1/6
	2016	9/2		2015	17/48		2014	4/4	社会科学—生物医学	2012	1/9
城市研究	2015	1/7		2016	15/6		2015	2/0		2016	1/0
	2016	3/2		2011	1/17		2016	2/1	社会科学—数学方法	2015	1/35
心理学—社会	2007	1/13	社会科学—跨学科	2012	2/29	药物滥用	2014	1/2		2016	1/0
	2008	2/36		2013	1/10		2016	1/0	社会问题	2016	3/0
	2010	2/48		2015	5/4	老年医学	2013	1/5	卫生保健政策和服务	2010	2/28
	2011	3/14		2016	6/2		2014	2/5		2016	1/0
	2012	7/44	社会学	2012	1/12	女性研究	2008	1/17	心理学—数学	2010	2/28

续表

学科	年份	篇数/被引数	学科	年份	篇数/被引数	学科	年份	篇数/被引数	学科	年份	篇数/被引数
心理学—应用	2015	3/16	心理学—教育	2015	4/7	语言学	2014	1/1	政治科学	2006	1/6
心理学—应用	2016	1/0	心理学—教育	2016	2/0	语言学	2015	1/1	政治科学	2016	1/0
心理学—教育	2012	1/0	信息科学与图书馆科学	2015	2/0	语言学	2016	3/0			
心理学—教育	2013	1/2	语言学	2012	1/3	运输	2015	1/1			

西南大学具有潜在优势的学科有城市研究，社会科学—跨学科，社会学，公共事业、环境和职业健康，管理学，规划与发展，环保和可持续发展的科学技术，环境研究，家庭研究，教育和教学研究，药物滥用，老年医学，女性研究，商业，社会工作，人类学，地理，犯罪学和刑罚学，餐旅、休闲、运动和旅游，教育—特殊，经济学，康复，历史，历史与科学哲学，伦理学，区域研究，社会科学—生物医学，社会科学—数学方法，社会问题，卫生保健政策和服务，心理学—数学，心理学—应用，心理学—教育，信息科学与图书馆科学，语言学，运输，政治科学；具有稳定优势的学科有精神病学、心理学—发展、心理学—跨学科、心理学—临床、心理学—社会、心理学—生物、心理学—实验；没有显现出极强优势的学科。

163. 西南交通大学

2000~2016 年，SSCI 收录西南交通大学各学科论文篇数及被引数见表 5-165，按年份远近排序。

表 5-165　2000~2016 年 SSCI 收录西南交通大学各学科论文篇数及被引数

学科	年份	篇数/被引数	学科	年份	篇数/被引数	学科	年份	篇数/被引数	学科	年份	篇数/被引数
地理	2012	2/7	公共事业、环境和职业健康	2015	1/1	环境研究	2012	1/3	城市研究	2015	1/0
地理	2014	2/11	公共事业、环境和职业健康	2016	3/5	环境研究	2013	1/7	规划与发展	2012	1/4
地理	2015	3/3	管理学	2012	1/1	环境研究	2015	3/12	规划与发展	2016	1/0
地理	2016	1/1	管理学	2013	4/26	环境研究	2016	2/1	国际关系	2015	1/0
公共事业、环境和职业健康	2010	2/38	管理学	2014	2/8	教育和教学研究	2016	1/0	国际关系	2016	1/0
公共事业、环境和职业健康	2014	1/2	管理学	2016	4/1	城市研究	2014	1/3	环保和可持续发展的科学技术	2015	1/1

续表

学科	年份	篇数/被引数	学科	年份	篇数/被引数	学科	年份	篇数/被引数	学科	年份	篇数/被引数
环保和可持续发展的科学技术	2016	1/0	信息科学与图书馆科学	2013	1/1	运输	2016	10/6	商业	2015	2/2
经济学	2010	2/116		2014	3/11	传播	2012	2/13		2016	6/0
	2012	2/46		2015	2/2		2013	1/0	商业—财经	2015	3/2
	2013	3/32		2016	2/0		2014	2/1		2010	2/38
	2014	2/6	运输	2009	1/0		2016	2/0	社会科学—跨学科	2014	1/2
	2015	10/9		2010	4/42	餐旅、休闲、运动和旅游	2016	1/0		2016	3/5
	2016	10/1		2011	1/2	法律	2015	1/0	社会科学—数学方法	2015	1/0
人体工程学	2010	2/38		2012	1/16	公共行政	2012	1/4	文化研究	2009	1/6
	2014	1/2		2013	1/9	精神病学	2016	2/1	心理学—跨学科	2016	1/0
	2016	3/5		2014	4/3	人类学	2009	1/6			
信息科学与图书馆科学	2012	3/29		2015	8/11		2015	1/12			

西南交通大学具有潜在优势的学科有地理、公共事业、环境和职业健康，管理学，环境研究，教育和教学研究，城市研究，规划与发展，国际关系，环保和可持续发展的科学技术，经济学，人体工程学，信息科学与图书馆科学，传播，餐旅、休闲、运动和旅游，法律，公共行政，精神病学，人类学，商业，商业—财经，社会科学—跨学科，社会科学—数学方法，文化研究，心理学—跨学科；具有稳定优势的学科有运输；没有显现出极强优势的学科。

164. 西南政法大学

2000~2016 年，SSCI 收录西南政法大学各学科论文篇数及被引数见表 5-166，按年份远近排序。

表 5-166 2000~2016 年 SSCI 收录西南政法大学各学科论文篇数及被引数

学科	年份	篇数/被引数	学科	年份	篇数/被引数	学科	年份	篇数/被引数
法律	2006	1/1	犯罪学和刑罚学	2007	1/14	药物滥用	2011	1/9
	2012	1/1		2012	1/1	伦理学	2013	1/5
	2013	1/5	家庭研究	2012	1/1	区域研究	2007	1/0
	2014	1/0		2013	1/5	社会科学—跨学科	2015	1/1
	2016	1/0		2016	1/0		2016	1/0
管理学	2015	1/1	商业	2013	1/5	社会学	2016	1/0
国际关系	2006	1/1		2016	1/0	卫生保健政策和服务	2014	1/0
	2007	1/0	心理学—应用	2007	1/14	语言学	2014	2/0
	2014	1/0		2012	1/1	政治科学	2007	1/0

西南政法大学具有潜在优势的学科有法律、管理学、国际关系、犯罪学和刑罚学、家庭研究、商业、心理学—应用、药物滥用、伦理学、区域研究、社会科学—跨学科、社会学、卫生保健政策和服务、语言学、政治科学；无具有稳定优势的学科；也无具有极强优势的学科。

165. 湘潭大学

2000~2016 年，SSCI 收录湘潭大学各学科论文篇数及被引数见表 5-167，按年份远近排序。

表 5-167 2000~2016 年 SSCI 收录湘潭大学各学科论文篇数及被引数

学科	年份	篇数/被引数	学科	年份	篇数/被引数	学科	年份	篇数/被引数
经济学	2013	1/1	信息科学与图书馆科学	2010	4/50	法律	2002	1/3
	2016	1/1		2012	1/1		2004	1/1
语言学	2016	1/0		2016	1/1		2013	1/0
心理学—社会	2016	1/0	心理学—跨学科	2016	1/1	教育和教学研究	2016	1/0

湘潭大学具有潜在优势的学科有经济学、语言学、心理学—社会、信息科学与图书馆科学、心理学—跨学科、法律、教育和教学研究；无具有稳定优势的学科；也无具有极强优势的学科。

166. 新疆大学

2000~2016 年，SSCI 收录新疆大学各学科论文篇数及被引数见表 5-168，按年份远近排序。

表 5-168　2000~2016 年 SSCI 收录新疆大学各学科论文篇数及被引数

学科	年份	篇数/被引数
法律	2010	2/2
国际关系	2008	1/0
	2010	2/2
经济学	2009	1/3
环保和可持续发展的科学技术	2016	3/1
环境研究	2016	2/0
教育和教学研究	2014	1/1

新疆大学具有潜在优势的学科有法律、国际关系、经济学、环保和可持续发展的科学技术、环境研究、教育和教学研究；无具有稳定优势的学科；也无具有极强优势的学科。

167. 新疆医科大学

2000~2016 年，SSCI 收录新疆医科大学各学科论文篇数及被引数见表 5-169，按年份远近排序。

表 5-169　2000~2016 年 SSCI 收录新疆医科大学各学科论文篇数及被引数

学科	年份	篇数/被引数
公共事业、环境和职业健康	2014	1/0
	2015	2/1
	2016	1/1
精神病学	2015	2/4
心理学—临床	2015	1/3

新疆医科大学具有潜在优势的学科有公共事业、环境和职业健康，精神病学，心理学—临床；无具有稳定优势的学科；也无具有极强优势的学科。

168. 新乡医学院

2000~2016 年，SSCI 收录新乡医学院各学科论文篇数及被引数见表 5-170，按年份远近排序。

表 5-170　2000~2016 年 SSCI 收录新乡医学院各学科论文篇数及被引数

学科	年份	篇数/被引数	学科	年份	篇数/被引数	学科	年份	篇数/被引数
信息科学与图书馆科学	2010	2/10	信息科学与图书馆科学	2015	1/0	药物滥用	2012	1/1
	2011	2/8	精神病学	2013	4/42		2016	1/0
	2012	1/2		2015	1/0	心理学—临床	2016	1/0
	2013	1/1		2016	1/0	心理学—生物	2016	1/0
	2014	2/0	心理学—实验	2016	1/0			

新乡医学院具有潜在优势的学科有信息科学与图书馆科学、精神病学、心理学—实验、药物滥用、心理学—临床、心理学—生物；无具有稳定优势的学科；也无具有极强优势的学科。

169. 燕山大学

2000~2016 年，SSCI 收录燕山大学各学科论文篇数及被引数见表 5-171，按年份远近排序。

表 5-171　2000~2016 年 SSCI 收录燕山大学各学科论文篇数及被引数

学科	年份	篇数/被引数
商业	2016	2/0
文化研究	2014	1/3
语言学	2010	2/20
	2015	2/0
餐旅、休闲、运动和旅游	2016	1/0
管理学	2016	1/0
教育和教学研究	2010	2/20

燕山大学具有潜在优势的学科有商业，文化研究，语言学，餐旅、休闲、运动和旅游，管理学，教育和教学研究；无具有稳定优势的学科；也无具有极强优势的学科。

170. 扬州大学

2000~2016 年，SSCI 收录扬州大学各学科论文篇数及被引数见表 5-172，按年份远近排序。

表 5-172 2000~2016 年 SSCI 收录扬州大学各学科论文篇数及被引数

学科	年份	篇数/被引数	学科	年份	篇数/被引数	学科	年份	篇数/被引数
护理学	2014	1/1	精神病学	2013	1/2	心理学—实验	2016	1/0
	2015	1/0		2014	1/2	心理学—数学	2016	1/0
环境研究	2004	1/3		2015	2/1	心理学—应用	2014	1/8
	2016	2/0		2016	1/0	餐旅、休闲、运动和旅游	2014	1/8
经济学	2015	1/1	心理学—跨学科	2016	1/0	公共事业、环境和职业健康	2015	1/0
	2016	1/1	心理学—临床	2015	1/1	环保和可持续发展的科学技术	2016	2/0
人类学	2004	1/3	心理学—生物	2011	1/30			
社会学	2004	1/3		2014	3/16			

扬州大学具有潜在优势的学科有护理学，环境研究，经济学，人类学，社会学，精神病学，心理学—跨学科，心理学—临床，心理学—生物，心理学—实验，心理学—数学，心理学—应用，餐旅、休闲、运动和旅游，公共事业、环境和职业健康，环保和可持续发展的科学技术；无具有稳定优势的学科；也无具有极强优势的学科。

171. 云南财经大学

2000~2016 年，SSCI 收录云南财经大学各学科论文篇数及被引数见表 5-173，按年份远近排序。

表 5-173 2000~2016 年 SSCI 收录云南财经大学各学科论文篇数及被引数

学科	年份	篇数/被引数	学科	年份	篇数/被引数	学科	年份	篇数/被引数
经济学	2012	1/6	人类学	2015	1/1	社会科学—跨学科	2015	1/1
	2013	1/2	商业	2014	1/7	社会科学—数学方法	2016	1/0
	2014	1/6		2015	1/0	社会学	2014	1/0
	2016	2/0	商业—财经	2016	1/0	信息科学与图书馆科学	2016	1/0
管理学	2014	1/7	教育和教学研究	2013	1/1	政治科学	2014	1/0
	2015	2/1		2016	1/2			
	2016	2/2	地理	2014	1/2			

云南财经大学具有潜在优势的学科有经济学、管理学、人类学、商业、

商业—财经、教育和教学研究、地理、社会科学—跨学科、社会科学—数学方法、社会学、信息科学与图书馆科学、政治科学；无具有稳定优势的学科；也无具有极强优势的学科。

172. 云南大学

2000~2016 年，SSCI 收录云南大学各学科论文篇数及被引数见表 5-174，按年份远近排序。

表 5-174 2000~2016 年 SSCI 收录云南大学各学科论文篇数及被引数

学科	年份	篇数/被引数	学科	年份	篇数/被引数	学科	年份	篇数/被引数
人类学	2003	5/6	精神病学	2010	2/16	国际关系	2009	1/2
	2011	1/5		2011	1/22	环保和可持续发展的科学技术	2013	1/19
社会学	2003	5/6		2015	1/2	餐旅、休闲、运动和旅游	2008	1/0
	2006	1/27	女性研究	2010	2/0	卫生保健政策和服务	2009	1/2
传播	2006	1/27	区域研究	2009	1/9	心理学—跨学科	2006	1/27
	2013	1/3	环境研究	2010	2/4	信息科学与图书馆科学	2010	2/0
法律	2009	1/2	教育和教学研究	2011	1/7		2014	1/4
规划与发展	2010	2/4	经济学	2016	1/1	语言学	2011	1/7

云南大学具有潜在优势的学科有人类学，社会学，传播，法律，规划与发展，精神病学，女性研究，区域研究，环境研究，教育和教学研究，经济学，国际关系，环保和可持续发展的科学技术，餐旅、休闲、运动和旅游，卫生保健政策和服务，心理学—跨学科，信息科学与图书馆科学，语言学；无具有稳定优势的学科；也无具有极强优势的学科。

173. 长沙理工大学

2000~2016 年，SSCI 收录长沙理工大学各学科论文篇数及被引数见表 5-175，按年份远近排序。

表 5-175 2000~2016 年 SSCI 收录长沙理工大学各学科论文篇数及被引数

学科	年份	篇数/被引数
心理学—社会	2013	1/5
	2016	1/0
环保和可持续发展的科学技术	2016	1/0
环境研究	2016	1/0

长沙理工大学具有潜在优势的学科有心理学—社会、环保和可持续发展的科学技术、环境研究；无具有稳定优势的学科；也无具有极强优势的学科。

174. 长安大学

2000~2016年，SSCI收录长安大学各学科论文篇数及被引数见表5-176，按年份远近排序。

表5-176　2000~2016年SSCI收录长安大学各学科论文篇数及被引数

学科	年份	篇数/被引数	学科	年份	篇数/被引数	学科	年份	篇数/被引数
城市研究	2013	1/1	管理学	2013	1/38	社会科学—跨学科	2013	1/38
	2016	2/0		2015	1/0		2015	2/1
地理	2016	1/0	环保和可持续发展的科学技术	2016	4/1	心理学—应用	2014	1/0
公共事业、环境和职业健康	2014	1/1	环境研究	2016	5/1	运输	2014	5/8
	2015	2/3	人体工程学	2014	1/0		2015	2/2
	2016	1/0		2015	1/1		2016	1/0
商业	2015	1/0	社会学	2015	1/0			

长安大学具有潜在优势的学科有城市研究，地理，公共事业、环境和职业健康，商业，管理学，环保和可持续发展的科学技术，环境研究，人体工程学，社会学，社会科学—跨学科，心理学—应用，运输；无具有稳定优势的学科；也无具有极强优势的学科。

175. 浙江财经大学

2000~2016年，SSCI收录浙江财经大学各学科论文篇数及被引数见表5-177，按年份远近排序。

表5-177　2000~2016年SSCI收录浙江财经大学各学科论文篇数及被引数

学科	年份	篇数/被引数	学科	年份	篇数/被引数	学科	年份	篇数/被引数	学科	年份	篇数/被引数
管理学	2011	1/2	环保和可持续发展的科学技术	2014	1/2	经济学	2012	1/1	商业	2015	2/3
	2013	2/10		2015	1/2		2013	3/15		2016	1/1
	2014	1/1		2016	6/4		2014	2/2	劳动关系与劳动力	2013	1/3
	2015	4/8	环境研究	2013	1/2		2015	4/6		2015	1/1
	2016	6/3		2014	1/2		2016	4/3		2016	1/0
规划与发展	2015	3/5		2015	5/7	商业	2011	1/2	区域研究	2016	1/0
	2016	3/8		2016	7/11		2014	2/3	人体工程学	2015	1/3

续表

学科	年份	篇数/被引数	学科	年份	篇数/被引数	学科	年份	篇数/被引数	学科	年份	篇数/被引数
城市研究	2015	3/5	传播	2014	1/1	信息科学与图书馆科学	2015	1/5	社会科学—数学方法	2012	1/1
	2016	3/8		2016	1/0		2016	3/1	餐旅、休闲、运动和旅游	2015	1/0
地理	2016	1/0	心理学—跨学科	2014	1/4	语言学	2014	2/0	公共事业、环境和职业健康	2016	1/0
法律	2015	1/0		2016	1/0		2016	1/0	教育和教学研究	2016	1/0
公共行政	2015	1/1	心理学—社会	2015	1/0	运输	2016	1/0			
	2016	1/0	心理学—实验	2014	1/4	商业—财经	2015	1/0			
传播	2013	1/2		2016	1/0	社会科学—跨学科	2016	2/3			

浙江财经大学具有潜在优势的学科有管理学，规划与发展，环保和可持续发展的科学技术，环境研究，经济学，商业，劳动关系与劳动力，区域研究，人体工程学，城市研究，地理，法律，公共行政，传播，心理学—跨学科，心理学—社会，心理学—实验，信息科学与图书馆科学，语言学，运输，商业—财经，社会科学—跨学科，社会科学—数学方法，餐旅、休闲、运动和旅游，公共事业、环境和职业健康，教育和教学研究；无具有稳定优势的学科；也无具有极强优势的学科。

176. 浙江大学

2000~2016 年，SSCI 收录浙江大学各学科论文篇数及被引数见表 5-178，按年份远近排序。

表 5-178　2000~2016 年 SSCI 收录浙江大学各学科论文篇数及被引数

学科	年份	篇数/被引数	学科	年份	篇数/被引数	学科	年份	篇数/被引数	学科	年份	篇数/被引数
餐旅、休闲、运动和旅游	2007	1/52	城市研究	2007	1/5	城市研究	2014	8/61	地理	2010	2/56
	2012	1/13		2010	2/30		2015	11/49		2011	1/4
	2014	12/58		2011	3/55		2016	6/4		2012	1/15
	2015	9/10		2012	3/22	地理	2006	1/28		2013	8/103
	2016	9/3		2013	5/47		2009	1/119		2014	5/4

续表

学科	年份	篇数/被引数	学科	年份	篇数/被引数	学科	年份	篇数/被引数	学科	年份	篇数/被引数
地理	2015	7/14	管理学	2010	8/54	环保和可持续发展的科学技术	2015	10/44	经济学	2009	8/118
	2016	5/6		2011	14/70		2016	11/3		2010	8/64
法律	2003	1/4		2012	9/33	环境研究	2006	1/28		2011	19/107
	2011	1/4		2013	17/147		2007	3/95		2012	18/105
	2012	3/0		2014	18/69		2008	1/56		2013	33/80
	2013	4/1		2015	23/44		2009	5/192		2014	30/32
	2014	4/0		2016	21/6		2010	8/132		2015	37/53
	2015	6/1	规划与发展	2008	2/17		2011	10/162		2016	27/2
	2016	1/0		2009	1/27		2012	9/72	精神病学	2006	1/7
公共事业、环境和职业健康	2004	1/3		2010	4/36		2013	11/134		2009	1/2
	2006	2/36		2011	1/27		2014	18/126		2010	4/90
	2007	1/15		2012	1/14		2015	24/99		2011	4/22
	2008	1/61		2013	5/31		2016	18/10		2012	11/72
	2009	8/99		2014	8/57	教育—特殊	2011	1/5		2013	9/75
	2010	6/70		2015	10/47		2012	1/2		2014	6/13
	2011	6/47		2016	11/6		2013	1/3		2015	11/11
	2012	10/69	国际关系	2003	1/4		2015	1/0		2016	12/2
	2013	4/23		2010	2/0		2016	1/0	康复	2011	2/14
	2014	16/59		2011	4/10	教育和教学研究	2006	1/11		2012	1/2
	2015	18/26		2012	3/5		2007	3/5		2013	2/6
	2016	16/4		2013	3/0		2009	1/0		2015	2/1
公共行政	2010	2/18		2014	8/9		2010	4/56		2016	2/0
	2012	6/2		2015	7/5		2011	5/51	药物滥用	2010	2/10
	2013	1/2		2016	4/2		2012	4/13		2011	1/10
	2014	6/9	护理学	2008	1/5		2013	2/2		2012	1/17
	2015	3/0		2010	4/18		2014	2/7		2013	1/10
	2016	2/0		2013	2/1		2015	7/1		2014	1/1
管理学	2000	1/9		2014	1/2		2016	4/3		2015	2/2
	2003	2/87		2015	1/0	经济学	2002	1/2		2016	3/1
	2005	4/47		2016	2/0		2003	1/4	劳动关系与劳动力	2005	3/44
	2006	1/5	环保和可持续发展的科学技术	2011	1/49		2004	1/6		2011	1/7
	2007	3/76		2012	2/19		2006	2/8		2012	6/2
	2008	4/77		2013	1/7		2007	1/6		2013	1/3
	2009	4/70		2014	5/24		2008	9/193		2014	5/5

续表

学科	年份	篇数/被引数	学科	年份	篇数/被引数	学科	年份	篇数/被引数	学科	年份	篇数/被引数
劳动关系与劳动力	2015	2/0	商业—财经	2011	4/13	社会学	2013	4/9	心理学—社会	2007	2/9
	2016	3/0		2012	2/4		2014	2/4		2008	1/2
区域研究	2009	2/34		2013	6/3		2015	5/3		2009	7/14
	2010	4/2		2014	9/13		2016	2/0		2010	8/28
	2012	1/0		2015	8/7	传播	2000	1/16		2011	3/9
	2013	6/12		2016	10/0		2009	4/36		2012	3/4
	2014	3/2	社会科学—跨学科	2008	1/4		2010	4/12		2013	5/3
	2015	5/1		2010	2/2		2011	4/17		2014	11/17
	2016	3/0		2011	3/13		2012	2/23		2015	6/4
人类学	2003	1/21		2013	3/7		2013	2/4		2016	9/0
	2009	2/2		2014	4/7		2014	3/5	心理学—生物	2006	1/5
	2011	2/4		2015	3/1		2015	2/0		2009	1/16
	2012	1/3		2016	7/2		2016	4/1		2010	2/16
	2013	2/5	社会科学—生物医学	2012	1/1	卫生保健政策和服务	2011	1/5		2011	2/18
	2014	1/1		2013	3/21		2012	2/33		2012	1/6
商业	2003	1/69		2014	1/10		2013	1/2		2013	1/1
	2008	2/54		2016	2/0		2014	2/1		2014	1/0
	2010	4/34	社会科学—数学方法	2004	1/6		2015	2/1		2015	3/8
	2011	9/18		2006	1/1		2016	3/1		2016	1/0
	2012	7/54		2008	1/65	心理—跨学科	2003	1/9	历史	2012	1/3
	2013	12/70		2010	6/58		2006	1/8		2016	1/0
	2014	10/47		2011	1/24		2008	1/4	心理学—实验	2006	1/8
	2015	9/24		2012	1/1		2009	1/1		2007	1/1
	2016	10/3		2013	1/4		2010	2/2		2009	2/26
人体工程学	2007	1/3		2014	2/1		2011	2/9		2010	6/50
	2008	1/12		2015	2/4		2012	2/2		2011	5/46
	2012	2/27		2016	3/0		2013	2/3		2012	6/45
	2013	3/11	社会学	2004	1/10		2014	5/8		2013	7/27
	2014	3/5		2009	2/2		2015	6/8		2014	5/10
	2015	3/2		2011	1/1		2016	9/2		2015	9/15
	2016	7/1		2012	3/23	心理学—社会	2005	1/5		2016	6/3

学科	年份	篇数/被引数	学科	年份	篇数/被引数	学科	年份	篇数/被引数	学科	年份	篇数/被引数
心理学—数学	2012	1/8	信息科学与图书馆科学	2010	10/114	运输	2015	6/12	女性研究	2013	2/2
	2013	1/4		2011	12/124		2016	3/1	人口学	2012	1/1
	2016	1/1		2012	10/75	政治科学	2010	2/0	社会工作	2009	1/7
心理学—应用	2003	1/69		2013	13/56		2011	1/10		2013	1/0
	2009	1/4		2014	10/50		2013	1/5		2015	1/1
	2013	2/38		2015	11/24		2014	4/8	社会科学史	2016	1/0
	2014	1/0		2016	13/6		2015	1/0	社会问题	2009	1/17
	2015	5/2		2006	1/11	犯罪学和刑罚学	2014	1/2		2013	2/20
	2016	7/0		2008	1/3		2015	1/0		2015	1/0
心理学—教育	2010	4/70		2010	4/16	家庭研究	2016	1/1	文化研究	2012	1/3
	2011	1/5		2011	8/117	老年医学	2010	4/78	心理学—发展	2010	4/104
	2012	1/2	语言学	2012	3/7		2011	1/12		2012	2/15
	2014	1/0		2013	4/3		2014	3/6		2013	3/5
	2015	3/3		2014	12/18		2015	3/3		2016	4/1
	2016	1/0		2015	9/9	历史与科学哲学	2009	2/24	心理学—精神分析	2015	1/0
信息科学与图书馆科学	2002	1/2		2016	8/1	伦理学	2012	1/2	心理学—临床	2012	3/15
	2006	2/0	运输	2011	1/27		2013	3/31		2014	4/11
	2007	2/9		2012	1/4		2014	1/10		2015	3/2
	2008	5/38		2013	1/0	女性研究	2010	2/20		2016	1/0
	2009	7/106		2014	5/26		2012	1/2			

浙江大学具有潜在优势的学科有餐旅、休闲、运动和旅游，公共行政，护理学，教育—特殊，康复，人类学，商业—财经，社会科学—生物医学，卫生保健政策和服务，历史，心理学—数学，心理学—应用，心理学—教育，运输，政治科学，犯罪学和刑罚学，家庭研究，老年医学，历史与科学哲学，伦理学，女性研究，人口学，社会工作，社会科学史，社会问题，文化研究，心理学—发展，心理学—精神分析，心理学—临床；具有稳定优势的学科有城市研究、地理、法律、规划与发展、国际关系、环保和可持续发展的科学技术、环境研究、教育和教学研究、精神病学、药物滥用、劳动关系与劳动力、区域研究、商业、人体工程学、社会科学—跨学科、社会科学—数学方法、社会学、传播、心理学—跨学科、心理学—社会、心理学—生物、心理学—实验、语言学；具有极强优势的学科有公共事业、环境和职业健康，管理学，经济

学，信息科学与图书馆科学。

177. 浙江工商大学

2000~2016 年，SSCI 收录浙江工商大学各学科论文篇数及被引数见表 5-179，按年份远近排序。

表 5-179　2000~2016 年 SSCI 收录浙江工商大学各学科论文篇数及被引数

学科	年份	篇数/被引数	学科	年份	篇数/被引数	学科	年份	篇数/被引数	学科	年份	篇数/被引数
餐旅、休闲、运动和旅游	2011	1/23	国际关系	2007	1/0	商业	2011	1/2	城市研究	2015	1/7
	2013	2/12		2011	1/1		2013	1/5	地理	2015	1/4
	2014	2/0		2013	2/5		2014	3/26	公共行政	2012	1/0
	2015	1/2		2014	1/0		2016	4/1		2014	2/1
	2016	3/3	环境研究	2011	1/23	社会科学—跨学科	2009	1/12	环保和可持续发展的科学技术	2016	1/2
法律	2007	1/0		2013	1/10		2011	1/6	劳动关系与劳动力	2012	1/0
	2011	1/1		2015	2/11		2015	1/0		2014	2/1
	2013	1/0	教育和教学研究	2005	1/1		2016	1/1	区域研究	2010	2/2
	2014	1/0		2009	1/0		2013	1/1	商业—财经	2014	1/3
管理学	2009	1/12		2010	2/16	社会科学—数学方法	2014	2/6		2016	1/0
	2010	4/108		2014	2/9		2015	1/1	卫生保健政策和服务	2011	1/1
	2011	3/83		2007	1/0		2016	1/0		2013	1/0
	2012	1/0		2010	2/2		2013	1/14	心理学—跨学科	2014	2/5
	2013	2/24		2011	1/2	信息科学与图书馆科学	2014	1/4	心理学—生物	2015	1/6
	2014	7/32	经济学	2013	3/11		2015	1/1	心理学—实验	2014	2/5
	2015	1/2		2014	5/9		2016	1/0	心理学—应用	2014	1/14
	2016	3/0		2015	1/1	语言学	2013	2/2			
规划与发展	2015	1/7		2016	1/0		2016	1/0			
	2016	1/0	伦理学	2016	1/1	政治科学	2016	1/0			

浙江工商大学具有潜在优势的学科有餐旅、休闲、运动和旅游，法律，规划与发展，国际关系，环境研究，教育和教学研究，伦理学，商业，社会科学—跨学科，社会科学—数学方法，信息科学与图书馆科学，语言学，政治科学，城市研究，地理，公共行政，环保和可持续发展的科学技术，劳动关系与劳动力，区域研究，商业—财经，卫生保健政策和服务，心理学—跨学科，心理学—生物，心理学—实验，心理学—应用；具有稳定优势的学科有管理学、经济学；没有显现出极强优势的学科。

178. 浙江农业大学

2000~2016年，SSCI收录浙江农业大学各学科论文篇数及被引数见表5-180，按年份远近排序。

表5-180　2000~2016年SSCI收录浙江农业大学各学科论文篇数及被引数

学科	年份	篇数/被引数	学科	年份	篇数/被引数	学科	年份	篇数/被引数
城市研究	2014	1/5	环保和可持续发展的科学技术	2015	1/2	商业—财经	2014	1/11
	2015	2/8		2016	3/3	心理学—跨学科	2014	1/3
地理	2016	1/0	环境研究	2014	1/5		2015	1/2
				2015	3/10		2016	1/0
				2010	2/20	心理学—生物	2016	1/0
管理学	2013	1/1	经济学	2011	1/3	心理学—实验	2013	1/2
	2014	2/6		2014	4/17	心理学—应用	2016	1/0
	2015	3/3		2015	2/0	信息科学与图书馆科学	2013	2/10
	2016	3/0					2016	2/0
规划与发展	2014	1/5	运输	2014	1/3			
	2015	2/8		2015	1/4	语言学	2015	1/0

浙江农业大学具有潜在优势的学科有城市研究、地理、管理学、规划与发展、环保和可持续发展的科学技术、环境研究、经济学、运输、商业—财经、心理学—跨学科、心理学—生物、心理学—实验、心理学—应用、信息科学与图书馆科学、语言学；无具有稳定优势的学科；也无具有极强优势的学科。

179. 浙江理工大学

2000~2016年，SSCI收录浙江理工大学各学科论文篇数及被引数见表5-181，按年份远近排序。

表 5-181　2000~2016 年 SSCI 收录浙江理工大学各学科论文篇数及被引数

学科	年份	篇数/被引数	学科	年份	篇数/被引数	学科	年份	篇数/被引数	学科	年份	篇数/被引数
管理学	2012	1/2	教育和教学研究	2012	1/5	心理学—发展	2013	2/13	心理学—教育	2016	2/0
	2014	2/9		2015	1/1		2015	2/6	信息科学与图书馆科学	2016	1/0
	2015	2/0		2016	1/0		2013	1/5	语言学	2012	1/5
国际关系	2012	1/0	经济学	2009	1/41	心理学—跨学科	2014	1/10		2013	1/1
	2016	1/1		2012	1/60		2015	4/3	运输	2016	2/0
环保和可持续发展的科学技术	2015	1/2		2014	1/0		2016	1/0	城市研究	2015	1/2
	2016	3/6		2015	2/0	心理学—社会	2015	1/0	公共事业、环境和职业健康	2014	1/2
环境研究	2013	1/0		2016	3/0		2016	3/3	规划与发展	2015	1/2
	2014	1/2	商业	2013	1/15	心理学—生物	2015	1/3	卫生保健政策和服务	2016	1/1
	2015	2/4		2014	1/8	心理学—实验	2013	2/2	精神病学	2015	1/3
	2016	1/1		2016	1/0		2015	2/2	人类学	2011	1/11

浙江理工大学具有潜在优势的学科有管理学，国际关系，环保和可持续发展的科学技术，环境研究，教育和教学研究，经济学，商业，心理学—发展，心理学—跨学科，心理学—社会，心理学—生物，心理学—实验，心理学—教育，信息科学与图书馆科学，语言学，运输，城市研究，公共事业、环境和职业健康，规划与发展，卫生保健政策和服务，精神病学，人类学；无具有稳定优势的学科；也无具有极强优势的学科。

180. 浙江师范大学

2000~2016 年，SSCI 收录浙江师范大学各学科论文篇数及被引数见表 5-182，按年份远近排序。

表 5-182　2000~2016 年 SSCI 收录浙江师范大学各学科论文篇数及被引数

学科	年份	篇数/被引数	学科	年份	篇数/被引数	学科	年份	篇数/被引数	学科	年份	篇数/被引数
管理学	2010	2/26	管理学	2012	2/13	管理学	2014	2/3	管理学	2016	1/0
	2011	2/17		2013	1/7		2015	1/0	经济学	2010	2/26

续表

学科	年份	篇数/被引数	学科	年份	篇数/被引数	学科	年份	篇数/被引数	学科	年份	篇数/被引数
经济学	2012	1/1	心理学—发展	2008	1/24	心理学—生物	2011	1/6	公共事业、环境和职业健康	2011	1/5
	2013	2/9		2011	1/4		2013	1/35	规划与发展	2010	2/2
	2014	2/12		2012	1/9	心理学—实验	2007	1/22	环保和可持续发展的科学技术	2016	1/0
	2015	3/6		2014	4/15		2008	1/24	环境研究	2012	1/12
	2016	1/1		2015	3/9		2011	1/4		2016	1/0
药物滥用	2013	1/22		2016	2/1		2012	1/9	家庭研究	2016	1/0
	2014	1/19	心理学—跨学科	2011	1/5		2013	3/60	教育和教学研究	2014	1/9
	2015	1/7		2012	1/16		2014	5/12		2016	2/3
商业	2011	1/0		2014	1/0		2015	4/8	社会工作	2011	1/5
精神病学	2011	1/60		2015	3/4		2016	2/0		2016	1/0
	2012	1/22		2016	2/0	心理学—教育	2007	1/35	社会科学—跨学科	2016	1/0
	2013	3/55	心理学—临床	2014	1/19		2012	1/3	心理学—数学	2015	1/1
	2014	1/26		2015	2/8		2014	1/2	信息科学与图书馆科学	2011	1/17
	2016	2/2	心理学—社会	2010	2/16	餐旅、休闲、运动和旅游	2012	1/12			
心理学—发展	2007	3/96		2014	1/2		2013	1/2			

浙江师范大学具有潜在优势的学科有经济学，药物滥用，商业，精神病学，心理学—跨学科，心理学—临床，心理学—社会，心理学—生物，心理学—教育，餐旅、休闲、运动和旅游，公共事业、环境和职业健康，规划与发展，环保和可持续发展的科学技术，环境研究，家庭研究，教育和教学研究，社会工作，社会科学—跨学科，心理学—数学，信息科学与图书馆科学；具有稳定优势的学科有管理学、心理学—发展、心理学—实验；没有显现出极强优势的学科。

181. 浙江农林大学

2000~2016年，SSCI收录浙江农林大学各学科论文篇数及被引数见表5-183，按年份远近排序。

表 5-183 2000~2016 年 SSCI 收录浙江农林大学各学科论文篇数及被引数

学科	年份	篇数/被引数	学科	年份	篇数/被引数	学科	年份	篇数/被引数
环境研究	2006	1/14	环境研究	2016	1/0	环保和可持续发展的科学技术	2015	1/1
	2009	1/32	地理	2009	1/32		2016	1/0
	2011	1/0		2014	1/1	信息科学与图书馆科学	2014	1/0
	2013	1/12	经济学	2011	1/3		2016	1/0
	2014	1/1	人体工程学	2016	1/0	餐旅、休闲、运动和旅游	2015	1/1
	2015	1/1	心理学—应用	2016	1/0	城市研究	2013	1/12

浙江农林大学具有潜在优势的学科有环境研究，地理，经济学，人体工程学，心理学—应用，环保和可持续发展的科学技术，信息科学与图书馆科学，餐旅、休闲、运动和旅游，城市研究；无具有稳定优势的学科；也无具有极强优势的学科。

182. 浙江万里学院

2000~2016 年，SSCI 收录浙江万里学院各学科论文篇数及被引数见表 5-184，按年份远近排序。

表 5-184 2000~2016 年 SSCI 收录浙江万里学院各学科论文篇数及被引数

学科	年份	篇数/被引数
管理学	2012	1/5
	2013	3/45
	2016	1/0
社会科学—跨学科	2013	1/38
经济学	2012	2/31
	2013	2/8
	2016	2/2

浙江万里学院具有潜在优势的学科有管理学、社会科学—跨学科、经济学；无具有稳定优势的学科；也无具有极强优势的学科。

183. 浙江中医药大学

2000~2016 年，SSCI 收录浙江中医药大学各学科论文篇数及被引数见表 5-185，按年份远近排序。

表 5-185　2000~2016 年 SSCI 收录浙江中医药大学各学科论文篇数及被引数

学科	年份	篇数/被引数	学科	年份	篇数/被引数
护理学	2010	4/26	精神病学	2012	1/11
	2011	1/6		2014	1/2
	2014	1/1		2016	1/0
	2016	1/1	公共事业、环境和职业健康	2016	1/0
心理学—临床	2012	1/11			

浙江中医药大学具有潜在优势的学科有护理学，心理学—临床，精神病学，公共事业、环境和职业健康；无具有稳定优势的学科；也无具有极强优势的学科。

184. 郑州大学

2000~2016 年，SSCI 收录郑州大学各学科论文篇数及被引数见表 5-186，按年份远近排序。

表 5-186　2000~2016 年 SSCI 收录郑州大学各学科论文篇数及被引数

学科	年份	篇数/被引数	学科	年份	篇数/被引数	学科	年份	篇数/被引数	学科	年份	篇数/被引数
公共事业、环境和职业健康	2010	2/14	精神病学	2012	1/11	法律	2012	1/0	心理学—社会	2015	1/1
	2011	1/0		2013	1/28	护理学	2015	2/4		2016	1/0
	2012	1/6		2014	3/28		2016	3/0	心理学—生物	2013	1/4
	2013	3/2		2015	2/7	家庭研究	2015	1/1	心理学—应用	2013	1/3
	2014	1/2		2016	2/0	经济学	2016	1/1	信息科学与图书馆科学	2002	1/0
	2015	1/2	人类学	2001	1/9	商业	2009	1/0	社会学	2001	1/9
	2016	2/0		2010	2/0	社会工作	2015	1/1		2010	2/0
管理学	2009	1/0		2015	1/0	社会科学—跨学科	2000	1/0	卫生保健政策和服务	2014	1/5
	2013	2/5	心理学—跨学科	2011	1/2		2016	1/0	心理学—发展	2012	1/11
	2015	1/4		2015	1/2	社会问题	2014	1/5	环保和可持续发展的科学技术	2016	1/0
国际关系	2011	1/0		2016	1/0	心理学—临床	2015	1/0			

郑州大学具有潜在优势的学科有管理学、国际关系、精神病学、人类学、

心理学—跨学科、法律、护理学、家庭研究、经济学、商业、社会工作、社会科学—跨学科、社会问题、心理学—临床、心理学—社会、心理学—生物、心理学—应用、信息科学与图书馆科学、社会学、卫生保健政策和服务、心理学—发展、环保和可持续发展的科学技术；具有稳定优势的学科有公共事业、环境和职业健康；没有显现出极强优势的学科。

185. 中国传媒大学

2000~2016 年，SSCI 收录中国传媒大学各学科论文篇数及被引数见表 5-187，按年份远近排序。

表 5-187 2000~2016 年 SSCI 收录中国传媒大学各学科论文篇数及被引数

学科	年份	篇数/被引数	学科	年份	篇数/被引数	学科	年份	篇数/被引数
餐旅、休闲、运动和旅游	2010	16/12	传播	2012	2/11	社会科学—跨学科	2009	2/2
	2012	1/0		2013	2/8		2014	1/1
	2013	2/0		2014	1/1	社会学	2013	1/3
历史	2010	16/12		2016	1/0	文化研究	2014	1/1
	2012	1/0	管理学	2014	1/1	语言学	2009	2/20
	2013	2/0		2016	1/0		2010	2/28

中国传媒大学具有潜在优势的学科有餐旅、休闲、运动和旅游，历史，传播，管理学，社会科学—跨学科，社会学，文化研究，语言学；无稳定优势和极强优势的学科。

186. 中国计量大学

2000~2016 年，SSCI 收录中国计量大学各学科论文篇数及被引数见表 5-188，按年份远近排序。

表 5-188 2000~2016 年 SSCI 收录中国计量大学各学科论文篇数及被引数

学科	年份	篇数/被引数	学科	年份	篇数/被引数	学科	年份	篇数/被引数
管理学	2010	2/0	商业	2010	2/0	商业—财经	2016	1/0
	2011	1/27		2013	1/4	社会科学—数学方法	2014	1/2
	2013	1/4	信息科学与图书馆科学	2011	1/27	心理学—数学	2014	1/2
经济学	2011	1/5		2015	3/1	环境研究	2014	1/6
	2016	3/0		2016	1/0	人体工程学	2015	1/2

中国计量大学具有潜在优势的学科有管理学、经济学、商业、信息科学与图书馆科学、商业—财经、社会科学—数学方法、心理学—数学、环境研究、人体工程学；无具有稳定优势的学科；也无具有极强优势的学科。

187. 中国海洋大学

2000~2016 年，SSCI 收录中国海洋大学各学科论文篇数及被引数见表 5-189，按年份远近排序。

表 5-189　2000~2016 年 SSCI 收录中国海洋大学各学科论文篇数及被引数

学科	年份	篇数/被引数	学科	年份	篇数/被引数	学科	年份	篇数/被引数	学科	年份	篇数/被引数
规划与发展	2013	1/0	环境研究	2006	2/15	经济学	2009	1/14	商业	2016	3/1
	2015	1/6		2008	1/15		2012	2/2	商业—财经	2014	1/0
	2016	2/0		2009	1/14		2013	6/6		2015	2/11
国际关系	2006	2/15		2012	2/119		2014	5/2		2016	1/1
	2008	1/15		2014	3/7		2015	7/14	心理学—生物	2015	1/2
	2014	1/1		2015	4/7		2016	12/2	语言学	2015	2/0
	2015	1/1		2016	1/0	法律	2015	1/0		2016	1/0
	2016	1/1	教育和教学研究	2010	2/0	公共行政	2015	1/0	城市研究	2015	3/8
运输	2016	1/0		2015	1/0	环保和可持续发展的科学技术	2015	1/0			
地理	2012	1/1		2016	2/1		2016	2/0			

中国海洋大学具有潜在优势的学科有规划与发展、国际关系、运输、地理、教育和教学研究、经济学、法律、公共行政、环保和可持续发展的科学技术、商业、商业—财经、心理学—生物、语言学、城市研究；具有稳定优势的学科有环境研究；没有显现出极强优势的学科。

188. 中国科学技术大学

2000~2016 年，SSCI 收录中国科学技术大学各学科论文篇数及被引数见表 5-190，按年份远近排序。

表 5-190　2000~2016 年 SSCI 收录中国科学技术大学各学科论文篇数及被引数

学科	年份	篇数/被引数	学科	年份	篇数/被引数	学科	年份	篇数/被引数	学科	年份	篇数/被引数
餐旅、休闲、运动和旅游	2009	2/18	餐旅、休闲、运动和旅游	2013	2/34	餐旅、休闲、运动和旅游	2016	1/0	管理学	2006	1/3
	2010	4/50		2014	3/10	公共事业、环境和职业健康	2013	1/2		2007	2/87
	2012	2/15		2015	3/3		2016	1/0		2008	5/148

续表

学科	年份	篇数/被引数	学科	年份	篇数/被引数	学科	年份	篇数/被引数	学科	年份	篇数/被引数
管理学	2009	4/110	经济学	2011	1/3	社会科学—跨学科	2014	1/0	心理学—实验	2007	1/13
	2010	4/114		2012	6/39		2015	1/0		2011	1/14
	2011	3/23		2013	5/11		2016	1/0		2013	1/6
	2012	6/86		2014	4/5	社会科学—数学方法	2006	1/8		2014	1/5
	2013	6/78		2015	5/3		2008	1/5		2015	3/7
	2014	9/30		2016	5/2		2009	1/10		2016	4/5
	2015	17/34	区域研究	2010	2/10		2011	1/3	心理学—数学	2002	1/3
	2016	24/18		2013	1/2		2012	4/24		2008	1/12
规划与发展	2010	2/22		2014	1/1		2013	2/3	心理学—应用	2012	1/25
	2015	2/3		2016	1/0		2014	1/0		2014	1/4
	2016	1/1	人类学	2004	1/13		2015	2/1	信息科学与图书馆科学	2009	2/15
环境研究	2013	4/42		2005	1/16		2016	3/0		2010	2/72
	2014	4/49		2014	1/0	传播	2008	1/12		2011	1/4
	2015	4/9		2015	1/0		2014	2/5		2012	4/38
	2016	6/12	商业	2011	1/2		2016	1/0		2013	6/30
教育和教学研究	2011	1/5		2012	1/16	心理学—跨学科	2010	2/6		2014	3/19
	2014	1/2		2013	2/28		2011	1/14		2015	9/13
	2015	1/0		2014	2/2		2014	1/5		2016	11/1
	2016	2/0		2015	5/6		2015	2/7	语言学	2015	1/0
经济学	2002	1/212		2016	6/3		2016	8/7	运输	2002	1/212
	2003	1/10	商业—财经	2012	1/7	心理学—生物	2004	1/43		2003	1/10
	2006	1/8		2014	1/4		2012	1/5		2008	2/17
	2008	1/5		2015	2/3		2015	1/5		2009	2/14
	2009	1/10		2016	1/1	心理学—实验	2001	1/15		2010	2/20
	2010	4/50	社会学	2013	1/21		2002	1/3		2012	1/3

续表

学科	年份	篇数/被引数	学科	年份	篇数/被引数	学科	年份	篇数/被引数	学科	年份	篇数/被引数
运输	2013	2/10	环保和可持续发展的科学技术	2014	3/29	教育—特殊	2014	1/3	历史与科学哲学	2014	2/8
	2015	2/0		2015	4/8	精神病学	2013	1/6	心理学—社会	2016	1/0
	2016	4/7		2016	6/16	康复	2014	1/3			

中国科学技术大学具有潜在优势的学科有公共事业、环境和职业健康，规划与发展，环境研究，教育和教学研究，区域研究，人类学，商业，商业—财经，社会学，社会科学—跨学科，传播，心理学—跨学科，心理学—生物，心理学—数学，心理学—应用，语言学，环保和可持续发展的科学技术，教育—特殊，精神病学，康复，历史与科学哲学，心理学—社会；具有稳定优势的学科有餐旅、休闲、运动和旅游，社会科学—数学方法，信息科学与图书馆科学，管理学，运输，心理学—实验；具有极强优势的学科有经济学。

189. 中国科学院大学

2000~2016 年，SSCI 收录中国科学院大学各学科论文篇数及被引数见表 5-191，按年份远近排序。

表 5-191 2000~2016 年 SSCI 收录中国科学院大学各学科论文篇数及被引数

学科	年份	篇数/被引数	学科	年份	篇数/被引数	学科	年份	篇数/被引数	学科	年份	篇数/被引数
餐旅、休闲、运动和旅游	2015	1/10	规划与发展	2016	4/4	经济学	2015	5/5	管理学	2015	7/36
	2016	1/1	环保和可持续发展的科学技术	2014	2/23		2016	4/0		2016	7/6
城市研究	2015	1/0		2015	1/2	信息科学与图书馆科学	2013	1/10	人类学	2013	2/8
	2016	2/0		2016	14/2		2014	4/10		2014	5/15
地理	2014	1/3	环境研究	2014	2/11		2015	6/10		2015	1/3
	2015	1/4		2015	5/17		2016	2/0		2016	2/1
	2016	1/0		2016	18/3	运输	2015	1/6	商业	2013	2/24
规划与发展	2013	1/23	教育和教学研究	2014	1/4		2016	2/3		2015	4/2
	2014	1/3		2016	1/0	管理学	2013	1/1		2016	3/1
	2015	3/15	经济学	2014	4/9		2014	3/8	社会工作	2016	1/0

续表

学科	年份	篇数/被引数	学科	年份	篇数/被引数	学科	年份	篇数/被引数	学科	年份	篇数/被引数
心理学—应用	2015	1/6	社会科学—数学方法	2015	1/2	心理学—跨学科	2016	2/0	历史与科学哲学	2015	1/0
心理学—教育	2015	1/1	社会学	2016	1/0	心理学—社会	2016	1/0	公共事业、环境和职业健康	2014	1/0
社会科学—生物医学	2014	1/0	传播	2015	1/0	心理学—生物	2014	1/5	公共行政	2014	1/3
社会科学—数学方法	2014	1/0	心理学—跨学科	2014	3/14	心理学—实验	2014	3/14			

中国科学院大学具有潜在优势的学科有餐旅、休闲、运动和旅游，城市研究，地理，规划与发展，环保和可持续发展的科学技术，环境研究，教育和教学研究，经济学，信息科学与图书馆科学，运输，管理学，人类学，商业，社会工作，心理学—应用，心理学—教育，社会科学—生物医学，社会科学—数学方法，社会学，传播，心理学—跨学科，心理学—社会，心理学—生物，心理学—实验，历史与科学哲学，公共事业、环境和职业健康，公共行政；无具有稳定优势的学科；也无具有极强优势的学科。

190. 中国矿业大学

2000~2016年，SSCI收录中国矿业大学各学科论文篇数及被引数见表5-192，按年份远近排序。

表5-192 2000~2016年SSCI收录中国矿业大学各学科论文篇数及被引数

学科	年份	篇数/被引数	学科	年份	篇数/被引数	学科	年份	篇数/被引数	学科	年份	篇数/被引数
城市研究	2013	1/8	管理学	2014	1/9	环保和可持续发展的科学技术	2013	2/34	环境研究	2015	2/2
	2016	1/0		2015	1/3		2014	3/13		2016	10/0
公共事业、环境和职业健康	2011	1/7		2016	2/0		2015	1/2	商业	2011	1/7
	2013	1/8	经济学	2011	1/0		2016	8/5		2014	1/9
	2016	1/0		2014	1/0		2011	1/7		2015	1/3
管理学	2003	1/1		2015	3/6		2012	3/63		2016	4/1
	2006	1/3		2016	4/0	环境研究	2013	5/101	社会科学—跨学科	2003	1/1
	2011	1/7	环保和可持续发展的科学技术	2011	1/2		2014	5/27		2006	1/3

续表

学科	年份	篇数/被引数	学科	年份	篇数/被引数	学科	年份	篇数/被引数	学科	年份	篇数/被引数
社会科学—跨学科	2011	1/7	信息科学与图书馆科学	2014	1/1	社会科学—数学方法	2015	1/0	人类学	2016	1/0
	2013	1/8	规划与发展	2016	1/0	社会学	2016	1/0	商业—财经	2015	1/0
	2016	2/0	国际关系	2015	1/3	心理学—跨学科	2011	1/8	运输	2011	1/7
信息科学与图书馆科学	2007	1/6		2011	1/7		2012	1/4		2013	1/8
	2009	1/1	人体工程学	2013	1/8	心理学—社会	2014	1/2		2016	1/0
	2012	1/3		2016	1/0	心理学—实验	2011	1/8			
	2013	1/2	社会科学—数学方法	2014	1/0	劳动关系与劳动力	2011	1/0			

中国矿业大学具有潜在优势的学科有城市研究,公共事业、环境和职业健康,管理学,经济学,环保和可持续发展的科学技术,环境研究,商业,社会科学—跨学科,信息科学与图书馆科学,规划与发展,国际关系,人体工程学,社会科学—数学方法,社会学,心理学—跨学科,心理学—社会,心理学—实验,劳动关系与劳动力,人类学,商业—财经,运输;无具有稳定优势和极强优势的学科。

191. 中国农业大学

2000~2016 年,SSCI 收录中国农业大学各学科论文篇数及被引数见表 5-193,按年份远近排序。

表 5-193 2000~2016 年 SSCI 收录中国农业大学各学科论文篇数及被引数

学科	年份	篇数/被引数	学科	年份	篇数/被引数	学科	年份	篇数/被引数	学科	年份	篇数/被引数
城市研究	2014	2/13	法律	2008	1/2	管理学	2013	2/9	规划与发展	2016	10/12
	2015	1/3		2014	1/1		2016	1/1		2008	2/3
地理	2006	1/13		2015	1/0	规划与发展	2009	1/6	国际关系	2011	2/12
	2008	2/33	公共事业、环境和职业健康	2010	2/10		2010	6/254		2013	1/33
	2010	2/54		2014	2/2		2011	9/37		2014	1/4
	2012	1/1		2015	2/6		2012	2/41		2016	1/0
	2014	3/23		2016	4/1		2013	2/31	环保和可持续发展的科学技术	2007	2/7
	2015	1/4	管理学	2010	2/10		2014	7/31		2009	2/8
	2016	3/1		2011	2/3		2015	3/14		2011	1/2

续表

学科	年份	篇数/被引数	学科	年份	篇数/被引数	学科	年份	篇数/被引数	学科	年份	篇数/被引数
环保和可持续发展的科学技术	2015	2/2	经济学	2000	1/32	人类学	2008	3/5	社会科学—数学方法	2016	1/0
	2016	4/0		2002	1/2		2010	6/254	社会学	2008	3/5
环境研究	2002	1/2		2007	1/7		2011	8/35		2015	1/0
	2006	1/13		2008	5/20		2012	1/19	卫生保健政策和服务	2016	1/0
	2007	1/7		2009	10/76		2013	1/9	文化研究	2016	1/0
	2008	3/81		2010	18/100		2014	3/1	心理学—社会	2015	1/9
	2009	3/77		2011	13/38		2015	2/0	心理学—教育	2015	1/0
	2010	2/54		2012	7/41		2016	7/0	信息科学与图书馆科学	2015	2/5
	2014	6/37		2013	5/30	商业—财经	2008	1/1		2016	1/0
	2015	3/2		2014	15/32		2011	1/3	语言学	2015	1/0
	2016	8/5		2015	9/20	社会工作	2015	1/9	运输	2011	1/2
家庭研究	2015	1/9		2016	11/13		2016	1/0		2013	1/19
教育和教学研究	2010	4/32	康复	2012	1/1	社会科学—跨学科	2013	1/33		2016	1/4
	2014	2/4		2015	1/0		2014	1/3	历史与科学哲学	2015	1/0
	2015	1/0		2012	1/9		2015	2/3	伦理学	2015	1/0
商业	2000	1/32	区域研究	2013	2/3	社会科学—生物医学	2010	2/10	女性研究	2013	1/0
	2009	1/12		2014	3/8		2014	2/1			
	2011	2/12		2016	1/0		2015	1/0			
	2014	2/6	人口学	2010	2/10	社会科学—数学方法	2000	1/32			
	2016	1/0		2014	1/3		2013	1/4			

中国农业大学具有潜在优势的学科有城市研究，法律，公共事业、环境和职业健康，管理学，国际关系，环保和可持续发展的科学技术，家庭研究，教育和教学研究，商业，康复，区域研究，人口学，商业—财经，社会工作，社会科学—跨学科，社会科学—生物医学，社会科学—数学方法，社会学，卫生保健政策和服务，文化研究，心理学—社会，心理学—教育，信息科学与图书馆科学，语言学，运输，历史与科学哲学，伦理学，女性研究；具有稳定优势的学科有地理、规划与发展、环境研究、人类学；具有极强优势的学科有经济学。

192. 中国人民大学

2000~2016年，SSCI收录中国人民大学各学科论文篇数及被引数见表5-194，按年份远近排序。

表 5-194　2000~2016 年 SSCI 收录中国人民大学各学科论文篇数及被引数

学科	年份	篇数/被引数	学科	年份	篇数/被引数	学科	年份	篇数/被引数	学科	年份	篇/被引数
法律	2000	1/0	管理学	2010	4/117	环境研究	2011	3/17	经济学	2007	3/6
	2007	1/0		2011	5/82		2012	3/68		2008	10/141
	2009	2/8		2012	13/137		2013	10/134		2009	18/144
	2010	2/14		2013	17/155		2014	20/130		2010	12/98
	2011	1/5		2014	17/68		2015	11/47		2011	20/118
	2014	3/7		2015	15/51		2016	17/15		2012	28/140
	2015	2/1		2016	23/22	家庭研究	2009	4/0		2013	57/252
	2016	5/0	规划与发展	2004	1/0		2011	2/0		2014	57/175
公共事业、环境和职业健康	2007	1/14		2010	1/18		2012	1/2		2015	57/97
	2008	1/0		2013	4/30		2013	3/20		2016	90/55
	2009	1/7		2014	6/20		2015	5/5	精神病学	2014	1/9
	2011	1/6		2015	8/11		2016	3/0		2015	1/4
	2012	1/12		2016	6/5	教育和教学研究	2001	1/0		2016	3/3
	2014	7/16	国际关系	2002	1/0		2004	1/6	劳动关系与劳动力	2008	1/0
	2015	6/29		2005	1/6		2007	1/6		2011	1/10
	2016	2/2		2006	1/31		2009	3/32		2012	5/31
公共行政	2010	2/15		2009	2/16		2010	1/18		2013	1/3
	2012	3/9		2010	3/17		2011	3/46		2014	4/18
	2013	1/0		2011	4/17		2012	6/29		2015	2/10
	2014	4/7		2012	1/2		2013	2/4		2016	4/1
	2015	3/4		2013	9/42		2014	5/10	老年医学	2003	1/0
	2016	5/5		2014	6/13		2015	1/1		2010	1/0
管理学	2004	2/6		2015	6/6		2016	3/2		2011	1/0
	2006	1/8		2016	14/5	经济学	2002	1/0		2012	1/0
	2007	1/1	环境研究	2005	1/0		2003	1/9		2013	2/17
	2008	4/115		2008	3/22		2004	1/0		2014	1/0
	2009	5/208		2010	1/18		2005	1/62		2015	5/0

续表

学科	年份	篇数/被引数	学科	年份	篇数/被引数	学科	年份	篇数/被引数	学科	年份	篇/被引数
老年医学	2016	5/4	人类学	2006	1/2	城市研究	2010	1/18	社会科学—跨学科	2011	4/16
历史与科学哲学	2010	1/0		2007	1/15		2013	4/40		2012	5/25
伦理学	2010	1/35		2008	4/1		2014	3/12		2013	5/31
	2011	1/0		2015	1/0		2015	5/19		2014	4/6
	2013	2/27	商业	2007	1/5		2016	8/6		2015	2/1
	2014	2/7		2008	1/17	地理	2008	2/20		2016	3/2
	2015	3/6		2009	3/79		2013	4/9	社会科学—生物医学	2007	1/4
	2016	3/4		2010	4/124		2014	2/0		2009	4/0
女性研究	2011	1/0		2011	5/52		2015	1/0		2011	2/0
	2013	1/0		2012	8/146		2016	2/2		2013	1/0
	2016	1/0		2013	11/106	犯罪学和刑罚学	2015	2/0		2014	6/14
区域研究	2002	1/0		2014	15/68		2016	2/0		2015	2/12
	2008	1/36		2015	14/32	商业—财经	2005	1/62		2016	1/1
	2009	2/38		2016	28/28		2008	2/49	社会学	2006	1/2
	2010	4/14	社会科学—数学方法	2009	3/33		2009	2/13		2007	2/98
	2011	4/10		2010	1/14		2010	2/13		2008	4/1
	2012	2/2		2013	5/28		2011	4/48		2010	2/24
	2013	8/17		2014	4/18		2012	4/173		2011	1/6
	2014	5/2		2015	3/5		2013	14/76		2012	5/8
	2015	4/9		2016	4/6		2014	12/37		2013	3/8
	2016	11/3	餐旅、休闲、运动和旅游	2011	1/18		2015	18/63		2014	4/14
人口学	2007	1/83		2013	1/1		2016	24/26		2015	1/1
	2010	1/9		2014	2/18	社会科学—跨学科	2001	1/0	传播	2007	2/39
	2013	2/9		2015	4/14		2007	1/4		2008	1/4
	2014	2/18		2016	3/3		2009	2/35		2009	3/18
	2015	2/8	城市研究	2008	2/20		2010	2/24		2010	1/0

续表

学科	年份	篇数/被引数	学科	年份	篇数/被引数	学科	年份	篇数/被引数	学科	年份	篇/被引数
传播	2012	2/6	历史	2013	1/1	心理学—社会	2015	2/3	信息科学与图书馆科学	2014	6/11
传播	2013	4/10	社会工作	2012	2/12	心理学—社会	2016	5/5	信息科学与图书馆科学	2015	1/0
传播	2014	5/3	社会工作	2013	3/20	心理学—生物	2014	1/1	信息科学与图书馆科学	2016	7/5
传播	2015	2/1	社会工作	2015	3/2	心理学—生物	2016	2/3	语言学	2009	2/31
传播	2016	6/3	社会工作	2016	3/0	心理学—实验	2009	1/0	语言学	2011	1/11
卫生保健政策和服务	2011	2/40	社会问题	2014	2/9	心理学—实验	2014	1/10	语言学	2012	3/11
卫生保健政策和服务	2012	3/38	社会问题	2015	1/3	心理学—实验	2016	3/1	语言学	2013	1/0
卫生保健政策和服务	2014	1/5	社会问题	2016	2/1	心理学—应用	2007	1/34	语言学	2014	1/3
卫生保健政策和服务	2015	1/14	心理学—跨学科	2004	5/0	心理学—应用	2008	2/74	语言学	2015	2/8
卫生保健政策和服务	2016	2/1	心理学—跨学科	2008	34/1	心理学—应用	2009	1/73	语言学	2016	6/1
文化研究	2016	1/0	心理学—跨学科	2010	1/0	心理学—应用	2010	1/26	运输	2009	1/5
心理学—发展	2010	1/7	心理学—跨学科	2011	2/10	心理学—应用	2011	2/42	运输	2014	1/15
心理学—发展	2015	2/10	心理学—跨学科	2012	28/4	心理学—应用	2012	1/12	运输	2016	2/1
心理学—发展	2016	1/0	心理学—跨学科	2013	5/10	心理学—应用	2013	7/119	政治科学	2002	2/0
心理学—临床	2009	1/7	心理学—跨学科	2014	7/34	心理学—应用	2014	6/72	政治科学	2006	1/31
心理学—临床	2012	2/20	心理学—跨学科	2015	3/4	心理学—应用	2015	10/70	政治科学	2009	1/15
心理学—临床	2014	1/9	心理学—跨学科	2016	10/11	心理学—应用	2016	4/12	政治科学	2010	1/14
心理学—临床	2015	2/2	心理学—社会	2008	1/3	心理学—教育	2015	2/8	政治科学	2012	1/13
心理学—临床	2016	2/0	心理学—社会	2009	1/1	心理学—教育	2005	1/0	政治科学	2013	6/25
护理学	2016	1/3	心理学—社会	2010	4/37	心理学—教育	2008	1/33	政治科学	2014	2/10
环保和可持续发展的科学技术	2014	3/21	心理学—社会	2011	2/11	信息科学与图书馆科学	2009	2/91	政治科学	2015	4/0
环保和可持续发展的科学技术	2015	3/12	心理学—社会	2012	3/1	信息科学与图书馆科学	2011	1/2	政治科学	2016	5/4
环保和可持续发展的科学技术	2016	10/22	心理学—社会	2013	6/15	信息科学与图书馆科学	2012	4/22			
历史	2012	1/1	心理学—社会	2014	4/7	信息科学与图书馆科学	2013	3/22			

中国人民大学具有潜在优势的学科有公共行政，规划与发展，家庭研究，精神病学，历史与科学哲学，伦理学，女性研究，人口学，人类学，社会科学—数学方法，餐旅、休闲、运动和旅游，城市研究，地理，犯罪学和刑罚学，卫生保健政策和服务，文化研究，心理学—发展，心理学—临床，护理学，环保和可持续发展的科学技术，历史，社会工作，社会问题，心理学—生物，心理学—实验，心理学—教育，运输；具有稳定优势的学科有法

律，公共事业、环境和职业健康，国际关系，环境研究，教育和教学研究，劳动关系与劳动力，老年医学，区域研究，商业，商业—财经，社会科学—跨学科，社会科学—生物医学，社会学，传播，心理学—跨学科，心理学—社会，心理学—应用，信息科学与图书馆科学，语言学，政治科学；具有极强优势的学科有经济学、管理学。

193. 中国医科大学

2000~2016 年，SSCI 收录中国医科大学各学科论文篇数及被引数见表 5-195，按年份远近排序。

表 5-195　2000~2016 年 SSCI 收录中国医科大学各学科论文篇数及被引数

学科	年份	篇数/被引数	学科	年份	篇数/被引数	学科	年份	篇数/被引数	学科	年份	篇数/被引数
公共事业、环境和职业健康	2009	5/42	护理学	2009	5/39	精神病学	2009	1/20	心理学—临床	2012	1/6
	2010	12/126		2010	2/64		2010	8/104		2013	1/23
	2011	6/50		2011	3/25		2011	4/73		2015	1/0
	2012	5/93		2012	2/16		2012	4/45	心理学—社会	2015	1/1
	2013	5/47		2014	2/10		2013	11/119		2008	1/61
	2014	6/18		2015	2/0		2014	9/93	心理学—试验	2012	1/2
	2015	15/20		2016	3/0		2015	4/8		2013	1/0
	2016	11/3	教育和教学研究	2013	1/15		2016	5/2	信息科学与图书馆科学	2009	2/8
管理学	2014	1/8		2014	2/4	药物滥用	2014	1/9		2012	1/14
卫生保健政策和服务	2012	1/17		2015	2/1	老年医学	2013	1/2	社会科学—生物医学	2012	1/6
	2013	1/6		2012	1/6		2015	1/0		2015	1/0
	2015	1/1	心理学—跨学科	2013	1/7	女性研究	2009	1/10			
	2016	3/0		2015	1/0	心理学—发展	2014	1/8			

中国医科大学具有潜在优势的学科有管理学，卫生保健政策和服务，教育和教学研究，心理学—跨学科，药物滥用，老年医学，女性研究，心理学—发展，心理学—临床，心理学—社会，心理学—实验，信息科学与图书馆科学，社会科学—生物医学；具有稳定优势的学科有公共事业、环境和职业健康，护理学，精神病学；没有显现出极强优势的学科。

194. 中国政法大学

2000~2016年，SSCI收录中国政法大学各学科论文篇数及被引数见表5-196，按年份远近排序。

表5-196 2000~2016年SSCI收录中国政法大学各学科论文篇数及被引数

学科	年份	篇数/被引数	学科	年份	篇数/被引数	学科	年份	篇数/被引数	学科	年份	篇数/被引数
法律	2005	1/0	管理学	2011	1/0	家庭研究	2005	1/0	社会科学—跨学科	2008	1/0
	2008	7/5	国际关系	2008	7/5		2011	1/6		2015	1/0
	2009	5/7		2009	4/7	经济学	2012	1/2		2016	1/0
	2010	10/16		2010	6/12		2014	1/0	卫生保健政策和服务	2012	1/1
	2011	6/4		2011	2/1		2015	1/0	文化研究	2016	1/0
	2012	8/10		2012	4/5		2016	1/0	心理学—跨学科	2014	1/0
	2013	5/3		2013	4/1	区域研究	2008	1/0		2016	2/0
	2014	2/0		2014	1/0		2009	1/1	心理学—社会	2016	1/0
	2015	1/2		2015	1/2		2015	1/0	心理学—试验	2016	2/1
	2016	6/0		2016	3/0	人类学	2015	1/0	政治科学	2008	1/0
环境研究	2010	2/4	社会工作	2011	1/0	商业	2013	1/2		2013	1/0
	2016	1/0		2014	1/0	社会学	2009	1/0		2015	1/0

中国政法大学具有潜在优势的学科有环境研究、管理学、社会工作、家庭研究、经济学、区域研究、人类学、商业、社会学、社会科学—跨学科、卫生保健政策和服务、文化研究、心理学—跨学科、心理学—社会、心理学—实验、政治科学；具有稳定优势的学科有法律、国际关系；没有显现出极强优势的学科。

195. 中南财经政法大学

2000~2016年，SSCI收录中南财经政法大学各学科论文篇数及被引数见表5-197，按年份远近排序。

表 5-197 2000~2016 年 SSCI 收录中南财经政法大学各学科论文篇数及被引数

学科	年份	篇数/被引数	学科	年份	篇数/被引数	学科	年份	篇数/被引数	学科	年份	篇数/被引数
管理学	2011	1/30	经济学	2007	1/6	商业	2010	2/6	社会科学—跨学科	2015	1/0
	2013	1/1		2010	2/16		2011	1/6	社会科学—数学方法	2007	1/6
	2014	1/5		2011	1/18		2012	1/0		2014	1/0
	2016	3/0		2012	1/3		2014	2/1		2015	1/0
规划与发展	2016	1/0		2013	3/1		2015	1/0	社会科学史	2010	2/6
国际关系	2013	1/0		2014	3/1		2016	4/0		2016	1/0
	2014	2/1		2015	10/7	社会问题	2015	1/0	城市研究	2015	1/0
	2016	2/0		2016	15/1	社会学	2008	1/3	地理	2015	3/9
环保和可持续发展的科学技术	2014	1/12	伦理学	2011	1/6	心理学—社会	2014	1/1	法律	2008	1/2
	2015	1/1	女性研究	2011	1/0	心理学—应用	2014	1/5		2010	2/0
	2016	2/2	人类学	2008	1/3		2014	1/2		2015	1/1
环境研究	2008	1/2		2012	1/3	信息科学与图书馆科学	2015	2/0	公共事业、环境和职业健康	2016	1/0
	2015	2/1	商业—财经	2015	4/4		2016	1/1	公共行政	2013	1/2
	2016	3/2		2016	6/1	语言学	2015	1/2	教育和教学研究	2015	1/2

中南财经政法大学具有潜在优势的学科有管理学，规划与发展，国际关系，环保和可持续发展的科学技术，环境研究，伦理学，女性研究，人类学，商业—财经，商业，社会问题，社会学，心理学—社会，心理学—应用，信息科学与图书馆科学，语言学，社会科学—跨学科，社会科学—数学方法，社会科学史，城市研究，地理，法律，公共事业、环境和职业健康，公共行政，教育和教学研究；具有稳定优势的学科有经济学；没有显现出极强优势的学科。

196. 中南大学

2000~2016 年，SSCI 收录中南大学各学科论文篇数及被引数见表 5-198，按年份远近排序。

表 5-198　2000~2016 年 SSCI 收录中南大学各学科论文篇数及被引数

学科	年份	篇数/被引数	学科	年份	篇数/被引数	学科	年份	篇数/被引数	学科	年份	篇数/被引数
餐旅、休闲、运动和旅游	2013	1/12	管理学	2009	1/29	教育和教学研究	2014	1/0	药物滥用	2004	1/25
	2014	1/0		2010	2/2		2015	2/1		2005	2/66
	2015	2/1		2011	1/1		2016	1/0		2006	1/20
	2016	2/0		2012	1/3	经济学	2009	1/1		2008	2/56
城市研究	2012	1/7		2013	2/5		2010	2/0		2009	1/15
	2016	1/0		2014	3/34		2012	2/11		2010	2/2
地理	2011	1/16		2015	5/30		2013	1/5		2011	3/28
	2012	2/57		2016	7/8		2014	6/32		2012	2/45
	2013	2/9	护理学	2008	2/27		2015	7/2		2013	2/6
	2015	3/1		2009	4/54		2016	4/1		2014	4/10
	2016	5/1		2010	6/54	精神病学	2002	1/20		2015	5/4
法律	2015	1/2		2011	4/40		2003	1/27		2016	4/1
犯罪学和刑罚学	2012	1/6		2012	4/22		2004	2/40	老年医学	2014	1/2
	2013	1/0		2013	7/30		2005	2/66		2016	2/0
	2014	1/0		2014	8/21		2006	5/168	商业—财经	2014	1/3
	2015	1/0		2015	16/13		2007	9/558		2015	2/2
公共事业、环境和职业健康	2007	4/79		2016	12/3		2008	6/340	伦理学	2005	1/5
	2008	2/41	环境研究	2011	1/16		2009	5/43	女性研究	2014	1/0
	2009	3/61		2012	1/16		2010	26/526		2016	2/3
	2010	4/8		2014	2/9		2011	8/114	人体工程学	2011	2/38
	2011	5/96		2015	3/6		2012	15/391		2014	4/34
	2012	4/54		2016	8/0		2013	26/288		2015	2/21
	2013	9/70	家庭研究	2013	1/0		2014	32/193		2016	7/11
	2014	20/67		2014	1/0		2015	27/43	商业	2010	2/2
	2015	18/40		2016	1/0		2016	29/14		2011	1/1
	2016	26/16	教育—特殊	2014	1/3	康复	2014	1/3		2014	2/31
管理学	2005	1/62	教育和教学研究	2009	1/1		2015	1/2		2015	3/4
	2008	1/16		2012	2/4	药物滥用	2002	1/20		2016	3/0

续表

学科	年份	篇数/被引数	学科	年份	篇数/被引数	学科	年份	篇数/被引数	学科	年份	篇数/被引数
社会工作	2012	1/1	卫生保健政策和服务	2015	5/5	心理学—临床	2014	4/31	心理学—应用	2016	2/1
	2015	1/1		2016	1/0		2015	2/4	心理学—教育	2016	1/0
	2016	1/0		2007	3/192		2016	6/3	信息科学与图书馆科学	2012	3/37
社会科学—跨学科	2006	1/0	心理学—发展	2009	2/44	心理学—社会	2009	1/0		2013	3/7
	2011	3/46		2013	1/3		2010	2/14		2014	1/13
	2014	7/66		2014	2/17		2012	1/1		2016	2/1
	2015	6/49		2015	2/0		2013	5/14	语言学	2012	2/3
	2016	8/11		2016	2/3		2014	4/8		2013	1/3
社会科学—生物医学	2005	1/5	心理学—跨学科	2007	2/80		2015	1/1		2014	1/3
	2007	2/61		2009	1/7		2016	5/1	运输	2011	2/38
	2013	1/1		2011	1/8	心理学—生物	2011	1/46		2013	2/5
	2014	1/11		2012	2/6		2014	3/13		2014	5/34
	2015	1/2		2013	2/4		2015	2/8		2015	3/21
	2016	1/3		2014	2/16		2016	3/1		2016	11/13
社会科学—数学方法	2013	1/5		2015	3/11	心理学—实验	2007	1/38	规划与发展	2014	1/1
社会问题	2005	1/5		2016	4/3		2008	1/18	环保和可持续发展的科学技术	2014	1/2
社会学	2014			2008	2/83		2011	1/46		2015	4/16
卫生保健政策和服务	2007	2/5		2009	1/9	心理学—数学	2016	2/0		2016	6/1
	2009	1/2	心理学—临床	2010	2/14		2016	1/0	区域研究	2016	1/0
	2012	1/4		2011	1/11		2010	2/6	人类学	2015	1/0
	2013	1/3		2012	3/24	心理学—应用	2013	1/0			
	2014	2/2		2013	2/16		2014	1/0			

中南大学具有潜在优势的学科有餐旅、休闲、运动和旅游，城市研究，地理，法律，犯罪学和刑罚学，环境研究，家庭研究，教育—特殊，教育和教学研究，康复，老年医学，商业—财经，伦理学，女性研究，人体工程学，商业，社会工作，社会科学—跨学科，社会科学—生物医学，社会科学—数学方法，社会问题，社会学，心理学—发展，心理学—生物，心理学—实验，心理学—数学，

心理学—应用，心理学—教育，信息科学与图书馆科学，语言学，运输，规划与发展，环保和可持续发展的科学技术，区域研究，人类学；具有稳定优势的学科有公共事业、环境和职业健康，管理学，护理学，经济学，卫生保健政策和服务，心理学—跨学科，心理学—临床，心理学—社会；具有极强优势的学科有精神病学、药物滥用。

197. 中山大学

2000~2016 年，SSCI 收录中山大学各学科论文篇数及被引数见表 5-199，按年份远近排序。

表 5-199　2000~2016 年 SSCI 收录中山大学各学科论文篇数及被引数

学科	年份	篇数/被引数	学科	年份	篇数/被引数	学科	年份	篇数/被引数	学科	年份	篇数/被引数
餐旅、休闲、运动和旅游	2008	1/3	地理	2013	13/132	公共行政	2009	2/16	国际关系	2008	2/11
	2009	2/26		2014	6/52		2011	1/6		2012	5/3
	2011	4/47		2015	5/10		2012	4/22		2014	2/5
	2012	9/92		2016	10/2		2013	5/15		2015	1/0
	2013	11/86	法律	2002	1/2		2014	1/6	护理学	2010	4/32
	2014	25/132		2008	1/0		2016	1/0		2011	1/11
	2015	20/53		2011	1/3	管理学	2006	1/4		2012	7/105
	2016	26/11		2012	1/0		2007	2/5		2013	7/80
城市研究	2009	1/41		2013	1/0		2008	4/47		2014	12/44
	2010	2/36		2014	1/0		2009	3/31		2015	9/16
	2011	1/3		2015	1/0		2010	14/60		2016	5/0
	2012	2/37		2016	1/0		2011	5/24	环保和可持续发展的科学技术	2013	1/18
	2013	4/29	公共事业、环境和职业健康	2005	1/30		2012	7/123		2014	4/15
	2014	7/26		2007	1/26		2013	15/79		2015	2/10
	2015	6/15		2008	2/22		2014	23/95		2016	7/8
	2016	5/4		2009	3/13		2015	22/63	环境研究	2004	1/142
地理	2004	2/216		2010	6/96		2016	24/4		2006	1/3
	2005	1/52		2011	3/17	规划与发展	2009	1/14		2008	1/55
	2006	2/45		2013	7/65		2010	2/36		2009	3/80
	2008	4/206		2014	13/59		2011	1/6		2011	4/39
	2009	4/150		2015	14/18		2013	4/15		2012	5/43
	2010	10/232		2016	15/2		2014	3/5		2013	6/61
	2011	7/94	公共行政	2005	1/17		2015	2/6		2014	12/55
	2012	8/78		2007	1/17		2016	6/3		2015	13/68

续表

学科	年份	篇数/被引数	学科	年份	篇数/被引数	学科	年份	篇数/被引数	学科	年份	篇数/被引数
环境研究	2016	16/7	精神病学	2014	5/18	女性研究	2011	1/2	商业	2011	2/1
家庭研究	2014	1/0		2015	4/12		2012	1/6		2012	7/81
教育—特殊	2011	1/10		2016	8/1	区域研究	2013	1/6		2013	10/52
	2013	1/1	康复	2011	2/15		2001	1/2		2014	11/37
	2014	2/3		2012	1/0		2009	1/25		2015	13/16
	2016	2/0		2013	2/4		2010	4/44		2016	10/1
教育和教学研究	2000	2/2		2014	6/14		2011	1/4	商业—财经	2005	1/5
	2004	1/16		2015	2/4		2012	2/5		2013	3/9
	2007	2/13		2016	5/0		2013	4/12		2014	2/2
	2008	1/5	药物滥用	2011	3/31		2014	3/5		2015	8/10
	2011	2/28		2012	2/20		2015	7/1		2016	6/0
	2013	2/5		2013	2/11		2016	3/0	社会工作	2004	1/0
	2014	3/10		2014	4/14	人口学	2010	2/74		2011	1/6
	2015	2/6		2015	2/0		2016	1/0		2014	1/0
	2016	3/0		2016	1/0		2000	2/1		2016	1/0
经济学	2006	2/9	劳动关系与劳动力	2003	1/24	人类学	2004	5/6	社会科学—跨学科	2007	1/0
	2008	7/50		2011	1/2		2006	4/3		2008	1/13
	2009	2/2		2012	1/6		2007	5/6		2010	2/2
	2010	2/44		2013	1/6		2008	1/0		2011	2/10
	2011	3/51		2014	2/1		2009	7/1		2012	1/7
	2012	10/82		2015	2/8		2010	18/2		2013	2/28
	2013	20/103	老年医学	2012	1/7		2011	3/6		2014	6/15
	2014	15/47		2015	1/0		2013	2/12		2015	1/2
	2015	20/34		2010	2/2		2014	6/7		2016	1/2
	2016	15/7	历史与科学哲学	2013	1/0		2016	1/0		2013	1/3
精神病学	2004	1/14		2014	1/1	人体工程学	2012	1/1	社会科学—生物医学	1204	2/12
	2006	2/98		2015	1/1		2013	1/28		1205	1/1
	2008	3/66		2016	1/0		2014	2/13		1206	2/0
	2009	1/15	伦理学	2012	1/1		2016	2/2	社会科学—数学方法	0208	1/36
	2011	5/71		2014	1/4	商业	2006	1/4		0209	1/0
	2012	3/15		2015	1/1		2008	1/9		2010	2/44
	2013	6/13		2016	2/1		2009	1/13		2011	1/45

续表

学科	年份	篇数/被引数	学科	年份	篇数/被引数	学科	年份	篇数/被引数	学科	年份	篇数/被引数
社会科学—数学方法	2012	3/77	卫生保健政策和服务	2016	6/0	心理学—社会	2005	1/13	信息科学与图书馆科学	2004	1/74
	2013	5/60	心理学—生物	2010	2/20		2009	4/67		2005	1/52
	2014	2/7		2013	1/5		2011	1/1		2006	1/42
	2015	8/20		2014	2/4		2012	2/16		2007	1/0
	2016	5/5		2015	1/3		2013	3/29		2008	2/107
社会问题	2011	1/6		2016	2/0		2014	3/5		2009	4/60
	2014	1/1	心理学—发展	2008	1/17		2015	3/3		2010	8/132
社会学	2000	2/1		2010	2/28		2016	4/1		2011	3/55
	2004	5/6		2012	4/70	心理学—实验	2007	1/0		2012	3/35
	2006	4/3		2013	2/5		2010	6/98		2013	9/62
	2007	5/6		2014	6/35		2011	4/50		2014	5/47
	2008	1/0		2015	1/0		2012	5/90		2015	9/9
	2009	7/1		2016	3/2		2013	3/6		2016	6/3
	2010	18/2	心理学—跨学科	2003	1/5		2014	5/8	语言学	2009	1/0
	2011	3/12		2006	1/8		2015	2/2		2010	2/12
	2012	2/19		2007	1/0		2016	2/2		2011	1/0
	2013	4/39		2008	5/138	心理学—数学	2010	2/6		2012	1/20
	2014	5/19		2009	1/112		2011	1/2		2013	1/2
	2015	2/3		2010	2/8		2012	1/18		2014	2/0
	2016	2/1		2011	3/49		2013	3/27		2015	4/0
传播	2010	2/12		2012	3/3		2015	1/1		2016	2/0
	2011	1/0		2013	5/18	心理学—应用	2006	1/4	运输	2010	2/6
	2012	1/1		2014	1/1		2011	1/2		2013	2/32
	2013	1/2		2015	4/5		2012	3/12		2014	3/17
	2014	3/2		2016	8/2		2013	5/31		2015	4/7
	2015	2/0	心理学—临床	2004	1/14		2014	4/10		2016	9/3
卫生保健政策和服务	2010	4/66		2006	1/51		2015	3/5	政治科学	2011	1/1
	2011	3/13		2007	1/14		2016	5/0		2012	2/9
	2012	1/0		2012	2/12	心理学—教育	2013	1/17	犯罪学和刑罚学	2008	1/13
	2013	3/10		2014	1/3		2015	1/2			
	2014	3/6		2015	1/0		2016	3/0			

中山大学具有潜在优势的学科有国际关系、环保和可持续发展的科学技术、家庭研究、教育—特殊、康复、药物滥用、劳动关系与劳动力、老年医学、历史与科学哲学、伦理学、女性研究、人口学、人体工程学、商业—财经、社会工作、社会科学—生物医学、社会问题、传播、卫生保健政策和服务、心理学—生物、心理学—临床、心理学—数学、心理学—教育、运输、政治科学、犯罪学和刑罚学;具有稳定优势的学科有餐旅、休闲、运动和旅游、城市研究、法律、公共事业、环境和职业健康、公共行政、管理学、规划与发展、护理学、环境研究、教育和教学研究、经济学、精神病学、区域研究、人类学、商业、社会科学—跨学科、社会科学—数学方法、心理学—发展、心理学—社会、心理学—实验、心理学—应用、语言学;具有极强优势的学科有地理、社会学、心理学—跨学科、信息科学与图书馆科学。

198. 中央财经大学

2000~2016 年,SSCI 收录中央财经大学各学科论文篇数及被引数见表 5-200,按年份远近排序。

表 5-200 2000~2016 年 SSCI 收录中央财经大学各学科论文篇数及被引数

学科	年份	篇数/被引数	学科	年份	篇数/被引数	学科	年份	篇数/被引数	学科	年份	篇数/被引数
城市研究	2009	2/14	规划与发展	2011	2/10	环境研究	2009	2/14	经济学	2014	39/57
	2014	4/15		2012	1/10		2010	2/26		2015	45/43
	2015	2/4		2014	3/1		2013	1/7		2016	53/8
	2016	3/0		2015	4/12		2014	4/15	商业—财经	2010	6/48
地理	2010	2/26		2016	4/0		2015	3/2		2011	3/40
	2016	1/0		2012	2/10		2016	6/0		2012	2/5
犯罪学和刑罚学	2012	1/2		2013	2/2	家庭研究	2015	1/2		2013	6/21
			国际关系	2014	3/4	教育和教学研究	2013	1/0		2014	4/5
公共事业、环境和职业健康	2012	1/10		2015	2/0		2016	1/0		2015	10/13
	2013	1/13		2016	1/0	经济学	2007	2/7		2016	8/2
	2014	1/3	环保和可持续发展的科学技术	2014	2/35		2008	5/21	区域研究	2014	2/2
	2015	3/2		2015	2/4		2009	9/39		2016	1/0
管理学	2011	2/8		2016	3/4		2010	20/92	商业	2011	1/6
	2012	1/1	公共行政	2013	1/8		2011	25/133		2012	2/10
	2014	3/5	精神病学	2008	1/30		2012	19/116		2013	2/2
	2015	4/1	人口学	2013	1/2		2013	33/117		2014	4/5
	2016	5/1									

续表

学科	年份	篇数/被引数	学科	年份	篇数/被引数	学科	年份	篇数/被引数	学科	年份	篇数/被引数
商业	2015	2/3	社会科学—数学方法	2015	4/9	心理学—跨学科	2010	2/12	心理学—生物	2015	1/0
	2016	5/2		2016	8/1		2012	1/9	心理学—试验	2013	3/9
社会工作	2016	1/0	传播	2014	1/1		2013	1/2		2015	4/4
社会科学—跨学科	2012	1/2	卫生保健政策和服务	2009	2/4		2014	1/1	心理学—应用	2014	1/6
	2014	2/1		2010	6/26		2015	4/11	心理学—教育	2013	1/0
	2015	1/0		2011	1/8		2016	1/0	信息科学与图书馆科学	2014	1/1
	2016	1/2		2012	1/2	心理学—临床	2012	1/2		2016	1/0
社会科学—数学方法	2009	2/17		2013	1/2		2008	1/5	语言学	2015	1/4
	2010	4/42		2014	2/3		2012	1/2	运输	2013	1/4
	2011	2/32		2015	2/1	心理学—社会	2013	1/1		2014	1/8
	2012	3/22	心理学—发展	2015	1/2		2014	2/3	社会学	2014	2/1
	2013	4/30		2016	1/0		2015	1/0		2016	1/2
	2014	4/16	心理学—跨学科	2008	1/30		2016	2/0			

中央财经大学具有潜在优势的学科有城市研究,地理,犯罪学和刑罚学,公共事业、环境和职业健康,管理学,规划与发展,国际关系,环保和可持续发展的科学技术,公共行政,精神病学,人口学,环境研究,家庭研究,教育和教学研究,区域研究,商业,社会工作,社会科学—跨学科,传播,心理学—发展,心理学—临床,心理学—社会,心理学—生物,心理学—实验,心理学—应用,心理学—教育,信息科学与图书馆科学,语言学,运输,社会学;具有稳定优势的学科有经济学、商业—财经、社会科学—数学方法、卫生保健政策和服务、心理学—跨学科;没有显现出极强优势的学科。

199. 中央民族大学

2000~2016年,SSCI收录中央民族大学各学科论文篇数及被引数见表5-201,按年份远近排序。

表5-201　2000~2016年SSCI收录中央民族大学各学科论文篇数及被引数

学科	年份	篇数/被引数	学科	年份	篇数/被引数	学科	年份	篇数/被引数
经济学	2012	1/7	经济学	2016	4/3	区域研究	2015	1/0
	2015	1/0	区域研究	2013	1/0		2016	1/0

续表

学科	年份	篇数/被引数	学科	年份	篇数/被引数	学科	年份	篇数/被引数
人类学	2010	2/0	环境研究	2014	1/5	社会学	2010	2/0
	2013	1/6		2015	2/4		2014	1/3
餐旅、休闲、运动和旅游	2016	1/0	教育和教学研究	2014	2/1	心理学—社会	2014	1/3
管理学	2015	1/0	社会工作	2015	1/0	语言学	2011	1/8
规划与发展	2013	1/6	社会科学—跨学科	2014	1/3		2016	1/0
环保和可持续发展的科学技术	2015	1/2	社会科学—数学方法	2016	1/2	运输	2016	1/1

中央民族大学具有潜在优势的学科有经济学，区域研究，人类学，餐旅、休闲、运动和旅游，管理学，规划与发展，环保和可持续发展的科学技术，环境研究，教育和教学研究，社会工作，社会科学—跨学科，社会科学—数学方法，社会学，心理学—社会，语言学，运输；无具有稳定优势的学科；也无具有极强优势的学科。

200. 重庆大学

2000~2016 年，SSCI 收录重庆大学各学科论文篇数及被引数见表 5-202，按年份远近排序。

表 5-202 2000~2016 年 SSCI 收录重庆大学各学科论文篇数及被引数

学科	年份	篇数/被引数	学科	年份	篇数/被引数	学科	年份	篇数/被引数	学科	年份	篇数/被引数
城市研究	2013	1/2	管理学	2013	3/17	环保和可持续发展的科学技术	2016	18/9	教育和教学研究	2014	1/6
	2014	3/32		2014	2/7		2009	3/101		2016	1/0
	2015	4/13		2015	9/16		2010	2/40	经济学	2005	1/7
	2016	11/0		2016	8/2		2011	2/15		2008	2/21
地理	2012	1/14	规划与发展	2013	1/2	环境研究	2012	2/18		2009	1/0
公共事业、环境和职业健康	2014	1/17		2014	3/32		2013	4/12		2010	2/2
	2016	3/0		2016	1/0		2014	6/45		2011	2/2
公共行政	2013	1/11	环保和可持续发展的科学技术	2013	1/3		2015	6/3		2012	5/24
管理学	2011	2/0		2014	2/14		2016	26/5		2013	3/2
	2012	3/21		2015	3/22	教育和教学研究	2013	2/5		2014	4/4

续表

学科	年份	篇数/被引数	学科	年份	篇数/被引数	学科	年份	篇数/被引数	学科	年份	篇数/被引数
经济学	2015	4/0	商业	2016	2/2	社会问题	2016	1/1	语言学	2011	1/1
	2016	6/0		2012	1/7	社会学	2015	1/1		2013	2/0
精神病学	2015	1/1		2013	2/11	心理学—跨学科	2010	2/2		2016	1/0
老年医学	2015	1/1	商业—财经	2014	2/4		2015	1/1		2012	1/2
伦理学	2015	1/0		2015	2/3	心理学—社会	2008	1/5	运输	2014	1/17
	2016	1/2		2016	4/0	心理学—实验	2011	1/1		2016	1/2
人体工程学	2014	3/23	社会工作	2015	1/1	心理学—应用	2015	1/0	政治科学	2011	1/2
	2015	2/0	社会科学—跨学科	2014	1/17	信息科学与图书馆科学	2009	1/4	国际关系	2011	1/2
商业	2011	3/13	社会科学—数学方法	2008	1/19		2013	2/6			
	2013	1/4		2013	2/2		2014	1/0			
	2015	3/1		2014	2/3		2015	2/3			

重庆大学具有潜在优势的学科有城市研究，地理，公共事业、环境和职业健康，公共行政，管理学，规划与发展，环保和可持续发展的科学技术，教育和教学研究，精神病学，老年医学，伦理学，人体工程学，商业，商业—财经，社会工作，社会科学—跨学科，社会科学—数学方法，社会问题，社会学，心理学—跨学科，心理学—社会，心理学—实验，心理学—应用，信息科学与图书馆科学，语言学，运输，政治科学，国际关系；具有稳定优势的学科有环境研究、经济学；没有显现出极强优势的学科。

201. 重庆工商大学

2000~2016 年，SSCI 收录重庆工商大学各学科论文篇数及被引数见表 5-203，按年份远近排序。

表 5-203　2000~2016 年 SSCI 收录重庆工商大学各学科论文篇数及被引数

学科	年份	篇数/被引数	学科	年份	篇数/被引数
管理学	2013	1/1	经济学	2010	2/2
	2014	1/0		2013	1/2
	2015	1/0		2014	1/0
规划与发展	2016	1/1	心理学—社会	2008	1/5
环境研究	2016	1/0			

重庆工商大学具有潜在优势的学科有管理学、规划与发展、环境研究、经济学、心理学—社会;无具有稳定优势的学科;也无具有极强优势的学科。

202. 重庆交通大学

2000~2016 年,SSCI 收录重庆交通大学各学科论文篇数及被引数见表 5-204,按年份远近排序。

表 5-204　2000~2016 年 SSCI 收录重庆交通大学各学科论文篇数及被引数

学科	年份	篇数/被引数	学科	年份	篇数/被引数	学科	年份	篇数/被引数
城市研究	2016	1/0	教育和教学研究	2006	1/5	卫生保健政策和服务	2015	1/1
管理学	2012	1/3	人体工程学	2015	1/2	心理学—应用	2015	1/2
	2014	2/11	商业	2013	1/4	语言学	2016	1/0
	2016	1/1		2014	1/6			
环境研究	2016	1/1		2016	1/1			

重庆交通大学具有潜在优势的学科有城市研究、管理学、环境研究、教育和教学研究、人体工程学、商业、卫生保健政策和服务、心理学—应用、语言学;无具有稳定优势的学科;也无具有极强优势的学科。

203. 重庆文理学院

2000~2016 年,SSCI 收录重庆文理学院各学科论文篇数及被引数见表 5-205,按年份远近排序。

表 5-205　2000~2016 年 SSCI 收录重庆文理学院各学科论文篇数及被引数

学科	年份	篇数/被引数	学科	年份	篇数/被引数
经济学	2012	1/21	心理学—跨学科	2014	1/2
	2013	1/9		2015	1/0
	2014	3/16	心理学—生物	2013	2/10
	2015	1/11	心理学—实验	2013	1/6
商业	2014	2/11		2014	1/2

重庆文理学院具有潜在优势的学科有经济学、商业、心理学—跨学科、心理学—生物、心理学—实验;无具有稳定优势的学科;也无具有极强优势的学科。

204. 重庆医科大学

2000~2016 年,SSCI 收录重庆医科大学各学科论文篇数及被引数见表 5-206,按年份远近排序。

表 5-206　2000~2016 年 SSCI 收录重庆医科大学各学科论文篇数及被引数

学科	年份	篇数/被引数	学科	年份	篇数/被引数	学科	年份	篇数/被引数
公共事业、环境和职业健康	2008	1/24	精神病学	2010	2/0	卫生保健政策和服务	2011	1/5
	2011	2/37		2012	6/49		2013	2/16
	2013	4/33		2013	4/94		2015	3/3
	2014	1/0		2014	7/57	心理学—发展	2015	1/1
	2015	12/12		2015	7/44	心理学—跨学科	2014	1/0
	2016	4/1		2016	10/4		2016	1/1
护理学	2012	2/6	药物滥用	2015	2/7	心理学—临床	2015	1/17
	2013	2/11	老年医学	2013	1/50	心理学—生物	2014	1/4
	2014	2/21	人类学	2013	1/0		2015	1/2
	2016	4/1	社会科学—生物医学	2014	1/0		2016	1/0

重庆医科大学具有潜在优势的学科有公共事业、环境和职业健康，护理学，精神病学，药物滥用，老年医学，人类学，社会科学—生物医学，卫生保健政策和服务，心理学—发展，心理学—跨学科，心理学—临床，心理学—生物；无具有稳定优势的学科；也无具有极强优势的学科。

参考文献

陈仕吉, 喻浩, 左文革. 2013. 高校重点学科学术影响力的计量评价研究. 情报杂志, (1): 81-85.

崔建强, 刘文娟, 李勇勤. 2015. h指数在体育学者学术影响力评价中的应用及其相关性分析. 北京体育大学学报, 38（2）: 43-47.

邓三鸿, 严明. 2010. 对我国管理学研究最有影响的国内学术著作——基于CSSCI的分析. 管理学报, 7（5）: 666-676.

丁翼. 2009. 对我国法学研究最有学术影响的国外学术著作——基于CSSCI（2000-2007年度）数据. 西南民族大学学报（人文社科版）, 30（8）: 167-175.

范徵, 杜娟, 王风华, 等. 2014. 国际跨文化管理研究学术影响力分析——基于Web of Science十年的数据分析. 管理世界, （7）: 182-183.

冯桂珍. 2012. SSCI收录的图书情报学期刊研究. 情报探索, （11）: 40-42.

耿鹏, 汪勤俭, 冷怀明. 2014. 我国医科大学学报学术影响力探究——基于CJCR和SJR文献计量分析. 中国科技期刊研究, 25（4）: 550-555.

龚放. 2009. 我国教育学研究领域机构、地区学术影响力报告——基于2005-2006年CSSCI的统计分析. 清华大学教育研究, 30（2）: 39-47.

胡惠芳, 万跃华. 2001. SCI、SSCI收录的图书情报学期刊评价指标. 大学图书馆学报, 19（4）: 62-64.

胡玥. 2010. 对我国哲学研究最有影响的历史文献与国内学术著作分析——基于CSSCI（2000-2007年度）数据. 西南民族大学学报（人文社科版）, 31（1）: 145-155.

蒋静. 2011. 开放存取期刊综合评价指标体系研究. 华东师范大学硕士学位论文.

金晶, 何苗, 王孝宁, 等. 2010. 不同学科领域自然科学论文学术影响力评价与比较的可行性研究. 科技管理研究, 30（14）: 279-284.

李祖超, 陈庆庆. 2016. 教育学CSSCI期刊发表学术论文现状及趋势分析——以2013—2015年的数据为例. 教育研究, （11）: 19-27.

刘莉. 2009. 我国社会科学研究国际化探索：SSCI论文的视角. 北京：中国社会出版社.

刘莉, 刘念才. 2009. 我国大陆高校SSCI论文定量分析：1978-2007. 清华大学教育研究,

30（6）：41-45.

刘献君. 2002. 没有一流的学科就没有一流的大学. 求是，（3）：54-55.

马廷灿. 2015. 中国科学院与中国九校联盟科研影响力对比分析——基于 SCI/SSCI 论文. 科学观察，10（1）：1-10.

任元彪，陆云峰. 2003. SSCI 和 A&HCI 标准在中国的应用探讨. 自然辩证法研究，19（8）：63-66.

司林波，赵晓冬. 2009.《比较教育研究》的学术影响力评价. 比较教育研究，（6）：26-30.

苏金燕. 2016. 我国人文社会科学期刊"自留地"现象调查与分析. 中国社会科学评价，（4）：15-25，127.

苏新宁. 2011. 中国人文社会科学学术影响力报告. 北京：高等教育出版社.

覃红霞，张瑞菁. 2008. SSCI 与高校人文社会科学学术评价之反思. 高等教育研究，（3）：6-12.

佟建国，颜帅，陈浩元. 2013. 论高校自然科学学报的学术影响力. 编辑学报，25（3）：208-211.

王洪才. 2016."双一流"建设的重心在学科. 重庆高教研究，4（1）：7-11.

王璞，刘子扬，刘雪立. 2011. 2001~2010 年 Nature 和 Science 发表我国科研论文及其学术影响力——基于 SCI 数据库的综合分析. 中国科技期刊研究，22（6）：844-847.

王泽龙，苏新宁. 2011. 中国高等教育研究现状与学术影响力评估——基于 2001—2009 年 CSSCI 论文数据. 华中师范大学学报（人文社会科学版），50（3）：27-34.

熊霞，高凡，郭丽君. 2016. 外文电子图书学术影响力评价方法探讨——基于 BKCI、Scopus Article Metrics、Bookmetrix 的实例比较. 现代情报，36（10）：118-122.

徐显明. 2006. 从构建创新体系重新审视人文社科的价值. 中国高等教育，（23）：9-11.

姚洁敏. 2014. 中国医学教育研究成果国际化表达及影响解析——基于 SCI、SSCI 及 A&HCI 的分析. 复旦教育论坛，12（1）：105-112.

姚乐野，王阿陶. 2015. 中国人文社会科学国际学术影响力发展报告. 北京：中国社会科学出版社.

叶继元，臧莉娟，吴林娟，等. 2017. 非 CSSCI 来源期刊中高影响力论文分布状况之考察. 大学图书馆学报，（3）：87-92.

叶伟萍，梁文艳，胡咏梅. 2017. C9 大学离世界一流大学有多远——分学科的国际合作比较. 教育研究，（3）：53-66.

于澄洁. 2009. SCI、SSCI 和 A&HCI 2008 年收录的中国期刊. 科技文献信息管理，（1）：1-7.

张黎俐，舒予. 2016. 学术影响力的测度方法研究——以四川大学为例. 四川图书馆学报，（3）：53-56.

赵庆玲. 2011. 河南省学术期刊学术影响力分析及发展对策探析. 新乡学院学报（社会科学版），（4）：133-134.

赵宴群. 2010. 对我国人文社会科学工作者在 SSCI、A&HCI 期刊发表论文的分析与思考. 复旦教育论坛，8（1）：75-79.

郑海燕. 2012. 中国人文社会科学国际论文统计分析. 北京：中国社会科学出版社.

周光礼. 2016. "双一流"建设中的学术突破——论大学学科、专业、课程一体化建设. 教育研究，（5）：72-76.

周光礼，武建鑫. 2016a. 什么是学术评价的全球标准——基于四个全球大学排行榜的实证分析. 中国高教研究，（4）：51-56.

周光礼，武建鑫. 2016b. 什么是世界一流学科. 中国高教研究，（1）：65-73.

邹丽雪，赵云鲜. 2014. PLoS ONE 发表的中国论文学术影响力分析. 中国科技期刊研究，25（11）：1414-1420.

Bornmann L, Daniel H D. 2007. What do we know about the h index? Journal of the American Society for Information Science & Technology, 58（9）: 1381-1385.

Brown L D, Gardner J C. 1985. Using citation analysis to assess the impact of journals and articles on contempory accounting research（CAR）. Journal of Accounting Research, 23（23）: 84-109.

Garfield E. 1955. Citation indexes for science: a new dimension in documentation through association of ideas. Science, 122（3159）: 108-111.

Garfield E. 2007. The evolution of the science citation index. International Microbiology the Official Journal of the Spanish Society for Microbiology, 10（1）: 9-65.

Hirsch J E. 2005. An index to quantify an individual's scientific research output. Proceedings of the National Academy of Sciences of the United States of America, 102（46）: 16569-16572.

Penfield T, Baker M J, Scoble R, et al. 2014. Assessment, evaluations, and definitions of research impact: a review. Research Evaluation, 23（1）: 1-12.

Salisbury L, Smith J S. 2010. The use of web of knowledge to study publishing and citation use for local researchers at the campus level. Collection Management, 35（2）: 69-82.

Smith D R. 2012. Impact factors, scientometrics and the history of citation-based research. Scientometrics, 92（2）: 419-427.

van Houten B A, Phelps J, Barnes M, et al. 2000. Evaluating scientific impact. Environmental Health Perspectives, 108（9）: A392-A393.